Sarah Pratt

·

Nikolai Zabolotsky
Enigma and Cultural Paradigm

Northwestern University Press

2000

Сара Пратт

·

Загадка Заболоцкого

Academic Studies Press

Библиороссика

Бостон / Санкт-Петербург

2023

УДК 821.161.1
ББК 83.3(2)
П70

Перевод с английского О. Терпуговой

Серийное оформление и оформление обложки Ивана Граве

Пратт, Сара

П70   Загадка Заболоцкого / Сара Пратт ; [пер. с англ. О. Терпуговой]. — Бостон / СПб.: Academic Studies Press / Библиороссика, 2023. — 400 с. — (Серия «Современная западная русистика» = «Contemporary Western Rusistika»).

ISBN 979-8-887191-50-8 (Academic Studies Press)
ISBN 978-5-907532-57-1 (Библиороссика)

В своем исследовании Сара Пратт расплетает сеть вопросов и загадок, связанных с творчеством Николая Заболоцкого. Автор выделяет в текстах Заболоцкого «советский» импульс, отмеченный налетом марксистской идеологии и стремления быть политически приемлемым для властей, и «русский» импульс, отражающий дореволюционные нравы и культурные основы русского православия.

УДК 821.161.1
ББК 83.3(2)

ISBN 979-8-887191-50-8
ISBN 978-5-907532-57-1

ций и даже извлекать из него выгоду. Я надеюсь, что читатели именно в этом духе воспримут мои рассуждения о поэзии.

Почему все-таки Заболоцкий? Дело в том, что эта фигура, стоящая в пантеоне русской поэзии XX века сразу после Пастернака, Мандельштама и Ахматовой, заслуживает дальнейшего, более подробного исследования. Вполне уместно было бы вспомнить слова Иосифа Бродского, который однажды сказал: «Заболоцкий сделал для русской литературы двадцатого века то же, что сделал Гоголь для литературы XIX. Все из нас в большей или меньшей степени находятся под влиянием его обаяния». Другое его высказывание: «Заболоцкий — абсолютно замечательный поэт, что ранний, что поздний» [Goldstein 1993: 233, 290]. Издательство Северо-Западного университета (Northwestern University Press) выразило готовность послужить этому делу благодаря стараниям главного редактора Сьюзан Харрис и редактора Slavic Series Кэрил Эмерсон.

Выражаю глубокую признательность предшествующим исследователям. Если бы Андрей Турков, Адриан Македонов, Николай Степанов, Ефим Эткинд, Глеб Струве, Борис Филиппов, Робин Мильнер-Гулланд, Дарра Гольдстейн и Никита Заболоцкий не предприняли характеристику Заболоцкого и его творчества, написать эту книгу было бы невозможно[1]. То же можно сказать и в отношении работ Анатолия Александрова, Михаила Мейлаха, Владимира Эрля, Владимира Глоцера, Джорджа Гибиана, Алисы Стоун Нахимовски и Нила Корнуэлла, касающихся ОБЭРИУ в целом и Хармса и Введенского в отдельности. Примечания в конце книги могут дать лишь общее представление о всеохватывающем влиянии этих исследователей, и я выражаю признательность и благодарность за их труд[2].

---

[1] Чрезвычайно полезный сборник произведений Заболоцкого и различных материалов, относящихся к его жизни и творчеству: [Заболоцкий 1995].

[2] С момента выхода книги Пратт появился ряд новых ценных публикаций, посвященных Заболоцкому. В их числе: Никита Заболоцкий. Николай Заболоцкий: история жизни. СПб.: Вита Нова, 2018; Н. А. Заболоцкий. Метаморфозы / Составление, подготовка текста и примечания И. Е. Лощилова, 2-е изд. М.: ОГИ, 2019. — *Примеч. ред.*

Я также обязана многим моим коллегам. Среди них — Джозеф Аун, декан Колледжа, и Маршалл Коэн, декан факультета гуманитарных наук Университета Южной Калифорнии. Колледж литературы, гуманитарных и естественных наук Университета Южной Калифорнии великодушно предоставил субсидию на использование кириллицы в книге. Стефани Сандлер, Майкл Вахтель и Сюзанна Фюссо читали большие отрывки рукописи и консультировали удаленно. Понимание культуры XX века было достигнуто благодаря Томасу Зейфриду, профессору кафедры славянских языков и литературы Университета Южной Калифорнии, который каким-то образом всегда знал, что нужно дальше читать или обдумывать; консультациями по авангарду и доступом к богатой коллекции Института современной русской культуры я обязана Джону Боулту; Мария Полински помогала мне разобраться в хитросплетениях русских текстов и уловить языковые созвучия, столь важные при чтении стихов; Маркус Левитт консультировал по XVIII веку для написания последней главы книги. Я приношу благодарность всем моим спутникам на стезе русской культуры.

Однако моя самая глубокая признательность — Ричарду Густафсону и Джону Мальмстаду, которые прежде всего научили меня читать стихи; моему коллеге из Южно-Калифорнийского университета Александру Жолковскому (также известному как «Операция Славянская буря»), который разом проглотил рукопись и вернул ее всю испещренную идеями и предложениями; Дарре Гольдстейн, чье знание Заболоцкого и чувство общего дела украсили как книгу, так и процесс ее написания; и, наконец, Николасу Уорнеру, чье устоявшееся понимание русской и английской культур и присутствие в качестве коллеги, мужа и помощника дали мне намного больше, чем я могу выразить.

Глава первая
Вступление

«ПРОБЛЕМА ЗАБОЛОЦКОГО»

Это был необыкновенно противоречивый человек, ни на кого не похожий, а временами непохожий и на самого себя.

Наталья Роскина

Николай Заболоцкий не искал признания. Он прежде всего искал себя.

Лев Озеров

И то, и другое было сказано уже после смерти Заболоцкого. У Роскиной были краткие, но насыщенные отношения с поэтом под конец его жизни, Озеров знал его как поэта и товарища по цеху. И для них обоих он — ребус, который они пытаются разгадать уже после его смерти, вступая в схватку с человеком, очень знакомым, но при этом неузнаваемым. В действительности поиски «настоящего» Заболоцкого, персонажа, «временами непохожего и на самого себя», начались на много лет раньше, о чем свидетельствует один эпизод из жизни поэта, случившийся в первые годы его участия в кружках ленинградского авангарда 20-х годов.

Несколько подающих надежды творцов левого искусства в очередной раз собрались для литературно-философской беседы и воодушевленного дурачества. На этот раз дурачество и философия нашли точку соприкосновения в проблеме идентичности. «На кого вы хотите походить сегодня?» — обратился один из них к присутствующим. После недолгого размышления самый эксцентричный участник группы, известный тем, что бродил по Ленинграду в образе Шерлока Холмса, внезапно заявил, что хочет быть похожим на Гёте. «Только таким мне представляется настоящий поэт», — уверял он окружающих. Другой участник кружка, разудалый любитель женщин и карт, решил стать пройдохой-перекупщиком, «слоняться по Невскому, болтать с извозчиками и пьяными проститутками». Третий, подражающий франтовству главного футуриста, который на один глаз был слеп, а в другом носил монокль, заявил, что хочет «быть как Давид Бурлюк», но затем делано пошутил: «Только с двумя глазами». Наконец, дошла очередь до светловолосого румяного молодого человека в очках, который, казалось, источал опрятность, аккуратность и чистоту. Это был Заболоцкий. К удивлению и досаде своих экстравагантных друзей, Заболоцкий, не задумываясь, ответил: «Я хочу походить на самого себя» [Бахтерев 1977: 61–62][1].

Вопрос, конечно, в том, кем же *был* Заболоцкий? Практически любое рассуждение о нем в итоге наводит на мысль о расщелине, раздвоенности между разными реальностями. Иногда трещина проходит между внешней солидностью Заболоцкого и его поэтическим визионерством. Оно порождало откровенный гротеск в его стихах периода последнего всплеска Ленинградского авангарда, и придавало неожиданные проблески мистики творчеству маститого советского поэта. Кто-то из друзей уверяет, что он был похож на бухгалтера. Другой полагает, что его можно было принять за инженера, врача, агронома, даже спортсмена. Третий, похоже, описывает его как представителя дореволюционной *высокой буржуазии*: «степенный и по-старомодному вежливый,

---

[1] Самый эксцентричный участник компании — Даниил Хармс, разудалый любитель женщин и карт — Александр Введенский, а походить на Давида Бурлюка, «только с двумя глазами», хотел Игорь Бахтерев. Описание внешнего вида Заболоцкого заимствовано из статей Николая Степанова: «Всегда прямой» // Литературная Россия, № 51 (1965). С. 18; и [Степанов 1972: 5]. Введенский сказал, что хочет походить на Евлампия Надькина, персонажа карикатур художника Антоновского, неунывающего люмпенизированного обывателя. — *Примеч. ред.*

носит на шелковом шнурке чеховское пенсне в черной оправе». Иные прямо заявляют, что у него была поразительно «непоэтическая» внешность, что он являл собой «антитезу вдохновенной богеме», что он был «ненавязчивым, вежливым и скрупулезным человеком» с «манерами клерка», которого никак нельзя было принять за поэта-авангардиста [Роскина 1980: 93; Максимов 1984а][2]. Литературовед Лидия Гинзбург, в 1920–1030-х годах дружившая с Заболоцким, с некоторым замешательством резюмирует общее удивление: «Какая сила подлинно поэтического безумия в этом человеке, как будто умышленно розовом, белокуром, и почти неестественно чистеньком» [Гинзбург 1989: 81].

В других случаях пропасть лежит между молодым и зрелым Заболоцким. «Молодой Заболоцкий» работал в 1920-х — начале 1930-х годов, посредством авангардной поэзии живописуя разгульные и лихие времена НЭПа. Для «зрелого Заболоцкого», по видимости, не прошли бесследно жестокая критика его ранних «литературных ошибок» и лагерный срок[3]. Поздний Заболоцкий избегал таких политически опасных сфер, как авангардная поэтика. Он предался поэтически-философским размышлениям, писал оды-гимны достижениям человечества (иногда с определенным политическим подтекстом) и рисовал сцены из повседневной жизни, причем явно традиционными поэтическими средствами. Этот Заболоцкий подкрепил свое видимое примирение с советской реальностью, заявив, что его мировоззрение сформировано идеями Фридриха Энгельса и Константина Циолковского, известного советским читателям в первую очередь как «отец советского воздухоплавания» [Чиковани 1977: 164].

Литературоведы привязывают превращение Заболоцкого из «молодого» в «зрелого» то к середине 1930-х годов (до лагеря, но после резкой критики в прессе), то к середине 1940-х годов (после лагеря). Но сам этот разрыв подчеркивают все. Борис Филиппов,

---

[2]   Также в [Заболоцкая, Македонов 1984; Рахтанов 1962, 2: 155; Антокольский 1977: 137; Андроников 1977: 133; Milner-Gulland 1994: viii].

[3]   Подробное обсуждение ареста Заболоцкого и его пребывания в лагере см. в [Goldstein 1993: 86–98; Заболоцкий 1991; Гитович 1982: 336–53].

один из редакторов единственного крупного издания стихов Заболоцкого, изданного на Западе, категорически заявляет: «Поэзия Заболоцкого делится на два резко отличающихся периода: до лагеря и после» [Filippov 1985: 525]. Адриан Македонов, один из ведущих советских специалистов по Заболоцкому, несколько смягчает резкость этой перемены, используя понятие «метаморфоза», но тем не менее приходит к выводу, что Заболоцкий «Столбцов» (сборника 1929 года) и Заболоцкий стихотворения «Вечер на Оке» (1957 год) — это «два разных, абсолютно разных поэта, как будто это два разных человека» [Македонов 1968: 4]. Поэт Маргарита Алигер горячо поддержала это мнение, написав, что поздние стихи Заболоцкого «совсем иные, чем те, начала 1930-х годов, совсем иные, словно другим человеком написанные» [Алигер 1977: 209]. А статья А. Дымшица, в которой эта проблема была затронута впервые, просто и прямо озаглавлена «О двух Заболоцких»[4].

Долгие годы ведущие советские критики, если и писали о Заболоцком, принижали его ранние произведения, утверждая, что эти авангардные стихи — творение политически наивного и в целом незрелого поэта, который много лет экспериментировал не в том направлении и лишь затем обрел свой истинный голос. Например, в первом большом издании стихов Заболоцкого, опубликованном после смерти поэта, Владимир Орлов хвалит его за то, что он «обрел в себе волю и мужество решительно и бесповоротно отойти от своих первоначальных заблуждений» [Орлов 1959: 8][5]. С другой стороны, западные критики, стремясь сохранить культурное наследие авангарда и не желая быть обманутыми советской литературной пропагандой, чаще воспринимали именно молодого Заболоцкого как «настоящего», считая основным вкладом в русскую литературную традицию его ранние стихи [Karlinsky 1967; Milner-Gulland 1976; Milner-Gulland 1970; Masing-Delic 1992, Masing-Delic 1987, Masing-Delic 1974, Masing-Delic 1977; Bjorling 1973; Юнггрен 1971; Pratt 1995; Milner-Gulland

---

4   Дымшиц А. О двух Заболоцких // Литературная газета. 15 декабря 1937 года.

5   См. также [Михайлов 1969].

1971; Pratt 1983]. Многие образованные советские читатели (в противоположность советским критикам) разделяли эту точку зрения. Как и их западные единомышленники, они, бывало, поглядывали на Заболоцкого с подозрением, потому что он выжил и даже добился толики успеха, тогда как многие подобные ему погибли. В своей книге «Nikolai Zabolotskij: Play for Mortal Stakes» Дарра Гольдстейн с иронией, но при этом точно резюмирует эту ситуацию, утверждая, что репутация Заболоцкого пострадала, «потому что он упустил свой шанс умереть молодым» [Goldstein 1993: 2][6].

НАУЧНЫЙ МЕТОД

Настоящее исследование волей-неволей берет в качестве отправной точки все ту же «проблему Заболоцкого», которая стала источником вдохновения для некоторых предшествующих работ, но подход к проблеме здесь иной[7]. Мы признаем очевидные противоречия в характере Заболоцкого и глубокие изменения, которые претерпел его поэтический метод (не признать этого было бы глупо). Но сосредоточена эта книга на базовых аспектах культуры, которые придавали содержание и форму поэтическому ви́дению Заболоцкого на протяжении всей его творческой

---

[6]   Работая в том же русле, Робин Мильнер-Гулланд отмечает, что такие ученые, как Михаил Мейлах, Владимир Эрль и Алиса Стоун Нахимовски, исследователи Хармса и Введенского (друзей Заболоцкого и его соратников по ОБЭРИУ), демонстрируют некоторую предвзятость по отношению к Заболоцкому, преуменьшая его роль в ОБЭРИУ и в дружеских отношениях, которые могли длиться годами после распада группы [Milner-Gulland 1984: 29, 36]. То же можно сказать о некоторых работах хармсоведа Владимира Глоцера, например, о его вступительном эссе к публикации работ Хармса в «Новом мире» [Глоцер 1988, 4: 129–132].

[7]   Поиски целостности в творчестве поэта, как правило, ограничивались либо повторением нескольких характерных черт его поэзии, либо общим утверждением о ее последовательно философской направленности. См. [Турков 1966: 35; Турков 1965: 5–58; Озеров 1977: 251–252; Etkind 1988: 729; Эткинд 1973: 298–310; Эткинд 1964; Эткинд 1978; Бочаров 1971; Goldstein 1993: 3].

жизни. Среди этих культурных констант особенно выделяются четыре. Их мы будем рассматривать в различных контекстах на протяжении всей книги: ощущение сельской, «полумужицкой» идентичности; пропитанное принципами и структурами русского православия мировоззрение (как отличное от веры как таковой, так и неразличимое с ней); прочная связь с литературной традицией; признание советской действительности.

Деревенское происхождение Заболоцкого подробно обсуждается во второй главе. Пока отметим, что Заболоцкий родился в 1903 году на ферме под Казанью и провел первые 17 лет своей жизни вдали от крупных культурных центров. Он никогда не был крестьянским поэтом в духе Клюева или Есенина, но черты выходца из деревни отчетливо проступают в его автобиографических сочинениях и письмах, в его остраненном взгляде на городскую жизнь, в его скованности в кругу статусной городской интеллигенции и в его свойском и непосредственном отношении к миру природы[8]. Возможно, в стихах Заболоцкого грязь и должна быть более грязной, а биологический мир — более осязаемо биологическим, чем, скажем, у Пастернака.

И если для Пастернака и Мандельштама и им подобных образованность и причастность высокой русской культуре подразумевались сами собой, по праву рождения, и были даже обязанностью, то Заболоцкий относился к интеллектуальной жизни с благоговением и ревностью неофита. Известная умышленно-наивная пытливость, которой отличались многие из его стихов и которая приводила в ярость некоторых критиков, в ранние годы отчасти объяснялась авангардистской провокацией. Но во все периоды творчества она также была элементом подлинного, открытого интеллектуального поиска провинциального *самоучки*, как любил называть себя Заболоцкий [Чуковский 1977: 227; [Заболоцкий Н. Н. 1987: 5–16; Заболоцкий Н. Н. 1989: 3–13].

---

[8] Заболоцкий называет себя «полумужиком» в письме от 7 ноября 1921 года, адресованном другу детства Михаилу Касьянову [Заболоцкий 1972, 2: 231; Заболоцкий 1983: 304]. Различия между Заболоцким и «крестьянскими поэтами» можно понять, обратившись к работе [Clark 1985: 175–189].

Это сочетание деревенской самобытности и наивного любопытства — иногда мрачного, иногда причудливого — так или иначе свойственно всему его творчеству, с начала и до конца.

Самый сложный и, вероятно, самый противоречивый аспект этого исследования, составляющий самую его сердцевину, — связь Заболоцкого с русским православием. Да, как известно, русским писателям свойственно открыто использовать свое религиозное наследие в творчестве. Толстой, Достоевский и Пастернак тяготели к вопросам христианской этики. Интеллигенты «конца века», творцы религиозного возрождения приспособили утопическую форму христианского богословия, иногда с элементами марксизма, к своему собственному мировоззрению. Александр Блок, Владимир Маяковский, Мария Шкапская и многие пролетарские писатели в темах общественной морали, эксплуатации, искупления и революции использовали христианскую символику. И даже насквозь «советские» писатели, к замешательству властей, в попытке выразить громадное нравственное значение Второй мировой войны обращались к христианской образности[9]. Внимание недавних исследователей обращено уже не столько на такое явное использование религии, сколько на менее очевидные пути, которыми элементы православия проникали в идеологию и образ мышления деятелей культуры, начиная с поэтов-декабристов и заканчивая Чеховым и многочисленными теоретиками русской словесности, «философами-филологами» начала XX века [Morris 1993; Cassedy 1990; Rzhevsky 1983; Ziolkowski 1988; Ziolkowski 1986, 30: 29–44; Petro 1990; Gustafson 1986; Murav 1992; Meerson 1992, 36: 317–322; Maguire 1990: 44–55; Maguire 1994; Naydan 1989, 33: 373–385; Pahomov 1993, 37: 33–45; Struve 1975; van Ree 1993, 52: 43–57]. Заболоцкий находится где-то посередине между теми, кто использует религиозные концепции намеренно, и теми, кто,

---

9   О «вызывающе молитвенной» поэтике материнства у Шкапской см. в [Heldt 1993: 237–254; Ledkovsky et al. 1994: 591–593]. О пролетарских писателях см. в [Steinberg 1994: 213–239]. Расцвет религиозного символизма после Второй мировой войны был таков, что глава Союза писателей Николай Тихонов счел долгом выразить официальное неодобрение [Fleishman 1990: 260–261].

по-видимому, неосознанно воспроизводит соответствующие семиотические структуры[10]. Из его автобиографических произведений можно заключить, что его религиозное воспитание было традиционным, характерным для русской провинции, и что, по его мнению, оно сыграло значительную роль в его развитии в детстве. Религиозные темы в его стихах прорываются лишь изредка. Иногда религиозный порыв связан с крестьянским мистическим утопизмом, который либо замещает, либо дополняет собой православное христианство. Недостаток сведений о религиозных убеждениях Заболоцкого легко было бы списать исключительно на антирелигиозную позицию советского режима. Однако, несомненно, сыграли роль и другие факторы — неоднозначное отношение авангарда к религии, а также особенности восприятия и отображения православия самим Заболоцким, в том числе его собственная скрытность и возможная неосведомленность о религиозной составляющей своего творчества.

Можно сказать тем не менее, что отличие Заболоцкого от более явно религиозных писателей в том, что он не исследует ни христианскую этику, ни христианский утопизм как таковой, а воспроизводит структуру православной онтологии и эпистемологии, особенно сосредотачиваясь на способах *бытия* и способах *ви́дения*. Соответственно, в его поэтической вселенной есть место богословию иконы, евхаристии, Воплощения Христа, поскольку в нем рассматривается экзистенциальная взаимосвязь материального и духовного царств и демонстрируются способы восприятия этой взаимосвязи.

Что еще более значительно — само поэтическое ви́дение Заболоцкого опирается на концепцию преображения. Это не столько утопическая трансформация материальной реальности, сыгравшая решающую роль в первой половине века (хотя и этот вариант присутствует в некоторых его произведениях), сколько концеп-

---

[10] Российские ученые уже выявляют религиозные мотивы в творчестве Заболоцкого, но еще не обратились к тем богословским аспектам, которые будут здесь рассматриваться. См. [Сотникова 1994: 83–88].

ция, напрямую связанная с Преображением Христа. Глубокое значение этого события для русского сознания демонстрируют многочисленные русские церкви и села, названные в его честь. Преображение в этом смысле предполагает не столько изменение самой реальности, сколько изменение восприятия, позволяющее увидеть истинную природу реальности в присущей ей взаимосвязи духовного и материального [Лосский, Успенский 2014: 314; Ware 1986: 170–172, 182–183]. Начиная с Декларации ОБЭРИУ (1928 год), составленной в основном Заболоцким, и заканчивая его творческими кредо — эссе «Мысль — образ — музыка» и «Почему я не пессимист» (1957 год), а также в многочисленных стихотворениях Заболоцкий определяет задачу искусства не как утопическую перестройку мира, но как откровение об истинной материально-духовной природе мира существующего.

Пренебрежение религиозной составляющей творчества Заболоцкого в ранних исследованиях, скорее всего, обусловлено неоднозначностью сигналов, исходящих от самого поэта, а также антирелигиозными предубеждениями, царившими как в советской, так и в западной научной среде. Здесь будет особенно уместно высказывание Григория Фрейдина о Мандельштаме: он отмечает, что «хронологическая, этническая и языковая отдаленность» мешает нам увидеть, что поэзия Мандельштама «пропитана священным символизмом русской православной культуры» [Freidin 1987: 120–121]. Примерно то же самое можно сказать и о Заболоцком.

Отношение Заболоцкого к литературной традиции — вопрос уже не столь спорный. Критики обычно отмечают его связи с Хлебниковым, Державиным, Пушкиным, Тютчевым, Боратынским. Однако его изначальные изыскания в области символистской эстетики обсуждаются редко, — возможно, потому, что ранние работы Заболоцкого лишь недавно были включены в стандартные издания его поэзии. И все же, добросовестная студенческая статья «О сущности символизма» и несколько «символистских» стихотворений начинающего поэта демонстрируют живой интерес Заболоцкого к символизму и объясняют его более поздние попытки вырваться из-под влияния символистов, которые иначе были бы непонятны. Также здесь рассматриваются и другие вопросы, требующие исследования: возможная связь поэта с кружком Бахтина в 1920-х годах; его отношение к бахтинской концепции карнавала и схожей, но не идентичной древнерусской традиции «русского смеха», описанной Д. Лихачевым; и, наконец, его отношение не только к ранним медитативным поэтам, но и ко всей традиции английской медитативной поэзии, перенесенной в Россию в конце XVIII — начале XIX века.

Четвертый вопрос, имеющий особое значение, — это широко дискутируемое и подверженное обширной критике признание Заболоцким советской действительности. На самом деле отношение поэта к советской действительности, вероятно, менялось не так сильно, как представлялось многим исследователям раннего советского периода и периода холодной войны. Вывести поэта политическим бунтовщиком из-за гротеска в его ранних работах — столь же серьезная ошибка, как на основании отсутствия гротеска и встречающейся в поздних работах советской тематики изобразить его политическим конъюнктурщиком. Заболоцкий действительно был советским поэтом с точки зрения и хронологии, и культуры. Но «советские» черты его творчества часто сглаживались благодаря прочным узам, связывающим его с обычаями русской старины, под влиянием которых он сформировался, а также благодаря глубинному желанию сохранить свою самость как поэта. С одной стороны, это означало, что он был лишен того запала и той глубоко сидящей склонности к эксцентричности, которые подвигли его товарищей-обэриутов Даниила Хармса и Александра Введенского идти дальше путем абсурдизма, фактически гарантированно ведшим их к гибели. В данных обстоятельствах даже сама его сдержанность в проявлении своеобразия помогла ему выжить. С другой стороны, из-за своей искренней преданности поэтическому призванию, неспособности отнестись к нему с легкомысленной небрежностью, он просто не мог сдаться и стать конъюнктурным писателем, независимо от того, насколько жестокой была критика в его адрес, или насколько страшным был лагерный опыт[11].

Эту преданность отмечали многие из тех, кто его знал. Один его знакомый вспоминает, что поэт относился к своему творчеству как «к Высшему Долгу, священной обязанности, во имя которой он всегда готов был пожертвовать и любыми удобствами, и материальной выгодой». Другой отмечает преданность Заболоцкого «делу... простому и правому», то есть своему поэтическому призванию [Антокольский 1977: 138; Степанов 1977: 100]. Писатель Вениамин Каверин предлагает следующее описание того, как Заболоцкий понимал нравственную ответственность поэта:

> ...что происходило с ним, вокруг него, при его участии или независимо от него — всегда и неизменно было связано для него с сознанием того, что он был поэтом. Это было чертой, которая морально, этически поверяла все, о чем он думал и что он делал... Он был честен, потому что он был поэтом. Он никогда не лгал, потому что он был поэтом. Он никогда не предавал друзей, потому что он был поэтом. Все нормы его существования, его поведения, его отношения к людям определялись тем, что, будучи поэтом, он не мог быть одновременно обманщиком, предателем, льстецом, карьеристом [Каверин 1977: 109].

Критик Алексей Павловский делает схожее замечание, характеризуя Заболоцкого так: «рыцарь стиха, по-хлебниковски преданный ему глубоко и верно». Павловский продолжает: «Ему помогало ясное ощущение своего призвания, предначертания, судьбы, уклониться от которой он не мог и не хотел» [Павловский 1982: 222].

---

[11] Гольдстейн пишет: «В культурных кругах Петрограда [Заболоцкий] выглядел выскочкой, деревенским пареньком, который так бы и зачах в провинции, если бы не революция. Заболоцкий был благодарен за все, что революция дала ему. Тем не менее он никогда не играл роль политического рупора, в отличие от других, которые тоже были обязаны революции. Но он не стал и диссидентом, когда та же машина, которая когда-то вынесла его наверх, пыталась утопить его. В своем творчестве Заболоцкий ориентировался на собственные, глубоко личные маяки, — не столько по расчету, сколько следуя своей природе» [Goldstein 1993: 1–2].

Заимствуя термин из Декларации ОБЭРИУ, мы вполне можем утверждать, что Заболоцкий наблюдал действительность «голыми глазами». Однако то, что он голыми глазами видел, иногда сбивало его с толку и обескураживало. В период бурного расцвета НЭПа этот метод наблюдения породил поэзию, которая воспринималась как сатира, но для самого поэта его творчество было беспристрастным изображением действительности в соответствии с художественными принципами Декларации ОБЭРИУ. Можно заподозрить также, что в его творчестве отразился изумленный взгляд молодого выходца из деревни на нэпманский Ленинград «ревущих 1920-х»[12]. «То, что я пишу, — сказал он одному знакомому, — не пародия. Это мое зрение. Больше того: это мой Петербург-Ленинград нашего поколения: Малая Невка, Обводный канал, пивные бары на Невском. Вот и все!» [Антокольский 1977: 138]. В этом контексте стоит отметить, что «ОБЭРИУ» — это причудливо искаженное сокращение наименования «Объединение реального искусства», которое подчеркивало ориентацию группы на реальность, пусть даже своеобразно понимаемую. Первоначальное восприятие Заболоцким советской действительности, основанное на его ви́дении, было встречено бурными аплодисментами в одних кругах и насмешками в других. Впоследствии для поэта семиотика ситуации изменится на противоположную: те, кто когда-то над ним насмехался, будут его сдержанно хвалить, а те, кого он пленял, — будут высказывать неодобрение. И то, и другое было по-своему опасно.

После угасания НЭПа, а тем более после лагерного срока изменился и повзрослел не только сам поэт, но изменился и мир, наблюдаемый его голыми глазами. Его поэзия должна была соответственно измениться, так же как поэзия Пастернака и прочих[13].

---

[12] Остраненное видение «Столбцов» Никита Заболоцкий большей частью объясняет «острым глазом недавнего провинциала» [Заболоцкий Н. Н. 1987: 8]. См. также [Заболоцкий Н. Н. 1984, 2: 35].

[13] Как отмечает Гольдстейн: «Даже если бы Заболоцкий и захотел продолжать писать в своем старом стиле, в этом не было бы смысла. Как уже обнаружили Ахматова и Пастернак, в сталинской России модернизм давно устарел» [Goldstein 1993: 218].

Лишь некоторые (но не все) изменения были напрямую обусловлены политикой. Помимо стихотворений на темы природы, смерти и многие другие темы, Заболоцкий писал также произведения в духе «социалистического реализма», как и многие его соотечественники. Похоже, некоторые из них с радостью, даже с апломбом, приняли роль угодного властям советского поэта. Среди них были Василий Лебедев-Кумач и Степан Щипачёв, а также не столь известный Николай Браун, — в свое время сокурсник Заболоцкого и соиздатель студенческого литературного журнала. Другие, как Мандельштам и Ахматова, сочиняли хвалебные гимны советской жизни и вождям от крайней безысходности[14] [Mandelshtam N. 1970: 195, 198, 203; Freidin 1987: 250–267].

Заболоцкий находится где-то между этими двумя категориями. Как и многие советские писатели, он практиковал то, что Александр Жолковский называет «искусством приспособления». Жолковский отмечает, что такие авторы, как Зощенко и Пастернак, создавали «гибриды», в которых линия партии комбинировалась с другими идеологическими и эстетическими мотивами, создавая тем самым замечательное впечатление диалога в противовес монологической среде официальной литературы. «Искусство приспособления», утверждает Жолковский, создает «вторую реальность», которая облегчает читателям распознание и понимание основных атрибутов советской действительности [Жолковский 1992: 56, 63–64][15].

Концепцию Жолковского развил Томас Зейфрид в книге о писателе Андрее Платонове, с которым часто сравнивают Заболоцкого. Используя термины, которые в равной степени можно примечаниеть и к Заболоцкому, Зейфрид пишет, что для Платонова «искусство приспособления»

---

[14] Подобная интерпретация «советских» стихов Мандельштама отражает взгляды начала 1990-х — до публикации работ М. Л. Гаспарова (и продолжающего его линию Г. А. Морева), посвященных этим текстам. — *Примеч. ред.*

[15] Также в [Жолковский 1985: 78–98]. См. также [Zholkovsky 1994: 213–240].

...не является ни внутренним преодолением своего прежнего творческого «я», ни отчуждающей капитуляцией... Поздние работы созданы как результат медиации между мировоззрением Платонова и его ранней поэтикой, с одной стороны, и эстетикой соцреализма, которой он теперь должен был соответствовать, — с другой. С этой точки зрения, Платонов настойчиво, исподволь сохраняет признаки старины (отсюда его настороженность по отношению к бюрократии и ее принципам), но в то же время старается трансформироваться в функционера нового типа, хоть и не законченного циника [Seifrid 1992: 177][16].

Подобно поздним произведениям Платонова, в ряде поздних стихотворений Заболоцкого отражена злободневная политическая повестка. Такая повестка действительно была частью реальности. Но в то же время очевидный политический смысл часто тем или иным образом смягчается. Возможно, что некоторые стихотворения написаны эзоповым языком, понятным лишь проницательному читателю. Многие из них опираются на религиозные предпосылки, связи с *натурфилософией* романтизма или концепции искусства, идущие вразрез с «прогрессивным» поверхностным смыслом. Устойчивое признание Заболоцким советской действительности и участие в ней слились с его упорной решимостью сохранить собственное поэтическое видение, каким оно становилось с течением времени.

Если принять во внимание эти культурные влияния, загадка Заболоцкого, сохраняя всю сложность и противоречия, становится чем-то вроде культурной парадигмы Советской России[17].

---

[16] Лаконичная характеристика позиции Заболоцкого у Гольдстейн совпадает с оценкой Зейфридом позиции Платонова: «Как поэт, [Заболоцкий] всеми силами тщился сохранить независимость, но все же принимал политическую реальность. Он не был склонен бунтовать, но и не продавался» [Goldstein 1993: 82].

[17] Эткинд также занимает эту позицию: «Zabolotskii est un poète soviétique type, ou plutôt un poète type de l'époque soviétique: son destin devrait être cité dans les livres de classes comme exemplaire pour tout son époque» [«Заболоцкий — типичный советский поэт, вернее, типичный поэт советской эпохи: его судьба должна бы войти в учебники как типичная судьба того времени»] [Etkind 1988: 710].

(На самом деле и сама загадка становится частью этой парадигмы, если согласиться с часто перефразируемой характеристикой Черчилля, данной Советской России: «окутанная тайной головоломка внутри загадки».) Общий рисунок жизненного пути Заболоцкого и ряд конкретных эпизодов в его творчестве отражают судьбу многих писателей, чье мировоззрение неизбежно включает и хмель первых лет советской власти, и мрачный опыт репрессий и лагерей, и, при особом везении, мерцающую надежду на оттепель. Как и Пастернак, Заболоцкий участвовал в искусстве авангарда и был сформирован им, затем в 1930-е годы пережил явное «второе рождение», двигаясь к большей простоте в попытке идти в ногу со временем[18]. Подобно Пастернаку, Мандельштаму и Ахматовой, идти в ногу со временем ему удалось не вполне, и он для заработка занялся переводами (а также детской литературой, как Мандельштам и обэриуты)[19]. Как и Мандельштама, его отправили в лагерь, но он выжил и дожил, как Ахматова и Пастернак, до десталинизации, успев почувствовать ее вкус, но не успев насладиться ею в полной мере.

Но, несмотря на сходство в некоторых аспектах судеб Пастернака, Мандельштама, Ахматовой и судьбы Заболоцкого, эти поэты значительно от него отличались, будучи примерно на десятилетие старше и происходя из семей, стоящих ощутимо выше на социальной лестнице. По возрасту и социальному происхождению Заболоцкий был, скорее, представителем новой, уже явно советской интеллигенции с довольно обрывочным образованием, набранной из крестьянской и пролетарской молодежи 1920-х годов, — к ней же относились, например, Андрей Платонов и другие, вступившие на профессиональную стезю уже при советской

---

[18] Общее обсуждение этого феномена: [Гинзбург 1989: 222–225]. См. также [Турков 1966: 5–6; Македонов 1968: 181; Флейшман 1980: 9–10; de Mallac 1981: 130–131].

[19] Фактически Заболоцкий и Мандельштам подверглись нападкам одновременно, вместе с Виктором Шкловским и Константином Вагиновым в газете «Правда» от 30 августа 1933 года. См. [Freidin 1987: 237; Brown 1973: 91, 15, 311–312]. Об обэриутах и детской литературе см. в [Чуковская 1960; Sokol 1984; Рахтанов 1962].

власти[20]. Для этого более молодого поколения революция сама по себе вряд ли была проблемой. В момент революции большинству из них было меньше двадцати, и они не выражали ни живагоподобного восторга от «великолепной хирургии» большевистского переворота, ни живагоподобной тоски по несбывшимся надеждам 1905 года. Революция просто создала реальность, в которой происходило их созревание как писателей. Они формировали новое государство, — но также и сами были им сформированы. Многие из них, в том числе Заболоцкий и Платонов, работали в учреждениях новорожденной советской бюрократии с разной степенью идеологической вовлеченности [Касьянов 1977: 32; Дьяконов 1984: 30][21]. Как и упомянутые выше поэты старшего поколения, они тоже столкнулись с проблемой того, как быть писателем в эпоху, когда старое определение писателя больше не применялось, а новые определения возникали как результат мучительного, а иногда и смертельно опасного процесса.

Переходя на более абстрактный уровень, можно также утверждать, что в интеллектуальной вселенной Заболоцкого во многом отразилась та смесь идеологий, из которой образовалась советская культура. В ее дальней перспективе присутствуют утопические идеи футуристов (особенно Хлебникова) и авангардистов; позитивизм Энгельса и разнородные феномены русского марксизма; фрагменты утопической мысли Циолковского и Федорова, а также следы того, что можно было бы назвать «биологической философией», восходящей к работам Вернадского.

---

[20] [Seifrid 1992; Teskey 1982]; Предисловие М. Ю. (фамилия не указана) в [Платонов 1922]; [Бочаров 1971]. О новой советской интеллигенции см. в [Fitzpatrick 1992; Fitzpatrick 1978; Fitzpatrick 1991].

[21] О Платонове см. в [Seifrid 1992: 4–6]. Помимо очевидных различий между Платоновым-прозаиком и Заболоцким-поэтом, можно отметить, что Платонов, выросший близ железнодорожных мастерских Воронежа и любивший машины, был ближе к пролетариату, чем Заболоцкий, «полумужик» и провинциальный интеллигент. Вдобавок Платонов был сильнее вовлечен в практическую и общественную жизнь, используя свои навыки журналиста и инженера-мелиоратора на пользу Советского государства. Заболоцкий как будто тоже временами интересовался политикой, но эта заинтересованность всегда была сдержанной ввиду его главного самоопределения как поэта.

Однако при всей устремленности к будущему добрая часть этой идеологической мешанины была сформулирована в выражениях, относящихся к привычным и, казалось, незаменимым структурам российского прошлого. Образ мышления и мировоззрение Заболоцкого, как и советской культуры в целом, часто строились на фундаменте русского православия, даже если на это основание надстраивалась прогрессивная идеология. Здесь можно вспомнить о переделке старых религиозных праздников на светский лад, о схожести большевистских демонстраций с православными крестными ходами и о поразительном сходстве между большевистской и православной традициями агиографии [Stites 1989: 61, 109–114; Tolstoy et al. 1993; Bojko 1980: 72–77; Clark 1981: 4–5, 47–67, 151–152, 181–182]. Кроме того, литературные приемы XIX века оказались весьма полезны, а важное место в творчестве Заболоцкого и в советской литературе в целом занимал тяжеловесный, церемониальный стиль оды XVIII века.

Опираясь в исследовании о Заболоцком на концепцию загадки и культурной парадигмы, настоящая работа не полагает своей целью дать исчерпывающую картину жизни и творчества поэта. Это уже превосходно сделали Дарра Гольдстейн, Никита Заболоцкий (сын поэта), Андрей Турков, Адриан Македонов и другие. В настоящем исследовании, скорее, освещаются избранные моменты, в которых отражены основные культурные импульсы Советской России и проявились главные структуры и механизмы поэтической идентичности Заболоцкого. Парадоксальным образом именно такой подход, с выделением отдельных моментов, позволяет увидеть элементы целостности и преемственности, присущие русской советской культуре в целом, а также элементы целостности в творчестве «расколотого» поэта Заболоцкого. И напротив, при использовании привычного мыслительного шаблона, основанного на непрерывности изложения, наблюдается тенденция усиливать трещины и подчеркивать неоднородность культуры и идентичности.

Интересующие нас моменты биографии Заболоцкого содержатся в его немногих автобиографических высказываниях, в его письмах и в на редкость богатом собрании мемуаров, изданном под названием «Воспоминания о Заболоцком». Соответствующие моменты литературной жизни — это чаще всего отдельные короткие стихотворения и изредка проза, относящиеся к разным периодам творческой деятельности поэта. Длинные стихотворения 1930-х годов, хотя и составляют важный этап в его поэтическом становлении, будут рассмотрены не столь подробно. Сосредоточенные в рамках одного творческого периода, они менее полезны для такого рода диахронического исследования. Кроме того, они достаточно освещены в предыдущих работах [Goldstein 1993; Goldstein 1983; Masing-Delic 1983: 360–376; Masing-Delic 1992; Demes 1984].

Такой выборочный подход дает возможность отследить комплекс взглядов, идей и убеждений, струящихся в произведениях Заболоцкого, как животворный источник, порой потаенный, а порой бьющий у всех на виду. Именно этот комплекс лег в основу творчества поэта, решительно прокладывающего себе путь сквозь суровый и изменчивый ландшафт советской культуры, и как ее строитель, и как жертва.

Глава вторая
Устроение личности

НА ПОЛПУТИ МЕЖДУ КРЕСТЬЯНСТВОМ И ИНТЕЛЛИГЕНЦИЕЙ

> Милый друг! Люби и уважай книги... Написать книгу нелегко. Для многих книга — все равно, что хлеб.
>
> *Наставление на книжном шкафу*
> *Алексея Агафоновича Заболотского*

> Положиться можно только на свою картошку.
>
> *Заболоцкий — Николаю Чуковскому*

Первым «моментом», имеющим значение для нашего исследования, является, собственно, первое мгновение жизни Заболоцкого в день 24 апреля 1903 года, когда он, первый из шести детей Алексея Агафоновича и Лидии Андреевны Заболотских, родился на *ферме* под Казанью. Вряд ли кто-либо еще из крупных русских поэтов родился на ферме. Вряд ли у отца кого-то из них было такое откровенно крестьянское отчество — Агафонович. Немногие провели свои первые 17 лет жизни в такой глухомани, как Кукмор, Сернур и Уржум. И хотя многие русские поэты брали псевдонимы, ни у одного из них фамилия так не отдавала стоячей водой, как у Заболотского. Видимо, он и написание ее изменил в тщетной попытке избежать ассоциаций с неисправимой деревенщиной [Касьянов 1977: 31; Сбоев 1977: 42; Васин 1985: 137, 140][1].

---

[1] Изменение написания состоит в употреблении буквы *ц* вместо отдельных *т* и *с*, посредством которых фамилия четко делится на отдельные морфемы *за + болото + ский*. Действительно, некий А. Амстердам, нападая на «Столбцы» Заболоцкого в статье с заголовком «Болотное и Заболоцкий» [Амстердам 1930] строит свой каламбур именно на том, чего поэт стремился избежать.

О матери Заболоцкого до нас дошли только смутные сведения. Принимая во внимание ее девичью фамилию (Дьяконова), можно предположить, что она происходила из семьи священнослужителя. Бывшая учительница, это была морально стойкая женщина, угнетенная житейскими и духовными невзгодами [Заболоцкий 1972, 2: 208, 222; Васин 1985: 138]. Сестра поэта описывает Лидию Андреевну как праведницу, настолько стереотипную, что возникает вопрос, не потеряна ли ее индивидуальность: «Все хорошее, что в нас есть, заложено мамой, — пишет она. — Мама была очень хорошим, умным и справедливым человеком. Любовь к людям, отвращение к лжи и обману она внушала нам с детства. У нее был удивительно чистый и свежий ум» [Васин 1985: 138]. Однако даже с поправкой на дочернее обожание, по описанию угадывается умная и нравственно сильная женщина.

В отце поэта гораздо отчетливее можно увидеть ключ к некоторым противоречиям, которыми отличается сын как человек и как поэт. Согласно автобиографическому очерку поэта «Ранние годы» (1955 год), Алексей Агафонович первым из Заболотских был «человеком умственного труда». Но «умственный труд» в данном случае недалеко отстоял от крестьянских занятий предков: Алексей Агафонович отучился в Казанском сельскохозяйственном училище и работал на полях агрономом. «Не столь теоретик, сколь убежденный практик, — пишет Заболоцкий, — он около 40 лет проработал с крестьянами» [Заболоцкий 1972, 2: 208]. Он, по-видимому, внес много усовершенствований в возделывание клевера, ржи и льна, а также прославился тем, что сумел получить от певца Федора Шаляпина, также уроженца Уржумского уезда, помощь на содержание бесплатных столовых в неурожайные годы [Васин 1985: 137, 138]. Далее поэт рассказывает:

> Отцу были свойственны многие черты старозаветной патриархальности, которые каким-то странным образом уживались в нем с его наукой и с его борьбой против земледельческой косности крестьянства. Высокий, видный собою, с красивой черной шевелюрой, он носил свою светло-рыжую бороду на два клина, ходил в поддевке и русских сапогах, был умеренно религиозен, науки почитал, в высокие дела

мира сего предпочитал не вмешиваться и жил интересами своей непосредственной работы и заботами своего многочисленного семейства [Заболоцкий 1972, 2: 208].

Сдержанность в поведении, которой Заболоцкий-сын, казалось, отличался с самого начала, и ореол рассудительности, добродетели и чистоты, окружавший его (и приводивший в замешательство тех, кто ожидал гораздо большей мудрености от поэта-авангардиста), скорее всего, унаследованы как от отца с его «патриархальностью», так и от матери с ее обостренным нравственным чувством.

Также чувствуется влияние Алексея Агафоновича в стремлении Заболоцкого «в высокие дела мира сего не вмешиваться» и жить «интересами своей непосредственной работы» и заботами своей семьи. «Работа» в его случае была поэзией, а не агрономией, а «высокие дела мира сего» приняли форму сталинизма. Все эти аспекты очень ярко проявляются, например, в обращении поэта в прокуратуру в 1939 году с просьбой об освобождении из лагеря. Изложив подробности сфабрикованного против него дела, Заболоцкий выражает озабоченность по поводу депортации его семьи из Ленинграда в Кировскую область (ранее — Уржумский уезд) и по поводу того факта, что с момента ареста у него не было возможности ни прочитать книгу, ни написать стихотворение. «Я чувствую, что с каждым днем теряю свою квалификацию», — пишет он [Goldstein 1993: 94]. В завершение Заболоцкий свидетельствует как о своей лояльности советскому строю, так и о приоритетности для него ролей поэта и семьянина:

> Прошу направить на пересмотр мое дело... Прошу снять с меня незаслуженное позорное клеймо врага народа и возвратить меня к моей семье, к моим детям, к моей работе. ...Дело идет о физической и литературной жизни советского поэта, который на благо советской культуры готов отдать все свои силы и способности [Goldstein 1993: 94].

Подлинная преданность поэта семье подтверждается двумя свидетельствами примерно этого же периода. Первое из них —

это письмо Заболоцкого жене из лагеря. В письме от 8 мая 1941 года явно видна мука любящего отца, насильно разлученного с детьми:

> Часто вспоминаю я Никиткино детство — как он на Сиверской впервые встал на ножки, как лазил под стол за мячом и, разогнувшись там, — ушибся... как он наблюдал за моим бритьем, а я строил ему невероятные рожи, что доставляло ему столько удовольствия; как дочку укачивал; как она тихонько сказала «папа» — тогда, — прощаясь со мной. Или это только почудилось мне?.. Судьба оторвала меня от дочки; детство ее проходит без меня [Заболоцкий Н. Н. 1998: 303].

Второе свидетельство находится в мемуарах того самого Никиты, о котором говорилось выше, — теперь уже взрослого человека. Он вспоминает, как они с матерью и сестрой путешествовали из Уржума, куда они были сосланы как семья врага народа, на крошечную, почти заброшенную дальневосточную станцию[2], чтобы воссоединиться с Заболоцким, который был уже не заключенным, а вольнонаемным. Маленькая группа все ждала и ждала, когда же появится поэт с лошадью, чтобы отвезти их в хижину, где они будут жить. Наконец он появился. «Папа, который не терпел никакой аффектации, — пишет Никита Заболоцкий, — опустился перед детьми на колени, смотрел, смотрел...» [Заболоцкий Н. Н. 1977: 184].

Свое желание не вмешиваться в высокие дела мира сего Заболоцкий повторял неоднократно, и однажды в 1950-е годы он прямо заявил: «Для меня политика — это химия. Я ничего не понимаю в химии, ничего не понимаю в политике, и не хочу об этом думать... Я только поэт, и только о поэзии могу судить». В другом случае он снова с необычной откровенностью заявил о политических аспектах своей позиции: «Я не знаю, может быть социализм и в самом деле полезен для техники. Искусству он несет смерть» [Роскина 1980: 70, 77].

---

[2] Заболоцкий воссоединился с семьей на станции Михайловка на Алтае. — *Примеч. ред.*

Пожалуй, наиболее впечатляет утверждение Заболоцкого об отце в «Ранних годах». Это определение примечаемо к нему самому почти в той же мере, как и к его отцу. «По своему воспитанию, нраву и характеру работы, — пишет поэт, — он [мой отец] стоял где-то на полпути между крестьянством и тогдашней интеллигенцией» [Заболоцкий 1972, 2: 208]. Занятия Заболоцкого-младшего явно отличались от работы его отца, но вот его воспитание, нрав и, прежде всего, его промежуточное положение, принадлежность к двум мирам оказали глубокое влияние на его характер.

Можно утверждать, что сам Заболоцкий-младший был уже полноценным интеллигентом: он переехал из деревни в город, получил литературное образование и, самое главное, в изменившемся обществе новая советская интеллигенция создавалась именно из таких, как он. И здесь он снова вписывается в общую культурную парадигму[3]. Но все же очевидно, что все это определяет принадлежность к интеллигенции лишь технически. А вот следы «крестьянского» происхождения и рвение новоявленного *интеллигента* были характерны для поэта и для других членов новой интеллигенции в течение всей жизни. Так, сборник Заболоцкого «Столбцы» — это одновременно и авангардная поэзия, и «реалистическое» видение деревенского парня, изумленного излишествами городской жизни времен НЭПа [Engel 1993: 446–459]. Его позднейшее обращение к классическим стихам о природе — это возврат к местности, где прошло его детство, к «целомудренной прелести растительного мира» и к природе Сернура, которая, как выразился сам поэт, «никогда не умирала в моей душе и отобразилась во многих моих стихотворениях» [Заболоцкий 1972, 2: 209].

Именно в бытность свою студентом в Петрограде, когда молодой Заболоцкий всеми силами старался превозмочь свое деревенское происхождение, он ясно дал понять, что гордится крестьянскими корнями. Рисуя свою петроградскую жизнь в письме другу детства и однокласснику из Уржума Михаилу (Мише) Касьянову, Заболоцкий сочетает эту гордость с тем, что можно

---

3 См. [Reed 1990; Fitzpatrick 1992: 35; Fitzpatrick 1978; Fitzpatrick 1991; Clark 1991].

принять за обычное крестьянское недоверие к «чужакам», и с лермонтовским чувством отчуждения, присущим начинающему поэту. Предвосхищая свою более позднюю характеристику отца как того, кто стоит «на полпути между крестьянством и интеллигенцией», — себя он именует «полумужиком»:

> Соседи по квартире знают меня, как *грубого, несимпатичного полумужика,* и я — странное дело — как будто радуюсь этому. Ведь жизнь такая странная вещь — если видишь в себе что-нибудь — не показывай этого никому — пусть ты будешь для других кем угодно, но пусть руки их не трогают твоего сердца. И в сущности, это почти всегда так и бывает. Я знаю многих людей, которые инстинктивно показывают себя другими, не теми, что есть. Это так понятно. Но я люблю и боюсь своего одиночества [Заболоцкий 1972, 2: 231][4].

О схожем недоверии к внешнему миру и о сельскохозяйственных познаниях крестьянина свидетельствует один эпизод конца 1940-х. Когда Заболоцкий вернулся из тюрьмы и дальневосточной ссылки, ему, бывшему заключенному, трудно было немедленно рассчитывать на квартиру, поэтому он с семьей жил на чужой даче в Переделкино. К удивлению Николая Чуковского, жившего на соседней даче, только что вернувшийся поэт сразу же принялся вскапывать огород и «трудился от зари до зари, переворачивая землю лопатой» [Чуковский 1977: 219]. Идея разбить огород для пропитания никогда не приходила в голову Чуковскому, который тоже был в стесненных обстоятельствах. Но когда он попытался уверить Заболоцкого в том, что прожить можно и на литературные заработки, тот отказался принять это на веру и ответил фразой, подозрительно похожей на крестьянскую поговорку: «Положиться можно только на свою картошку» [Чуковский 1977: 219]. Как только Заболоцкий законным порядком получил квартиру в Москве, огородничество, скорее всего, прекратилось.

---

4   Дальнейшие пояснения по подобным ситуациям см. в [von Geldern 1996: 365–383].

Тем не менее поэт держал у входной двери несколько пар валенок, как будто в знак опоры на крестьянские обычаи и из опасения, что снова арест бросит его на милость стихий. Как сообщает сын Заболоцкого, в городе валенки были «совершенно ненужными» [Заболоцкий Н. Н. 1977: 188].

В письме, написанном незадолго до смерти, примерно через 40 лет после процитированного выше письма Касьянову, поэт снова обращается к своей крестьянской идентичности. Спросив своего адресата о здоровье, Заболоцкий затем отмечает, что у него самого были проблемы с сердцем, поскольку «здоровье моего сердца осталось в содовой грязи одного сибирского озера», то есть на месте его принудительных работ. «Но я и мое сердце — мы понимаем друг друга, — продолжает он. — Оно знает, что пощады ему от меня не будет, а я надеюсь, что его *мужицкая порода* еще потерпит некоторое время» [Заболоцкий 1972, 2: 265]. Примечательно, что в обоих письмах самоощущение Заболоцкого как крестьянина связано с его сердцем, первый раз образно («пусть руки их не трогают твоего сердца»), а второй раз — более или менее буквально («здоровье моего сердца»), хотя и это выражение могло быть образным, поскольку лагерный опыт сказался не только на теле поэта, но и на душе.

Вследствие того, что Заболоцкий непрестанно помнил о своем крестьянском происхождении, к интеллектуальной жизни он зачастую относился не просто с уважением, а с благоговением. В «Ранних годах» он вспоминает отцовский книжный шкаф с произведениями русских классиков. Это была не та библиотека, которая бывала в домах образованных высших слоев общества и состояла из дорогостоящих собраний сочинений. Это было собрание русской классики, выпущенное в качестве приложений к популярному иллюстрированному журналу «Нива» для тех, кому дорогие издания были недоступны и кому могло потребоваться некоторое руководство в выборе книг для чтения. Алексей Агафонович «старательно» переплетал тома, сообщает Заболоцкий, но он скорее «уважал» свою коллекцию, чем «любил» или читал книги из нее. Как впоследствии выразился один критик, Алексей Агафонович много не читал, но относился к своей коллекции «с крестьянской уважительностью» [Павловский 1982: 170]. Книжный шкаф тем не менее сослужил хорошую службу, став «любимым наставником и воспитателем» будущего поэта. Даже спустя 45 лет, будучи уже зрелым поэтом, он вспоминает наставление, вырезанное из календаря, приклеенное к куску картона и размещенное на дверце книжного шкафа. Он пишет, что читал его «сотни раз» и до сих пор «дословно помнит его немудреное содержание». В доказательство он цитирует это благоговейное и действительно немудреное увещевание:

> «Милый друг! Люби и уважай книги. Книги — плод ума человеческого. Береги их, не рви и не пачкай. Написать книгу нелегко. Для многих книги — все равно, что хлеб» [Заболоцкий 1972, 2: 211].

Он заключает, что его детская душа восприняла эту календарную премудрость со всей пылкостью и непосредственностью детства, что именно около книжного шкафа с надписью на картонке он выбрал профессию и стал писателем, сам еще не вполне понимая смысл этого большого для себя события.

Как многие хорошие русские мальчики, Заболоцкий начал писать стихи еще в начальной школе. Его первая проба пера, написанная, когда он был в третьем классе, начиналась так: «Как во Сернуре большом / Раздается сильный гром» [Васин 1985: 139]. Стихотворение, в котором предсказуемо отсутствует поэтическая изощренность, демонстрирует точку зрения очень маленького ребенка, который нигде, кроме деревни, не жил. Деревня, в которой есть «площадь с церковью… две длинные улицы… две короткие улочки: на одной была сельская школа, а на другой — больница», характеризуется как «большой» Сернур [Заболоцкий 1972, 2: 209].

Заболоцкий занимался поэзией с чувством абсолютной преданности ей, — в отличие от многих других, для кого причастность культуре была естественной и кто мог поэтому позволить себе писать стихи в качестве развлечения, хобби или для проверки своего художественного чутья. В торжественной манере, приличествующей знаменательным событиям жизни, он сообщил своему другу Мише Касьянову, что если начал писать стихи, то это уже «до самой смерти». И он подкрепил свой аргумент, объяснив, что у него есть «тетка», которая тоже писала стихи, и тоже так говорила: «Знаешь, Миша. У меня тетка есть, она тоже пишет стихи. И она говорит — если кто почал... стихи писать, до смерти не бросит» [Касьянов 1977: 31]. Обращение мальчика к авторитету своей «тетки», о которой до сих пор ничего не известно ни как о поэте, ни в ином качестве, использование им глагола «почать», типичного для сельского говора, вместо литературного «начать» и детская простота синтаксиса придают особенный вес серьезности этого заявления.

Немногим более десяти лет спустя, когда Заболоцкий был на пути к тому, чтобы стать значимой фигурой среди ленинградских поэтов-авангардистов, в письме к своей будущей жене, Е. В. Клыковой, он выразил такую же преданность поэзии, но несколько более драматично.

> Надо покорять жизнь, надо работать и бороться за самих себя. Сколько неудач еще впереди, сколько разочарований, сомнений! Но если в такие минуты человек поколеблется — его песня спета. Вера и упорство, труд и честность... Моя жизнь навсегда связана с искусством — вы это знаете. Вы знаете — каков путь писателя. Я отрекся от житейского благополучия, от «общественного положения», оторвался от своей семьи — для искусства. Вне его — я ничто [Степанов 1972: 6].

Здесь снова видна искренность новообращенного — человека, для которого поэзия и иные творческие и интеллектуальные занятия не были чем-то прирожденным.

Молодой Пастернак, например, мог чередовать занятия музыкой, философией и поэзией, и при этом рассчитывать как на понимание своей семьи, так и на относительно постоянный материальный достаток. Но для Заболоцкого его утверждение о том, что он оторвался от семьи и отрекся от житейского благополучия, хоть и кажется преувеличением, тем не менее соответствует реальности. Вряд ли можно было ожидать, что его семья, оставшаяся в Сернуре, хотя бы поймет поход Заболоцкого в авангард, не говоря уже о том, чтобы деятельно поддержать его. Согласно прошению Заболоцкого о предоставлении ему стипендии в институте имени Герцена, его отец уже жил на «небольшую пенсию», а мать работала руководительницей в Доме ребенка, имея «скудный заработок». Кроме того, у них было еще пятеро детей на иждивении, самому младшему из которых было пять лет [Павловский 1982: 167–168]. И даже не беря во внимание финансовую возможность семьи поддержать его, — возможно, молодой поэт углубил наметившийся разрыв с семьей, изменив в середине 1920-х написание своей фамилии в тщетной попытке выглядеть по-интеллигентски, а не по-мужицки.

Первый большой шаг в направлении интеллигенции Заболоцкий сделал в 1920 году, когда они с другом, Мишей Касьяновым, решили покинуть Уржумский уезд и добиваться успеха на поприще культуры в Москве. Как начинающие литераторы, они сначала поступили на историко-филологический факультет Первого Московского университета. Обнаружив, что студенческого пайка, выдаваемого на филфаке, им не хватает, они поступили еще и на медицинский факультет Второго Московского университета, где пайки были лучше. Если судить по воспоминаниям Касьянова и одному стихотворению Заболоцкого того периода, жили они очень бедно, но сумели сохранить бодрость духа. В стихотворении Заболоцкого сначала описывается дорога двух друзей на занятия медицинского факультета. Они завтракают в дешевой чайной, где «чай» заваривают из моркови за неимением настоящего чая, где «повидло» к «чаю» было из разряда «ненормированных сладостей», где посетители приносили с собой свой паек хлеба и где вывеска, словно по некой иронии, все еще сулила мифические яства: «Торты, хлеб, сайки, баранки, какао». Затем они шли к месту назначения — на класс остеологии на медицинском факультете. Что символично для того времени, оказавшись на уроке, поэт размышлял о стоянии в очереди за хлебом и о проблемах с обувью. Как в хорошую, так и в плохую погоду он надевал поверх кожаных сапог галоши, потому что подметки его сапог отвалились, — но и галоши теперь тоже уже разваливались.

Утром за чайной
Рано, чуть свет,
Зайдешь не случайно
В университет.

Припев
Торты и сдобные хлебы,
Сайки, баранки, какао.
Эй, подтянись потуже,
Будь молодцом!

Номенклатура,
Костный музей.
Vertebra Prominens
ноет сильней.

В аудитории сонной
Чувства не лгут —
На Малой Бронной
Хлеб выдают.
На Малую Бронную
Сбегать не грех.
Очередь там небольшая —
Шестьсот человек.
Улица Остоженка,
Пречистенский бульвар,
Все свои галоши
О вас изорвал [Касьянов 1977: 36–37].

Этот Заболоцкий — не тот блестящий визионер гротеска, каким он станет в конце 1920-х, и не претерпевший страдания мастер классического русского стиха, которым он станет еще позже, когда юмор останется лишь в *стишках*, как он их называл, предназначенных только для друзей и семьи, а не для публикации. Студент Заболоцкий, описывая суровые материальные лишения, пишет с добрым лаконичным юмором и с легкой иронией молодого человека, полного надежд на будущее.

Возможно, поэт использует противоречие между подлинной серьезностью, даже мрачностью изображаемой ситуации и уходом от стандартных форм «серьезной» поэзии, чтобы создать ощущение приятной неустойчивости. Стихотворение легко делится на «классические» строфы длиной в четыре строки, но короткие строки с тенденцией к дактильному метру больше тяготеют к фольклору или частушке, чем к великой русской поэтической традиции. В большей части стихотворения применяется обычное чередование мужских и женских рифм. Заболоцкий, однако, смешивая точные рифмы (*свет / университет, сонной / Бронной*), неточные рифмы (*из чайной / случайно, не грех / человек*) и нерифмованные окончания (*хлебы / потуже, Бронную / небольшая*), добивается некоей преднамеренной комической неловкости. Пестрящая стилистика стихотворения, сочетающая литературную и разговорную русскую речь, перечень кондитерских товаров с вывески чайной, русифицированную латынь и настоящую латынь, — все это бросает бесшабашный вызов закоснелым нормам поэтической традиции, — равно как и внезапные обращения — первое, напористо-фамильярное, — к читателю, либо к самому поэту («Эй, подтянись потуже, будь молодцом!»), и второе — к московским улицам, на которых поэт разодрал калоши («Улица Остоженка, Пречистенский бульвар, / все свои галоши о вас изорвал»).

Несмотря на оптимизм и жизнестойкость молодости, начинающий поэт в конце концов решил, что «нет смысла голодать на медицинском факультете», и в начале 1921 года вернулся в Уржум [Касьянов 1977: 40]. Однако к осени того же года его решимость получить литературное образование вновь окрепла, и он отправился в Петроград, где поступил на литературный факультет Педагогического института имени Герцена.

Любопытен выбор Заболоцким этого учебного заведения, если учесть его собственное признание, что он «педагогом... быть не собирался и хотел лишь получить литературное образование, необходимое для писательской работы» [Заболоцкий 1983, 1: 491][5]. По некоторым источникам, он мог бы участвовать в деятельности Дома искусств Горького, поступить в Петроградский университет или Институт истории искусств, под сенью которых он смог бы

---

[5] Первоначальная публикация: [Заболоцкий 1966, 3].

познакомиться с выдающимися литературными умами того времени [Goldstein 1993: 17][6]. Подобно Николаю Брауну, с которым он выпускал студенческий журнал, он мог бы учиться одновременно и в Институте имени Герцена, и в Институте истории искусств, извлекая пользу из обоих [Филиппов 1981: 18]. Но насколько нам известно, для получения формального образования Заболоцкий рассматривал только Институт имени Герцена. Это был институт с хорошей репутацией, но тем не менее в нем готовили не поэтов или литературоведов, а учителей.

Ответ на эту загадку может заключаться в некоторых практических деталях, ныне неизвестных истории, например, в предоставлении продуктовых карточек или места в общежитии. Также могли иметь значение академическая подготовка Заболоцкого и его классовая принадлежность. В Уржуме он посещал *реальное училище* и поэтому не получил той подготовки, которую обеспечивала *гимназия* и которая обычно требовалась для поступления в университет до революции. Возможно, в 1921 году некоторые прежние требования еще были в силе. С другой стороны, в ранние годы советской власти рабочие и крестьяне имели огромное преимущество при поступлении в институт, — но, возможно, с точки зрения приемной комиссии, классовая принадлежность Заболоцкого к крестьянам была неполноценной из-за «управленческой» должности отца [Fitzpatrick 1992: 66, 95–96][7].

---

[6] Об Институте истории искусств см. [Гинзбург 1990: 278–290].

[7] «Дом искусств» под руководством Горького» был не учебным заведением, а писательским общежитием и клубом. Обучение на Высших курсах искусствоведения при Институте истории искусств (где учились из числа обэриутов Хармс, Вагинов, Бахтерев, Левин, Разумовский и Минц) было платным и сравнительно дорогим. Что касается выбора между университетом и Педагогическим институтом, то в ситуации начала 1920-х годов обучение Заболоцкого до 1918 года в реальном училище, а не классической гимназии, однако сразу же после революции и унификации средних учебных заведений (превращенных в Единые трудовые школы) они были повсеместно удалены из программы. Справки о «трудовом стаже» и рекомендации профсоюза (или приравненные к ним документы) детям служащих с 1921 года были в самом деле нужны. Заболоцкий приехал в Петроград с командировкой Вятского губернского Губпрофора. — *Примеч. ред.*

Сделанный выбор, возможно, также имел некое отношение к собственному чувству идентичности Заболоцкого как полукрестьянина, полуинтеллигента. В конце концов, именно в это время он написал письмо, в котором одновременно и сокрушался, и хвастался, что его соседи по комнате принимали его за «грубого, несимпатичного полумужика». Возможно, он разделял опасения поэта меньшего масштаба, впоследствии ставшего успешным чиновником от литературы, Александра Прокофьева, который однажды отказался читать свои стихи в Институте истории искусств, сославшись на присутствие «тщеславных снобов и эстетов-формалистов» [Филиппов 1981: 73].

Как отмечалось ранее, Заболоцкий считал себя «самоучкой». Если в американской культуре представление о человеке, который учился самостоятельно, обычно нейтрально или несет в себе позитивный оттенок, то в русском понятии «самоучка» есть намек на возможную недостаточность самообучения. Словарь Даля, например, определяет самоучку как «человека, не получившего правильного образования» [Даль 1880–82]. Слово «правильное» здесь, скорее всего, следует понимать как «регулярное», «структурированное», «формальное», но тем не менее оно несет сильные коннотации своего более общего значения, тем самым предполагая что-то потенциально «неправильное» в образовании самоучки. Другие словари подчеркивают отсутствие «систематического обучения» и отсутствие учителя («руководителя»), тем самым обращая внимание на потенциально ошибочный характер обучения, а не на позитивное представление о личной инициативе [Ушаков 1974; Ожегов 1963]. В воспоминаниях Николая Чуковского мы находим подтверждение этой мысли в связи с Заболоцким:

> Он родился и вырос в маленьком глухом городке, и все, что знал, узнавал самоучкой, до всего додумывался самостоятельно, и нередко очень поздно узнавал то, что с детства известно людям, выросшим в культурной среде. Он понимал, что он *самоучка*, и всю жизнь относился к *самоучкам* с особой нежностью. Он называл их «*самодеятельными*

мудрецами», — то есть мудрецами, в основе мудрости которых лежит не школьная наука, не книжность, а собственное, наивное, но отважное мышление [Чуковский 1977: 227].

Чуковский далее отмечает, что *самоучками* Заболоцкий считал и большинство своих героев — философа XVIII века Г. Сковороду, физика-провидца Циолковского и поэта Хлебникова, а также своего друга и товарища по ОБЭРИУ Даниила Хармса. Если придираться, Сковорода, Хлебников и Хармс на самом деле получили толику «правильного» образования (тогда как Циолковский действительно учился самостоятельно, из-за глухоты, вызванной скарлатиной). Тем не менее факт остается фактом: каждый из них обитал в созданном им самим неповторимом интеллектуальном мире, и каждый так или иначе пострадал ради его целостности.

Не исключено, что поступление Заболоцкого в Педагогический институт имени Герцена в какой-то степени отразило раскол между двумя половинами его собственного «я». Одна половина, воплощенная в безоговорочной клятве стать поэтом и продолжать писать стихи «до самой смерти», влекла его к культурному брожению Москвы и Петрограда, манила прочь от сравнительно спокойной жизни провинциального уржумского интеллигента. Но столкнувшись с утонченностью городской интеллигенции, которую олицетворяли элитарный Университет и Институт истории искусств, молодой человек стал лучше осознавать свою вторую половину, которая была действительно связана с деревенской жизнью и жизнью маленького городка его детства. Когда он оказался в Петрограде, ему пришлось самому справляться с городской жизнью, без моральной поддержки от человека с похожим происхождением и взглядами, потому что его друг, Миша Касьянов, остался в Москве.

Можно также попытаться экстраполировать первую реакцию Заболоцкого на город Уржум, который он впервые увидел десятилетним мальчиком, поступив в реальное училище, на восприятие им культурного богатства Петрограда. Оглядываясь назад, пожилой Заболоцкий называет Уржум «крохотным». Но для десятилетнего Заболоцкого, который бо́льшую часть детства провел в «большом Сернуре» (том самом мегаполисе, состоящем из «двух длинных улиц, двух коротких улиц и деревенской площади»), переезд в Уржум стал действительно важным событием:

> Это было великое, *несказанное счастье!* Мой мир раздвинулся до громадных пределов, ибо крохотный Уржум представлялся моему взору колоссальным городом, полным всяких чудес. Как была прекрасна эта Большая улица с великолепным красного кирпича собором! Как пленительны были звуки рояля, доносившиеся из открытых окон купеческого дома — звуки, еще никогда в жизни не слыханные мною! А городской сад с оркестром, а городовые по углам, а магазины, полные необычайно дорогих и прекрасных вещей! [Заболоцкий 1972, 2: 210].

Но несмотря на это несказанное счастье, на чудеса и на то, что Уржум был на самом деле «крохотным» по сравнению с любым крупным городом, мальчик все же тосковал, и даже будучи уже взрослым, вспоминает это переживание: «Но как тяжко вдали от дома!» Если даже Уржум вызвал такую реакцию, насколько глубже могла быть реакция Заболоцкого на Москву и Петроград. Но сильнее могла быть не только очарованность, но и подавленность — культурная, интеллектуальная и физическая, усугубляемая неизбежными невзгодами тех лет.

РЕЛИГИОЗНАЯ ВОСПРИИМЧИВОСТЬ

> ...и когда девичьи голоса пели «Слава в вышних Богу»..., слезы подступали к горлу, и я по-мальчишески верил во что-то высшее и милосердное, что парит высоко над нами и, наверное, поможет мне добиться настоящего человеческого счастья.
>
> *Заболоцкий. Ранние годы*

Помимо ощущения своего промежуточного положения в мире, с ранних лет до конца жизни Заболоцкого отличали и другие черты: в первую очередь метафизическое и религиозное переживание высшего смысла, пронизывающего здешнюю жизнь, и чувство причудливого, в котором сочетались любознательность, мягкая ирония, бунтарство и литературное остроумие. Первому особенно способствовало его сельское происхождение, второму — чаяния, побудившие его переехать из деревни в город.

Что совершенно необычно для советского писателя, о своем религиозном воспитании Заболоцкий пишет довольно подробно, более или менее позитивно и с воодушевлением. На этом основании можно предположить, что это воспитание довольно значительно повлияло на его становление в детские годы. Даже после уроков, полученных в лагере, он не забыл своего религиозного образования и включил его в мемуары, несмотря на политические соображения.

Он никогда не делает четких заявлений о своей вере или неверии. Однако описание религиозного опыта у него контрастирует с подобными описаниями у других советских писателей, будь то опыт персонажа книги «Как закалялась сталь» Павла Корчагина, предположительно отразившего черты Николая Островского, или опыт Андрея Платонова, чье сходство с Заболоцким уже отмечалось. И у Платонова, и у Островского религиозное образование описывается в лучшем случае как нечто ненужное, в худшем — как зло, и оно всегда в тягость. В их глазах главное достоинство церковно-приходской школы было в том, что учителя-вероотступники могли пробудить в учениках первые проблески революционного сознания[8]. Законоучители юного Заболоцкого в его описании мало похожи на образцы святости: отец Сергий из приходской школы в Сернуре особенно запомнился своей склонностью ставить непослушных учеников в угол на горох, а отец Михаил из уржумского реального училища описывается как «удивительный неудачник», которого «ни во что не ставили» [Заболоцкий 1972, 2: 210, 216]. Однако в то же время

---

[8] См. отрывок из автобиографии Платонова [Платонов 1922: vi]. Я признательна Томасу Зейфриду за предоставленную мне копию предисловия и за то, что он поделился своими обширными знаниями о взглядах Платонова на вопросы материи и духа. См. [Seifrid 1992; Островский 1984; Островский 1983 (начальные страницы)].

они внесли свой вклад в создание среды, в которой мальчик оттачивал духовные инструменты и взращивал интуиции, впоследствии вновь и вновь служившие ему.

Само собой разумеется, что начальное духовное развитие Заболоцкого не имело ничего общего ни с изысканной эстетизированной религией символистов, ни с богословской утонченностью религиозных слоев городской интеллигенции. Его религиозная чувствительность произросла из доморощенного провинциального, крестьянского православия. Принимая во внимание интерес семьи Заболоцкого к образованию, свидетельствующий о ее движении от крестьянства к провинциальной интеллигенции, можно быть уверенным, что в основах религии будущий поэт разбирался более основательно, чем окружающие крестьяне. Но в то же время в основе этого понимания лежало неоспариваемое, неисправимое, традиционное сельское православие, способное вобрать в себя и примеси языческих народных верований, и крестьянский утопический мистицизм и, в конечном итоге, элементы марксистской мысли. К большому огорчению церковных властей, из этой разнородной пряжи состояла ткань духовной жизни русской деревни[9].

Если, как сообщает Заболоцкий, его «отцу были свойственны многие черты старозаветной патриархальности» и он был «умеренно религиозным», в семье, скорее всего, было принято ежедневное молитвенное правило и более-менее регулярное посещение церкви [Заболоцкий 1972, 2: 208]. Более того, мальчик, несомненно, изучал Закон Божий как в приходской школе в Сернуре, так и в уржумском реальном училище. Поэт помнит не только вступительные экзамены в реальное училище по Закону Божию, но и (более 40 лет спустя) короткий молебен, с которого начинался каждый учебный день: зал с огромным портретом царя в мантии в золотой раме; хор, стоящий перед учениками с левой стороны; пение молитвы «Царю Небесный» «каким-то младенцем-новичком»; священник отец Михаил, страдающий флюсом, читающий дрожащим тенорком главу из Евангелия;

---

9   См. [Freeze 1983; Ivanits 1989; Hubbs 1988; Masing-Delic 1992].

и заключительное пение гимна «Боже, царя храни» [Заболоцкий 1972, 2: 210, 213]. Заболоцкий вспоминает и об обязательном посещении всенощной и обедни по субботам и воскресеньям и о том, как прислуживал алтарником в соборе. Это послушание, помимо зажигания и тушения свечей, давало возможность, к большому удовольствию действующих лиц, потягивать украдкой «теплоту» (разведенное вино) и передавать записки от мальчиков из реального училища гимназисткам и обратно [Заболоцкий 1972, 2: 220].

Однако ни участие в шалостях, ни дрожащий тенорок священника с флюсом не могли полностью разрушить религиозные переживания Заболоцкого. Описывая свое детство в Сернуре, поэт вспоминает одноклассника Ваню Мамаева, выходца из бедной семьи, которому доверили участвовать в обходе села с чудотворной иконой. Зима была холодной, и Ваня, в худой одежонке, с утра до ночи ходил по домам с монахами, которые несли икону. «Бедняга замерз до полусмерти, — пишет Заболоцкий, — и получил в награду лаковую картинку с изображением Николая Чудотворца. Я завидовал его счастью самой черной завистью» [Заболоцкий 1972, 2: 210]. Возможно, повзрослевший Заболоцкий и внес в этот эпизод нотку самоиронии — ведь, на первый взгляд, довольно глупо завидовать тому, кто замерз до полусмерти и получил взамен только картинку. Очевидно, однако же, что ребенком Заболоцкий отнесся к случившемуся со всей серьезностью и искренне завидовал религиозному самопожертвованию маленького Вани и его награде.

Пожалуй, самое глубокое выражение детского религиозного опыта Заболоцкого мы находим в его описании всенощной. И здесь опять-таки повзрослевший автор, возможно, передает некоторую наивность веры мальчика, но все же этому отрывку скорее свойственна сладкая ностальгия по самому себе в юности, чем самоирония:

...тихие всенощные в полутемной, мерцающей огоньками церкви невольно располагали к задумчивости и сладкой грусти. Хор был отличный, и когда девичьи голоса пели «Слава в вышних Богу» или «Свете тихий», слезы подступали к горлу, и я по-мальчишески верил во что-то высшее и милосердное, что парит высоко над нами и, наверное, поможет мне добиться настоящего человеческого счастья [Заболоцкий 1972, 2: 220].

Наш главный источник сведений о детстве Заболоцкого — его собственные воспоминания, «Ранние годы», — описывает его жизнь только до начала Первой мировой войны. По понятным причинам, письменных обсуждений религиозного опыта Заболоцкого в послереволюционный период не существует. Известно, однако, что некоторые православные традиции живо сохранились в его памяти. Например, в письме Касьянову в 1921 году он тепло вспоминает о Рождестве у себя дома:

Сегодня я вспомнил мое глубокое детство. Елку, Рождество. Печка топится. Пар из дверей. Мальчишки в инее. — Можно прославить?
Лежал в постели и пел про себя: — Рождество Твое Христе Боже наш...
У дверей стояли студентки и смеялись... [Заболоцкий 1972, 2: 228].

Заболоцкий завершает письмо предложением Касьянову приехать к нему «на Рождество», хотя теоретически Рождество отменили четырьмя годами ранее.

Сосед молодых поэтов по комнате рассказывает о другом случае, происшедшем несколько лет спустя. На спонтанном празднике с общим пением исполнялись не только вполне предсказуемые «Вечерний звон» и «Вниз по матушке, по Волге», но также духовные песнопения: «Хвалите имя Господне...», «Се Жених...» и «Чертог Твой...». Хотя сосед по комнате подчеркивает, что религиозных наклонностей у импровизированных певчих не было, он тем не менее добавляет, что песнопения выходили вполне хорошо [Сбоев 1977: 43–44].

Религиозное образование влияло на творчество Заболоцкого достаточно долго, — это очевидно из временно́го разброса нескольких написанных и запланированных работ на откровенно религиозные темы. Еще в 1921 году 18-летний Заболоцкий подробно пишет Касьянову (в письме в стихах, ни больше ни меньше) о своей работе над драмой «Вифлеемское перепутье» [Касьянов 1977: 40–41]. Никаких указаний на судьбу этой драмы у нас нет, но не исключено, что к ней имеет отношение отрывок, написанный примерно десятью годами позже, под названием «Пастухи». Это краткая инсценировка встречи ангелов, возвещающих Рождество Христово, группы натуралистически изображенных, бестолковых пастухов и говорящего (или по меньшей мере думающего вслух) быка.

Эта авангардная, на первый взгляд, трактовка Рождества на самом деле уходит корнями в древнерусскую культуру, и в частности — опирается на рождественскую пьесу религиозного писателя XVII века святого Димитрия Ростовского (Туптало), к которому Заболоцкий проявлял явный интерес. Как и в отрывке, написанном Заболоцким, в пьесе святого Димитрия Ростовского пастухи изображены натуралистически. Что примечательно, в произведение на серьезную, возвышенную религиозную тему святой Димитрий вводит реалистические и комические элементы. По словам Д. Святополк-Мирского, пьесы святого Димитрия «...причудливо барочны в своем странно-конкретном изображении сверхъестественного и смелом привлечении юмора, когда речь идет о высоких предметах» [Святополк-Мирский 2005: 88][10]. И святой Димитрий, и Заболоцкий, скорее всего, своей основной концепцией в чем-то обязаны также русским православным иконам Рождества Христова, живописное содержание которых сосредоточено на скромных обстоятельствах рождения Христа, а четко заданный иератический стиль указывает на высший смысл [Лосский, Успенский 2014: 237–245; Baggley 1988: 122, 142].

Кроме того, на стихотворение Заболоцкого вполне могли повлиять изображения детских лет Христа кисти авангардного художника Павла Филонова, которым он сильно восхищался и у которого брал уроки рисования в 1920-х годах. Филонов совершил паломничество в Палестину и написал несколько икон

---

[10] См. также [Полякова 1979; Karlinsky 1985; Segel 1967].

в традиционном стиле, но здесь подразумеваются авангардные картины Филонова. Обращаясь к исполненным религиозным смыслом сюжетам, таким как «Святое Семейство», «Поклонение волхвов» и «Бегство в Египет», Филонов применяет целенаправленные искажения и «примитивизм», характерные для большей части русского авангардного искусства[11]. Самобытно живописуя Рождество, Заболоцкий, как и во многих других случаях, олицетворяет смешение культур послереволюционной России, заимствуя одновременно и у авангарда, и у православия, энергично двигаясь в будущее, будучи при этом прочно привязанным к прошлому.

К этому же периоду относится довольно таинственное замечание друга Заболоцкого Леонида Липавского, касающееся дальнейших размышлений поэта на тему Рождества: «Удивительная легенда о поклонении волхвов, — сказал Н. А. [Заболоцкий], — высшая мудрость — поклонение младенцу»[12]. Липавский, однако, далее ничего не поясняет, и для предположений о литературном творчестве, проистекшем из этих мыслей, нам не на что опереться, кроме «Пастухов».

В 30–40-е годы Заболоцкий написал ряд философских стихотворений и поэм, затрагивающих тему бессмертия, в которых смешиваются религиозные и научные концепции, однако откровенно религиозной тематики и символики поэт избегает. Самыми яркими из них, пожалуй, являются поэмы начала 1930-х годов. В «Торжестве земледелия» широко и весьма своеобразно рассматриваются вопросы бессмертия и коллективизации советского сельского хозяйства. Из-за диковинности некоторых представленных идей, вкупе с эксцентричностью поэтического стиля раннего Заболоцкого, поэма создавала впечатление, что поэт

---

[11] О Филонове см. в [Misler, Bowlt 1984], особенно иллюстрации № 28, «Волхвы» (1913), № XIX, «Бегство в Египет» (1918), а также разнообразные изображения Филоновым Святого Семейства. Об иконах Филонова и его паломничестве в Палестину см. в [Podmo 1992: 174–176]. Об отношениях Филонова и Заболоцкого см. в [Максимов 1984б: 128; Синельников 1984: 104; Goldstein 1989; Goldstein 1993: 38–42].

[12] «Из записей Л. С. Липавского», цит. по: [Липавская 1977: 51].

пародирует благородную советскую идею коллективизации. Поэтому поэма «Торжество земледелия» стала одним из ключевых элементов кампании против Заболоцкого, а также одним из наиболее тщательно изученных произведений поэта. В другой его длинной поэме, «Безумный волк», карикатурно, но от этого не менее философски изображается серьезный Безумный Волк, представляющий собой нечто среднее между Фаустом и юродивым, или, возможно, самим Иисусом Христом[13].

В свете всего этого неудивительно, что в шкафу вместе с другими книгами, которые Заболоцкий считал «необходимыми для работы», он хранил и Библию. Среди этих книг были издания Пушкина, Тютчева, Боратынского, Лермонтова, Гёте, Гоголя, Достоевского, Байрона, Шекспира, Шиллера, Мольера и некоторые другие. И еще менее удивительно то, что именно Библия была одной из книг, конфискованных при аресте поэта в 1938 году [Заболоцкий Н. Н. 1998: 221, 260].

В 1950-е годы Заболоцкий снова обратился к одной из сторон рождественской темы в трактовке святого Димитрия Ростовского и Филонова, на этот раз в стихотворении «Бегство в Египет». Как и в большей части работ Заболоцкого этого периода, в стихотворении изображается повседневная жизнь, *быт*. Однако, в отличие от остальных работ, у этого произведения есть еще один уровень с явно религиозным смыслом. Здесь поэт изображает себя самого больным, за которым ухаживает кто-то, кого он называет своим *«ангелом-хранителем»*. В бреду он наслаждается блаженным сновидением, будто он — Младенец Христос. Когда он узнает, что Святое Семейство должно вернуться в Иудею, то просыпается с криком ужаса, но вновь успокаивается, видя «ангела-хранителя», сидящего у его постели. Пожалуй, самое поразительное в стихотворении — это переплетение метафоры и реалий. Бегство в Египет с библейской точки зрения «реально», но здесь оно — часть метафорического сна. «Ангел-хранитель» здесь — реальный человек, но также и религиозная идея. И хотя

---

[13] См. [Goldstein 1993], глава 4 (чрезвычайно содержально обсуждение поэмы «Безумный волк»); [Masing-Delic 1992], глава 10; [Demes 1984].

в целом стихотворение представляет собой «реалистичное» повествование, а не молитву, первые его слова «Ангел, дней моих хранитель...» напоминают урезанное, осовремененное начало русской православной молитвы ангелу-хранителю: «Ангеле Христов, хранителю мой святый, и покровителю души и тела моего...» [Заболоцкий 1972, 1: 287; Божественная литургия 1960: 286–287].

Среди любимых произведений Заболоцкого, которые он переписал в записную книжку и читал друзьям в последние десять лет жизни, были два из еще не опубликованных религиозных «стихотворений Юрия Живаго» Пастернака. Одно из них, «Рождественская звезда», — это рождественское стихотворение, своим сочетанием натурализма и высокого религиозного смысла отчасти напоминающее «Пастухов» Заболоцкого и «Рождественскую драму» святого Димитрия Ростовского. Вспоминают, что Заболоцкий был восхищен этим стихотворением, сравнивая его с картинами старых фламандских и итальянских мастеров, «изображавших с равной простотой и благородством "Поклонение волхвов"» [Степанов 1977: 100][14]. В другом стихотворении Пастернака, «На Страстной», изображена неделя перед Пасхой во взаимном переплетении церковных служб и весенней оттепели. Своим обращением к природе и предельной сосредоточенностью на вопросе бессмертия это стихотворение резонирует с собственными размышлениями Заболоцкого, особенно отразившимися в его творчестве конца 1930–1940-х годов.

Наконец, на момент смерти Заболоцкий работал над трилогией «Поклонение волхвов» [Заболоцкий Н. Н. 1977: 205; Заболоцкий 1972, 2: 295]. На листе бумаги, лежащем у него на столе, остался начатый план:

1. Пастухи, животные, ангелы.
2. _____

---

[14] Другие стихотворения, переписанные Заболоцким, — «Гамлет» (тема которого, пожалуй, даже более актуальна для Заболоцкого, чем для Пастернака), «Зимняя ночь» и «Объяснение». О сложном отношении Заболоцкого к Пастернаку см. в [Goldstein 1993: 85].

Второй пункт остался пустым. Обычно предполагается, что в трилогию должен был войти более ранний отрывок «Пастухи»[15]. В любом случае этой трилогией завершился бы цикл его творчества, начатый «Вифлеемским перепутьем».

Несмотря на то что прямых утверждений или свидетельств о религиозных настроениях со стороны Заболоцкого нет, все-таки предположение о его вере достаточно весомо. К тому же, безусловно, он обладал тем, что можно было бы назвать хорошо развитой религиозной восприимчивостью. Свой детский религиозный опыт Заболоцкий посчитал достаточно значимым для того, чтобы сделать его одним из узловых пунктов своей наиболее подробной автобиографии, «Ранние годы», написанной всего за три года до смерти. Его детские воспоминания на тот момент вряд ли уже могли быть свежими, особенно если учесть все, что он пережил в промежутке — активное участие в ОБЭРИУ с его авангардистским эпатажем, брак и семья, жестокая критика, лагерь, ссылка и постепенное, осторожное возвращение к литературной жизни в Москве. Тем не менее он ясно помнил подробности своего религиозного воспитания, которые до конца жизни иногда выходили на поверхность его сознания, несмотря на разрушения, причиненные временем и сталинской политикой «воинствующего атеизма».

ПРИЧУДЫ

> Читайте, деревья, стихи Гезиода!
> *Заболоцкий*

С его религиозной восприимчивостью связано одно свойство, которое, на первый взгляд, с ней не совместимо, но по сути имеет те же корни. За неимением лучшего слова назовем его чудаковатостью. Как и религия, причудливость, чудаковатость происходит из желания и способности видеть нечто за предела-

---

[15] Рукопись «Пастухов» найдена среди бумаг 1958 года. Отрывок относят к 1930-м годам только по стилистическим признакам. — *Примеч. ред.*

ми поверхностной реальности жизни[16]. В отличие от институ-
ционализированной религии, но подобно русскому религиозному «институту» *юродства Христа ради*, причудливость порождает чудачества, дерзости, наносит удары по очевидности. Она
ломает жизненные штампы в попытке найти истину, лежащую
на глубине[17]. В Декларации ОБЭРИУ объясняется сущность такой
причудливости, хотя она сама как понятие не упоминается. Так
называемая литература абсурда, или *бессмыслица* Хармса и Введенского; гротески «Столбцов» Заболоцкого; и, как ни удивительно, ряд его философских стихов и лирика о природе — все это
примеры причудливости.

В изданиях стихов Заболоцкого на фотографиях он обычно
выглядит чересчур напыщенно — как человек, слишком много
думающий о нравственном грузе своего призвания, человек,
который не захочет поддержать друзей в игре в смену идентичности и который без тени улыбки скажет: «Я хочу походить на
самого себя». И все же факт остается фактом: Заболоцкий был
близким другом этих любителей розыгрышей и философии,
связанных в той или иной степени с ОБЭРИУ. Тот самый чопорный тип, бесстрастно взирающий на нас со стольких фотографий, — и есть автор дерзновенных стихов, населенных говоря-
щими быками, медведями и волками, иногда, как известно,
вполне склонный к самоиронии[18]. Причудливость в той или иной
форме присутствует в его творчестве с начала и до конца.

Самые ранние причуды в стихах Заболоцкого больше всего
отдают юношеским бунтом и намеренной литературной дерзо-
стью. Первоначальной мишенью этого бунтарства был ханжеский

---

[16] Это перекликается с интересом Заболоцкого к Филонову и Циолковскому,
которые, как отмечает Гольдстейн, привлекали поэта «своим желанием за-
глянуть за пределы известных измерений» [Goldstein 1993: 53].

[17] См. [Murav 1992]. Связи между видением Заболоцкого и понятием юродства
будут рассмотрены в пятой главе.

[18] Фотографии конца 1950-х годов: Заболоцкий с венком из ромашек на лы-
сеющей голове, Заболоцкий, показывающий не вполне пристойный жест
[Goldstein 1993: 218, 228], свидетельствуют о том, что для неофициальных
фотографий чопорный вид был необязателен.

культурный код молодой провинциальной интеллигенции и формирующейся городской буржуазии — тот самый код, который спровоцировал литературный мятеж футуристов. Для конкретного примера возьмем журнал «Нива», украшавший собою книжный шкаф Алексея Агафоновича Заболотского и четверти миллиона других предполагаемых читателей[19]. «Нива» стремилась сделать своих подписчиков «культурно грамотными» в самом традиционном смысле. Целью журнала было не открыть новые горизонты, а, скорее, поддержать господствующие культурные устои. Ведь именно из приложений к «Ниве» Алексей Агафонович собрал свою коллекцию русской классики.

В цитированном ранее стихотворении московского периода Заболоцкий пренебрегает стандартами, поощряемыми «Нивой» и аналогичными изданиями: он избирает нетрадиционную тематику (голод, анатомия, калоши), бессвязную манеру изложения, смешанную лексику и не вполне правильные размер и рифму. Однако за год или два до отъезда в Москву его чудачества были больше похожи на типичный подростковый бунт, чем на литературное новаторство. Следующий отрывок, второй по времени образец поэзии Заболоцкого из ныне опубликованных (первый — это бессмертные строки третьеклассника о грозе в «Большом Сернуре»), представляет собой фрагмент стихотворения 1918 или 1919 года, которое молодой сорванец отправил в студенческий журнал — очевидно, для литературной провокации в духе Маяковского:

> ...И если внимаете вы, исполненные горечи,
> К этим, моим словам,
> Тогда я скажу вам: сволочи!
> Идите ко всем чертям![20]

В этот период он также написал длинное стихотворение «Уржумиада», которое было утеряно. Поэма, по всей видимости, была написана в том же стиле, что и вышеприведенный отрывок,

[19] Большая советская энциклопедия. Т. 17. М.: Советская энциклопедия, 1974.
[20] Цит. по: [Касьянов 1977: 32].

и в ней высмеивались учителя и однокашники из уржумского реального училища[21].

Примерно через год поэт написал стихотворение из шести строк «Лоцман», в котором к своему юношескому иконоборчеству добавил немного Лермонтова, чуть-чуть Маяковского (которого он читал, похоже, без особого энтузиазма, но которому тем не менее подражал) и, возможно, еще и отзвук «воинствующего атеизма», проповедуемого большевиками.

> ...Я гордый лоцман, готовлюсь к отплытию,
> Готовлюсь к отплытию к другим берегам.
> Мне ветер рифмой нахально свистнет,
> Окрасит дали полуночный фрегат.
> Всплыву и гордо под купол жизни
> Шепну Богу: «здравствуй, брат!»
>   [Касьянов 1977: 33–34]

Касьянов сообщает, что Заболоцкий остался доволен стихотворением и считал его «большим и серьезным достижением». По поводу концовки он пишет, что они вступали в жизнь с настроением молодого задора и «на меньшее, чем на панибратские отношения с Богом, не соглашались» [Касьянов 1977: 34].

ПРИЧУДЛИВОСТЬ И ПОДРЫВ ЛИТЕРАТУРНЫХ УСТОЕВ В ДРАМАТИЧЕСКОМ МОНОЛОГЕ С ПРИМЕЧАНИЯМИ

Уже к концу 1920-х годов Заболоцкий имел за плечами некоторые поэтические достижения в виде стихотворного сборника «Столбцы». Кроме того, он закончил Педагогический институт имени Герцена и умел сочетать свою склонность к причудам, доходящим до дерзости, с доскональным знанием литературы. Приобщаясь к традиции литературных аллюзий, влияний, интертекста и испытывая «страх влияния», описанный многими исследователями — от Юрия Тынянова до Гарольда Блума, —

---

[21] Там же.

литературным образованием Заболоцкий пользовался как топливом для поэтического воображения. С этих пор он время от времени он обращался к работам своих предшественников, переделывал их так или иначе, и в итоге создавал что-то явно свое.

Один из первых примеров такого соединения — юмористическое стихотворение, написанное в мае 1928 года для друга, Лидии Гинзбург, по случаю несостоявшегося путешествия на моторной лодке[22]. В произведении под названием «Драматический монолог с примечаниями» есть нечто и от дерзкого тона ранних работ Заболоцкого, и от большой традиции литературной пародии. Суть причудливости здесь в том, что Заболоцкий саботирует исходную традицию; в конфликте между архаическим языком и явно современным сюжетом — путешествием на моторной лодке; в кульбитах, которые автор совершает от образа поэта-сентименталиста былых времен к образу современного литературного хулигана, похожего на самого Заболоцкого 1920-х годов. (Многоточия в первой строфе вместо имен литераторов вставлены Л. Гинзбург, опубликовавшей текст. Примечания к тексту принадлежат Заболоцкому, но для ясности перенумерованы.) Произведение начинается следующим образом:

ДРАМАТИЧЕСКИЙ МОНОЛОГ
С примечаниями

Обладательница альбома сидит под сенью лавров и олеандров. Вдалеке видны величественные здания храмов и академии. Подходит автор.

Автор
(робко и растерянно)
Смиряя дрожь своих коленок,
стою у входа в Иллион[1].
Повсюду тысяча.............
И... миллион.............
О Лидья Яковлевна, каюсь —
я так недолго протяну;

---

[22] «Драматический монолог» приведен в статье Лидии Гинзбург «О Заболоцком конца 1920-х годов» [Гинзбург 1977: 126–128].

Куда пойду, куда деваюсь,
в котору сторону шагну???

(Оглядывается по сторонам, горько улыбается и замолкает.
Проходит минута молчания. Затем автор устремляет взор
в отверстые небеса и продолжает мечтательно.)

Одна осталась мне дорога —
терновый заказать венец,
а также вымолить у Бога
моторной лодки образец.

¹ Автор не силен в мифологии, но все же термин сей примечателен.

Вопрос о жанре выходит на первый план уже в названии: «Драматический монолог с примечаниями». Даже в более ранние периоды, когда примечания были довольно обычным явлением в художественной литературе, вряд ли они когда-либо удостаивались от автора упоминания в названии или использовались для определения литературного жанра. Авторское «я» Заболоцкого примечаниями здесь просто одержимо, как будет показано дальше. Драматический монолог (безотносительно к примечаниям) обычно определяется как разновидность лирической поэзии, характерной для монологов в драматической пьесе. Основное свойство драматического монолога состоит в том, что его произносит в виде целого стихотворения персонаж, который «явно не является поэтом», при этом раскрывая свою личность и характер[23]. Другой персонаж, или персонажи, присутствуют, но функционируют исключительно как слушатели. У Заболоцкого персонаж по имени «Лидия Яковлевна» ничего не делает, кроме как сидит, слушает говорящего и держит альбом для стихов и эпиграмм. Она вводится в монолог вместе с местом действия, частью которого и является. Персонаж-«автор», напротив, сочиняет и тут же представляет в театральных сценках стихи, которые будут записаны в альбом.

---

[23] См. [Abrams 1993: 48–49; Preminger 1974: 529–530; Rader 1976; Rosmarin 1985 (глава 2)].

Заболоцкий идет вразрез с обычной практикой, напрямую связывая свой драматический монолог с непосредственной реальностью, и именно с помощью такого подрыва основ жанра он создает атмосферу взрывного веселья. Наперекор правилам, рассказчик у Заболоцкого явно идентифицируется с самим поэтом. Его слушательница также отождествляется с реальным человеком, а поводом для монолога является реальная прогулка, о которой сообщает настоящая Лидия Гинзбург. Отчасти из-за такой большой дозы реальности «автор» производит впечатление шута. Драматическому монологу свойственна эмоциональная интенсивность, и если ей сопутствует не добровольное воздержание от недоверия, а восприятие непосредственной и личной реальности, то ее становится больше, чем может вынести жанр (и большинство читателей). Должен последовать либо ужас, либо смех, и Заболоцкий делает это ради смеха.

Кроме того, монологический характер произведения (в противоположность диалогическому) усиливает ощущение фарса. В реальной ситуации у людей, которым нужна лодка, естественным образом начался бы диалог о путях решения проблемы. Солипсизм монолога в этих обстоятельствах становится смехотворным.

Альбом для сентиментальных стихов, сень лавров и олеандров, вид на храмы и академию — все это отсылает к смешению неоклассицизма и сентиментализма, которое было характерно для культуры светского общества в России конца XVIII — начала XIX века. Слог, используемый Заболоцким, также восходит к этому периоду и, вместе со сценой действия, создает атмосферу, свойственную для английской кладбищенской поэзии в русской адаптации. Кладбищенская поэзия, наиболее ярко представленная в России «Элегией, написанной на сельском кладбище» — стихотворением Томаса Грея в переложении Жуковского, — обычно живописует одинокого молодого человека с повышенной чувствительностью, который на лоне природы (возможно, рядом с кладбищем, предпочтительно находящимся в состоянии живописной заброшенности) переходит от созерцания ландшафта

к размышлению о смысле жизни и, особенно, смерти[24]. К этой
тональности Заболоцкий всерьез обратится к концу жизни, как
будет показано в последующих главах настоящей работы. Однако в 1928 году основным импульсом была причуда.

Авторское «я» «Драматического монолога с примечаниями»
немедленно опровергает собственную претензию на литературную компетентность в примечании, в котором признается, что
«...не силен в мифологии, но все же термин сей примечателен».
Расточительность в примечаниях полностью подрывает его
очевидные притязания на эрудицию и глубину. Что еще хуже,
любые притязания на личное человеческое достоинство уничтожаются сценическими указаниями по поводу его собственного
выхода, которые предписывают ему выходить «робко и несколько растерянно». Упоминание о «дрожи в коленках» в первой
строке вряд ли помогает делу. По сути, перед нами Заболоцкий
в образе Вуди Аллена в сентименталистском изводе[25].

После положенного количества вздохов, многозначительных
взглядов на небеса и других сентиментальных жестов «автор»
решает, что ему остается только сымитировать Христа: «терновый
заказать венец, а также вымолить у Бога моторной лодки образец»[26]. Затем он начинает довольно затянутый процесс прощания,

---

[24] Жуковский перелагал стихотворение Грея трижды: впервые в 1801 году — эта версия была отвергнута Карамзиным как издателем «Вестника Европы»; второй раз в 1802 году — этот вариант дошел до нас как стандартный перевод; и еще один раз в 1839 году, под впечатлением от посещения того самого кладбища, которое вдохновило Грея написать оригинальное стихотворение. См. [Левин Ю. 1990: 183].

[25] В чем-то «Драматический монолог» напоминает пародию Н. А. Львова 1796 года «Добрыня, богатырская песнь» своим характером, формой, использованием пояснительных сносок и присутствием довольно глупого «автора». «Добрыня», тем не менее, написана в фольклорном ключе, тогда как «Драматический монолог» пародирует условности светского общества. См. [Львов 1972: 226–236].

[26] Венец, превращая «автора» в фигуру, напоминающую о Христе, также содержит аллюзию на усопшего героя поэмы Жуковского «Певец», чья могила отмечена лирой и венцом, висящими среди листвы на дереве, расположенном в живописном ландшафте [Жуковский 1959].

который включает в себя плагиат с саморазоблачением и отличается все возрастающим литературным нахальством.

(Умолкает. Тишина. Вдруг — протягивая руки к обладательнице альбома.)

> Ах, до свиданья, до свиданья!
> Бокалы выше головы!
> Моторной лодки трепетанье
> слыхали ль вы, слыхали ль вы?[2]
> ...Повсюду тишь и гладь реки,
> свистят, играя, кулики,
> и воздух вятского затона
> прекраснее одеколона.
> Дышали ль вы?
> Нет! Не дышали!
> Слыхали ль вы?
> Нет! Не слыхали!
> И я как будто не слыхал...

[2] Явный, но неудачный плагиат.

Плагиат здесь «очевиден» в контексте русской культуры: заимствование взято у Пушкина и усилено Чайковским. Со слов «Слыхали ль Вы?» начинается дуэт Татьяны и Ольги в первом действии оперы Чайковского «Евгений Онегин»[27]. Либретто для дуэта, однако, происходит не из пушкинского «Евгения Онегина», а из его раннего сентиментального стихотворения «Певец» 1816 года. Любой русский с претензиями на культурность уличил бы «автора» в культурном хищении. Более того, плагиат «неудачен», потому что «автор» в примечаниях упорно продолжает компрометировать собственный текст, а также потому, что текст намекает на запах «вятского затона», что является слишком неподходящей темой для сентиментального монолога. Связь между

[27] См. Шиловский К. С., Чайковский П. И. Евгений Онегин. Лирические сцены в трех действиях. URL: http://www.operalib.eu/zpdf/oneghin.pdf
Благодарю своего коллегу, Александра Жолковского, за то, что обратил мое внимание на либретто.

текстами достаточно ясна уже при знакомстве с первой строфой стихотворения Пушкина:

Слыхали ль вы за рощей глас ночной
Певца любви, певца своей печали?
Когда поля в час утренний молчали,
Свирели звук унылый и простой
Слыхали ль вы?
[Пушкин 1937, 1: 211]

В следующих строфах Пушкин сохраняет рефрен в виде повторяющихся вопрошаний, но сам вопрос уже звучит как «Встречали ль Вы?» (то есть: «Вы встречали певца любви?»), а затем — «Вздохнули ль Вы?» (то есть: «Вы вздохнули, когда услышали тихий глас певца любви?»).

«Автор» у Заболоцкого пытается воплотить подобную же поэтическую последовательность, но при этом падает в яму, которую сам вырыл. Его самый явный плагиат, «Слыхали ль Вы?», подчеркивает комическое противопоставление архаики и современности в монологе — ведь слышна не меланхолическая песнь «певца любви», а тарахтение моторной лодки. И тот факт, что этот звук обозначается словом *трепетанье*, которое скорее подходит для описания чувствительного сердца, чем для мотора, только усиливает это противопоставление. Затем «автор» переделывает рефрен, используя однокоренное слово с пушкинским вздохнули (корень *дых-, дыш-, дух-, дох-*), но вместо того чтобы спросить, «вздохнула» ли слушательница над певцом любви, он спрашивает, не «дышала» ли она воздухом вятского затона, который, как он клянется, прекраснее одеколона. Эта очевидная гипербола и могла бы, вероятно, балансировать на тонкой грани между смешным и возвышенным, если не вспоминать, что прототип «автора» происходил из той же местности близ реки Вятки и изменил написание своей фамилии именно для того, чтобы избавиться от ассоциаций с *болотом*. Похоже, что воздух затона не был для его обоняния таким уж ароматным. Как только понятия аромата и затона возникают в непосредственной близости, рефрен «Слыхали ль Вы?» начинает отдавать весьма уничижительным каламбуром, так как «слышать» в словосочетании «слышать запах» — слово, однокоренное (*слых-, слыш-*) с глаголом «слыхали». Настойчивое внимание «автора» к воздуху затона приводит к тому, что рефрен, помимо очевидного обозначения слуховых ощущений, начинает слабо намекать на обонятельный вариант прочтения. «Вдыхали ль вы? Нет! Не вдыхали! И я как будто не вдыхал...» Понятно, что литературный двойник Заболоцкого крепко увяз в тине плагиата и литературной бездарности[28].

Но не все потеряно. По крайней мере, он, кажется, осознает проблему, потому что с воплем отчаяния он оборачивается к собеседнице и извиняется с крайним самоуничижением:

(Посмотрел на собеседницу. С отчаянным воплем.)

Я, Лидья Якольна[3], нахал!
Мошенник я, мерзавец, тать!
Как можно *этим* Вас пытать?

[3] Сие сокращение слогов как нельзя лучше свидетельствует о душевном волнении автора.

Затем монолог погружается в литературный и интеллектуальный хаос, примерно через 20 строк достигает точки невозврата и заканчивается. Сначала «автор» пытается снискать расположение «Лидьи Якольны», называя ее «незабвенным меценатом, Вергилием в дебрях Академий [и] Сократом в версификациях». «Академия» здесь — каламбур, поскольку слово относится как к «академии» в общем, так и к издательству «Academia», с которым была связана Л. Гинзбург и которое оказалось «в дебрях» (то есть было закрыто) в результате политических преследований в конце 1920-х годов. После этого «автор», похоже, занимает более агрессивную позицию, утверждая, что даже «мерзавцы, тати и лгуны» выходят «в люди», долетают до луны и могут что-то дать людям. Но снова и снова он опровергает свои утверждения

---

[28] Автор не учитывает еще и каламбурного прочтения пушкинской строчки («слыхали львы») которое стало поводом для многочисленных шуток. — *Примеч. ред.*

(многие из которых уже не имеют смысла) в примечаниях, например, таких: «Сего понять невозможно иначе как явную ложь и клевету».

Наконец, после «секунды молчания» «автор» рисует образ гроба, стоящего на столе, в соответствии с обычной русской практикой прежних времен. Эта картина отсылает к строке из хорошо известного стихотворения Державина «На смерть князя Мещерского»: «Где стол был яств, там гроб стоит», но еще в ней отражено то же прямое противостояние со смертью (возможно, с элементом назидательности), которым завершаются многие кладбищенские стихотворения, в том числе «Элегия, написанная на сельском кладбище» Грея и ее переложение Жуковским[29]. В этом обращении к традиции заключается спасение «автора»: он признает литературную условность смерти как завершения и тем самым находит способ закончить монолог, хоть и неуклюже, просто врезавшись в англицизм «Стоп!»[30]:

> ...И вот —
> представьте дом неприхотливый,
> в столовой гроб, в гробу — урод...[4]
> ....
> Я знаю: вид такого дома
> немножко мрачен для альбома,
> но дело в том, что если гроб —
> то и конец. Довольно! Стоп![5]

[4] Непонятное, неуместное кощунство, которое, однако, можно было ожидать после предшествующего.
[5] Оправдание сие — смешно и нелепо. Оно свидетельствует также о вредном свободомыслии сочинителя, который как бы не верует в загробное бытие.

Это явно мастерское литературное произведение, хоть и весьма своеобразное. «Монолог» — это практически учебник по применению формалистского принципа «обнажения приема»:

---

[29] См. [Державин 1958: 6]. В стихотворениях Грея и Жуковского осязаемое напоминание о смерти обеспечивает надгробие с назидательной эпитафией.
[30] См. [Smith 1974: 113, 117].

в нем есть автор, создающий персонажа, называемого «автором», который, в свою очередь, является протагонистом в собственном произведении. Таким образом, «автор», созданный монологом, одновременно «пишет» монолог в альбом «Лидьи Якольны», и более того — когда он записывает текст в альбом, он действует за пределами монолога. Помимо этой игры с разными уровнями литературной реальности, Заболоцкий умело воссоздает языковые и литературные условности прежних эпох, а затем с немалым остроумием разбивает их вдребезги. Эта расположенность признавать, а затем преодолевать культурные и интеллектуальные барьеры — основа его причуд.

ПРИЧУДА В ИНЫХ ОБЛИЧЬЯХ

Тот же самый феномен в другом варианте проявляется в откровенно шуточных стишках, которые Заболоцкий писал время от времени на протяжении всего своего творческого пути. Учитывая, что, например, «Неудачная прогулка» была написана в 30-х годах, а цикл «Из записок старого аптекаря» — в 50-х, можно видеть, что юмор Заболоцкого — не просто результат юношеского избытка жизненных сил или обэриутской бравады. «Неудачная прогулка» прорывается сквозь «нормальную» реальность посредством неявного вопроса, похожего на тот, что был задан гоголевским «Носом», но с акцентом на другую часть анатомии человека. Вопрос таков: а что, если пупок решит прогуляться и объявит себя Богом? Излишне говорить, что прогулка пупка вызывает переполох. К счастью, вмешивается ухо и ставит заблудший пупок на место, а стихотворение заканчивается суровым увещеванием читателю, которое поддерживается (или опровергается, в зависимости от обстоятельств) потенциально кощунственной рифмой между словами *пупок* и *Бог*:

> Читатель! Если ты не Бог,
> проверь — на месте ль твой пупок.
> [Заболоцкий 1978, 9: 295]

В «Записках старого аптекаря» используется другая схема — возможно, та же, что и в пушкинских «Повестях Белкина». Учитывая образ автора, «старого аптекаря», «Записки», как и «Повести» Пушкина, противоречат общепринятому допущению, что только литературные рассуждения образованных, «важных» людей заслуживают интереса. Также подразумевается, что произведение одновременно и оспаривает, и своеобразным способом поддерживает романтический шаблон найденной рукописи, которая свидетельствует о завораживающем и оригинальном складе ума ее автора.

Весьма немногие поэты в попытке стимулировать творческий процесс задавали бы вопросы вроде таких: что, если бы старый аптекарь вел дневник, да еще в стихах? О чем бы он писал? Каков был бы его язык? Что его раздражает? Отчего он делается счастлив? Содержание предполагаемых записок разноообразно: от размышлений о пенициллине, идиотах и йоде до радости от появления новых аптек. В первом четверостишии описывается, как «красавице Акулине» пенициллин спас жизнь. Судя по ее крестьянскому имени и разговорной интонации стиха, она не типичная литературная героиня и не красавица из какого-нибудь роскошного литературного салона. Вполне возможно, что эта Акулина приходится дальней родственницей «крестьянке» Акулине, которая в действительности является переодетой барышней в одной из «Повестей Белкина» «Барышня-крестьянка». Также возможно, что этот персонаж трансформировался из другой «красотки Акулины» — куклы, игравшей скромную, но важную роль Петрушкиной невесты в народном кукольном театре — русском аналоге зрелища «Панч и Джуди»[31].

> Красотка Акулина захворала,
> Но скоро ей уже полегче стало.
> А ведь не будь у нас пенициллина,
> Пожалуй, померла бы Акулина!
> [Заболоцкий 1978, 9: 296]

---

31 См. [Kelly 1993: 77–79].

Поразмышляв о разных других предметах, «старый аптекарь», впечатленный сходством между словами «идиот», «йод» и «йота», записывает в виде двустишия следующую мысль:

Дай хоть йоду идиоту —
Не поможет ни на йоту.
[Заболоцкий 1978, 9: 297]

В конце концов цикл завершается звучным двустишием, которое представляет собой одновременно и гимн старого аптекаря строительству новых аптек (возможно, его собственное восприятие успехов строительства социализма), и опровержение блоковской тоски («Ночь, улица, фонарь, аптека»). Первую строку вполне можно встретить во многих одах XVIII века, а вот вторую мог изречь только «старый аптекарь» Заболоцкого, живший в советское время:

О сколь велик ты, разум человека!
Что ни квартал — то новая аптека.
[Там же]

Пожалуй, наиболее привлекательно и мягко причудливость Заболоцкого выражается в виде самоироничного недоумения, которым наполнены его мемуары и некоторые письма. Несмотря на его манеру держать себя, которая выражала груз морального долга перед своим призванием, он также видел смешное вокруг себя. Описывая свое волнение во время вступительного экзамена в Уржумское реальное училище, он именует его «святилищем науки». Эта гипербола передает как трепет десятилетних мальчиков, так и ироническую дистанцию автора средних лет от всего этого. Более того, автор снимает напряженность описываемой ситуации, пересказывая замечание по поводу собственной внешности, донесшееся из толпы волнующихся матерей и поступающих учеников: «Когда мать провела меня в это святилище науки, я слышал, как кто-то сказал в толпе: «Ну, этот сдаст. Смотрите, лоб-то какой обширный!» [Заболоцкий 1972, 2: 210].

И действительно, на фотографиях Заболоцкого в молодости у него широкий и высокий лоб, придающий его лицу выражение открытости, ума и в то же время грустной задумчивости.

В другом случае заслуженный и довольно суровый с виду поэт в 1957 году весело описывает детскую проделку, когда старшие ученики нарядили его девочкой, чтобы пробраться в кино и не попасться школьному инспектору. В уржумском кинематографе «Фурор» показывали «картины с участием Веры Холодной и несравненного Мозжухина!». Взрослый Заболоцкий очевидно наслаждается, рассказывая эту историю, точно так же, как в детстве наслаждался походом в кино [Заболоцкий 1972, 2: 212][32].

Стихам, создавшим тот образ Заболоцкого, к которому мы привыкли, обычно недостает юмора. Они совсем не смешные. И все же гротеск «Столбцов» в конечном итоге происходит из той же причудливости, из той же способности действовать за пределами общепринятого видения реальности — увидеть соленые огурцы как великанов, прилежно плавающих в воде, увидеть клубы дыма в небе как картошку, или глаза внезапно засыпающего пьяницы — падающими, словно гири[33]. Точно так же многое из того, что не дает спутать «классическую» поэзию Заболоцкого с поэзией XIX века — камень с ликом Сковороды, деревья, читающие Гесиода, жук-человек с маленьким фонариком, приветствующий тех, кто переходит в мир иной, — есть отражение того причудливого любопытства, которое было неизменной частью мироощущения поэта: что, если бы у камней были лица? На кого бы они были похожи? Что, если бы мы могли отправить природу в школу? Какое чтение порекомендовать деревьям? А если бы возможно было увидеть загробную жизнь своих давно ушедших друзей?[34]

---

[32] Сведения о В. Холодной и Мозжухине см. в [Stites 1994].

[33] Эти образы встречаются в стихотворениях «На рынке», «Новый быт» и «Красная Бавария» [Заболоцкий 1929: 33, 31, 8].

[34] Эти образы взяты из стихотворений: «Вчера, о смерти размышляя» (1936), «Читайте, деревья, стихи Гесиода (1946), «Прощание с друзьями» (1952) [Заболоцкий 1972, 1: 195, 214–215, 268].

В последний год своей жизни Заболоцкий сказал сыну, что хотел бы написать пьесу, «в которой действующими лицами были бы люди, камни, животные, растения, мысли, атомы». Действие, по его замыслу, должно было происходить в самых разнообразных местах — «от межпланетного пространства до живой клетки» [Заболоцкий Н. Н. 1977: 203; Бахтерев 1977: 78]. Как и задуманная им трилогия «Поклонение волхвов», которая должна была охватить огромные материальные и духовные царства, населенные пастухами, животными и ангелами, пьеса так и не была реализована. Эти планы, даже неосуществленные, дают основание полагать, что ни возраст, ни превратности судьбы, ни трагические обстоятельства советской жизни не изменили природы основных интересов Заболоцкого и не притупили его эксцентричного любопытства.

Глава третья
Начинающий поэт нового строя

ПОЭЗИЯ И ГОЛОД В ПЕТРОГРАДЕ

> Голодать кончаю... Как-то сами собой вылива-
> ются черные строки.
>
> *Заболоцкий, письмо Мише Касьянову,*
> *7 ноября 1921 года*

К моменту поступления Заболоцкого в Петроградский институт имени Герцена в 1921 году интеллектуальные основания его мировоззрения были уже прочно заложены, но ему не хватало самого важного для поэта инструмента — собственного поэтического голоса. Как выразился он сам: «Много писал, подражая то Маяковскому, то Блоку, то Есенину. Собственного голоса не находил» [Заболоцкий 1983, 1: 491]. Однако в Петрограде, как и в Москве, проблемы физического выживания отнимали у него время и энергию, которые он предпочел бы отдать поэзии. Свою досаду он изливал в письмах к Касьянову. 11 ноября 1921 года он писал:

Мой дорогой Миша, прости — за 3 месяца моего петроградского житья не послал тебе ни одного слова. Почему? Почему? Ни одной минуты не уделил еще себе из всего этого времени — обратился в профессионального грузчика — физическая работа — все время заняла до сих пор — сюда еще присоединяется хроническое безденежье и полуголодное существование. 3 месяца убиты на будущее [Заболоцкий 1972, 2: 227].

В другом письме Заболоцкий жалуется, что его душа бунтует против обременяющих его практических дел, но «проклятый желудок требует своих минимумов, а минимумы пахнут бесконечными десятками и сотнями тысяч» рублей [Заболоцкий 1972, 2: 230]. Кроме того, он опасается, что от безысходности ему придется уехать в Уржум. «Конечно, все силы приложу для того, чтобы остаться здесь, — пишет он, — Это все же необходимо; Иначе будет трудно. Но пусть будет то, что будет...» [Заболоцкий 1972, 2: 231].

Его постоянные упоминания о еде в этих письмах выдают навязчивое состояние человека, действительно страдающего от «полуголодного существования». Например, он рассказывает, что за работу по разгрузке судов в порту получит «шпику, муки, сахару, рыбы и пр.» [Заболоцкий 1972, 2: 227]. Далее он сообщает, что он и его соседи по комнате в своей жизни различают три периода в зависимости от основного источника существования:

I. Картофельный
II. Мучной
III. Жировой —

и что каждый из периодов отличается свойственной ему разновидностью расстройства желудка. Кратко упомянув о лекциях в институте, он переходит к вопросу о недавно увеличенных студенческих пайках: «1 ф. хлеба, 4 ф. крупы, 5 ф. селедок, 1 — масла, 1 — сахару и пр.». И торжествующе заключает: «Голодать кончаю» [Заболоцкий 1972, 2: 227].

И все же, несмотря на материальные заботы, Заболоцкий продолжает всерьез заниматься своим поэтическим образованием. Сожалея о том, что он не написал «ничего или очень мало», он рассказывает Касьянову, что иногда выступает на концертах, иронически добавляя, что публика относится к его творчеству «с удивлением и нерешительно хлопает» [Заболоцкий 1972, 2: 228]. Он признается, что поддался искушению и потратил последние деньги на книги стихов и книги по стихосложению, однако о своей финансовой неосмотрительности он упоминает с детским восторгом: «Но я так рад, Мишка, какие я купил книги!»

[Заболоцкий 1972, 2: 230][1]. Он оплакивает смерть Блока и отъезд Андрея Белого, но радуется стихам Мандельштама: «Мандельштам пишет замечательные стихи. Послушай-ка», — и целиком приводит стихотворение Мандельштама 1920 года: «Возьми на радость из моих ладоней» [Заболоцкий 1972, 2: 228–229][2].

По всей видимости, молодой поэт находится на пороге нового этапа своего литературного становления. Он говорит Касьянову, что его ум освежается под влиянием новых прочитанных книг и что ему «до боли» хочется приступить к работе над своими стихами. Вдобавок он, видимо, чувствует, что развивается не только его собственная поэзия, но и русская поэзия в целом. Свои интуиции и порывы он пытается объяснить довольно сумбурно, но тем не менее это объяснение стоит процитировать:

> ...чувствую непреодолимое влечение к поэзии О. Мандельштама («Камень») и пр. Так хочется принять на веру его слова, «Есть ценностей незыблемая скала...» и «И думал я: витийствовать не надо...» И я не витийствую. По крайней мере, не хочу витийствовать. Появляется какое-то иное отношение к поэзии, тяготение к глубоким вдумчивым строфам, тяготение к сильному смысловому образу. С другой стороны — томит душу непосредственная бессмысленность существования. Есть страшный искус — дорога к сладостному одиночеству, но это — Клеопатра, которая убивает. Родина, мораль, религия, — современность, — революция, — точно тяжкая громада висят над душой эти гнетущие вопросы. Бессмысленно плакать и жаловаться — быть Надсонами современности, но как-то сами собой выливаются черные строки [Заболоцкий 1972, 2: 230–231].

---

[1] Заболоцкий описывает восхитившие его книги следующим образом: «1) Д. Г. Гинцбург. О русском стихосложении. Изд. 1915 год Объемистая, весьма серьезная книга. Автор обладает богатой эрудицией в области исследования не только русского, но и древнего восточного, латинского и пр. стихосложений. 2) В. Брюсов. Опыты. Книга, тебе известная, как единственная в своем роде. 3) Н. Шебуев. Версификация. Сортом-двумя ниже, но не лишняя. Кроме того, кой-кого из поэтов и журналы».

[2] Стихотворение Мандельштама: [Мандельштам 1967–1981, 1: 84], также [Freidin 1987: 197–198].

Молодой Заболоцкий хочет избежать участи Семена Надсона, «гражданского» поэта второй руки, чрезвычайно популярного в конце XIX века (про его стихи Д. Святополк-Мирский пишет, что они «...внушены бессильным желанием сделать мир лучше и жгучим сознанием собственного бессилия» [Святополк-Мирский 2005: 591][3]). Тем не менее он цитирует стихи Мандельштама из сборника «Камень», в котором присутствует (по крайней мере, потенциально) «общественная» тематика: отношения поэта со своим веком и местом в обществе. Первое стихотворение, датированное 1914 годом, из которого часто цитируется строка о «жалком Сумарокове», сфокусировано на прошлом, однако из первой строфы достаточно ясно видно, что основная идея стихотворения универсальна:

> Есть ценностей незыблемая скала
> Над скучными ошибками веков.
> Неправильно наложена опала
> На автора возвышенных стихов.
> [Мандельштам 1967–1981, 1: 39–40]

Вторая цитата взята из стихотворения Мандельштама «Лютеранин» 1912 года, которое, по-видимому, является ответом сразу на два стихотворения Тютчева: «И гроб опущен уж в могилу» (с описанием протестантского — вероятно, лютеранского — погребения); и «Я лютеран люблю богослуженье». Как и Тютчев, Мандельштам неявно противопоставляет сдержанность и простоту лютеранской заупокойной службы драматизму и сложности православного ритуала, делая предметом рефлексии и надежду, и нищету человеческого состояния. Но если Тютчев остается в области веры как таковой, Мандельштам, завершая стихотворение, обращается к вопросу об уделе поэта. Именно эта сторона привлекла внимание молодого Заболоцкого:

---

[3] Конкретный пример влияния Надсона см. в [Лавров 1994: 174–192].

И думал я: витийствовать не надо.
Мы не пророки, даже не предтечи,
Не любим рая, не боимся ада,
И в полдень матовый горим, как свечи.
[Мандельштам 1967–1981, 1: 22–23; Тютчев 1965, 1: 53, 63][4]

Если бы эти стихи были написаны после революции, а не до
нее, их, по всей вероятности, истолковали бы как прямое политическое высказывание. И действительно, уже отмечалось, что
сознательное отношение Мандельштама к истории делает политическую тематику с самого начала естественной для его стихов[5].
Внимание Заболоцкого к этим стихам (выраженное в тот самый
год, когда был расстрелян Гумилев) в ретроспективе как будто
зловеще предвещает его собственное непростое отношение
к советскому литературному истеблишменту, его требованиям
и суждениям.

ВОЗВРАЩЕНИЕ К СИМВОЛИЗМУ

В небесной Севилье
Растворяется рама
И выходит белая лилия,
Звездная Дама...

Заболоцкий. Небесная Севилья

Не свисти, сизый Ибис, с папируса
В переулки извилин моих,
От меня уже не зависят
Золотые мои стихи.

Заболоцкий. Сизифово рождество

Стремление к «иному отношению к поэзии», «тяготение к глу-
боким вдумчивым строфам» и «сильному смысловому образу»,
неприятие напоминающего о Клеопатре солипсизма и стремление

---

4   См. [Ronen 1983: 159–281].

5   См. [Райс 1967].

разрешить висящие над душой «гнетущие вопросы» явно выводили Заболоцкого за рамки шутовской дерзости его первых произведений. Теперь в поисках подходящих выразительных средств он чаще всего обращался к символизму и его производным, иногда в сочетании с элементами акмеизма. Эта комбинация еще сыграет свою роль в будущем, когда онтологические принципы искусства ОБЭРИУ постфактум послужат мостом между символизмом и акмеизмом.

Касьянов сообщает, что они с 16-летним Заболоцким попали под чары символистов, в первую очередь Блока и Белого, еще в 1919 году в Уржуме. К тому времени, как он отмечает, они уже «преодолели» Бальмонта и Северянина, но тем не менее любили «чеканную краткость и эмоциональную насыщенность» Ахматовой [Касьянов 1977: 33]. В Петрограде, судя по всему, на акмеистическую чашу весов была добавлена еще и немалая толика Мандельштама. В письме Касьянову от 11 ноября 1921 года Заболоцкий после цитирования «Возьми на радость из моих ладоней» Мандельштама приводит два отрывка из собственного произведения, над которым работал, предваряя их словами: «После сладкого вина, отведай горького. Вот мои». «Его» стихи в данном случае ближе к Блоку, чем к Мандельштаму, хотя стоит отметить, что и Мандельштам в своем становлении не миновал символизма [Taranovsky 1976: 83][6]. В обеих этих ранних работах Заболоцкий указывает на существование «иного мира», столь важного для символистов, и, так же как они, видит ключ к иному миру в слове, а в природе, наполненной духовным смыслом, — посредника.

Первый отрывок, «Промерзшие кочки, брусника», можно рассматривать как часть диалога с авторским «я» Блока из его цикла о сверхъестественной жизни болот «Пузыри Земли». В этом отрывке переживание осеннего вечера открывает поэту «новую книгу», новый источник смысла, и природа воспринимается

---

6   О стихотворении «Возьми на радость из моих ладоней» см. в [Taranovsky 1976: 99–108; Freidin 1987: 197–200].

с точки зрения религиозной образности: сосны стоят «как желтые свечи на Божьем лесном алтаре»[7].

> ...Промерзшие кочки, брусника,
> Смолистые запахи пней.
> Мне кажется: новая книга
> Раскрыта искателю мне.
> Ведь вечер ветвист и клетчат.
> Ах, вечер, как сон в Октябре,
> И сосны, как желтые свечи
> На Божьем лесном алтаре...
> [Заболоцкий 1972, 2: 229][8]

В продолжающейся саге об отношениях Заболоцкого с болотами это воспринимается как ответ — возможно, непреднамеренный — на поэму Блока «Полюби эту вечность болот» 1905 года, которая вместе со стихотворениями «Болотный попик», «Болотные чертенятки» и другими образует цикл «Пузыри земли». Блок начинает призывом: «Полюби эту вечность болот» и затем движется к кочкам и пням, к вопросам вечной истины, которые, казалось, предвосхищают трактовку Заболоцким «промерзших кочек», «смолистых запахов пней» и откровений «новой книги» природы:

> Эти ржавые кочки и пни
> Знают твой отдыхающий плен.
> Неизменно предвечны они, —
> Ты пред Вечностью полон измен.
> [Блок 1960, 2: 17]

---

7   Относительно темы книги, раскрывающей глубокую правду, см. также стихи Заболоцкого «Все, что было в душе» и «Голубиная книга» (последняя на фольклорную тему) и его «Историю моего заключения» [Заболоцкий 1991].

8   «Брусника» — скорее всего, вариант написания слова «брусника» — ягода, которая, как и клюква, растет на болотах. Вопреки стандартной практике написания, первая буква месяца «октябрь» в стихотворении — прописная. Мог ли тут быть некий политический смысл, и если да, то какой, сказать трудно. Политическая аллегория такого рода обычно Заболоцкому не свойственна.

Певучесть стихов, сближающая их между собой, достигается за счет трехсложного размера (Заболоцкий использует трехстопный амфибрахиий, а Блок — трехстопный анапест). В концовках стихотворений, однако, лежит глубокое различие. Заболоцкий, молодой «искатель», полон надежды перед лицом божественного, хоть и неясного, откровения природы. Блок, с другой стороны, как все более разочаровывающийся символист, утверждает, что непостоянство человеческой участи не может сравниться с великой неизменностью природы. В заключительной строфе стихотворения Блока поэт полагает, что в безвременье болот снизошла Сама Вечность — но она навеки замкнула уста, вместо того чтобы явить откровение, как Заболоцкому.

Возможно, из-за того, что «Промерзшие кочки, брусника» — менее бунтарское произведение, чем ранние сочинения Заболоцкого, а также потому, что возросло поэтическое мастерство Заболоцкого, структурные элементы стиха определены более отчетливо. Уже на этом этапе можно увидеть проблески «классического» Заболоцкого. Размер вполне устойчив. Половина рифм — точные (*брусника / книга, Октябре / алтаре*), половина — неточные, но вполне благозвучные (*пней / мне, клетчат / свечи*). Кроме того, структура стихотворения примерно симметрична, его можно разделить на два четверостишия, каждое из которых начинается с описания природной сцены и затем переходит к духовно значимым наблюдениям, которые протагонисту открывает «новая книга» на «Божьем лесном алтаре».

Второй отрывок, включенный в письмо Заболоцкого, начинается со слов «Но день пройдет печален и высок». Фрагменту предшествует римская цифра «V», что дает основания считать отрывок частью большего произведения, — что может как соответствовать реальности, так и быть литературной мистификацией. Этому произведению также присущи многие атрибуты символизма: атмосфера таинственности, тоски и мучений, которая придает стихотворению привкус декаданса; поиск откровения через слово; одухотворенное и персонифицированное изображение природы. Но, в отличие от более раннего стихотворения, в этом отрывке характерные черты символизма сочетаются с признаками реальных трудностей жизни Заболоцкого в Петрограде: его «дуэль» с каждым проходящим днем, в котором он пытается выкроить время для писания, его борьба с голодом, его одиночество. Краткое прозаическое вступление придает стихотворению дух таинственности, осведомляя читателя о том, что действие происходит «у входов "в те края, где тонет жизнь несказанного слова"». Затем следует строфа на тему, скорее всего, совершенно новую для русской поэзии — тему ковбоя. В стихотворении день персонифицирован как некто вроде символистского Клинта Иствуда:

> Он, таящийся у входов «в те края, где тонет жизнь несказанного слова»:
>
> ...Но день пройдет печален и высок,
> Он выйдет вдруг походкой угловатой,
> Накинет на меня упругое лассо
> И кровь иссушит на заре проклятой.
> Борьба и жизнь... Пытает глаз туман...
> Тоскует жизнь тоскою расставанья,
> И голод — одинокий секундант —
> Шаги костяшкой меряет заране...
> [Заболоцкий 1972, 2: 229]

Несмотря на своеобразие темы, Заболоцкий использует вполне традиционные поэтические конструкции. Размер — пятистопный ямб, один из основных в русском стихосложении. В третьей строке, с осевым высказыванием «накинет на меня упругое лассо», шесть стоп вместо пяти, но такой метрический сдвиг не нарушает общего впечатления от размера, и к тому же подобное встречалось и в XIX веке. Как и в предыдущем отрывке, здесь чередуются точные и неточные рифмы[9]. Как само это смешение, так и тот факт, что два из рифмующихся слов — очевидно заимствованные (лассо и секундант), выводят стихотворение из соответствия нормам XIX века. Однако структура отдельных рифм все

---

9   *Угловатой / проклятой* и *расставанья / заране* работают как точные рифмы; *высок / лассо* и *туман / секундант* — неточные.

же имитирует структуры, время от времени встречающиеся в более раннем периоде.

Отзвуки символистского мироощущения у Заболоцкого в полной мере выразились во время его участия в литературном кружке «Мастерская слова» в течение 1921/22 учебного года в Педагогическом институте имени Герцена. Название группы, акцентирующее взгляд на литературу как на ремесло, напоминает об акмеистском «Цехе поэтов», или даже о пролетарской «Кузнице». Однако, если судить по тону и содержанию журнала «Мысль», издаваемого литературным объединением, можно заключить, что задачи «Мастерской слова» были эклектичными, с тяготением скорее к символизму, чем к какому-либо иному движению[10]. В редколлегию журнала в числе прочих входили Заболоцкий и Николай Браун. Редакторы сообщают читателю, что главная цель журнала — «пробудить дремлющие творческие силы студенчества», а смысл его существования — свободное выявление настроений студентов, шлифовка и заострение их мыслей. В самом журнале публиковались стихи, «лирическая» и «психологическая проза», теоретические трактаты, статьи о студенческой жизни, сатирические и юмористические миниатюры, хроника. Среди произведений студентов преобладала интимная лирика «с налетом декаданса» и с такими названиями, как «В соборе», «Грусть», «Мертвый Брюгге», «Пион», «Сердце-пустырь» [Грищинский, Филиппов 1978: 183][11]. Подобный акцент на религию, эмоции и смерть создает впечатление, что это поколение молодых литераторов одной ногой все еще твердо стоит в эпохе символизма.

Возможно, наиболее симптоматичными работами являются публикации самого Заболоцкого: очерк «О сущности символиз-

---

[10] Журнал вышел всего однажды, в марте 1922 года. См. [Грищинский, Филиппов 1978; Филиппов 1981: 21–23].

[11] «Мертвый Брюгге» явно имеет отношение к одноименной повести бельгийского символиста Жоржа Роденбаха. Роман был опубликован в 1892 году и имел огромное влияние в свое время. См. [Mosley 1986: i–x]. Благодарю моего коллегу Александра Жолковского за то, что обратил мое внимание на эту информацию.

ма» и три стихотворения — «Сердце-пустырь», «Сизифово рождество», «Небесная Севилья». Учитывая его возраст — 19 лет — и еще не завершенное образование, эти работы производят сильное впечатление.

В очерке рассматриваются (хотя и мимолетно) философские проблемы словесного познания, подобные тем, которые изучали П. Флоренский, С. Франк, Г. Шпет и другие теоретики слова в начале века. Молодой Заболоцкий демонстрирует знакомство со множеством сочинений символистов: цитирует отрывки из «Горных вершин» Бальмонта и из русских переводов «Цветов зла» Бодлера, «Искусства поэзии» Верлена и «Страны грез» Эдгара По[12]. Он также упоминает Ницше, Верхарена, Гюисманса, Сологуба, Белого, Брюсова, Мережковского, Александра Добролюбова, Вячеслава Иванова. Блок, что любопытно, отсутствует. В очерке, однако же, символизм трактуется как однородное движение, индивидуальные различия между его приверженцами по большей части проигнорированы. Символизм, широко понимаемый, в очерке оценивается с сочувствием, но не без критики, что дает интересный исходный материал для изучения собственных трудов Заболоцкого, включая более поздний сборник «Столбцы» и авангардную (и до некоторой степени антисимволистскую) Декларацию ОБЭРИУ.

Анализируя мировоззрение символистов, Заболоцкий подчеркивает лежащую в его основе субъективность. Временно принимая то, что он считает символистским взглядом на мир, он пишет:

> Вступая в сознание, вещь не приемлется в своем бытии, но содержание ее, присутствующее в познающем субъекте, подвергается воздействию субъективности его познания. Субъективные начала свойственны каждому познанию... Таким образом получается различие не в переживаемом, а в переживании... В поэзии реалист является простым наблюдателем, символист — всегда мыслителем. Наблюдая уличную жизнь, реалист видит отдельные фигуры и переживает их в видимой очевидной простоте.

---

[12] Стихотворение Э. По у Заболоцкого ошибочно названо «Страна слов», вместо «Страна снов» («Dream-Land»).

«...Улица... Дряхлый старик просит милостыни... Проходит, сверкая поддельными камнями, накрашенная женщина...» Символист, переживая очевидную простоту действия, мысленно и творчески проникает в его скрытый смысл, скрытую отвлеченность.

«Нет, это не нищий, не женщина веселых притонов — это Нужда и Разврат, это — дети Гиганта-Города, это смерть его каменных объятий...» [Грищинский, Филиппов 1978: 185].

Далее Заболоцкий переходит от методов познания к вопросу об «ином мире» символистов. Он цитирует Бальмонта, утверждающего, что поэты-символисты «всегда овеяны дуновениями, идущими из области запредельного» и что за их словами «чудится гул еще других голосов, ощущается говор стихий, отрывки из хоров, Святая Святых мыслимой нами Вечности...» [Грищинский, Филиппов 1978: 186]. Затем он подводит итог вышеизложенному следующим образом:

Душа символиста — всегда в стремлении к таинственному миру объектов, в отрицании ценности непосредственно воспринимаемого, в ненависти к «фотографированию быта». Она видит жизнь всегда через призму искусства. Такое искусство, конечно, не может не быть несколько аристократичным по своему существу, замкнутым в области творения своего мира. Своеобразная интуиция символиста целиком направлена на отыскивание вечного во всем не вечном, случайном и преходящем. В его действии движутся уже не вещи, а символы их, символы частиц великого мира субстанций. Слагая символы, символист интуитивно приближается к этому миру, его поэзия есть претворение субъективно-познаваемого в символ истины. Поэтому поэзия его есть поэзия намеков, оттенков... [Грищинский, Филиппов 1978: 186].

В конечном итоге символизм, с его субъективностью и неопределенностью, не мог не вызвать вопросов у Заболоцкого с его потрясающей восприимчивостью, направленной на материальный мир. Для решения этой проблемы он выступит в Декларации ОБЭРИУ с призывом наблюдать за предметом «голыми глазами», отойти от поэзии, «запутанной в тине "переживаний" и "эмоций"» — другими словами, с призывом уважать базовую сущность предмета. Но пока он еще не определился. Самые талантливые из символистов явно привлекали его. И все же он пришел к выводу, что фиксация символистов на «видении индивида», в противоположность «гласу природы», привела к упадку «действительного символизма» и к утрате прежнего литературного облика его «талантливыми представителями, Брюсовым и Белым...» [Грищинский, Филиппов 1978: 187].

Опубликованные в журнале стихи Заболоцкого также наводят на мысль о том, что молодой поэт старается разобраться в своих отношениях с символизмом. С одной стороны, он отнюдь не прочь появиться в образе поэта-символиста, как, например, в стихотворении «Сердце-пустырь», которым он в значительной степени обязан декадентской стороне символизма, представленной Брюсовым, Гиппиус, Сологубом, — и, возможно, в еще большей степени циклу Блока «На поле Куликовом». С другой стороны, в некоторых стихотворениях можно увидеть отвержение позиции символистов. Рассказчик в «Небесной Севилье» — преемник никчемного, разочарованного блоковского поэта-символиста. В стихотворении также оспаривается аполлонический бальмонтовский образ поэта. Кроме того, инструментарий молодого Заболоцкого здесь обогащается нотками немецкой романтической иронии и визуальной образностью, напоминающей картины Шагала. В «Сизифовом рождестве» сочетаются присущее акмеизму внимание к деталям с элементами символизма, выражена реакция на поэтическую позицию Бальмонта и заметно движение к материалистичности зрения, которое будет преобладать в сборнике «Столбцы».

В первом из этих студенческих произведений, «Сердце-пустырь», поэт ведет рассказ о своих попытках охладить пылкое, но тем не менее пустое сердце, о наступлении осени и надвигающейся смерти природы. Чем неизбежней становится смерть природы, о которой свидетельствует замерзание реки, тем более усиливается привязанность поэта к реке как к возлюбленной невесте, несмотря на его неоднократные повеления своему сердцу: «Стынь, сердце-пустырь». Поэма завершается слиянием

любви и смерти, типичным для символизма в его декадентских
формах.

Сердце-пустырь

Прозрачней лунного камня
Стынь, сердце-пустырь.
Полный отчаяньем каменным,
Взор я в тебя вперил.
С криком несутся стрижи, —
Лет их тревожен рассеянный,
Грудью стылой лежит
Реки обнаженной бассейн.

О река, невеста мертвая,
Грозным покоем глубокая,
Венком твоим желтым
Осенью сохнет осока.
Я костер на твоем берегу
Разожгу красным кадилом,
Стылый образ твой сберегу,
Милая.

Прозрачней лунного камня
Стынь, сердце-пустырь.
Точно полог, звездами затканный,
Трепещет ширь.
О река, невеста названная,
Смерть твою
Пою.

И, один, по ночам — окаянный —
Грудь
Твою
Целую.
[Грищинский, Филиппов 1978: 187][13]

---

[13] В стихотворении Заболоцкого «Начало зимы» 1935 года, написанном от
первого лица, также изображается замерзающая, «умирающая» река, но без
атрибутики символизма и интенсивности, свойственной стихотворению
«Сердце-пустырь».

Как отражение противостояния смертного распада и связующей силы любви, в стихотворении действуют две разнонаправленных силы: энтропия, стремящаяся развалить поэтическую структуру, и объединяющая мощь, за счет которой стихотворение остается целостным. Наибольший вклад в энтропию вносит постепенное уменьшение размера строфы и длины строки[14]. Размер стихотворения, по большей части трехударный дольник — с самого начала «неправильный» по отношению к стандартному силлаботоническому стиху, но и он неизбежно разрушается по мере уменьшения длины строки. Схема рифмовки, — если можно сказать, что таковая имеется, — слабо противодействует энтропии. Правильных рифм немного, большинство окончаний строк построено на сходстве звуков: *камня / каменным, кадилом / милая,* что способствует единству стихотворения лишь отчасти[15]. Кроме того, в некоторых случаях, например, *мертвая / желтым,* наличествующее сходство (здесь — повторяющиеся звуки *ё* и *т*) лишь подчеркивает преобладающее различие. Это выглядит так, будто все строение стихотворения постепенно разрушается по мере приближения смерти.

Тем не менее стихотворение не разваливается благодаря поэтической мощи, которая удерживает его целостность. Отчасти прочность обеспечивается за счет повторения целых строк и разнообразных звуковых приемов, создания столь ценимой символистами поэтической «музыки». Наиболее наглядный тому пример — повторение пронзительных начальных строк: *Прозрачней лунного камня / стынь, сердце-пустырь* и подобное эху: *О река, невеста мертвая — О река, невеста названная.* Что касается конкретных звуков, в большей части стихотворения преобладает сочетание *с, т* и иногда *р,* заданное названием

---

[14] Первая строфа состоит из восьми строк, длина которых составляет от пяти до девяти слогов. Во второй строфе также восемь строк, но в последней строке только три слога. Третья строфа состоит всего из семи строк, из которых три из последних четырех — короткие, состоящие из четырех или менее слогов. Наконец, последняя строфа содержит всего четыре строки, первая из них — десять слогов, а в остальных по три слога или меньше.

[15] Правильные рифмы: *берегу / сберегу, пустырь / ширь* и *твою / пою.*

«Сердце-пустырь». Это созвучие усиливается повторением второй строки: «Стынь, сердце-пустырь» и прилагательного *стылый*, однокоренного с глаголом *стыть*, означающего в прямом смысле «остывать», «охлаждаться», а в переносном — «становиться бесстрастным». Строка «Осенью сохнет осока» своим сухим шелестом передает шорох увядшей осенней природы и поддерживает выбранные звуковые сочетания. Повторение *у / ю* — *Смерть твою / Пою.... Грудь / Твою / Целую* — придает завершению собственное звучание, до некоторой степени компенсирующее развал строфической структуры. Существует мнение, что «темное звучание», присущее звуку *у*, здесь особенно уместно. Учитывая неоднократное упоминание Заболоцким Андрея Белого, одного из первых поборников идеи такого рода звуковой оркестровки, это утверждение представляется обоснованным.

Но возможно, что самые сильные элементы, держащие стихотворение как единое целое, — это развитие образа реки как персонажа и развитие отношения поэта к ней. Первый намек на человеческие атрибуты реки содержится в аналогии заключительных строк первой строфы — *Грудью стылой лежит / Реки обнаженной бассейн*. Намечающаяся персонификация выделена с помощью некоторого несоответствия прилагательного и существительного. Обычная логика подсказывает, что прилагательное «стылый», используемое в основном для описания остывших жидкостей, лучше примечаниеть к реке, тогда как «обнаженный» скорее подходит для описания груди. Несогласованность до некоторой степени разрешается благодаря использованию хиастического приема, позволяющего перекрещивать поэтические соответствия. Но река тем временем приобретает человеческое измерение как благодаря своей «обнаженности», так и благодаря тому, что ее бассейн подобен «груди». В ретроспективе мы видим, что сердце поэта «прозрачнее лунного камня», — и это наделяет человеческое сердце визуальными характеристиками, обычно присущими воде, тем самым еще сильнее переплетая человеческие и природные качества. Неоднократные упоминания поэтом реки как своей «невесты» и его обращение к ней «милая» протягивает нить персонификации через середину стихотворения, а также заставляет вспомнить об олицетворении реки как женщины в русской народной культуре, хотя умирающая река-невеста у Заболоцкого далека от плодородной и могущественной «матушки Волги», которая течет через множество народных песен.

Конечно, поэт мог бы свести на нет свое высказывание упоминанием смерти, которое завершает третью строфу, *Смерть твою / Пою,* так как смерть — довольно типичный признак концовки [Smith 1974: 113, 117]. Но в конечном итоге стихотворение не поддается разрушающей силе смерти. Именно любовь, хотя и в декадентском ее изводе, животворит стихотворение, сохраняет его «живым», несмотря на преднамеренное бравирование поэта смертью и угрозу структурной энтропии. Таким образом, завершающие слова поэта — *Грудь / Твою / Целую* — неопровержимо устанавливают «человечность» реки в отношении к рассказчику, сплавляют воедино темы природы и человека и связывают конец стихотворения с началом, возвращаясь к образу груди и создавая тем самым ясное и отчетливое ощущение финала.

Помимо отголосков народной культуры, в стихотворении содержатся следы русского православия. Как и в некоторых более поздних работах Заболоцкого, следы эти так глубоки, что практически невидимы. Они обеспечивают подтекст, который обогащает стихотворение, но не вносит изменений в его явный смысл. Здесь Заболоцкий играет на более-менее православном мистическом пантеизме в сочетании с «метафизическим» олицетворением природы, столь важным для символистской культуры. Во фразе «Я костер на твоем берегу / Разожгу красным кадилом, / Стылый образ твой сберегу», Заболоцкий использует устойчивые противопоставления: горячее — холодное и любовь — смерть, но также вносит религиозные коннотации с помощью сочетания слов *кадило* и *образ*, который может означать как «образ» в общем смысле, так и «икону» в значении, связанном с православием. Разжигая костер на берегу реки, чтобы сберечь ее стылый образ, лирический герой использует для этого раскаленное докрасна («красное») кадило либо уголек из него, — а «костер» тогда возжигается вместо церковной свечи. Этот акт почитания совершается перед иконой (образом), взирающей на мир иератическибесстрастно, и тогда у выражения *стылый образ* появляется второе значение — «бесстрастная икона».

Что характерно для многих стихотворений символистов, река становится персонификацией сакральной, но при этом разрушительной сексуальности, которая дает герою некое сочетание блаженства и мучения, спасения и гибели. «Сердце-пустырь» нельзя назвать религиозным стихотворением. Это прежде всего проба пера в декадентском духе, и религиозный подтекст не меняет этого факта. Но даже когда молодой Заболоцкий пытается быть декадентом, семиотика православия (здесь, пожалуй, отразился его собственный опыт алтарника, разжигающего кадило для церковной службы) выступает как важная опора его поэтической вселенной. Как и многие более поздние произведения Заболоцкого, «Сердце-пустырь» несет на себе отпечаток православной среды, в которой сформировался его создатель, советский поэт.

Что касается более конкретного влияния, «Сердце-пустырь» предполагает отсылку к первому стихотворению из цикла Блока «На поле Куликовом», известному по первой строчке: «Река раскинулась. Течет, грустит лениво». Из двух первых строф видна как связь между стихотворениями, так и неполнота этой связи. Блок пишет:

> Река раскинулась. Течет, грустит лениво
> И моет берега.
> Над скудной глиной желтого обрыва
> В степи грустят стога.
> О, Русь моя! Жена моя! До боли
> Нам ясен долгий путь!
> Наш путь — стрелой татарской древней воли
> Пронзил нам грудь.
>
> [Блок 1960, 3: 249]

Каждое из стихотворений начинается с образа реки, движется с рваным ритмом, создает настроение бесплодности, меланхолии, тоски[16]. Оба поэта обращаются к возлюбленной. Блок обращает-

---

[16] В стихотворении Блока, однако, различим метр с чередованием длинных и коротких ямбических строк.

ся к России как к жене, а Заболоцкий обращается к реке как к невесте. Ближе к концу каждого из стихотворений оба поэта усиливают эмоциональное напряжение высказывания, обращаясь к сердцу. Блок говорит: «Плачь, сердце, плачь...», Заболоцкий же все повторяет свое моление: «Стынь, сердце-пустырь». Кроме того, наличие определенных слов в обоих стихотворениях способствует ощущению связи между ними, даже если слова используются в разных контекстах: *берег, желтый, костер, грудь*.

В конечном итоге, однако, различия между стихотворениями обусловлены способом обращения, который используют поэты. Стихотворение Блока в основе своей патриотическое, хотя и в символистской манере. Он обращается к России как к жене и увещевает свое сердце оплакивать судьбу России. Стихотворение Заболоцкого — просто декадентское. Он обращается к реке не как к жене, а как к своей мертвой невесте, и ищет он не катарсиса, увиденного Блоком, а стылости и онемения, соответствующих холоду самой реки.

Стихотворение Заболоцкого «Небесная Севилья», опубликованное в студенческом журнале вместе со стихотворением «Сердце-пустырь», тоже причастно символизму, но совсем иным образом. Все это стихотворение, так же как «Сердце-пустырь», пропитано идеей охлаждения, застывания, бесстрастия, выраженной корнем *стын-, стыл-*. Однако здесь этот образ применяется к месяцу, а не к сердцу действующего лица или предмету его воздыханий, а герой, вместо упоения пленом собственной декадентской любви, с воодушевлением бросается в пучину деланого уныния, представляя собой крайний вариант блоковского лирического героя, который вынужден разлучиться со все более безучастной Прекрасной Дамой.

Стихотворение, в котором сочетаются надежда, отчаяние и самоирония, а сцена действия напоминает картины Шагала (возможно, с оттенком испанского влияния Эль Греко), повествует о безответной любви. Сходство с Шагалом неудивительно, поскольку он был одним из любимых художников Заболоцкого, наряду с Малевичем, Филоновым, Брейгелем, Анри Руссо, Николаем Рерихом. Критики отмечают у Заболоцкого «шагаловское визионерское смешение ужаса и лирики», видят в его стихах «полных изящества коров, летающих по воздуху в шагаловском духе», однако четкая связь между его поэтикой и конкретными работами Шагала еще не установлена[17]. Итак, «профессор отчаянья» укрепился на звездном шпиле и осматривает окрестности в ожидании романтических событий.

Небесная Севилья

Стынет месяцево ворчанье
В небесной Севилье.
Я сегодня — профессор отчаянья —
Укрепился на звездном шпиле,

И на самой нежной волынке
Вывожу ритурнель небесный,
И дрожат мои ботинки
На блестящей крыше звездной.

В небесной Севилье
Растворяется рама
И выходит белая лилия,
Звездная Дама,
Говорит: профессор, милый,
Я сегодня тоскую —
Кавалер мой, месяц стылый,
Променял меня на другую.

В небесной Севилье
Не тоска ли закинула сети.
Звездной Даме, лилии милой
Не могу я ответить...
Стынет месяцево ворчанье.
Плачет Генрих внизу на Гарце.
Отчего я, профессор отчаянья,
Не могу над собой смеяться?
[Заболоцкий 1972, 2: 233]

---

[17] Об интересе Заболоцкого к Шагалу см. в [Заболоцкий Н. Н. 1987: 10; Заболоцкий Н. Н. 1989: 5; Заболоцкий Н. Н. 1977: 202]; см. также [Степанов 1972: 25; Степанов 1977: 103; Синельников 1984: 105, 110; Альфонсов 1966]. О Заболоцком и Филонове см. в [Goldstein 1989].

Первая половина стихотворения указывает на готовность к любви. Севилья, родина Дон Жуана, Кармен и Фигаро, существует в поэтической вселенной, где господствуют сверкающие звезды. Сам город — «небесный»; профессор, укрепившись на звездном шпиле, играет «небесный» ритурнель на «самой нежной» волынке; а его ботинки «дрожат» на блестящей звездной крыше. Он явно предвкушает некое знаменательное романтическое событие.

По этим признакам стихотворение сходно с «Звездным хороводом» Бальмонта из цикла «Только любовь» 1903 года, также повлиявшего и на «Сизифово рождество» Заболоцкого. В стихотворении Бальмонта нет специального места действия, помимо «эго» поэта. Тем не менее поэт открыто сравнивает себя с «тем севильским Дон Жуаном», и его задача — сплетать «мгновенья нежной красоты» в «звездный хоровод». Наполненная звездами, музыкой и танцем атмосфера, тема нежности и романтики в Севилье — все это находит отклик у Заболоцкого[18]. Но если бальмонтовский поэт, по-видимому, преуспевает в любовных приключениях в качестве самозваного «минутного мужа», покоряя новые вершины, то томящегося «профессора отчаяния» у Заболоцкого ожидает иная участь.

Когда рама воображаемой картины или окна незаметно исчезает и из нее выходит Звездная Дама, надежды профессора лишь на волосок отстоят от исполнения. Но они терпят крах. В конце концов, она ведь «белая лилия», символ чистоты. Растравляя рану, она говорит, что влюблена в месяц, который остыл и бросил ее

---

[18] Наиболее красноречивые строфы стихотворения Бальмонта звучат так:

Как тот севильский Дон-Жуан,
Я — Вечный Жид, минутный муж.
Я знаю сказки многих стран
И тайну многих душ.
Мгновенья нежной красоты
Соткал я в звездный хоровод.
Но неисчерпанность мечты
Меня зовет — вперед.
[Бальмонт 1983: 173]

ради другой («...месяц стылый / Променял меня на другую»). Такой печальный исход не стал полной неожиданностью, если вспомнить первую строку стихотворения — «Стынет месяцево ворчанье», — отдающую холодом, тема которого преобладает в стихотворении «Сердце-пустырь». Тема нарастания холода противостоит всему «небесному» и «звездному», и холод берет верх, когда профессор завершает стихотворение теми же словами, что и начал.

Но, несмотря на нагнетание холодности, атмосфера разочарования в финале напрямую исходит от осознания профессором своего эмоционального бессилия. Бессилие подразумевается самим характером стихотворения, которое сочиняет профессор, — например, отсутствием определенного размера, даже дольника[19]. Стихотворение без четкого ритмического рисунка, состоящее из строк длиной от 5 до 11 слогов, просто тащится вперед. Самая короткая строка находится в середине стихотворения, когда является Звездная Дама, — таким образом это событие выделяется структурно. Самая длинная строка — предпоследняя, она высвечивает жалкий вопрос профессора о его неспособности посмеяться над собой. Рифма в стихотворении играет бо́льшую роль, чем размер. Но даже несмотря на то, что рифма несколько ближе к традиционной норме, чем в более ранних работах, и невзирая на регулярное чередование рифм по схеме *abab*, неразрешенная цепочка безударных окончаний и отсутствие регулярного размера приводят к тому, что строки болтаются, вместо того чтобы энергично защелкиваться.

То, как профессор описывает собственное поведение, только усиливает впечатление о его бессилии, но не смягчает его. Когда Звездная Дама спрашивает, не закинула ли тоска сети в небесной Севилье, он не может ответить. Все, на что он способен, — это воспроизвести свое первое наблюдение о том, что месяц стынет, и, повторяя фразу «не могу», он завершает стихотворение жалким, на грани смешного, вопросом: «почему я, профессор отчаяния, не могу над собой смеяться?»

---

[19] С точки зрения русской стиховедческой традиции, стихотворение написано акцентным стихом. — *Примеч. ред.*

Это безнадежное вопрошание очень далеко отстоит от полной энергии финальной реплики героя в стихотворении «Сердце-пустырь»: «И один по ночам, — окаянный — грудь твою целую». В «Небесной Севилье» воспроизводится не декаданс и не эротический эгоизм, присущий некоторым аспектам символизма, но иронический, горький символизм Блока после его разочарования в Прекрасной Даме. «Звездная Дама» Заболоцкого не может не напоминать о Прекрасной Даме Блока просто в силу своего имени, так же как крушение надежд профессора отчаяния не может не указывать на разбитые надежды и разочарование блоковского лирического героя. Как Блок, так и Заболоцкий опираются на традицию романтической иронии, и этот долг Заболоцкий изящно признает в аллитеративной отсылке к Генриху Гейне — «Плачет Генрих внизу на Гарце»[20].

Тем не менее между стареющим Блоком и подающим надежды Заболоцким есть существенные различия. Блок был с самого начала дико, слепо влюблен в Прекрасную Даму, тогда как профессор у Заболоцкого начинает скромнее — он *мог бы* влюбиться в Звездную Даму — и у него все заканчивается почти комической беспомощностью, а не всепоглощающей депрессией, как у Блока. И, конечно, Блок был настоящим символистом, а Заболоцкий — всего лишь молодым поэтом, примеряющим символистскую эстетику в поисках собственного голоса. Но все же «Небесная Севилья» с ее символистской темой утерянного блаженства, несомненно, была частью продолжающегося диалога Заболоцкого с Блоком, Бальмонтом и символизмом в целом.

Третья работа Заболоцкого, опубликованная в студенческом журнале, «Сизифово рождество», не отличается ни декадентской интонацией стихотворения «Сердце-пустырь», ни символистской

---

[20] Гейне, конечно же, был одним из главных практиков романтической иронии и к тому же особенно был известен своим сборником путевых заметок «Die Harzreise» («Путешествие по Гарцу»). Я признательна профессору Омри Ронену за его указание на то, что это также намек на Фауста у Гёте, который представляется Гретхен как «Генрих». Подобно лирическому герою Заболоцкого, Фауст — ученый, и его поиск Вечной Женственности прообразует романтический поиск профессором Звездной Дамы.

атмосферой общей духовной таинственности, свойственной отрывкам «Промерзшие кочки, брусника» и «Но день пройдет печален и высок», а также не живописует несостоявшуюся символистскую вселенную, как в «Небесной Севилье». Некоторые аспекты лексики, яркость визуальных образов и музыкальность стихотворения наводят на мысль о том, что здесь присуствует отсылка к поэзии Бальмонта. Но вместо туманного символистского поиска знаний, любви или блаженства Заболоцкий предлагает четкое описание творческого процесса, высвечивая его резким, ярким светом и сосредоточиваясь на особенностях, которые знаменуют его уход из-под влияния символистов. Невозможно сказать, был ли этот уход спровоцирован увлечением Заболоцкого акмеизмом или просто растущим чувством собственной поэтической идентичности.

Физиологическая образность стихотворения не характерна ни для акмеизма, ни для символизма. Она, возможно, указывает на растущий интерес Заболоцкого к «аналитическому искусству» Филонова, который часто рисовал человеческие фигуры со снятой кожей и обнаженной анатомией, хотя в действительности поэт брал уроки у Филонова несколько позже, в 1920-е годы [Максимов 1984a; Misler, Bowlt 1984; Goldstein 1989][21]. Физиологические детали также могут отражать видение, которое поэт приобрел в бытность студентом-медиком в Москве: впечатления от занятий по анатомии выплеснулись в его поэзию. Каким бы ни был источник такого видения, еще один шаг к обретению собственного голоса молодой поэт совершает, изображая сизого ибиса (похожую на аиста болотную птицу, священную в Древнем Египте), который свистит либо с растущего папируса, либо с папирусного манускрипта или иллюстрации, — возможно, египетского артефакта, что указывает на еще один потенциальный источник вдохновения и является своего рода деконструирующей самоотсылкой. Ибис высвистывает золотые стихи из извилин мозга поэта. Покинув пределы мозга поэта, стихи, по-видимому, воспроизводятся на преемнике папируса, бумаге, а затем скачут

---

[21] См. также [Goldstein 1993: 38–52].

«в чужие мозги». Поэт таким образом создает конкретно-физио-логическую и абсолютно симметричную структуру поэтической рецепции: растение папирус — мозг поэта — бумага — чужие мозги.

Сизифово рождество

Просвистел сизый Ибис с папируса
В переулки извилин моих.
И навстречу пичужке вынеслись
Золотые мои стихи.
А на месте, где будет лысина
К двадцати пяти годам, —
Желтенькое солнышко изумилось
Светлейшим моим стихам.
А они, улыбнувшись родителю,
Поскакали в чужие мозги.
И мои глаза увидели
Панораму седой тоски.
Не свисти, сизый Ибис, с папируса
В переулки извилин моих,
От меня уже не зависят
Золотые мои стихи[22].

Это одно из самых музыкальных стихотворений Заболоцкого благодаря яркой оркестровке звуков *с/з-и*, а также тенденции к трехстопному анапесту[23]. Можно даже заподозрить, что эпитет *Сизифово* выбран поэтом больше из-за его звукового сходства с *сизый ибис* и другими сочетаниями *с/з-и*, чем из-за его смысла, поскольку описание рождения золотых стихов не представляется трудом настолько тяжелым, чтобы именовать его «сизифовым». Звуковая оркестровка начинается с пика в первых строках,

---

[22] Приведено в [Касьянов 1977: 41]. Об ином взгляде на птиц и некоторых физиологических подробностях см. странное и устрашающее стихотворение Заболоцкого «Птицы» 1933 года.

[23] На звук и приходится более половины гласных звуков в стихотворении, независимо от того, считать ли только ударные гласные или как ударные, так и безударные.

описывающих свист ибиса («Просвистел сизый ибис с папируса...»), и снова выходит на первый план в отголоске этих строк в последней строфе, где поэт просит ибиса не свистеть, потому что его стихи больше ему не принадлежат. Свистящий звук предсказуемо утихает на время в конце третьей строфы, когда поэт представляет себе жизнь без своих стихов, которые «поскакали в чужие мозги».

Своими звуковыми экспериментами и сосредоточенностью на пении птицы (пусть даже египетского ибиса, а не русского соловья) стихотворение напоминает «Соловей во сне» Державина, которое в интересах благозвучия было написано с преобладанием звуков *с*, *л* и с полным отсутствием *р*. Однако наиболее прямое влияние на «Сизифово рождество» оказал Бальмонт, стихи которого славились музыкальностью и использованием яркой образности, связанной с огнем и солнцем. Также он писал много стихов о процессе стихосложения. В общих чертах, стихотворение Заболоцкого могло быть реакцией на описание «рождения» поэзии в стихотворении Бальмонта «Как я пишу стихи». Говоря более конкретно, он, по-видимому, усваивает образы из стихотворения «Солнечный луч» Бальмонта, входящего в тот же цикл, что и «Звездный хоровод», но при этом сопротивляется субъективной символистской позиции, отраженной в этом произведении. Ни одно из этих стихотворений не выражает в полной мере музыкальности Бальмонта, а также не дотягивает до музыки «Сизифова рождества», но другие параллели говорят сами за себя.

Стихотворение «Как я пишу стихи» начинается с темы рождения, обозначенной глаголом «рождается», так как Бальмонт описывает «рождение» пяти стихотворных строк. После пяти поэт сбивается со счета, — строки стихов словно роятся над ним.

Как я пишу стихи

Рождается внезапная строка,
За ней встает немедленно другая,
Мелькает третья ей издалека,
Четвертая смеется, набегая.

> И пятая, и после, и потом,
> Откуда, сколько, я и сам не знаю,
> Но я не размышляю над стихом,
> И, право, никогда — не сочиняю.
> [Бальмонт 1983: 229][24]

Глагол «рождается» — однокоренной со словом «рождество», которое Заболоцкий использовал в названии. «Рождество» — архаичная форма, которая теперь используется почти исключительно в словосочетании «Рождество Христово», а форма «рождение» выражает общий смысл понятия. Можно догадаться, что Заболоцкий выбрал форму «рождество» из соображений мелодики, так как с ударным последним слогом название намного убедительнее, чем с дактильным окончанием слова «рождение», а также, возможно, ради создания атмосферы архаики, подходящей к древнему мифу о Сизифе. Для Бальмонта, который в поэзии видит результат внезапного вдохновения, стих рождается мгновенно, легко, без необходимости сизифовых усилий со стороны его «родителя». Действительно, рождающий остается неизвестным. Стихотворная строчка просто «рождается». Заболоцкий вторит бальмонтовскому ощущению, что поэзия зависит, по меньшей мере частично, от чего-то вне самого поэта (в его случае — от свиста ибиса), что она не просто бьет ключом из сокровенной части души поэта, как «стихийное излияние сильных чувств», по Вордсворту. Но в то же время название стихотворения Заболоцкого предполагает, что поэзия — дело трудное, и эмоциональная привязанность его персонажа к новорожденным стихам намного сильнее, чем у Бальмонта. Если персонаж Заболоцкого воспринимает себя именно как «родителя» стихов и после их побега страдает «седой тоской», своего рода «синдромом пустого гнезда», то авторское «я» Бальмонта отстраняется от происходящего, не претендует на отцовство, не желает размышлять над стихами или «сочинять» их.

---

[24] У Бальмонта тоже есть стихотворение о ибисе «Ибис верный улетел к истокам рек», но оно не связано со стихотворением Заболоцкого.

В первой же строке стихотворения Бальмонта «Солнечный луч» говорится о солнечном луче, пронзающем мозг поэта. Может показаться, что отсюда дорога идет прямо к «желтенькому солнышку» Заболоцкого, которое «изумилось светлейшим стихам», населяющим «переулки извилин» поэта. «Свой мозг пронзил я солнечным лучом», — пишет Бальмонт. Но по мере развития его стихотворения в нем становятся все более заметны те самые качества, на которые Заболоцкий в своем эссе указал как на отличительные критерии символизма — неопределенность объекта и всеобъемлющий субъективизм, — тогда как в стихотворении Заболоцкого субъект и объект отчетливо различаются. Вторая строфа Бальмонта гласит:

> Как луч горит на пальцах у меня!
> Как сладко мне присутствие огня!
> Смешалось все. Людское я забыл.
> Я в мировом. Я в центре вечных сил.
>   [Бальмонт 1983: 171]

Символист Бальмонт владычествует над вселенной своего стихотворения. Форма первого лица, если не считать глаголов, в 12 строках встречается 11 раз. Заболоцкий, будущий автор Декларации ОБЭРИУ, уже основывается на «предметности предмета» и не только своим стихам, но и другим вещам — ибису, папирусу — предоставляет независимое существование вне сферы собственного «эго» поэта. Даже с бальмонтовским упоминанием солнца, бальмонтовским сверканием «золотых» и «светлейших» стихов и очевидной параллелью с упоминанием мозга в обоих стихотворениях, произведение Заболоцкого очень конкретно — немыслимым для старшего поэта образом, — потому что молодой поэт все ближе к тому голосу и видению, которые сделают его стихи уникальными, безошибочно узнаваемыми как его собственные.

Один из основных признаков ви́дения Заболоцкого — ощущение физической и физиологической реальности. Если Бальмонт довольствуется более отвлеченным понятием «мозг» (в единственном числе), то Заболоцкий, видимо, смакует эффект встряски от анатомических подробностей, используя более разговорную форму «мозги» (во множественном числе) и рисуя графику «переулков извилин», повторяя этот образ в важнейших местах стихотворения. В стихотворении «Незнакомка», оказавшем глубокое влияние на Заболоцкого, Блок, как и Бальмонт, использует слово «мозг» в единственном числе, а его упоминание об излучинах несколько туманно. Значение этого стихотворения для Заболоцкого будет обсуждаться в пятой главе, а сейчас достаточно сказать, что у Блока речь идет о метафорических излучинах души поэта, а не о физических извилинах его мозгов: «И все души моей излучины / Пронзило терпкое вино. / И перья страуса склоненные / В моем качаются мозгу» [Блок 1960, 2: 185].

Упоминание Заболоцким своей будущей лысины, наряду с «мозгами» и синекдохическими «извилинами», указывает на элементы самоиронии и на граничащую с физиологическим гротеском фокусировку на анатомии, которой нет места в безупречно серьезной эстетике символизма. Человеческое тело для символиста вроде Брюсова может нести глубокий эротический смысл или быть предметом болезненной декадентской очарованности, но эти функции неизбежно будут связаны с неким высоким духовным значением. Заболоцкий-поэт пишет стихи, вдохновляемый ибисом, но он не только творит, — у него есть физиология и конкретная внешность. Читатель узнает его не как обладателя отвлеченного и возвышенного «ума» или «души», но как обладателя «извилин», которому предстоит облысеть. Даже типичный символистский недуг неопределенного томления (*тоска*), которым страдает поэт у Заболоцкого, приобретает физиологический оттенок, поскольку для описания оттенка серого выбрано слово, характеризующее цвет волос, — «седая».

«Иной мир», столь значимый для символистов, меркнет для Заболоцкого примерно в той же степени, в какой для него становятся все более важными конкретные предметы. Если в начале стихотворения еще можно предположить, с известной долей условности, что способность ибиса вызывать «золотые стихи» проистекает из его связи с высшим поэтическим и духовным миром, то к концу стихотворения царство конкретики берет верх.

Ни поэт, ни ибис не контролируют стихи, которые обрели собственную жизнь и мигрировали в мозги других людей, предвещая независимость «слова как предмета», столь важную для идеологии ОБЭРИУ.

Таким образом, Заболоцкий изгладил практически все следы символизма из своего поэтического голоса. Теория символизма как объект рассмотрения еще появится в Декларации ОБЭРИУ; диалог с Блоком продолжится в стихотворении «Красная Бавария»; а в более поздних стихах снова найдут отражение некоторые свойственные символистской поэзии вопросы, и в первую очередь о смысле смерти. Но все это будет выражено собственным языком Заболоцкого внутри более широкого контекста традиций русской поэзии. С этого момента поэтический мир Заболоцкого, пусть даже открытый для влияния с разных сторон, станет ощутимо его собственным миром.

Глава четвертая

Последний вздох авангарда и преемственность культуры

ОБЭРИУ — ПОСЛЕДНИЙ ENFANT TERRIBLE ЛЕНИНГРАДА

> Искусство есть шкаф!
> Стихи не пироги; мы не сельдь!
> *Лозунги ОБЭРИУ*

24 января 1928 года, посулив в афишах, вывешенных как обычным образом, так и в перевернутом виде, среди прочего, ослепительное виртуозное выступление конферансье на трехколесном велосипеде, ОБЭРИУ представило вниманию жителей нэповского Ленинграда апофеоз позднего авангарда в виде театрализованного вечера «Три левых часа»[1]. Представление было

---

[1] Плакат «Три левых часа» приведен в [Goldstein 1993: 37; Заболоцкая, Македонов 1984: 92; Введенский 1980: 2]. В источниках есть ряд различий в деталях, но, несмотря на это, все источники сходно передают характер представления, утверждающий жизнь и искусство через бурное веселье.
Источники: [Семенов 1979] (Семенов датирует выступление 1929 годом, но я следую Мейлаху в предположении, что он на самом деле говорит о «Трех левых часах» в 1928 году); [Степанов 1977: 86–92]; [Бахтерев 1984: 86–100] (в это издание включен большой отрывок, не вошедший в издание 1977 года); «Предисловие» Мейлаха [Мейлах 1980: xxi–xxii]; [Введенский 1984: 243–246, 359–360; Nakhimovsky 1982: 13–16; Goldstein 1993: 27–28].

устроено в Доме печати, где на стенах, стараниями учеников Филонова, были изображены

> нежными, прозрачными красками лиловые и розовые коровы и люди, с которых, казалось, при помощи чудесной хирургии были сняты кожные покровы. Отчетливо просвечивали вены и артерии, внутренние органы. Сквозь фигуры прорастали побеги деревьев и трав светло-зеленого цвета [Степанов 1977: 86–87].

Как и ожидавшееся представление, фрески поражали, утверждая в то же время ценность и возрождающую силу жизни и искусства.

Во время первого из «Трех левых часов» на потрепанном и, как казалось, самоходном шкафу к центру сцены выехал человек в клетчатом сюртуке, длинном пальто и шапочке. Он слез и стал расхаживать взад и вперед перед шкафом, нараспев читая малопонятные стихи, попыхивая трубкой и время от времени прерывая чтение, чтобы выпустить кольца дыма. Сбоку выглянул пожарный в бронзовом шлеме, вызвав аплодисменты зрителей. Внезапно человек с трубкой остановился, посмотрел на часы и попросил соблюдать тишину, объявив, что в этот самый момент на углу Проспекта 25 октября и улицы Имени 3 июля моряк читает стихи. (Моряк-поэт, чья фамилия на афише была напечатана вверх ногами, закончив путаться под ногами прохожих на перекрестке, вернулся в Дом печати еще до окончания программы.) Затем второй человек в кашне вылез из шкафа и тоже прочитал малопонятные стихи, разворачивая свиток папируса, а первый в это время, все еще покуривая трубку, забрался на шкаф и со своего возвышения повторял строки за чтецом. Танцевала балерина. Юнец в солдатской шинели декламировал стихи чуть более понятные, чем у других, хотя, безусловно, странные, и зачитал декларацию, в которой сочетались литературная бравада, революционная риторика и метафизика. На «втором часе» был представлен крайне нетрадиционный спектакль «Елизавета Бам», а на «третьем часе» был показан фильм «Мясорубка», смонтированный из разных эпизодов, в числе которых был фрагмент с поездом, едущим прямо на зрителей.

На следующий день, как зловещее предвестие грядущей травли, в «Красной газете» появился гневный отзыв[2]. «Вчера в Доме печати происходило нечто непечатное, — разъярялась критик. — К чему?! Зачем?! Кому нужен этот балаган?»[3] Возможно, термины, которые критик Л. Лесная использовала для оскорблений, были подсказаны Декларацией, зачитанной на первом из «Трех левых часов». «Скажете — балаган?» — риторически спрашивает Декларация, а затем немедленно возражает: «Но и балаган — театр». И как будто предвидя гневный вопрос критика: «К чему?! Зачем?!», сама Декларация риторически вопрошает: «Кто мы? И почему мы?»[4] Ко всему этому можно добавить еще только один вопрос: а какое отношение все это имеет к Заболоцкому и общему развитию русской культуры?

Заболоцкий и был тем юнцом в солдатской шинели, который представил публике Декларацию ОБЭРИУ и который, вместе с курильщиком трубки в длинном пальто, Даниилом Хармсом, обычно считается одним из ее главных авторов[5]. Он недавно демобилизовался из Красной Армии, и уже далеко ушел от болот своего детства, став заметной фигурой ленинградского авангарда, молодым городским интеллигентом. Он играл ключевую роль в Объединении реального искусства, обычно известном под

---

[2] Статья Лесной (псевдоним Л. Шперлинг или Л. Гештовт) «ЫТУЕРЕБО» в действительности носит скорее иронический, чем гневный характер. — *Примеч. ред.*

[3] Лесная Л. «ЫТУЕРЕБО». Цит. по: [Введенский 1984: 246–247].

[4] Декларация ОБЭРИУ. Цит. по: [ОБЭРИУ 1928]. Впервые Декларация была опубликована в выпуске «Афиши Дома печати» (№ 2, 1928). На английском языке она доступна в [Milner-Gulland 1970; Gibian 1987; Goldstein 1993]. Перевод Декларации на английский в оригинальном тексте принадлежит автору.

[5] Традиционно предполагалось, что большая часть Декларации разработана Заболоцким и Хармсом, остальным принадлежит авторство некоторых разделов. См. [Milner-Gulland 1970: 74–75; Gibian 1971: 13; Nakhimovsky 1982: 15]. В предисловии М. Мейлаха [Мейлах 1980: xxii] и в [Введенский 1984: 359–360, примечание 18], почему-то подразумевается, что ни Хармс, ни Введенский в написании Декларации не участвовали, хотя отмечено, что Заболоцкий и Введенский вместе работали над более ранней версией Декларации ОБЭРИУ.

причудливой аббревиатурой ОБЭРИУ. Это была последняя независимая авангардистская группа, расцветшая перед тем, как русская культура рухнула под тяжестью сталинизма[6].

Однако, вопреки нарочитому «авангардизму» ОБЭРИУ и вопреки безудержной «советизации» 20-х годов, на Заболоцком, ОБЭРИУ и на самой советской культуре в основных ее аспектах все еще лежал отпечаток прошлого. Апогеем советской орбиты, которую она описывала вокруг традиционной русской культуры, были новые социальные и политические структуры и авангардная эстетика. Но тяга к семиотическим структурам русского православия и нравам старой ленинградской интеллигенции и русской деревни была ее перигеем. В Москве строй жизни был радикален настолько, что, казалось, советская культура вот-вот вырвется из гравитационного поля традиции и устремится в открытый космос. В Ленинграде же, казалось, жизнь рождалась из хрупкого равновесия центробежных и центростремительных сил, сохранявшего устойчивость орбиты.

Довольно резко проводя границы, но тем не менее верно уловив суть, один критик противопоставляет засилье московских «интеллектуальных нуворишей» — ленинградской интеллигенции с ее приверженностью старым ценностям. Он пишет:

> В новой столице, Москве, была власть. В Москве были деньги. Из Москвы исходили все коренные перемены (главным образом, отмены) в культуре русской интеллигенции. Литературную атмосферу Москвы определяли интеллектуальные нувориши: ... лефовцы, конструктивисты. Маяковский, Сельвинский, Багрицкий, Катаев, Ильф, Петров, Олеша — при всей разнице в дарованиях, нравственных потенциалах и художественных ориентациях их объединяло одно: радикальное отрицание русской культурной тра-

---

[6] «У» было добавлено в «ОБЭРИУ» либо как неявная сатира на всевозможные «-измы» того времени, либо просто в виде шалости. Общую информацию об ОБЭРИУ и об отношении к нему Заболоцкого можно почерпнуть в [Бахтерев 1984: 86–100; Александров 1968; Alexandrov 1991a; Александров 1988a: 229–234; Друскин 1985; Мейлах 1980: ix–xxvi; Nakhimovsky 1982; Milner-Gulland 1976; Milner-Gulland 1984; Milner-Gulland 1970; Семенов 1979; Goldstein 1993; Smirnov 1988].

диции (всего, что они именовали «интеллигентщиной») и стремление отожествить себя с новым режимом, заменить искание собственной идеологии... радостным и безопасным принятием идеологии официальной.

......

В [Ленинграде] же еще сохранялись литературно-художественные и философские кружки старого типа, в которых продолжались, как бы не прерванные революцией и войной, творческие и духовные поиски. И прежние моральные ценности в этой среде были отнюдь не отменены. Здесь культивировались формы неприятия надвинувшегося тоталитаризма: игнорирование, ирония, эзоповская, да и прямая сатира [Лосев 1982a: 11, 15][7].

Таким образом, именно в Ленинграде формалисты и их ученики сохранили живые традиции литературоведения (иногда вопреки собственным искренним усилиям совершить интеллектуальную революцию), а кружок Бахтина углубился в вопросы православия и природы слова[8].

Заболоцкий и ОБЭРИУ также внесли свой вклад в шаткое равновесие ленинградской культуры, хотя и сами были ей сформированы. Состав ОБЭРИУ был достаточно текучим, хотя вступление в него якобы предполагало подачу письменного заявления, в котором нужно было дать ответ на эстетические и интеллектуальные вопросы, вроде следующих: «Какое мороженое вы предпочитаете?» и «Где ваш нос?» [Бахтерев 1984: 87]. Однако же ОБЭРИУ, просуществовавшее с 1927 по 1930 год, было лишь одним из ряда кружков, сформировавшихся вокруг

---

[7] Лосев пишет о периоде незадолго до образования ОБЭРИУ, когда Ленинград еще назывался Петроградом, но сравнение остается в силе. Далее Лосев упоминает замечание Ахматовой о том, как в Ленинграде Мандельштама встречали как великого поэта и к нему в гостиницу на поклон шел «весь литературный Ленинград», в Москве же никто не хотел его знать. Мильнер-Гулланд отмечает, что притязания обэриутов превзойти достижения футуризма, возможно, имеют в своей основе не только конкуренцию между поколениями, но и соперничество Москвы и Ленинграда [Milner-Gulland 1970: 67].

[8] См. [Clark, Holquist 1984], глава 4 «The Leningrad Circle, 1924–29» («Ленинградский кружок 1924–1929 годов»), глава 5 «Religious Activities and the Arrest» («Религиозная деятельность и арест»).

Хармса и Введенского. «Радикс», «Левый фланг», «Академия левых классиков», «Клуб малограмотных ученых» и «Чинари»[9] в разное время объединяли в целом одних и тех же людей, исповедующих те же самые эстетические и философские принципы, которые стали самоопределением ОБЭРИУ[10].

В состав участников ОБЭРИУ, перечисленных в Декларации, входили Николай Заболоцкий, Даниил Хармс, Александр Введенский, Константин Вагинов, Игорь Бахтерев и Борис (Дойвбер) Левин. Также с группой в разные времена были связаны художник-авангардист Казимир Малевич, поэт Николай Олейников, философы Леонид Липавский и Яков Друскин и теоретик футуристической зауми Александр Туфанов (который в конечном итоге внес свой вклад в арест Заболоцкого, назвав его соучастником по «контрреволюционному заговору»[11])[12]. Хармс — тот

---

[9] «Левый фланг» и «Академия левых классиков» — по существу первоначальные названия ОБЭРИУ; группа РАДИКС (1926–1927) носила скорее театральный, а не литературный характер и включала, наряду с будущими обэриутами, также драматурга и театроведа С. Цимбала и режиссера Г. Кацмана; «Клуб малограмотных (или "малообразованных") ученых» — условное название кружка, собиравшегося в доме Л. С. Липавского в 1933–1934 годы. Я. С. Друскин к этому же кружку (за исключением Заболоцкого и Д. Д. Михайлова) применяет термин «чинари», в действительности же так называли себя только Хармс и Введенский в 1920-е годы. — *Примеч. ред.*

[10] Отражая подвижность самих группировок и следуя академической традиции, я использую термин «ОБЭРИУ» довольно свободно. О существовании различных групп см. в Neil Cornwell «Introduction: Daniil Kharms, Black Miniaturist» в [Cornwell 1991] и [Александров 1980; Мейлах 1980; Македонов 1968; Друскин 1985; Бахтерев 1984].

[11] Это утверждение в отношении поэта и теоретика литературы Александра Васильевича Туфанова (1877–1943) не соответствует действительности. Туфанов был арестован и подвергался допросам в 1931–1932 годы. Имя Заболоцкого упоминалось в ходе допросов по инициативе следователей, в связи с политической критикой, которой ранее подвергались его стихи. Оно несколько раз фигурирует в показаниях Введенского, Ираклия Андроникова и других, возможно, продиктованных следователями. Однако Заболоцкий был арестован лишь 6 лет спустя и по совершенно иным причинам. — *Примеч. ред.*

[12] См. [Заболоцкий Н. Н. 1992, 3: 80–91; Levin 1978; Друскин 1985; Druskin 1991; Друскин 1988; Гинзбург 1991; Олейников 1991; Лосев 1986б].

самый человек в клетчатом сюртуке и шапочке, который декламировал малопонятные стихи, пускал дымовые кольца и забирался на шкаф во время «Трех левых часов». Он же был автором спектакля «Елизавета Бам», представленного на «втором часе». Это он разглагольствовал в эпизоде, представленном в начале первой главы, и был известен тем, что гулял по Ленинграду в обличье Шерлока Холмса[13]. Также он прославился захватывающим трюком: он повис над Невским проспектом на парапете дома Зингера (ныне Дом книги) с целью популяризации деятельности ОБЭРИУ [Nakhimovsky 1982: 6]. «Хармс — ...произведение искусства, человек-спектакль», — заключил один его знакомый [Семенов 1979: 182]. Помимо сомнительной славы, вызванной столь эксцентричным поведением, Хармс был известным детским писателем (хотя в реальной жизни детей он терпеть не мог), а также пользовался признанием в весьма узком кругу знатоков как автор неопубликованных стихов и прозы для взрослых [Cornwell 1991: 6][14].

Человеком в кашне, вышедшим из шкафа, был Введенский. Как и Хармс, он читал малопонятные стихи на первом из «Трех левых часов». Он также участвовал во вступительном эпизоде, противопоставив желанию Хармса походить на Гёте свое собственное желание стать торгашом, чтобы «слоняться по Невскому, болтать с извозчиками и пьяными проститутками». Несмотря на различие между Гёте и проходимцами времен НЭПа, бо́льшую часть жизни Хармс и Введенский трудились вместе на литературном поприще, и их пути были схожи. Оба были зачинщиками веселых авангардных эпатажей, оба зарабатывали на жизнь в Детгизе во времена его расцвета и обоих арестовали, решив, что их произведения отвлекают советских граждан от великой задачи социалистического строительства. После обоих остались архивы, полные своеобразной прозы и поэзии для взрослых, очевидно не

---

[13] Очевидно, имеется в виду «английский» стиль в одежде, который предпочитал Хармс (гетры, маленькая кепочка). — *Примеч. ред.*

[14] См. также [Александров 1988б; Александров 1990; Хармс 1978–1988; Gibian 1987; Глоцер 1990; Глоцер 1989; Jaccard 1988; Левин 1980].

предназначавшиеся для публикации[15]. И, в конце концов, оба оказались чересчур оригинальны для советской системы, были арестованы и погибли в заключении[16].

Вагинов известен в основном своими романами о чудаках, один из которых до некоторой степени затрагивает ОБЭРИУ («Труды и дни Свистонова»), а другой — бахтинский кружок («Козлиная песнь») [Вагинов 1991][17]. Как и Борис Левин[18], он умер от туберкулеза еще молодым. Единственным членом ОБЭРИУ, который прожил долгую жизнь, был Бахтерев[19], который зарабатывал на жизнь в театральных кругах и оставил ценные (но иногда противоречивые) воспоминания о своих бывших товарищах[20].

Из трех центральных фигур ОБЭРИУ — Хармса, Введенского и Заболоцкого — найти связь между первыми двумя достаточно легко. Каждый из них — творец *бессмыслицы*, основанной на игре слов и поисках метафизической истины. Целью поиска была явленная связь между человеком и Богом, а средством —

---

[15] См. [Введенский 1980], в частности предисловие [Мейлах 1980]. См. также [Семенов 1979; Nakhimovsky 1982; Gibian 1987; Vishevsky 1986]. О Детском издательстве см. в [Чуковская 1963; Рахтанов 1966].

[16] Если первый арест Хармса и Введенского (в 1931-м) был связан с их литературной деятельностью, то в 1941-м оба они скорее стали случайными жертвами непомерного усердия советских карательных органов, преследовавших без разбора распространителей «пораженческих» слухов и потенциальных коллаборационистов. Вслед за этим Хармс 2 февраля 1942 года умер от голода в психиатрической больнице в блокадном Ленинграде, Введенский — 19 декабря 1941-го от простуды в тюремном вагоне близ Казани. — *Примеч. ред.*

[17] См. также [Никольская 1991; Никольская 1989; Anemone 1985].

[18] Ошибка автора: от туберкулеза умер обэриут Юрий Владимиров (1908–1931). Дойвбер (Борис Михайлович) Левин (1904–1941) погиб на фронте. — *Примеч. ред.*

[19] Из членов ОБЭРИУ до преклонного возраста дожили, кроме Игоря Бахтерева (1908–1996), также его ближайший друг и постоянный соавтор Александр Разумовский (1907–1980) и недолгое время состоявший в ОБЭРИУ Климентий Минц (1908–1995). Из лиц, связанных с обэриутским кругом, долгая по меркам своего поколения жизнь выпала Якову Друскину (1902–1980). — *Примеч. ред.*

[20] Бахтерев дал интервью Дарре Гольдстейн в августе 1985 года. См. [Goldstein 1993: 27, 248, примечание 67].

апофатическое или «отрицательное» богословие. Сложнее увидеть связь между Хармсом и Введенским, с одной стороны, и Заболоцким — с другой. Заболоцкий не писал бессмыслицы в их духе: в своем авангардном поиске истины он прибегал скорее к гротеску. Более того, предметом его поиска была не столько особая связь между человеком и Богом, сколько способ увидеть мир в полноте его истинной вечной физической и метафизической природы, увидеть божественную природу вселенной через ее преображение. Возможно, из-за своего заветного желания стать признанным поэтом — тогда как остальные отказались от всякой надежды на общественное признание — и из-за своего более чем десятилетнего опыта жизни при Сталине после гибели остальных, — свой метафизический поиск он выразил менее явно, практикуя, осознанно или нет, искусство приспособления, о котором говорилось в первой главе.

Несмотря на различия, члены группы разделяли общую веру в свободу художественного ви́дения — что в те времена становилось все большей редкостью, — напоминая этим «Серапионовых братьев», группу начала 1920-х годов. «Говорят о случайном соединении различных людей», — сказано в Декларации о восприятии ОБЭРИУ публикой. «Видимо, полагают, что литературная школа — это нечто вроде монастыря, где монахи на одно лицо. Наше объединение свободное и добровольное, оно соединяет мастеров, а не подмастерьев — художников, а не маляров» [ОБЭРИУ 1928].

Кроме того, Заболоцкий, Хармс, Введенский и, возможно, и остальные члены ОБЭРИУ, верили в некую связь между состоянием человека, словом и реальностью, материальной и духовной. Если выразить это очень сжато, обэриуты смотрели на слово как на конкретный предмет, заявляя о своей способности «вгрызаться в сердцевину слова». Слово как «конкретный предмет, очищенный от литературной и обиходной шелухи» посредством «столкновения словесных смыслов» становится «достоянием искусства», создавая таким образом «не только новый поэтический язык... но и... новое ощущение жизни и ее предметов» [ОБЭРИУ 1928]. Именно эта связь лежит в основе Декларации

ОБЭРИУ и значимых стихотворений Заболоцкого — и поэтому данная глава, как и вся книга, большей частью посвящена рассмотрению этой связи. Каждый из трех ключевых деятелей ОБЭРИУ развивал собственный поэтический метод, но основные положения Декларации продолжали влиять на их произведения даже после того, как в конце 1920-х годов произошел распад группы — вследствие политических преследований и, возможно, внутренних разногласий[21].

Некоторые исследователи минимизируют роль Заболоцкого в ОБЭРИУ и не придают значения его длительной дружбе с членами объединения и теми, кто был с ним связан. По их мнению, разлад между Введенским и Заболоцким привел к тому, что Заболоцкий перестал участвовать практически во всей деятельности группы. Это предположение во многом основано на утверждении Бахтерева о том, что отношения между Заболоцким и другими членами ОБЭРИУ настолько обострились, что, встретившись на улице, они скорее бы повернули назад или пошли другим путем, чем стали бы встречаться лицом к лицу [Бахтерев 1984: 94–95, 98–100][22]. Но, несмотря на некоторое правдоподобие этой ситуации — время было беспокойным, а «эго» у некоторых вовлеченных лиц — весьма уязвимым, — вряд ли раскол был настолько глубок. Так, один из источников предполагает, что на самом деле это Бахтерев покинул группу[23] [Кобринский 1991: 12].

---

[21] См. [Мальский 1992] и нападки Лесной, Нильвича и Асеева, перепечатанные в [Введенский 1984: 246–250].

[22] Склонность ученых преуменьшать роль Заболоцкого отмечена Робином Мильнер-Гулландом в эссе «Коварные стихи» [Milner-Gulland 1984: 19, 36, примечание 17], которое представляет собой рецензию на [Nakhimovsky 1982]. Среди ученых, не воздавших должного Заболоцкому, Мильнер-Гулланд называет А. Нахимовски, М. Мейлаха и В. Эрля. То же можно сказать и о более поздней работе Глоцера.

[23] Бахтерев продолжал входить в ОБЭРИУ до его распада в 1930 году. Заболоцкий с осени 1928-го не участвовал в публичных выступлениях обэриутов (которых, впрочем, и было с этого времени очень мало), но сохранял дружеские отношения с Хармсом и до 1931 года с Введенским. Судя по всему,

Заболоцкий и Введенский явно не сходились во взглядах. Еще в 1926 году Хармс записал в дневнике: «Два человека — Введенский и Заболоцкий, мнения которых мне дороги. Но кто прав — не знаю. Возможно, что стихотворение, одобренное тем и другим, есть наиболее правильное» [Введенский 1984: 240]. В том же году Заболоцкий написал открытое письмо Введенскому с заголовком, отражающим самопровозглашенный титул Введенского как «авто-ритета бессмыслицы»: «Мои возражения А. И. Введенскому, авто-ритету бессмыслицы» [Введенский 1984: 252–253]. В письме Заболоцкий протестует против отсутствия какой-либо смысловой опоры в работах Введенского. Заболоцкому не по себе, когда он видит у Введенского отсутствие темы, лишение предметов материальной целостности (весомый аргумент, учитывая твердую веру Заболоцкого в конкретность предмета) и чувствует, что метафора Введенского «не имеет ног, чтобы стоять на земле», а значит, становится не чем иным, как «вымыслом, легендой, откровением». Литературные аргументы Заболоцкого не поверхностны, они вполне реальны и опираются на ранние работы Введенского и убеждения, позже изложенные Заболоцким и прочими (вполне возможно, включая самого Введенского) в Декларации ОБЭРИУ. В письме, однако, нет признаков личной неприязни, и его можно с полным основанием считать выражением открыто высказаных литературных расхождений между друзьями.

Еще одна запись в дневнике Хармса, датированная 1928 годом, толкуется как указание на то, что разногласия стали более серьезными и что Заболоцкий мог уйти из ОБЭРИУ уже тогда. Хармс пишет:

вскоре после возвращения из ссылки в 1933-м произошел разрыв Бахтерева с Хармсом. В то же время интенсивное общение Заболоцкого с Хармсом, Л. Липавским и Н. Олейниковым продолжалось еще как минимум несколько лет. Заболоцкий был постоянным участником «Клуба малограмотных ученых», в который Бахтерев входил. Преуменьшение роли Заболоцкого в содружестве связано также с авторитетом Я. С. Друскина, ставшего главным хранителем памяти о Хармсе и Введенском, и притом находившегося с Заболоцким в натянутых отношениях. — *Примеч. ред.*

> Считать действительными членами Обэриу: Хармс, Бахте-
> рев, Левин, Введенский. /.../ Принцип: не надо бояться ма-
> лого количества людей. Лучше три человека, вполне связан-
> ных между собой, нежели больше, да постоянно несогласных
> [Введенский 1984: 247].

Интересно было бы узнать, что именно опущено и заменено
многоточием[24], которое предположительно вставил редактор
Михаил Мейлах, и есть ли особая причина для того, что Хармс
говорит о «трех людях» после того, как только что перечислил
четырех членов ОБЭРИУ.

Четверостишие Заболоцкого, датированное «не позднее
1931 года», под заглавием «Раздражение против Введенского»,
также свидетельствует в пользу разрыва:

> Ты что же это, дьявол,
> Живешь как готтентот?
> Ужель не знаешь правил
> как жить наоборот?
>   [Введенский 1984: 256]

Но это свидетельство, как и многие вышеприведенные, неодно-
значно. Возможно, это всего лишь один из многочисленных юмо-
ристических стишков Заболоцкого, нелестно комментирующий
«разудалое» поведение Введенского. В таком качестве он и был
опубликован вдовой и сыном поэта в небольшой подборке шуточных стихов Заболоцкого в журнале «Вопросы литературы»
в 1978 году [Заболоцкая, Заболоцкий Н. Н. 1978][25]. Безусловно,
использование для рифмы слов *готтентот* и *дьявол* и карнаваль-
ная идея жизни *наоборот* не позволяют считать этот стишок

---

[24] Пропущены слова: «Литер‹атурная› секция. Вигилянский — администратор.
Создавать художественную секцию ОБЭРИУ. Пригласить Бахтерева, Каплу-
на» (упомянуты поэт Евгений Вигилянский (1903–1942) и, по-видимому,
(с искажением фамилии) художник Анатолий Каплан (1902–1980), участво-
вавший в оформлении постановки «Елизаветы Бам» на вечере «Три левых
часа»). — *Примеч. ред.*

[25] В публикации заголовок изменен на осторожное «Раздражение против В.».

сколько-нибудь серьезной поэзией, однако для выражения искренней досады он вполне пригоден. Сам Заболоцкий никогда разудалой жизни не вел. В 1930 году он женился на Екатерине Васильевне Клыковой и, как женатый человек, возможно, стал менее терпимо относиться к выходкам коллеги. Также возможно, что он просто не вынес накопительного эффекта от подвигов Введенского.

Какими бы ни были их личные отношения, контакты между членами группы были бы так или иначе прерваны в начале 30-х годов с арестом и изгнанием Хармса и Введенского. Согласно некоторым источникам, несмотря на политические сложности и личные разногласия, Заболоцкий продолжал встречаться с членами и окружением ОБЭРИУ, в том числе нередко на квартире Липавских[26]. Помимо упоминания об этих встречах в мемуарах Тамары Липавской и прочих, существует «телефонограмма», отправленная Липавским Хармсу в 1933 году с приглашением «всем» явиться на квартиру Друскина и предложением: «Ежели Олейников может, позвоните мне, чтобы захватить Заболоцкого» [Хармс 1991: 185, примечание 167][27].

Итак, личное общение между членами ОБЭРИУ продолжалось. Можно также утверждать, что и основные принципы ОБЭРИУ, «столкновение словесных смыслов» (о чем будет речь ниже) в «поисках познания вещей, которые референциальный язык выразить не способен по самой своей природе», влияли на творчество трех ключевых членов ОБЭРИУ до конца их жизни. Жизнь Введенского и Хармса была довольно короткой — они погибли, один на этапе, другой в тюрьме в 1941 и 1942 годах соответственно [Milner-Gulland 1984: 34]. Путь Заболоцкого был длиннее. Он пережил лагерь, вернулся к «нормальной» жизни еще при Сталине и умер от сердечного приступа в 1958 году[28].

---

[26] Записи философских разговоров, которые велись в доме Липавского с участием в том числе Заболоцкого, выполненные Липавским, см. в Л. Липавский. Разговоры // Л. Липавский. Исследование ужаса. М., 2005. С. 337–423. — *Примеч. ред.*

[27] См. также [Milner-Gulland 1984: 29; Друскин 1985: 398; Липавская 1977: 51, 53–54; Александров 1968: 303] (Александров упоминает Леонида Липавского под его псевдонимом «Л. Савельев»); [Кобринский 1991: 12].

[28] См. [Goldstein 1993: 86–107].

Замечательно, что даже в конце жизни Заболоцкий тосковал по друзьям. В 1952 году после творческого перерыва, вызванного страхом перед новым арестом, Заболоцкий написал серию стихотворений, в которых выразил свое отношение к жизненным обстоятельствам. Самое выразительное и трогательное из них — «Прощание с друзьями», посвященное давно ушедшим Хармсу и Введенскому. Остальные стихотворения серии — «Старая сказка», «Облетают последние маки» и «Воспоминание», и все они так или иначе говорят о творчестве поэта и его судьбе [Заболоцкий 1972, 1: 265–268][29].

В «Старой сказке» поэт обращается к любимой (возможно, к жене) в манере, напоминающей пушкинское «Пора, друг мой, пора! Покоя сердце просит». «Мы с тобою состаримся оба», говорит поэт, и «наша жизнь» «догорает, светясь терпеливо». Но если у Пушкина, при всех трудностях, поэт живет в мире относительной ясности, то у Заболоцкого он обитает «в... мире, где наша особа выполняет неясную роль». И вместо того, чтобы предвкушать со спокойной надеждой пушкинскую «обитель дальнюю трудов и чистых нег», Заболоцкий драматически уверяет, что, когда волосы его возлюбленной станут серебристыми, он разорвет пополам свои тетради, расстанется с последним стихом, и «пусть душа, словно озеро, плещет / у порога подземных ворот / и багровые листья трепещут, / не касаясь поверхности вод». Протест против смертности возлюбленной поразителен. Заболоцкий был очень сдержан как поэт в описании личных отношений. Ни Тютчевым, ни доктором Живаго он не был. Более того, концепция отказа от поэзии, вплоть до уничтожения тетрадей со стихами, и подчеркнутое отделение своей души от листвы и природных стихий диаметрально противоположны главной движущей силе его творчества — искреннему стремлению объединить природу, поэзию и себя самого.

В стихотворении «Облетают последние маки» поэт созерцает судьбу мыслящего человека, согбенного под натиском культуры

---

[29] Содержательное обсуждение стихотворения «Прощание с друзьями» см. в [Эткинд 1973]. Об угрозе ареста см. в [Goldstein 1993: 104].

социалистического реализма. Заключительные строфы стихотворения таковы:

> Как посмел ты красавицу эту,
> Драгоценную душу твою,
> Отпустить, чтоб скиталась по свету,
> Чтоб погибла в далеком краю?
>
> Пусть непрочны домашние стены,
> Пусть дорога уводит во тьму, —
> Нет на свете печальней измены,
> Чем измена себе самому.
>   [Заболоцкий 1972, 1: 266]

Никита Заболоцкий сообщает, что вторая строка последней строфы изначально гласила: «Пусть дорога уводит в тюрьму», а не «во тьму», и что в стихотворении подразумевается давний друг его отца Николай Степанов, чьи призывы «поостеречься», с одной стороны, раздражали поэта, с другой — возможно, спасли его от фатальных поступков [Заболоцкий Н. Н. 1998: 227, 228, 412, 413]. Также возможно, что в стихотворении отразилась моральная неудовлетворенность поэта по поводу его собственных стараний писать политически верно, а также попытка собраться с духом и вернуться к собственной поэзии после периода сублимирования творческих импульсов в переводах.

Стихотворение «Воспоминание» описывает неопознанную могилу, едва заметную сквозь пургу, в занесенной снегом «стране далекой». Здесь, что нетипично для Заболоцкого, но вполне соответствует лагерной обстановке, даже природа замерзла и безответна, и в морозном небе плывет «месяц окровавленный»[30].

В этом контексте самоиспытания и лагерных воспоминаний смысл «Прощания с друзьями» и устойчивой привязанности Забо-

---

[30] За этими стихами в 1953 году последовало стихотворение «Неудачник», в котором автор упрекает героя за то, что тот цепляется за старые правила, проявляет излишнюю осторожность и упускает реальную жизнь: «Не дорогой ты шел, а обочиной, / Не нашел ты пути своего, / Осторожный, всю жизнь озабоченный, / Неизвестно, во имя чего!» [Заболоцкий 1972, 1: 278–279].

лоцкого к Хармсу, Введенскому и собственному обэриутскому прошлому становится еще более выпуклым. В стихотворении поэт высказывает переживания относительно благополучия своих друзей в ином мире, выражает горе по поводу разлуки, вызванной смертью, а также высказывает своеобразное понимание бессмертия молекул и, кажется, человеческих качеств насекомых и растений.

Размеренный пятистопный ямб, по преимуществу правильные рифмы, симметричная структура и зеркальное рондо — все свидетельствует о позднем, «классическом» периоде Заболоцкого. Благодаря нарочитому употреблению слова «товарищ» в его старом, неполитическом смысле, элегической манере и тематике, стихотворение приобретает сходство с пушкинскими воспоминаниями о Лицее, особенно со стихотворением «19 октября» 1825 года. Кроме того, политический подтекст стихотворения можно связать с более поздними стихами Пушкина, чествующими павших декабристов. Однако реализация Заболоцким темы воспоминания явно не характерна для классики. Меланхолия, размышления о бессмертии и вопросы о силе языка сочетаются в стихотворении с изображением разложившихся тел, червей и насекомых, образуя ту комбинацию метафизики и гротеска, которая встречалась в навлекших на него бедствия стихах 1930-х, таких как «Торжество земледелия», «Безумный волк» и «Лодейников». Это и есть «причудливость» Заболоцкого в ее наиболее серьезной форме — полный безграничной любознательности взгляд на Вселенную и все ее явления, для которого зачастую гротескное и возвышенное оказываются неотделимы друг от друга.

Стихотворение начинается с упоминания о стиле одежды Хармса[31], а затем переходит к описанию процесса физического распада после смерти. В шестой главе нам еще предстоит обсуждать тщательное исследование Заболоцким темы смерти в 1930–1940-х годах. Как и в работах того периода, в данном стихотворении разложение приводит к новому объединению молекул в другие одушевленные и неодушевленные природные

---

[31] Скорее — о моде 1930-х годов. Хармс носил кепочку и короткую куртку, а не широкую шляпу и длинный пиджак. — *Примеч. ред.*

явления, что, в свою очередь, является своеобразной переработкой идей Николая Федорова и прочих.

> В широких шляпах, длинных пиджаках,
> С тетрадями своих стихотворений,
> Давным-давно рассыпались вы в прах,
> Как ветки облетевшие сирени.

После описания царства мертвых как страны, где нет готовых форм, где насекомые поют «на ином, невнятном языке», и где жук-человек с маленьким фонариком приветствует знакомых, поэт издалека вопрошает друзей в строфе, изобилующей отсылками за пределы себя самой.

> Спокойно ль вам, товарищи мои?
> Легко ли вам? И все ли вы забыли?
> Теперь вам братья — корни, муравьи,
> Травинки, вздохи, столбики из пыли.

Вопрос «Легко ли вам?» в контексте обсуждения смерти и праха перекликается с традиционным выражением заботы о мертвых, основанным на корне *легк-*, обозначающим легкость: «Дай Бог, чтобы земля на нем легким пухом лежала», или сокращенно: «Да будет земля ему пухом» [Даль 1880–82]. Упоминание корней по отношению к мертвым напоминает «Завещание» Заболоцкого (1947), поэтическое созерцание бессмертия на молекулярном уровне, в котором лирический герой воображает себя мертвым, но все же является частью природы. Во второй строфе «Завещания» поэт говорит: «Многовековый дуб мою живую душу / корнями обовьет, печален и суров» [Заболоцкий 1972, 1: 239]. Это косвенно напоминает нам и уединенный дуб — патриарха лесов, пережившего поэта в «Брожу ли я вдоль улиц шумных...» Пушкина; и дуб, который шумит над могилами предков поэта в «Когда за городом, задумчив я брожу...»; и воображаемую могилу поэта в лермонтовском «Выхожу один я на дорогу...»; и более обширную традицию кладбищенских стихов, которые Заболоцкий отдаленно пародирует в «Драматическом монологе с примечаниями». Пока поэты-дворяне сосредоточены на надземном мире и шелестящей дубовой листве, полумужик Заболоцкий, сын агронома Алексея Агафоновича Заболотского, вглядывается в землю под корнями деревьев, обнаруживая там естественный цикл разложения и возрождения материи.

О похожем исследовании смерти и бессмертия напоминает образ столбиков пыли, восходящий к разделу поэмы «Торжество земледелия» под названием «Беседа о душе». В этом эпизоде одинокий «столбичек» манит пастуха и старика, курящего трубку. По мнению крестьян — это душа умершего предка, а по словам солдата, представителя нового атеистического мировоззрения — просто столбик фосфора [Заболоцкий 1972, 1: 131–132].

Две заключительные строфы «Прощания с друзьями» возвращаются к языковому вопросу. Несмотря на то что мертвые, видимо, могут общаться со своими «братьями» корнями, муравьями, травинками, вздохами и столбиками из пыли на «невнятном языке» природы, этот язык бессилен «вспомнить» живого поэта, «наверху оставленного брата». В конце концов, однако, все они — одна семья. Если поэту и нет еще места в ином мире, он явно подразумевает, что окажется там, когда придет его время. Несмотря на отсутствие общего языка и разлуку, поэт тоже назван «братом» в силу единства природы, лежащего в основе всего.

> Теперь вам сестры — цветики гвоздик,
> Соски сирени, щепочки, цыплята...
> И уж не в силах вспомнить ваш язык
> Там наверху оставленного брата.
>
> Ему еще не место в тех краях,
> Где вы исчезли, легкие, как тени,
> В широких шляпах, длинных пиджаках,
> С тетрадями своих стихотворений.

«Прощание с друзьями», как легко можно было ожидать, не публиковалось вплоть до 1956 года, когда его напечатали в ежегодной антологии «День поэзии». Эта антология оказалась задействована в одной, пронзительной до излишества, сцене, ближе к концу жизни Заболоцкого. Наталья Роскина, с которой Заболоцкий, после ухода его жены к писателю Василию Гроссману, весьма скоропалительно пытался начать новую жизнь (продлившуюся недолго), спрашивала поэта об отсутствии у него друзей и о почти осязаемой атмосфере изоляции и одиночества, окружавшей его. Однажды во время такого разговора Заболоцкий, указав на сборник, открытый на странице со стихотворением «Прощание с друзьями», сказал: «Вот мои друзья» [Роскина 1980: 91; Заболоцкий Н. Н. 1998: 500–502].

АВАНГАРД И РЕЛИГИОЗНЫЕ ОБЫЧАИ

Конечно, практика ОБЭРИУ не сводилась к эффектным зрелищам, бунту и пафосу. За драматическим фасадом велись серьезные эпистемологические и онтологические поиски, на которых и основывалась специфика группы, если у нее и были точки соприкосновения с другими литературными и авангардными школами. Наиболее четко идеология ОБЭРИУ была сформулирована в Декларации, которая была зачитана во время «Трех левых часов» и опубликована в «Афишах Дома печати» № 2 за 1928 год. Некоторые моменты, оставленные Декларацией без пояснения, раскрыты в ряде писем Хармса и в рукописи 1927 года, озаглавленной «Предметы и фигуры, открытые Даниилом Ивановичем Хармсом». Уклад времени разнооообразно отразился на идеологическом содержании этих документов, но наиболее характерной их чертой является неявный, но сильный резонанс с семиотическими структурами русского православия.

Авангарду свойственно было демонстративно выбрасывать на свалку истории религию, наряду с базовыми аспектами литературы, искусства, философии и многими другими вещами. В конце концов, что есть авангард, как не *enfant terrible* культуры? Однако уже давно было ясно, что авангардисты, объявлявшие себя безбожниками, в изобразительном искусстве обращались к русской православной традиции. Приведу лишь самые очевидные примеры. На выставке «0, 10» «Черный квадрат» Малевича разместили в углу, как икону. Несомненно, это произведение и было задумано как икона своего рода. В позах некоторых фигур Ларионова и надписаниях к ним, несомненно, отразилось визуальное наследие иконы. Иконы, и почти иконы, написанные Гончаровой, говорят сами за себя и практически не нуждаются в комментариях[32].

Действуя в позитивном ключе, подобные отсылки к религиозному наследию подкрепляют утопический характер авангарда, придавая сакральность (пусть и официально «антирелигиозному») требованию к искусству — «перейти от отображения к преображению мира» [Groys 1992: 14]. Действуя в намеренно негативном ключе, эти отсылки уничтожают религиозный смысл и целенаправленно разрушают буржуазную идеологию в ее ключевых областях — религии и искусства, а в конечном итоге — и всю буржуазную вселенную. И в том, и в другом случае предполагается, что художник-авангардист практически всемогущ и непогрешим с точки зрения нравственного императива — как резюмировал Борис Гройс:

> Художник-авангардист полагал, что его знание об убийстве Бога, и особенно участие в нем давало ему демиургическую, магическую власть над миром, и был убежден, что, выходя таким образом за пределы мира, он откроет законы, управляющие космическими и социальными силами. Затем он возродит себя и мир, овладев этими законами, как инженер [Groys 1992: 64][33].

Кресты, иконографические схемы и другие аллюзии, являющие религиозное наследие авангарда в изобразительном искусстве, возможно, очевидны не сразу, но они видимы уже благодаря самому характеру этого вида искусства. Представление о том, что эти аллюзии символичны, считается самоочевидным. С другой стороны, аналогичные элементы в области литературы могут залегать настолько глубоко, что вообще ускользают от внимания,

---

[32] См. [Bowlt 1991; Gray 1986: 96–109, 160–167; Marcade 1980; Douglas 1980; Malmstad 1996]. Дальнейшие сведения см. в [Bowlt 1990: 153–154, примечание 8]. Более широко вопросы религии в русской культуре XX века рассмотрены в [Эпштейн 1994].

[33] См. также [Malmstad 1996].

а если и воспринимаются, то только в качестве метафоры, которую можно отбросить. Писателей-авангардистов гораздо легче воспринимать как иконоборцев, каковыми они себя провозглашают, чем как носителей русской православной традиции.

На первый взгляд кажется, что ОБЭРИУ имеет дело с религией лишь самым поверхностным образом, в духе насмешек над буржуазией. Например, Хармс как-то включил чтения из жизни святых в перечень абсурдных театральных действий в плане спектакля в Ленинградском Союзе поэтов:

> Сию пятницу, 12 ноября, хочу обставить боевыми положениями, из коих суть следующие. После нашей читки выйдет Игорь Бахтерев и скажет бессмысленную речь, приводя цитаты из неизвестных поэтов и т. д. Потом выйдет [...] и также произнесет речь, но с марксистским уклоном. В этой речи он будет защищать нас... Наконец, две неизвестные личности, взявшись за руки, подойдут к столу и заявят: по поводу прочитанного мы не многое сказать сможем, но мы споем. И они что-нибудь споют. Последним выйдет Гага Кацман и расскажет кое-что из жизни святых. Это будет хорошо[34].

В другой раз Хармс написал программу ритуала «Откидыванья», возможно, связанную с экзорцизмом. В ритуале религиозные элементы сочетались с изобилием абсурда, и исполнять его нужно было в тюлевых масках[35]. Выглядело это следующим образом:

1). Молчание. 10 мин.
2). Собаки. 8 мин.
3). Приколачивание гвоздей. 3 мин.
4). Сидение под столом и держание Библии. 5 мин.
5). Перечисление святых.
6). Глядение на яйцо. 7 мин.

Паломничество к иконе...... 7 = 3 + 1 + 3 (33 + X)

Заболоцкий же в сборник «Столбцы» 1929 года, свой главный вклад в авангардную поэзию, вводит двух довольно жалких «по-

---

34   Цит. по: [Александров 1968: 297].
35   Цит. по: [Введенский 1980: 240].

пов», причем одного из них — с гитарой, и пародийную мольбу к святой Параскеве Пятнице. Асбурд у него не так сильно выражен, но вкусам публики был нанесен чувствительный пинок[36].

В Декларации ОБЭРИУ религия не подвергается насмешкам заметным образом, но и не используется для самоутверждения. Это контрастирует с литературными кредо Андрея Белого («Символизм»), Александра Шевченко («Неопримитивизм»), Виктора Шкловского («Воскрешение слова») и Александра Туфанова («К зауми»). Все перечисленные авторы с помощью религиозной терминологии подчеркивают серьезность своей цели и моральный долг. А. Белый утверждает, что символизм — это «религиозное вероисповедание со своими догматами», а Шевченко начинает фразой: «Мы, исповедующие неопримитивизм как религию художника, говорим...». Шкловский в названии своего манифеста указывает на главную доктрину православного христианства, воскресение, имея в виду возвращение к жизни смысла слова. Туфанов же идет еще дальше, ища не «воскрешения слов», но «воскрешения функций фонем»[37].

Действительно, на первый взгляд Декларация ОБЭРИУ — еще один пережиток левого, футуристического наследия советской культуры, как и «Три левых часа» вначале воспринимались как очередное футуристическое представление, или «вечер». Основной раздел декларации начинается с утверждения: «Громадный революционный сдвиг культуры и быта, столь характерный для нашего времени, задерживается в области искусства...» [ОБЭРИУ 1928]. Слово «сдвиг», в частности, сближает ОБЭРИУ с футуристами в части их склонности к «сдвигам» (например, концепция «сдвигологии» А. Крученых)[38].

---

36 См. стихотворения «Свадьба», «Новый быт» и «Купальщики» в сборнике Заболоцкого «Столбцы» [Заболоцкий 1929].

37 Цитата из А. Белого приведена по [Cassedy 1990: 47], см. также главу 5 в [Шевченко 1989: 55], перевод на английский: [Bowlt 1976: 44; Шкловский 1972: 2–17]. Цитата из А. Туфанова «К зауми» приведена по [Туфанов 1924: 9].

38 Обсуждение понятия «сдвиг» см. в [Roman 1980: 102–109]. О «вечере» футуристов см. в [Никитаев 1991; Nikitaev 1988: 10].

Далее в Декларации делается попытка продемонстрировать политическую респектабельность группы с помощью риторического вопроса: «Ощущать мир рабочим движением руки, очищать предмет от мусора стародавних истлевших культур, — разве это не реальная потребность нашего времени?» [ОБЭРИУ 1928]. Как в данном отрывке, так и, предположительно, в полном названии ОБЭРИУ — «Объединение Реального Искусства» — прилагательное «реальный» подчеркивает идею практической значимости и наводит на мысль о связи с советской концепцией «социального запроса» в отношении искусства. Это помещает ОБЭРИУ в прогрессивный лагерь, противостоящий символизму с его замкнутой, «аристократической» сущностью, описанной Заболоцким в студенческом эссе. Как призыв к «материалистическому ощущению вещи», так и упоминания «рабочего движения руки» и «реальной потребности нашего времени», казалось, должны были помочь Декларации ОБЭРИУ встроиться в более широкий политический контекст советской культуры.

В то же время прилагательное «реальный» связывает ОБЭРИУ с эстетико-философским представлением о высшей форме реализма, распространенным в среде художников-авангардистов. Здесь можно вспомнить как «Реалистический манифест» Наума Габо и Антона Певзнера, так и «Неопримитивизм» А. Шевченко. Шевченко весьма подробно объясняет разницу между натурализмом и сущностным реализмом такого рода. Он пишет:

> [Неопримитивистское] изображение предметов реальное, но не натуралистическое. Реализм — в сознательном отношении к жизни и в понимании ее, натурализм — в безсознательном, порою даже безсмысленном, созерцании природы и копировании предметов. Реализм — в сущности предметов [Шевченко 1989: 64][39].

Но, несмотря на авангардистскую браваду и реверансы в сторону революционной политики, Декларация ОБЭРИУ в основе своей — глубоко консервативный документ, внимательное чтение

---

[39] О Габо и Певзнере см. в [Bowlt 1976: 208].

которого дает основания предполагать, что члены ОБЭРИУ припадали к источнику религии глубже, чем большинство их коллег и предшественников по литературному цеху. Примечательнее всего то, что Декларация не стремится изменить мир. Скорее, она стремится согласовать наше восприятие с существованием некой высшей реальности. Она призывает нас видеть «профанные» предметы во всем богатстве их метафизического значения. Это значение, возможно, не имеет ничего общего с Христом как личностью и, конечно, имеет мало отношения к православной церкви как учреждению, но тем не менее оно воспроизводит схемы воплощения Христа, преображения и православное богословие иконы.

Структурные параллели с православным богословием в Декларации ОБЭРИУ укоренены так глубоко, что здесь не может быть речи о пародии, опирающейся на явное подражание и цитирование. То, что мы видим, — это одна из форм интернализированных структур православия, что ставит под сомнение сам статус ОБЭРИУ как авангардистской организации, если считать авангард «радикальным вызовом статус-кво» [Malmstad 1996: 153]. Также под сомнением оказываются параллели между обэриутской литературой и западной литературой абсурда с ее тенденцией к экзистенциальному нигилизму.

ДАНИИЛ ХАРМС И ОБЭРИУТСКОЕ БОГОСЛОВИЕ АБСУРДА

> Поверни Господи колею живота моего, чтобы двинулся паровоз могущества моего. Отпусти Господи тормоза вдохновения моего. Успокой меня Господи и напои сердце мое источником дивных слов Твоих.
>
> *Даниил Хармс*

Оба главных автора Декларации ОБЭРИУ, Заболоцкий и Хармс, выросли в атмосфере четко артикулированного религиозного сознания и имели обширные возможности усвоить богословские принципы, которые проявились в Декларации. У Заболоцкого, отпрыска семьи, стоящей «на полпути между крестьянством и провинциальной интеллигенцией», русское православие вошло в его характер и мировоззрение как нечто фундаментальное и неизгладимое, почти безотносительно к вере как таковой. Оно удивительно легко сочеталось с положениями марксизма и авангарда. Даже после лагеря поэт вспоминал и писал о религиозном опыте как об одном из главных переживаний детства. Можно возразить, что на самом деле он таким образом всего лишь признавал культурный факт, отражающий естественный ход жизни таких провинциальных семей, как та, из которой он вышел. В то же время, однако, следует признать, что его готовность внятно говорить и писать о религии была в высшей степени необычной. Эти особенности, рассмотренные во второй главе, наряду со свидетельствами, которые предоставляет само творчество Заболоцкого, лежат в основе моих рассуждений о религиозной восприимчивости поэта.

В отличие от Заболоцкого, Хармс (настоящая фамилия которого была Ювачев) происходил из городской, образованной и политически прогрессивной семьи. Его мать заведовала женским приютом в Санкт-Петербурге, а отец, член «Народной воли», отбывал ссылку на Сахалине за участие в заговоре с целью убийства царя[40]. Но в его случае, как и во многих других, левые политические взгляды не препятствовали религиозному поиску, и в итоге отец Хармса стал известным духовным писателем и публиковался в таких журналах, как «Русский паломник» и «Отдых христианина», иногда под псевдонимом «И. П. Миролюбов» [Cornwell 1991: 3; Александров 1990: 5–6; Хармс 1991: 143, примечание 1].

На первый взгляд может показаться, что о влиянии религиозных интересов отца на молодого писателя известно мало. Хармс не оставил серьезной аналитической автобиографии (или, во

---

[40] Иван Павлович Ювачев (1860–1940) возглавлял офицерский революционный кружок, связанный с «Народной волей», но не осуществлявший и не планировавший никакой террористической деятельности. После возвращения с каторги и последующей ссылки (в 1899 году) он придерживался весьма умеренных, если не консервативных, политических взглядов. — *Примеч. ред.*

всяком случае, она до сих пор не обнаружена). Его склонность к абсурду выражалась в пародировании — он сочинил ряд псевдоавтобиографических фрагментов, в том числе рассказ о своем рождении раньше срока, попытке вернуть новорожденного в утробу и младенчестве в инкубаторе, а также рассказы из жизни несуществующего брата[41]. Поскольку репрессии против Хармса как литературного деятеля не предполагали необходимости в биографических сведениях, его личность была, по крайней мере на время, стерта, превращена в ничто, подобно личностям персонажей во многих его рассказах.

Тем не менее знакомство с постсоветскими публикациями отрывков из дневников Хармса, оценка его духовных поисков теми, кто хорошо знаком с его жизнью и творчеством, а также внимательное чтение его работ — все это дает основание рассматривать его как глубоко религиозного писателя, хоть и весьма своеобразного. В его дневниках 1930-х годов, например, упоминается о том, что он посещал церковь, и не один раз. Манера письма Хармса предполагает не только знакомство с литургией и священниками, но и глубокий эмоциональный отклик на церковные службы. «От восхищения я с трудом удержался, чтобы не заплакать», — пишет он однажды, и это в то время, когда очень немногие посмели бы даже зайти в церковь, не говоря уже о том, чтобы писать об этом в дневнике [Хармс 1991: 96, 140]. По свидетельству его друга, Леонида Пантелеева, Хармс действительно был открыто религиозен и привлек его именно своим православным благочестием. «...мы поменялись как-то с Даниилом Ивановичем — по его предложению — молитвенниками», — пишет он, и далее: «...Проходили мимо церкви Вознесения. Даниил Иванович поднялся на паперть, опустился на колени и стал молиться» [Хармс 1991: 193, примечание 215].

---

[41] См. Хармс «Теперь я расскажу, как я родился» и «Инкубаторный период» [Хармс 1988: 453–455]; более общепринятые биографические сведения см. в [Cornwell 1991; Александров 1988в: 538–555].
Рассказы «из жизни несуществующего брата» (приват-доцента Ивана Ивановича Хармса) — импровизации в дружеском кругу; они не были записаны, или, по крайней мере, не сохранились. — *Примеч. ред.*

Молитвы, встречающиеся в дневниках Хармса, наиболее ярко свидетельствуют о его религиозности. Его «Молитва перед сном», датированная «28 марта 1931 года, 7 часов вечера», особенно впечатляет. Хармс просит у Бога разрешения заснуть и набраться от Него силы для «битвы со смыслами» — понятие, связанное со «столкновением словесных смыслов», центральным в Декларации ОБЭРИУ, — и знаний, которые нельзя получить ни из книг, ни от людей, а только через стихи. Необычная пунктуация и грамматические конструкции принадлежат Хармсу.

> Господи, среди бела дня накатила на меня лень.
> Разреши мне лечь и заснуть Господи,
> и пока я сплю накачай меня Господи
> Силою Твоей.
> Многое знать хочу,
> но не книги и не люди скажут мне это.
> Только Ты просвети меня Господи путем стихов моих.
> Разбуди меня сильного к битве со смыслами.
>
> [Хармс 1978–1988, 3: 22][42]

Несмотря на то что эта искренняя и по-хармсовски своеобразная мольба — ни в коем случае не пародия, она необычна в признании за праздностью восстанавливающей силы. Это противоречит общепринятой христианской настроенности против лени, уныния и праздности, которая выходит на первый план, например, в молитве святого Ефрема Сирина, ежедневно повторяемой в православной практике в течение Великого поста. Молитва преподобного Ефрема начинается словами «Господи и Владыко живота моего! Дух праздности, уныния, любоначалия и празд-

---

[42] Другая молитва, 1935 года, столь же пылкая, также представляет собой смесь стандартной православной риторики и уникальных хармсовских забот: «Господи, пробуди в душе моей пламень Твой. Освети меня, Господи, солнцем Твоим. Золотистый песок разбросай у ног моих, чтоб чистым путем шел я к Дому Твоему. Награди меня Господи словом Твоим, чтобы гремело оно, восхваляя Чертог Твой. Поверни Господи колею живота моего, чтобы двинулся паровоз могущества моего. Отпусти Господи тормоза вдохновения моего. Успокой меня Господи и напои сердце мое источником дивных слов Твоих» [Хармс 1991: 189].

нословия не даждь ми», а затем следует обращение к Богу с просьбой о даровании духа целомудрия, смиренномудрия, терпения, любви и видения собственных прегрешений [Божественная литургия 1960: 276–277]. «Молитва перед сном» Хармса представляет собой переработку молитвы преподобного Ефрема и ее этических принципов в соответствии с особенностями жизни Хармса на тот момент. Еще одна молитва Хармса: «Избавь меня, Боже, от лени, падения и мечтания» — как и позднее стихотворение Пушкина «Отцы пустынники и жены непорочны» — несколько ближе к обычной молитве об избавлении от праздности [Хармс 1978–1988, 4: 43][43].

В 1935 году в другом стихотворении, прося о даровании божественной силы, Хармс обращается к концепции евхаристии и просит Бога напитать его Своим Телом и Кровью, чтобы у него появилась энергия для написания стихов:

> Господи, накорми меня телом Твоим.
> Чтобы проснулась во мне жажда движения Твоего.
> Господи, накорми меня кровью Твоей
> чтобы воскресла во мне сила стихосложения моего.
>
> [Хармс 1990: 8][44]

Что поражает в большинстве молитв Хармса, — хотя они и связаны с особенностями его весьма своеобразной жизни, в них тем не менее отражены ритм, настроение и усердие обычных православных молитв. В своем подражании молитве Хармс заходит дальше, чем Пушкин в стихотворении «Отцы-пустынники и жены непорочны», Тютчев в «Пошли, Господь, Свою отраду» или Мандельштам в своей мольбе «Помоги, Господь, эту ночь

---

[43] Текст Пушкина очень близок к тексту молитвы преподобного Ефрема: «Владыко дней моих! дух праздности унылой, / Любоначалия, змеи сокрытой сей, / И празднословия не дай душе моей», что составляет контраст с Пушкиным 1816 года, который в отрывке под названием «Сон» писал: «Приди, о лень! приди в мою пустыню, / Тебя зовут прохлада и покой; / В одной тебе я зрю свою богиню».

[44] См. также [Хармс 1992].

прожить», написанной в тот же период, что и молитвы Хармса[45]. Использование Хармсом церковнославянского обращения «Господи», в противовес современному русскому «Господь» у других поэтов, его неоднократное обращение к лексике и понятиям из общеупотребительных молитв и тот факт, что его молитвы не написаны правильным стихом, — все это заметно сказывается на разнице в интонации. Но что еще важнее (даже принимая во внимание предостережение Вимсатта об умышленном заблуждении), Хармс действительно предназначал эти сочинения для молитвы, в то время как другие поэты свои «молитвы» писали в первую очередь именно как стихи.

Кроме молитв, у Хармса можно найти несколько произведений с откровенно религиозными элементами. Например, название драматического очерка «Грехопадение. Цели познания добра и зла» — достойно любой богословской работы. Есть также «Злое собрание неверных», текст из 12 строк, который состоит из библейских парафразов (Пс. 1:1, Мф. 26:11), дословной цитаты из Мф. 26:22 и аллюзий на Тайную вечерю Леонардо да Винчи [Aizlewood 1991: 110; Perlina 1991: 175, 189, примечание 3; Хармс 1978–1988, 2: 24].

Если принять явно религиозные сочинения Хармса за основу, можно включить в этот контекст и другие свидетельства.

По свидетельству Якова Друскина, который был тесно связан с ОБЭРИУ и который спас рукописи Хармса во время сталинского режима и блокады Ленинграда, перед окончательным арестом и смертью Хармс читал «Добротолюбие», собрание ранних христианских духовных творений. Кроме того, сообщают, что во время ареста Хармса из его квартиры были вывезены иконы и духовные книги. Теперь их существование объясняется не просто эксцентричностью, как и кажущиеся случайными религиозные элементы в сочинениях Хармса 1920-х годов [Druskin 1991: 30–31; Carrick 1993: 154][46]. Еще в 1925 году, например, студент

---

[45]   См. [Struve 1975].

[46]   О «Добротолюбии» см. в [Fedotov 1975: 280–281; Florovsky 1979, 5: 156, 161, 343–344].

Хармс искал божественной помощи в сдаче экзаменов, откровенно написав в дневнике: «Боже, помоги мне сегодня выдержать экзамен». Боясь, что его выгонят из школы, он написал: «Г<оспо-ди>, п<омоги> м<не> остаться в Техникуме» и завершил дневниковую запись такого рода заклинаниями:

> Надежда. Крест и Мария. Крест и Мария, Крест и Мария.
> Даниил Хармс
> 1925 Помоги.
> [Хармс 1991: 149, примечание 25]

Теперь очевидно, что это был не единичный случай религиозного усердия, вызванный студенческим волнением, но элемент постоянных молитвенных отношений с Вседержителем.

Точно так же не осведомленный о религиозном мировоззрении Хармса читатель мог бы принять следующий отрывок, написанный в том же году, что и Декларация ОБЭРИУ, за образец бессмысленного стиха в духе авангардной антирелигиозной пародии. Но, по сути, это исповедание веры:

> От разных бед
> хранит ли Бог?
> Ответ:
> Хранит и даже
> в его руках вся жизнь глаже.
> [Хармс 1978–1988, 1: 58]

Две дневниковые записи, также датированные 1928 годом, свидетельствуют о том, что жизнь Хармса была далеко не гладкой и что он искал помощи и утешения в православии. Он нуждался в деньгах, чувствовал, что его жена Эстер чужда ему, «как рациональный ум», хотя все еще любил ее, обвинял ее в неурядицах внутри ОБЭРИУ, которое, как ему казалось, разваливалось. (Возможно, сложности в ОБЭРИУ усугубились из-за проблем Хармса в неменьшей степени, чем из-за публичной размолвки между Заболоцким и Введенским.) Первая запись завершается традиционной молитвой святой Ксении: «Раба Божия Ксения, полюби меня, спаси и сохрани всю мою семью». Вторая запись более конкретна:

> Господи, помоги! Раба Божия Ксения, помоги! Сделай, чтоб
> в течение этой недели Эстер ушла от меня и жила бы счаст-
> ливо. А я чтобы опять принялся писать, будучи свободен, как
> прежде! Раба Божия Ксения, помоги нам! [Хармс 1991: 86–87][47]

Почти десять лет спустя, нищий и уверенный в том, что «вкус-ные» макароны с сосисками, которые он только что съел, были последней плотной трапезой в его жизни, Хармс напишет молитву, сочетающую в себе благодарность и мольбу: «Спасибо Тебе, Боже, что по сие время кормил нас. А уж дальше да будет Воля Твоя». Затем следует дословная цитата из обычной православной молитвы благодарения за трапезу: «Благодарим Тя, Христе Боже наш, яко насытил еси земных Твоих благ. Не лиши нас и Небесного Твоего Царствия» [Хармс 1991: 133; Божественная литургия 1960: 282].

В этом контексте имеет смысл предостережение Друскина от того, чтобы воспринимать произведения Хармса как социальную сатиру. Без знания о религиозных устремлениях Хармса заявление Друскина в лучшем случае вызывает недоумение. Друскин пишет:

> Хармс разоблачает не мелкую буржуазию, не мещан, а ав-
> томатизм любой жизни...
> Религиозный автоматизм на самом деле антирелигиозен...
> Поэтому он и говорил, что в жизни есть две высокие вещи:
> юмор и святость...
> Рассказы в его сборнике «Случаи» были направлены не
> против сталинского режима, а против любого режима во-
> обще. Они были не антисоветскими, но антиполитическими,
> антисоциальными. Другими словами, они были религиоз-
> ными [Druskin 1991: 23–24, 26].

В этом свете восприятие читателем рассказа Хармса «Старуха» переходит из области абсурда в область религиозного, во всяком

---

[47] См. также его моления, касающиеся его (видимо, неразделенной) любви к Алисе Порет и разлуки с Мариной Малич [Хармс 1991: 110, 129].

случае религиозно абсурдного. В одном из центральных эпизодов рассказа главный герой в булочной заигрывает с молодой девушкой и приглашает ее к себе на квартиру, чтобы выпить водки. Фраза «выпить водки» здесь означает как само действие, так и возможность сексуального контакта. Когда девушка проявляет интерес, главный герой спрашивает, может ли он задать еще один вопрос. Барышня краснеет, ожидая дальнейшего развития плохо замаскированной сексуальной темы разговора, но следующий вопрос оказывается для нее неожиданностью. Главный герой спрашивает ее о вере: «Вы верите в Бога?» «Да, конечно», — отвечает она, и рассказ снова возвращается на свой прежний абсурдистский курс. И все же это был не случайно заданный вопрос в абсурдной вселенной. Когда рассказ подходит к концу, рассказчик произносит обычное молитвенное окончание, вновь поднимая вопрос о вере: «Никто меня не видит... Я низко склоняю голову и негромко говорю: "Во имя Отца и Сына и Святого Духа, ныне и присно и во веки веков. Аминь"»[48].

По меткому замечанию А. Нахимовски, духовный смысл рассказа — «простой и традиционный: признание присутствия Бога», а «неожиданностью является явление духовного как оборотной стороны повседневного существования... и его развитие через комический гротеск» [Nakhimovsky 1982: 103]. В другом наблюдении того же рода, недостаточно развернутом (оно приведено в сноске) и заслуживающем дальнейшего исследования, Мейлах отмечает, что частое исчезновение персонажей Хармса могло представлять собой форму кенотического самоуничижения, столь важного для православной традиции [Meilakh 1991: 215, примечания 30, 31][49]. Концепция кенотического самоотречения в религиозном контексте предполагает возможность того, что эксцентрическая клоунада — это не только типичное аван-

---

48 Далее следует последнее предложение рассказа: «На этом я временно заканчиваю свою рукопись, считая, что она и так уже достаточно затянулась» [Александров 1990: 116, 134]. Перевод на английский в тексте оригинала принадлежит автору, еще один вариант перевода, менее стилизованный под православную англоязычную речевую практику, см. в [Gibian 1987: 123–153].

49 О концепции кенозиса см. в [Федотов 2015].

гардистское побуждение высмеять буржуазную культуру, но и древнерусский религиозный порыв отказаться от жизни по руководству человеческого разума, пожертвовать рациональной самостью и стать юродивым ради Христа.

Следует также принять во внимание определение искусства, данное Хармсом в 1933 году в письме своей знакомой, К. В. Пугачевой, поскольку в нем содержится отголосок некоторых принципов Декларации ОБЭРИУ. Искусство, пишет Хармс, это «чистота порядка», «непонятная рационалистическому уму»[50]. Это утверждение несколько объясняет как абсурдность собственных работ Хармса, так и его проблемы с Эстер и ее «рациональным умом». Оно также удивительно близко к свойственному для православия апофатизму, то есть богословской концепции, согласно которой человеческий разум не способен воспринимать окончательную истину о Боге, так что приблизиться к Нему можно только путем отрицаний, путем познания того, чем Бог не является.

> Ни люди, ни силы небесные — херувимы и серафимы не могут познавать Бога иначе, как в Его Откровении, — пишет Иоанн Дамаскин. — По Своей природе Он — превыше бытия, а следовательно, превыше познания. Его сущность можно определить только апофатически, посредством отрицаний.

Более сжато, но и более парадоксально Дионисий пишет о «неведении, превосходящем всякое ведение»[51]. Сочетая богословские и художественные стороны этих концепций, друг Хармса Яков Друскин, философский рупор ОБЭРИУ[52], заявляет,

---

[50] Письмо Д. Хармса к К. В. Пугачевой от 16 октября 1933 года [Хармс 1988: 483]. См. также обсуждение роли «сверхрационального познания» в [Введенский 1980] и цитату из Друскина в [Aizlewood 1991: 106].

[51] Иоанн Дамаскин и Дионисий цит. по: [Лосский 1972: 188, 190]. Об апофатическом богословии в православном контексте см. раздел «Постигая непостижимое» в [Пеликан 2009: 30], глава 1; о его функционировании в западной традиции см. в [Colie 1966], особенно часть 2 «Paradoxes in Divine Ontology». Я благодарю Гэри Сола Морсона за то, что он указал мне на эту книгу.

[52] Я. С. Друскин, считавший собственно ОБЭРИУ незначительным эпизодом в жизни своих друзей, не согласился бы с таким определением. — *Примеч. ред.*

что «Бог не в знании и уверенности, а, скорее, в незнании, неуверенности и вере». «Абсурдность, — продолжает он, — имеет отношение к грехопадению, которое удалило человека от Божественного алогичного Слова» [Друскин 1988: 87][53].

Эти принципы проиллюстрированы в рассказе «Сундук» из хармсовского цикла «Случаи», который является чуть ли не истолкованием обычного христианского учения о спасении и содержит апофатическое высказывание, типичное для православного богословия. Рассказ повествует о «человеке с тонкой шеей», который закрылся в сундуке, чтобы начать задыхаться и, таким образом, стать свидетелем «борьбы жизни и смерти». После жалоб на то, что он и в самом деле задыхается, что в сундуке пахнет нафталином, и клятвы, что он исправит ситуацию и будет вещи пересыпать махоркой, человек с тонкой шеей внезапно оказывается на полу своей комнаты. У него болит шея, а сундук исчез. Из всего этого он делает вывод: «Значит, жизнь победила смерть неизвестным для меня способом» [Хармс 1988: 363–364]. Возможно, в этом суть православного апофатического послания Хармса.

Еще один пример неприятия мира, построенного на человеческом рационализме, встречается в процитированном ранее письме к К. В. Пугачевой: «Я никогда не читаю газет. Это вымышленный, а не созданный мир». Искусство Хармса, как и искусство других членов ОБЭРИУ, а также Платонова и Булгакова «представляет собой вызов рукотворному порядку его времени, а значит, всякому преходящему порядку»[54].

Нил Каррик, который исследовал религиозные настроения Хармса наиболее подробно и убедительно, считает, что алогическая структура нарратива Хармса побуждает читателя в поисках понимания обращаться к литературе, что отражает искание автором Бога в мире:

---

[53] Цит. в оригинале по: [Aizlewood 1991: 110, примечание 32]. О Хармсе см. также [Carrick 1993: 280–285].

[54] Письмо Д. Хармса к К. В. Пугачевой, 16 октября 1933 года в [Хармс 1988: 483; Carrick 1993: 224, 293]. См. также [Левин 1980].

> Сначала прозу Хармса читают как пародию на литературные приемы, но вскоре само это чтение превращается в эпистемологическое исследование… Попытки читателя понять, каковы источники «Случаев» Хармса, можно рассматривать как параллель к попытке автора постичь Бога. Этот религиозный поиск, однако, бесконечен, потому что Бог находится за пределами человеческого познания. Можно переживать общение с Ним, но никогда нельзя познать Его [Carrick 1993: 295][55].

И абсурд, и надежда хармсовского мира существуют на пересечении неизбежной неудачи человека в познании Бога и возможности для человека переживать Его. Само осознание пределов человеческого ума приближает к истине. Снова процитируем Каррика:

> Рассматривая прозу Хармса в свете религии, можно понять, что в самом тексте представлен Божественный порядок мироустройства. Порядок, обеспечивающий взаимосвязь всех обыденных «случаев», лежит за пределами восприятия персонажей, которые в них фигурируют. Они, по необходимости, обладают лишь ограниченным взглядом на вещи, и со своей точки зрения не наблюдают ничего, кроме конфликтов и недоразумений.
>
> ....
>
> Развивая аналогию с нарративом, — человек обнаруживает себя в повествовании, начало и развязка которого ему неизвестны… Вскрывая недостатки, присущие человеческому нарративу как герменевтическому средству, Хармс применяет отсылку на метанарратив, внутри которого действует нарратив человека, но автор которого, Бог, находится за пределами человеческого понимания [Carrick 1993: 193, 84].

В конечном итоге абсурдное видение Хармса следует воспринимать как апофатический путь приближения к Богу и как явление, отличное от западной литературы абсурда с ее экзистенциальным предположением, что Бог мертв или, во всяком случае,

---

[55] См. также [Carrick 1993: 20, 301]. Исследование Каррика открывает новые большие горизонты и в целом замечательно. Оно бы выиграло от применения к работам Хармса православных концепций, особенно православного варианта апофатического богословия, которое для творчества Хармса более релевантно, чем западные формы отрицательного богословия.

совершенно неуместен. Если Камю считает «вопрос о смысле жизни... самым неотложным из всех вопросов», то Хармс утверждает, что смысл у жизни есть, хотя и отрицает за человеком способность понять его [Камю 1990: 25].

Многое из сказанного относится и к Введенскому. Как и Хармс, Введенский посвятил свою жизнь богословской по своей сути попытке примирить отрицание рационального смысла с утверждением смысла, выходящего за пределы человеческого разума. Эта попытка лежит в основе его концепции «звезды бессмысленности», и она же отразилась, хоть и в абсурдном преломлении, в таких произведениях, как «Кругом возможно Бог», «Факт, теория и Бог», «Святой и его подчиненные», а также в следующих высказываниях из незаконченной пьесы из «Серой тетради» Введенского:

> Я не доверяю памяти, не верю воображению. Время единственное что вне нас не существует. Оно поглощает все существующее вне нас. Тут наступает ночь ума. Время всходит над нами как звезда... Оно всходит над нами как ноль. Оно все превращает в ноль. (Последняя надежда — Христос Воскрес.) Христос Воскрес — последняя надежда [Введенский 1984: 184].

Другой пример из той же «Серой тетради» — небольшой отрывок в стиле «Случаев» Хармса, под названием «Предметы». Написанное в столь же своеобразной манере, произведение связывает обэриутскую концепцию предмета с практикой кенозиса и апофатического познания Бога, а также с концепцией Великого времени или безвременья жизни в Боге. В первом абзаце изложены соответствующие метафизические принципы.

4. Предметы
> Дом у нас не имеет времени. Лес у нас не имеет времени. Может быть человек инстинктивно чувствовал непрочность, хотя бы на одно мгновенье плотность вещественной оболочки предмета. Даже настоящего, того настоящего времени, о котором давно известно, что его нет, и того он не дал предмету [Введенский 1984: 186].

Остальная часть отрывка — миниатюрный рассказ об «одном человеке», который живет в собственном ногте и, таким образом, погружен в кенотическое самоотрицание. Сначала он плакал и стонал, но потом заметил, «что нет вчера, нету завтра, а есть только сегодня». И, прожив «сегодняшний день», он радостно заключил: «Есть о чем говорить». Таким образом, проживание «сегодняшнего дня» в собственном ногте приводит его к общению не только с другой стороной самого себя, но и с Богом:

> Этого сегодняшнего дня нет у меня, нет у того, который живет в голове, который скачет, как безумный, который пьет и ест... и у того, который спит на могиле друга. У нас одинаковые дела. Есть о чем говорить.
> И он стал обозревать мирные окрестности, и в стенках сосуда времени ему показался Бог [Введенский 1984: 186–187].

Друскин прямо заявляет, что Введенский был «православным теистом» и что в его работах очевидным образом ставятся вопросы о Боге, времени и смерти. Возможно, не без некоторой проницательности офицер ОГПУ[56], допрашивавший Введенского после его первого ареста, обвинил его в том, что его стихи — это «литературная литургия»[57], что по отношению к государственному атеизму было вероотступничеством[58].

---

[56] А. В. Бузников и Л. В. Коган, допрашивавшие Хармса и Введенского, были, естественно, работниками ОГПУ, а не офицерами (это слово не употребялось до 1943 года) созданного в 1954-м КГБ. — *Примеч. ред.*

[57] По видимому, имеются в виду показания Введенского (в значительной степени, очевидно, написанные под диктовку следователей): «Придерживаясь заумной формы поэтического творчества, мы считали, что хотя она противоречит смысловому значению слова и внешне непонятна, но она обладает большой силой воздействия на читателя, достигаемой определенным сочетанием слов, примерно так же, как огромной силой воздействия обладает православная церковь, молитвы и каноны которой написаны на церковнославянском языке, абсолютно непонятном современной массе молящихся. Эта аналогия, возникшая в наших групповых беседах по поводу зауми, отнюдь не случайна; и церковные службы, происходящие на церковнославянском языке, и наша заумь имеют одинаковую цель: отвлечение определенно настроенных кругов от конкретной советской действительности, от современного строительства, дают им возможность замкнуться на своих враждебных современному строю позициях». См. материалы дела: «Сборище друзей, оставленных судьбою». М., 2000. Т. 2. С. 519–573. — *Примеч. ред.*

[58] [Друскин 1985: 381; Мейлах 980: xxiv; Nakhimovsky 1982: 104, 131].

Некоторые исследователи связывают ОБЭРИУ с сюрреализмом и европейским абсурдизмом, понимая эту связь как нечто само собой разумеющееся[59]. Но суть в том, что различие между ОБЭРИУ и западными движениями намного заметнее, чем сходство.

> Стихи Введенского и Хармса не имеют ничего общего ни с «литературой подсознания», ни с сюрреализмом; не было никакой «игры с бессмыслицей», — пишет Друскин. — Бессмыслица... была приемом познания жизни, то есть гносеологически-поэтическим приемом [Друскин 1985: 381].

Дадаисты, сюрреалисты и представители «театра абсурда» похожи на Хармса, Введенского, Заболоцкого и других членов «семьи» ОБЭРИУ, как давно потерянные родственники, но сходство лишь внешнее. Русский поиск — это поиск Бога, откровения Божьего мира и Божьего слова. Западный поиск — это поиск поиска — ожидание Годо.

ДЕКЛАРАЦИЯ ОБЭРИУ, ПРАВОСЛАВНОЕ БОГОСЛОВИЕ И РАЗЛИЧНЫЕ МАНИФЕСТЫ

> Суть православной традиции — сделать видимым невоспринимаемое обычными чувствами, проложить путь в царство преображенного человечества.
>
> *Джон Бэггли. Двери восприятия: иконы и их духовное значение*

> И мир... ныне возрождается во всей чистоте своих конкретных мужественных форм... Посмотрите на предмет голыми глазами, и вы увидите его впервые очищенным от ветхой литературной позолоты.
>
> *Декларация ОБЭРИУ*

---

[59] [Karlinsky 1973: 199; Фостер 1973, 2: 200; Gibian 1987:viii; Müller 1978; Jaccard 1991a; Jaccard 1991b].

Все были едины в том, что задача православного богослова — не привносить что-то новое, но снова возвращаться к старому.

Ярослав Пеликан. Дух восточного христианства

Если принять во внимание религиозную восприимчивость Заболоцкого и богословские интересы Хармса и Введенского, можно сказать, что Декларация ОБЭРИУ возникла во вселенной, полной религиозного смысла. Однако очевидным это становится далеко не сразу. Документ состоит из пяти частей. Во вступлении длиной два абзаца объясняется структура объединения. В первой большой части, озаглавленной «Общественное лицо ОБЭРИУ», устанавливается литературно-политический смысл существования группы. Авторы оспаривают представление, что единственное пригодное для нового советского государства искусство, — это искусство, «доступное даже деревенскому школьнику», ставят под сомнение разумность притеснений Филонова и Малевича (косвенно связанных с ОБЭРИУ), огорчаются из-за недостатка общественной поддержки этих художников.

Следующий раздел назван «Поэзия обэриутов», где обэриут — термин, изобретенный специально для обозначения члена ОБЭРИУ. В этом разделе — ключ к философии ОБЭРИУ, так как в нем разъясняется основная литературно-философская позиция группы, а также представлен список участников объединения и их краткие характеристики. «Мы — поэты нового мироощущения и нового искусства, — заявляют обэриуты. — Мы — творцы не только нового поэтического языка, но и созидатели нового ощущения жизни и ее предметов» [ОБЭРИУ 1928]. ОБЭРИУ утверждает веру в слово как предмет и уважение к самостоятельной идентичности предмета, которая раскрывается через кажущееся искажением «столкновение словесных смыслов», — своего рода *reductio ad absurdum* в области семантической логики. С помощью такого подхода создается новый поэтический язык, который, согласно Декларации, позволит нам видеть предмет «голыми глазами». Мы увидим предмет, «очищенный от... обиходной шелухи», очищенный от «литературной позолоты» и «мусора стародавних истлевших культур» [ОБЭРИУ 1928].

Наше восприятие мира преобразится, и мы увидим его истинную, высшую реальность.

Завершается Декларация разделами «На путях к новому кино» и «Театр Обэриу». В них излагается деятельность ОБЭРИУ в этих сферах и развиваются положения, высказанные в предыдущих разделах.

Одно из самых поразительных свойств Декларации ОБЭРИУ — то, чем она не является. Это не манифест воинствующего нигилизма. Это не футуристическая «Пощечина общественному вкусу», воинственно провозглашающая «право» автора создавать новые слова и испытывать «непреодолимую ненависть» к существовавшему до него языку [Марков 1967]. И также она — не футуристический гимн зауми или «заумному языку» (который для мало сочувствующего ему читателя часто походит на бессмыслицу), в духе трактата «К зауми» Александра Туфанова, одного из первых соратников Хармса и Введенского[60]. Туфанов полемизирует с «Воскрешением слова», оспаривая оценку слова Шкловским, потому что его собственный путь к спасению — это фонема. Туфанов далее выступает против концепции «предметности», против изображения и метафизического узнавания предметов в произведениях искусства, а также против представления формалистов о том, что литературный прием способен оживить чувство языка и мира. «...я не могу оставить слово и "предметность" в качестве материала искусства, — пишет он. — Слово — застывший ярлык на отношениях между вещами, и ни один художественный прием не вернет ему силы движения». Туфанов завершает свое рассуждение, категорически заявив: «Предметность и слово бессильны»[61].

Авторы Декларации ОБЭРИУ, несмотря на свой очевидный долг перед футуризмом в ряде областей, категорически выступают против концепции *зауми*, недвусмысленно защищая целостность слова и предмета и бьют Туфанова его же оружием, обвиняя

---

[60] Туфанов по отношению к Хармсу и Введенскому (которые в момент общения с ним были крайне молоды) выступал скорее в роли учителя, чем соратника. — *Примеч. ред.*

[61] Туфанов «К зауми». Цит. по: [Туфанов 1924: 8]. Дальнейшие пояснения по Туфанову см. в [Хармс 1991: 145, примечание 5, 195].

заумников в том, что они «холостят» слово, превращают его в «бессильного... ублюдка»[62].

> Нет школы более враждебной нам, чем заумь. Люди реальные и конкретные до мозга костей, мы — первые враги тех, кто холостит слово и превращает его в бессильного и бессмысленного ублюдка. В своем творчестве мы расширяем и углубляем смысл предмета и слова, но никак не разрушаем его [ОБЭРИУ 1928].

Если футуристическое искусство шло в сторону заумного, то ОБЭРИУ двигалось к запредельному, и для этих путей требовались принципиально разные методики, хотя изначальная риторика обеих групп и могла показаться схожей. По точному замечанию Виктора Эрлиха,

> Признававшийся и даже поощрявшийся уход от логики и реализма отнюдь не предполагал ни приобщения к «высшей» реальности, ни трансцендентализма. Футуристы попирали законы когнитивного языка не для того, чтобы воспарить к словесным высям, но ради свободной, ничем не скованной словесной игры, которая была абсолютно чужда всяческая метафизика [Эрлих 1996: 48].

Однако обэриуты искали именно познания «высшей» реальности.

ОБЭРИУ не планировало ни разрушать вселенную, ни выбрасывать всех и вся с парохода футуристической современности, ни перестраивать физическую вселенную в соответствии с неким эстетически-социальным утопическим учением. В идеологии ОБЭРИУ постулируется принятие существующей вселенной, в том числе слов. Но также в ней постулируется существование «более истинной», но непознанной реальности внутри суще-

---

[62] Некоторые из обэриутов по сути, практиковали *заумь*, судя по утверждению Вагинова: «Заумье бывает разное» [Вагинов 1991: 82, 553]. Обэриутский вариант зауми был напрямую связан с концепцией *бессмыслицы*, которая предполагает уважительное отношение к существующему миру, а не революционное футуристическое. См. [Levin 1978; Мейлах 1980: ix–xxvi; Perlina 1991; Milner-Gulland 1991].

ствующей вселенной. ОБЭРИУ стремится преобразить наше отношение к вселенной, развив в нас более глубокое понимание физического и метафизического смысла конкретных явлений. В этом постепенном развитии можно увидеть параллели Декларации и основных положений православного богословия.

На основании идей, сформулированных во время иконоборческих споров VIII века, православие в большей степени, чем западное христианство, подчеркивает принятие материальной вселенной в том виде, в каком она существует. Если в некоторых течениях христианства материальные иконные изображения воспринимались как идолы, подлежащие уничтожению, то иконопочитатели утверждали, что «Творец мира вещей и животных есть также и Искупитель человечества, и ненависть к материальному творению может перерастать в презрение к Нему Самому и к Его дарам» [Пеликан 2009: 215][63]. Поскольку Христос воплотился, сама материя стала служить делу спасения. «...поклоняюсь же Творцу материи, ставшему материей ради меня... и чрез материю соделавшему мне спасение, — пишет Иоанн Дамаскин, защищая иконопочитание. — ...И не перестану почитать материю, чрез которую совершено мое спасение» [Иоанн Дамаскин 1913: 380]. Неудивительно, что в список авторов из дневника Хармса за 1926–1927 годы — предположительно тех, чьи произведения он прочел или собирался прочесть, — вошли как упомянутый Иоанн

---

[63] См. также [Pelikan 1990]. По утверждению Касседи, в православном почитании икон отражено «идеалистическое ощущение того, что объект, видимый молящимися, не реален физически, что икона — это просто интуиция объекта» и «только фасад благодати, которая находится за ним» [Cassedy 1990: 103]. В этом утверждении преуменьшается важнейшая функция иконы и игнорируется центральный пункт иконоборческой полемики, во многом повлиявшей на православную догматику: сама икона как материальный объект отражает факт воплощения Христа, тот факт, что Бог действует и его энергии узнаваемы в материальной вселенной.
О значении икон см. также в [Baggley 1988: 22, 77; Феодор Студит 2011; Иоанн Дамаскин 1913; Мейендорф 1995: 37–38; Лосский, Успенский 2014; Успенский 1997; Лосский 2012: 14; Pelikan 1990]. Кларк и Холквист убедительно соотносят этот аспект православия с акцентом Бахтина на богатстве и сложности повседневной жизни в [Clark, Holquist 1984: 84–85]. Взгляд европейских исследователей см. в [Belting 1994].

Дамаскин, так и Иоанн Златоуст, автор одного из чинопоследований православной литургии [Хармс 1991: 85–86].

Подобно тому, как идеологической целью ОБЭРИУ является удаление «обиходной шелухи», чтобы явить истинную природу предмета, для православия проблемой является не сама природа вселенной, а необходимость изменить отношение к ней человека. Смысл православного апофатического пути к Богу состоит в том, чтобы «очистить» чувства от обычных представлений о Боге и, таким образом, найти истинного Бога через «неведение» [Пеликан 2009: 33]. Подобным же образом иконописная стилизация — это «призыв к отрешенности, к очищению чувств, дабы чувствами могли мы воспринимать созерцаемый образ Божественного Лица, пришедшего во плоти» [Лосский 2006: 554]. Люди, как существа несовершенные, видят истинную реальность Божьего творения только в краткий миг озарения, например — в момент Преображения Христа. С богословской точки зрения, во время Преображения изменилась не природа Христа, а, скорее, способность учеников постичь полноту Его природы [Лосский, Успенский 2014: 313–317][64]. Зрение их было искажено ослепляющим светом, но они обрели способность видеть Христа «голыми глазами», по выражению Декларации ОБЭРИУ. Благодаря «столкновению смыслов», воплощенному в двойственной природе Христа, человечество достигает преображенного видения Божьей вселенной.

Можно было бы пренебречь столь широкомасштабными идеологическими параллелями как простым совпадением, если бы религиозный подтекст Декларации ОБЭРИУ не был подкреплен особенностями лексики и концепции. Начнем с небольшого, но показательного примера: Декларация ОБЭРИУ представляет собой сознательное исповедание веры: «Мы *верим* и знаем, что только левый путь искусства выведет нас на дорогу новой пролетарской художественной культуры» [ОБЭРИУ 1928][65]. Напротив, «Пощечина общественному вкусу» кубофутуристов, например, стоит не на позиции веры, а на позиции философского абсолютизма,

---

[64] См. также [Ware 1986: 170–172, 182–183].

[65] Курсив добавлен.

дерзко утверждая новую реальность: «Прошлое тесно. Академия и Пушкин непонятнее гиероглифов» [Марков 1967]. Конечно, для взгляда со стороны любой манифест выглядит как исповедание веры. Но суть в том, что и для самих авторов манифеста, кубофутуристов, вопрос веры здесь незначим, — они просто провозглашают «реальность». ОБЭРИУ, с другой стороны, провозглашает не реальность, а веру в художественный метод, адекватный уже данной реальности, так же как Символ веры провозглашает веру в «Единую, Святую, Соборную и Апостольскую Церковь» как «метод», или отношение, адекватное реальности, данной Богом.

Декларация также предлагает обэриутскую переработку типичного христианского послания об избавлении, о возрождении, дарованном миру, очищенному от грехов, что еще больше усиливает ее вероисповедную составляющую. Подразумеваемые здесь грехи — прежде всего литературные и метафизические, а не нравственные в обычном религиозном смысле, но благодаря словам «возрождается» и «чистота», вкупе с прочими упоминаниями новизны и очищения, а также другим теологическим аспектам Декларации, основной параллелизм становится очевидным:

> И мир, замусоренный языками множества глупцов, запутанный в тину «переживаний» и «эмоций», — ныне возрождается во всей чистоте своих конкретных мужественных форм. Посмотрите на предмет голыми глазами, и вы увидите его впервые очищенным от ветхой литературной позолоты [ОБЭРИУ 1928].

Интересный, хоть и второстепенный момент — бравирование словом «мужественность». Его появление, возможно, всего лишь еще одна попытка не отстать от мужской брутальности футуристов. Однако возможен и отклик на эссе Мандельштама «О природе слова», если принять во внимание зачарованность Мандельштамом раннего Заболоцкого. В эссе Мандельштам утверждает, что новая эпоха дала идеал «совершенной мужественности» и что поэзия, следовательно, должна «воспитывать не только граждан, но и "мужа"». Он ожидаемо заявляет о роли акмеистов, утверждая, что за ними стоит: «...мужественная воля к поэзии и поэтике, в центре которой стоит человек, не сплющенный в лепешку лжесимволическими ужасами, а как хозяин у себя дома»[66].

Оставив в стороне мужество и мужественность, сосредоточимся на православном уклоне Декларации ОБЭРИУ, в частности, на ее связях с православной литургией. Близость слов «мир» и «ныне» в предыдущей цитате из Декларации, а также слов «величать» и «достояние», которые встречаются позже в том же фрагменте, придают этой части документа отчетливо литургический отзвук, так как все вышеперечисленные слова неоднократно встречаются в ключевых моментах православной литургии. Конечно, эти слова используются и в современном русском языке и относятся не только к литургике. Однако концентрация потенциально литургических выражений в ключевом отрывке, определяющем сущность искусства ОБЭРИУ, поддерживает общий богословский настрой Декларации.

Немного архаичная форма «ныне», значение которой пересекается со значениями более современных «теперь» и «в настоящее время», встречается в выражении «ныне и присно и во веки веков». Это обычное завершение многих молитв литургии — а также, конечно, часть концовки рассказа Хармса «Старуха». Слово «мир» (в значении «вселенная») встречается в различных частях литургии, часто в сочетании со своим омонимом «мир» (в значении «покой»), написание которого в старой орфографии отличается. Например, литургия начинается Великой ектенией, в которой есть прошение: «О мире всего мира... Господу помолимся». В ектенье после Великого входа, когда священник выносит хлеб и вино, предназначенные для причащения, встречается выражение: «Мира мирови у Господа просим» [Божественная литургия 1960: 38, 83, 104, 122][67].

Глагол «величать» используется в Декларации ОБЭРИУ в устаревшем и теперь обычно ироническом значении «называть почетным именем»: «Кто-то и посейчас величает нас "заумниками"» [ОБЭРИУ 1928]. В церковных службах этот глагол неоднократно используется в серьезном ключе со значением «почитать» или

---

[66] Мандельштам О. «О природе слова» [Мандельштам 1967–1981, 2: 257–258].

[67] На самом деле эта молитва произносится уже после того, как хлеб и вино уносят в алтарь. — *Примеч. ред.*

«возвеличивать». Например, молитва Богородице «Достойно есть», которая повторяется как во время литургии, так и во время вечерни, завершается так: «Сущую Богородицу Тя величаем». Точно так же начинается и Величание Праздника Рождества: «Величаем Тя, Живодавче Христе» [Божественная литургия 1960: 98, 180].

Слово «достояние» особенно значимо, поскольку и в Декларации, и в православной литургии оно используется в связи с понятиями очищения и возрождения. В Декларации утверждается: «Конкретный предмет, очищенный от литературной и обиходной шелухи, делается достоянием искусства» [ОБЭРИУ 1928]. Во время православной литургии священник, вернувшись с чашей после причащения в алтарь, благословляет собрание, произнося: «Спаси, Боже, люди Твоя и благослови достояние Твое». Таким образом, собравшиеся люди, очищенные причащением, становятся достоянием Бога, так же как предмет, очищенный от литературной шелухи «столкновением словесных смыслов», становится достоянием искусства. Кроме того, понимание народа как Божьего «достояния» звучит в отпусте по окончании службы, в традиционных утренних и вечерних молитвенных правилах, а также в молитвах, произносимых в Праздник Воздвижения Креста Господня [Божественная литургия 1960: 116, 122; Краткий молитвослов].

ПРЕДМЕТНОСТЬ ПРЕДМЕТА В ПРАВОСЛАВИИ, ИДЕОЛОГИИ ОБЭРИУ И В МАНИФЕСТАХ ДРУГИХ ОБЪЕДИНЕНИЙ

> Кажется, эти стихи, ставшие вещью, можно снять с бумаги и бросить в окно, и окно разобьется.
>
> *Даниил Хармс, письмо к К. В. Пугачевой*

> Пятое значение — есть свободная воля предмета...
> Пятое значение шкафа — есть шкаф.
>
> *«Предметы и фигуры, открытые Даниилом Ивановичем Хармсом»*

Помимо рассмотренных выше широкомасштабных структурных параллелей с православием и отзвуков литургии, в Декларации ОБЭРИУ представлен более сложный и убедительный набор «богословских» параллелей, в котором отобразилось сходство интеллектуальных механизмов православия и обэриутской идеологии. Самое очевидное сходство связано с почитанием Слова. Как в идеологии ОБЭРИУ, так и в православии Слово функционирует не только как носитель символического значения, но и как конкретная реализация, воплощение смысла. Слово — это одновременно и означающее, и означаемое.

В центре православного почитания Слова находится концепция Христа как Логоса, или как Воплощенного Божьего Слова. Концепция происходит из Пролога Евангелия от Иоанна: «В начале было Слово». Но если евангелист Иоанн и далее говорит о Божественности Слова, то позднейшие богословы, особенно участники иконоборческих споров, в которых во многом сформировался характер православия, подчеркивают материальный аспект Слова. Так, в своем первом «защитительном слове против порицающих святые иконы» Иоанн Дамаскин пишет:

> Ибо не природа плоти сделалась Божеством, но как Слово, оставшись тем, чем Оно прежде было, не испытав изменения, стало плотью, так и плоть воспринята Словом, не потерявши того, что она есть, лучше же сказать: будучи соединенною с Словом в ипостась (то есть со Христом как Логосом) [Иоанн Дамаскин 1913: 394].

Православное богословие настаивает на различии между вещественной иконой и святой личностью, прообразом изображения, но рассматривает их как существенно взаимосвязанные. Согласно аргументации в защиту икон преподобного Феодора Студита, образ всегда непохож на первообраз по своей сущности, но похож на него по своей ипостаси и по имени. Именно Ипостась Воплощенного Слова, а не Его Божественная или человеческая природа изображается на иконах Христа[68].

Понимание двойственной функции Слова пронизывает Декларацию ОБЭРИУ, но более четко оно выражено в индивидуальных работах Хармса. В одном из писем Хармса К. В. Пугачевой встречается довольно ошеломляющее заявление:

---

[68] Феодор Студит в изложении Лосского в [Лосский 1972: 187].

Великая вещь «Божественная комедия», но и стихотворение «Сквозь волнистые туманы пробирается луна» — не менее велико. Ибо там и там одна и та же чистота, а следовательно, одинаковая близость к реальности, то есть к самостоятельному существованию. Это уже не просто слова и мысли, напечатанные на бумаге, это вещь, такая же реальная, как хрустальный пузырек для чернил, стоящий передо мной на столе. Кажется, эти стихи, ставшие вещью, можно снять с бумаги и бросить в окно, и окно разобьется. Вот что могут сделать слова! [Хармс 1988: 483–484][69]

«Слова и мысли, напечатанные на бумаге» — это рукотворное средство передачи смысла, в то время как слово-вещь приближается к «самостоятельному существованию», и при желании им можно разбить окно.

Более обстоятельно эта мысль изложена в работе «Предметы и фигуры, открытые Даниилом Ивановичем Хармсом», написанной годом раньше, чем Декларация ОБЭРИУ. Основное внимание произведения сосредоточено исключительно на отношениях между словом, предметом и наблюдателем. Играя на обэриутском лозунге «Искусство как шкаф», Хармс утверждает: «Слово шкаф и шкаф — конкретный предмет существуют в системе конкретного мира наравне с другими предметами, камнями и светилами. Слово — шкаф существует в системе понятий наравне со словами: человек, бесплодность, густота, переправа и так далее».[70]

Опять-таки, слово одновременно передает идею и является конкретным предметом само по себе.

Следуя примеру Хармса, Декларация ОБЭРИУ исходит из предпосылки, что слово функционирует в «системе конкретного мира» (царство означаемого) и в «системе понятий» (царство означающего). Оно выражает некую идею, но покрыто шелухой

---

[69] Как эквивалент слова «вещь» у Хармса я использую термин «конкретный предмет». Поскольку в словаре Ушакова одно из определений *вещи* — «предмет физического мира», перевод кажется оправданным. «Сквозь волнистые туманы пробирается луна» — первая строка пушкинского стихотворения «Зимняя дорога» 1826 года.

[70] Хармс Д. Предметы и фигуры, открытые Даниилом Ивановичем Хармсом // ОР РНБ. Ф. 1232. Ед. хр. 371.

или позолотой, которые можно снять, и оно конкретно настолько, что становится ощутимым. Декларация наставляет читателя воспринимать поэзию Заболоцкого не только глазами и ушами, но и осязать пальцами [ОБЭРИУ 1928].

При первом рассмотрении можно утверждать, что аналогичная концепция слова как означающего и означаемого лежит в основе большинства авангардных языковых теорий, включая кубофутуристское представление о «самоценном, самовитом слове» и «слове как таковом»[71]. Смысл этих формулировок, однако, опирается на утопическое стремление футуристов создавать не только новые слова (прежде всего в форме зауми), но и целый новый мир. «Самовитое слово», как бы внушительно ни звучало это определение, в конечном итоге зависит от усилий человека-поэта, который, пусть это и кажется анахронизмом, принимает на себя романтическую роль Творца, равного Богу. «Искусство — не копия природы, — хвастает Маяковский, — и задача — "коверкать" природу так, как она фиксируется в различном сознании»[72]. Удивительно, что утверждение Маяковского практически полностью соответствует символистскому отношению к миру, по крайней мере такому, каким его понимал Заболоцкий в студенческом эссе о символизме. Для символиста, утверждает студент Заболоцкий, «...вещь не приемлется в своем бытии, но содержание ее, присутствующее в познающем субъекте, подвергается воздействию субъективности его познания» [Грищинский, Филиппов 1978: 185]. В отличие от Маяковского и в отличие от гипотетического символиста у Заболоцкого, Декларация ОБЭРИУ принимает и слово, и мир как данность, стремясь лишь переделать отношение человека к ним. ОБЭРИУ считает художника скорее передатчиком, чем творцом истины.

Формалисты в своем отношении к слову также являются предшественниками ОБЭРИУ, по крайней мере до некоторой степени. В этом нет ничего удивительного. Члены обеих групп

---

[71] См. [Марков 1967; Крученых 1967: 50–51, 59–60, 63–64]. См. также А. Белый «Мистика самого слова» и обсуждение в [Cassedy 1990: 56].

[72] Цит. по: [Эрлих 1996: 46].

и их окружение совместно участвовали в литературно-художественных мероприятиях, а также задумали совместно выпустить два сборника, — но до публикации дело не дошло. Была, конечно, и злополучная несостоявшаяся прогулка на моторной лодке с Лидией Гинзбург, связанной с формалистскими кружками, которая стала источником вдохновения для «Драматического монолога с примечаниями» Заболоцкого[73].

Особое влияние на ОБЭРИУ, как представляется, оказали размышления Виктора Шкловского, начиная с его описания слова как конкретного предмета. «Но слово все же не тень, — пишет Шкловский в предисловии к «О теории прозы», — слово — вещь» [Шкловский 1985: 5]. В своей работе «Искусство как прием», название которой, возможно, спародировали обэриуты, придумывая свой хулиганский лозунг «Искусство как шкаф», Шкловский высказывается против «автоматизма» восприятия, неприятием которого отличалось и творчество членов ОБЭРИУ. В приведенных выше цитатах Друскина отмечена борьба Хармса с автоматизмом. Обэриутская концепция избавления от «шелухи» или «позолоты» ветхих истлевших культур и взгляд на мир «голыми глазами», несомненно, преследуют ту же цель. Шкловский предупреждает, что автоматизм восприятия угрожает уничтожить ощущение жизни. Он отмечает, что автоматизация «съедает вещи, платье, мебель, жену и страх войны», приводя список конкретных предметов, как будто взятых из обэриутского инвентаря (за исключением вездесущего шкафа). Как и для обэриутов, для Шкловского противоядием от автоматизации является искусство, которое позволит «вернуть ощущение жизни, почувствовать вещи... сделать камень каменным» [Шкловский 1985: 13][74].

---

[73] Выпуск первого сборника группы «Радикс» (предшественников ОБЭРИУ) был запланирован на 1927 год, второй, «Ванна Архимеда», должен был выйти в 1929 году. Некоторые материалы были опубликованы под названием «Ванна Архимеда» в 1991 году [Александров 1991]. См. Александров «Еврилка Обэриутов» в [Александров 1991] и его же «Kharms Chronology» [Aleksandrov 1991: 36–38]; см. также [Гинзбург 1977: 145–146; Мейлах 1980: xviii, xxiii; Введенский 1984: 236; Хармс 1991: 152–153, примечание 36].

[74] О теории формализма см. в [Эрлих 1996; Steiner 1984].

Может показаться, что «воскрешение» слова у Шкловского носит потенциально религиозный характер, как и религиозные по сути усилия ОБЭРИУ. Но на самом деле именно здесь начинаются различия. У ОБЭРИУ религиозные конструкты хоть и скрыты, но занимают центральное место, тогда как у Шкловского потенциально религиозный конструкт, присутствующий в названии трактата «Воскрешение слова», вне рамок базовой концепции воскресения остается нереализованным и неразработанным. Даже в названии трактата Шкловский использует менее яркую форму «воскрешение» вместо слова «воскресение», в высшей степени значительного в богословии Пасхи.

В конце концов, мышление формалистов литературно. Его задача — понимание «литературности», тогда как цель ОБЭРИУ всеобъемлюща: создание «...не только нового поэтического языка, но и... нового ощущения жизни и ее предметов» [ОБЭРИУ 1928]. Шкловский утверждает, что «кровь в искусстве не кровава», она только «материя для звукового построения или материал для образного построения»[75]. Хармс движется в противоположном направлении и угрожает разбить окно, бросив в него стихотворением.

Может показаться, что в предметности поэзии ОБЭРИУ отразилась некая связь со сборником Мандельштама «Камень», которым так восхищался молодой Заболоцкий. Это верно постольку, поскольку каждый из них реагировал по-своему на чрезмерный спиритуализм символизма, но правда в том, что камни акмеизма не столь тверды, как стихи Хармса. «Не требуйте от поэзии сугубой вещности, конкретности, материальности», — пишет Мандельштам в эссе «Слово и культура». Далее он высказывается диаметрально противоположно принципам, исповедуемым ОБЭРИУ: «...зачем отождествлять слово с вещью, с предметом, который оно обозначает? Разве вещь хозяин слова?... Живое слово не обозначает предмета, а свободно выбирает... ту или иную предметную значимость...» [Мандельштам 1967 1981, 2: 226].

В своем эссе «Утро акмеизма» Мандельштам делает еще один шаг к абстракции, определяя высшую заповедь акмеизма так:

---

[75] Шкловский «О теории прозы», цит. по: [Эрлих 1996: 208].

«Любите существование вещи больше самой вещи...» [Мандельштам 1967–1981, 2: 324]. Вся суть обэриутской и православной теорий значения в том, что такого разделения нет: означаемая вещь, существование вещи и означающее — это части единого явления.

От центральной концепции Слова как конкретного предмета или воплощенного существа как православное богословие, так и идеология ОБЭРИУ переходят к понятию произведения искусства как материального предмета, который функционирует как законное средство приведения человеческого восприятия в соответствие с «настоящей» реальностью. Как было справедливо замечено, «...теорией искусства было учение Церкви об обо́жении человека» [Успенский 1997: 309][76]. Искусство в форме иконы является посредником между конкретной и символической природой Слова.

Слово в своей повседневной форме обычно является чем-то, что можно услышать, тогда как «воплощение» Слова как предмет — стихотворение, икона, само тело Христа — можно увидеть и даже осязать. Так, Иоанн Богослов начинает свое первое послание описанием Христа как Логоса, основываясь на своем чувственном опыте: «О том, что было от начала, что мы слышали, что видели своими очами, что рассматривали и что осязали руки наши, о Слове жизни... мы... свидетельствуем» (1Ин. 1:1). Это дало возможность защитникам иконопочитания говорить об Откровении, которое «...осуществляется и в слове, и в образе», как через глаза, так и через слух[77].

В иных терминах, но сохраняя понимание Слова, воплощенного в предмете, Декларация ОБЭРИУ описывает Заболоцкого как автора стихов, которые являются видимым и осязаемым предметом, ожидающим прикосновения читателя:

---

[76] Также: «Боговоплощение... связывает богословие и образ настолько тесно, что выражение «богословие образа» представляется почти плеоназмом, при условии, конечно, что богословие понимается как познание Бога в Его Слове, Которое есть единосущный Образ Отчий». Л. Успенский цитирует В. Лосского в [Успенский 1997: 582].

[77] См. также [Успенский 1997: 582].

Н. Заболоцкий — поэт голых конкретных фигур, придвинутых вплотную к глазам зрителя. Слушать и читать его следует более глазами и пальцами, нежели ушами. Предмет не дробится, но наоборот, — сколачивается и уплотняется до отказа, как бы готовый встретить ощупывающую руку зрителя [ОБЭРИУ 1928].

Неудивительно, что во многих стихотворениях Заболоцкого содержится та же мысль. Утверждение, наиболее близкое к общему смыслу Декларации ОБЭРИУ, встречается в предпоследней строфе стихотоворения Заболоцкого «Искусство» 1930 года, в котором описываются слова, вылетающие в мир, «становясь предметами» («Слова вылетали в мир, становясь предметами»), когда поэт берет в рот дудку [Заболоцкий 1972, 1: 97].

В более длинном стихотворении «Битва слонов», написанном в следующем году, концепция продвигается на шаг вперед. Стихотворение изображает торжество принципов ОБЭРИУ в аллегорической битве между олицетворенными лингвистическими и литературными формами[78]. Битва описана частично как шахматная партия. Заболоцкий обыгрывает слова «слон», «лошадь», означающие как животных, так и шахматные фигуры; но на кону здесь нечто большее, чем просто шахматы. Стихотворение начинается с призыва к оружию, обращенного к «воину слов», затем живописует военные восстания различных частей речи в «Европе сознания», после чего вводит «боевых слонов подсознания», которые, составляя сильный контраст традиционному соловью, представляют принципы истинной поэзии.

На бессильные фигурки существительных
кидаются лошади прилагательных,
косматые всадники
преследуют конницу глаголов,
и снаряды междометий
рвутся над головами, как сигнальные ракеты.

---

[78] Вполне вероятно, что стихотворение вдохновлено творением Хлебникова «Слоны бились бивнями так» 1911 года.

Битва слов! Значений бой!
В башне Синтаксис — разбой.
Европа Сознания в пожаре восстания.
Невзирая на пушки врагов,
Стреляющие разбитыми буквами,
Боевые Слоны Подсознания
Вылезают и топчутся,
Словно исполинские малютки.
                    [Заболоцкий 1972, 1: 125–127][79]

После битвы синтаксис «домики строит не те», мир «в неуклюжей стоит красоте» и «неуклюжего полон значения». Неуклюжесть здесь отнюдь не отрицательное качество, в нем отражается присущее искусству ОБЭРИУ искажение, позволяющее увидеть истинную природу мира, увидеть «новые фигуры», возможно, связанные с «Предметами и фигурами, открытыми Даниилом Ивановичем Хармсом»:

Поэзия начинает приглядываться,
изучать движение новых фигур,
она начинает понимать красоту неуклюжести,
красоту Слона, выброшенного преисподней.

Со временем слон становится «разумным» и достаточно цивилизованным для того, чтобы пить чай и есть пирог. Стихотворение в целом, однако, противопоставляет неуклюжесть, иррационализм и творческую силу «боевых слонов подсознания», приручаемых рассудком, крайнему рационализму «Европы сознания» с ее вкусом к «силлогизмам, проверенным чистым рассудком». В эссе, написанном ближе к концу жизни, Заболоцкий утверждает примерно то же самое: в одиночку «...голая рассудочность неспособна на поэтические подвиги»[80]. Термин «подсознание» может иметь фрейдистский призвук, но с учетом общей направленности Заболоцкого, это всего лишь призвук. Своими конно-

---

[79] Написание прописных букв взято из версии стихотворения, напечатанного в сборнике «Ванна Архимеда» [Александров 1991: 132–134].

[80] Цит. по: [Заболоцкий Н. Н. 1998: 116].

тациями этот термин отдаленно напоминает об антирационалистической, проправославной реакции Тютчева на европейские восстания 1848 года, но в первую очередь он доносит до нас «неевклидову» позицию ОБЭРИУ. Слоны подсознания, как обэриуты, не противостоят всем формам разума, порядка и структуры, но представляют собой часть ума, не увлеченную крайним рационализмом, часть ума, которая воспринимает предмет, «очищенный от мусора стародавних истлевших культур» [ОБЭРИУ 1928], который поэтому способен уловить «красоту неуклюжести» и истинную природу слова.

Немного в ином варианте позиция ОБЭРИУ сформулирована в весьма странном и зловещем стихотворении 1932 года под названием «Предостережение», которое, скорее всего, было ответом на растущее политическое давление. К этому времени Хармс и Введенский были уже арестованы, а сам Заболоцкий подвергался резкой критике в прессе. Как это часто бывает, Заболоцкий, отвечая своим предшественникам, при этом делает и собственное высказывание. Примерно после одной третьей текста в афористической строке рельефно проступает поэтическая концепция ОБЭРИУ: «Поэзия есть мысль, устроенная в теле» — своего рода инверсия афоризма из известного стихотворения Тютчева «Silentium»: «Мысль изреченная есть ложь» [Заболоцкий 1972, 1: 116; Тютчев 1965, 1: 46][81]. Но если Тютчев, пытаясь разобраться с проблемами поэта и его задачей, противоречит самому себе в силу самого существования его стихотворения, Заболоцкий, решающий ту же проблему, но в иных обстоятельствах, свой афоризм понимает буквально. Поэзия в стихотворении течет не *как вода*, но *в воде*, и горит не *как звезда*, но *в звезде*. При создании обэриутской реальности обычная литературная практика уподобления и метафоры была доведена до крайней степени и превзошла ее.

В концовке «Предостережения» заметны аллюзии на некоторые другие стихотворения, посвященные проблеме места поэта

---

[81] Можно предположить, конечно, что проблемы Тютчева связаны скорее с общечеловеческим состоянием, чем с политикой. См. также [Микушевич 1994: 106].

в обществе, и прежде всего на стихотворение Боратынского «Чудный град порой сольется» 1829 года. Боратынский изображает чудный город, образованный облаками, предупреждая при этом: «Но лишь ветер его коснется, / он исчезнет без следов». Затем он явным образом сравнивает этот город с поэзией:

> Так мгновенные созданья
> Поэтической мечты
> Исчезают от дыханья
> Посторонней суеты.
> [Боратынский 1971: 190]

Заболоцкий подражает общей структуре и смыслу доводов Боратынского, обращаясь к читателю (возможно, к своему двойнику) и переходя к сути предостережения:

> Побит камнями и закидан грязью,
> Будь терпелив. И помни каждый миг:
> Коль музыки коснешься чутким ухом,
> Разрушится твой дом и, ревностный к наукам,
> Над нами посмеется ученик.
> [Заболоцкий 1972, 1: 116][82]

И в том, и в другом случае структура предостережения такова: Как только (*лишь/коль*) что-то *коснется* чего-то еще, либо что-то подует (*ветер / дыханье*), то ценное сооружение (*чудный град / созданья поэтической мечты / музыка / дом*) исчезнет или будет разрушено внешней, враждебной силой (*посторонняя суета / посмеется ученик*).

Более чем возможно, что здесь Заболоцкий и Боратынский спорят с Пушкиным, в частности, с его позицией в стихотворении 1827 года «Поэт», в котором с помощью конструкции *лишь /*

---

[82] Вариант стихотворения, опубликованный в 1948 году, сосредоточен более на страдании, чем на поэзии, но именно в отношении к поэзии смысл стихотворения раскрывается наиболее полно. Можно предположить, что на тексте 1948 года сказалось стремление избежать потенциально опасной политической интерпретации.

коснется изображено поэтическое вдохновение, а не разрушение созданного поэтом.

> Но лишь божественный глагол
> До слуха чуткого коснется,
> Душа поэта встрепенется,
> Как пробудившийся орел.
> [Пушкин 1937, 13: 339–340]

И, что вполне типично, если Пушкин использует более отвлеченное словосочетание «чуткий слух» для обозначения поэтического слышания, Заболоцкий, всегдашний сторонник конкретной физиологии, говоря о том же самом, обращается к *чуткому уху* поэта.

Увещевание Заболоцкого преследуемому поэту «будь терпелив» указывает на два других стихотворения Пушкина о взаимоотношениях поэта и общества. В стихотворении «Поэту» Пушкин советует поэту быть судьей самому себе и предоставить толпе делать то, что она хочет. В стихотворении «Я памятник себе воздвиг нерукотворный» он советует музе равнодушно переносить оскорбления и не оспаривать доводы глупцов. Но если Пушкин сохраняет уверенность в бессмертии своей поэзии, то Заболоцкий и Боратынский слишком хорошо понимают, что глупцы иногда берут верх даже над словами, которые «стали предметами».

Предметы, «уплотнившиеся до отказа», встречались в поэзии Заболоцкого не только в период его близости к ОБЭРИУ. Даже в поздней поэзии 1940-х и 1950-х годов мы видим озеро, «влаги кусок», небо, которое «ломают на куски» удары молнии, время, которое «разломится», и душу поэта, которая настолько материальна, что многовековой дуб может обвить ее корнями[83].

В идеологии ОБЭРИУ и в православном богословии именно это признание физического и метафизического значения пред-

---

[83] Стихотворения «Лесное озеро», «Возвращение с работы», «Тбилисские ночи», «Завещание».

метности Слова ведет к пониманию истинной природы мира. Декларация ОБЭРИУ помогает читателю получить откровение как результат контакта со словом-как-предметом, убеждая: «Подойдите поближе и потрогайте его пальцами. Посмотрите на предмет голыми глазами, и вы увидите его впервые очищенным от ветхой литературной позолоты» [ОБЭРИУ 1928], — иначе говоря, вы увидите реальность. Богословие Преображения Христа, как отмечалось выше, также рассматривает проблемы ви́дения и откровения реальности, которая, по сути, уже есть. «В Преображении, — пишет Иоанн Дамаскин, — Христос не стал тем, чем Он не был ранее, но Он явился Своим ученикам таким, каким Он был, открыв им глаза, даровав зрение слепым»[84]. Вовсе не отрицая физического существования Христа, Преображение вновь подтверждает Его двойственную природу, так же как в богословии иконы признается двойная достоверность и взаимосвязанные функции духовной и материальной составляющей иконы.

Многие сильные стихотворения Заболоцкого построены на этих принципах. Пожалуй, наиболее сильно поражает стихотворение, написанное буквально за год до смерти поэта, «Вечер на Оке», о котором мы подробно поговорим в заключительной главе. А пока достаточно будет сказать, что в стихотворении дается ви́дение преображенных предметов, — или, в терминах ОБЭРИУ, «очищенных» от обиходной шелухи или позолоты, — и затем следует откровение о «живых чертах» «прозрачного и духовного» мира. Когда Заболоцкий написал «Вечер на Оке», ОБЭРИУ и его Декларация были официально забыты, их существование практически отрицалось почти уже 30 лет, но в стихотворении сохранились важные элементы обэриутского словаря и обэриутской идеологии.

Отношение к конкретному миру и обращение к чувственному восприятию в православии и в идеологии ОБЭРИУ резко контрастирует с позицией многих авангардных групп. Если православие и ОБЭРИУ выказывают глубокое почтение к конкретному миру,

---

[84] Цит. по: [Лосский 1972: 188].

то Бенедикт Лившиц, Маяковский и многие их соотечественники относятся к материальному миру как захватчики и утопические преобразователи, а не как благоговейные, пусть и вычурные открыватели истинного существующего порядка. Маяковский пишет о «задаче коверкать природу». Лившиц, который под жестокими пытками «признался», что состоял в контрреволюционной группе, в которую входил и Заболоцкий и, таким образом, способствовал его аресту, призывает читателя «Полутораглазого стрельца» разрушать и воссоздавать мир по своему желанию: «Мир лежит, куда ни глянь, в предельной обнаженности... хватай, рви, вгрызайся, комкай, создавай его заново, — он весь, он весь твой!»[85]

ОБЭРИУ, не столь яростное в своих устремлениях, исходит из понятия искусства как предмета, определяя посредническую функцию искусства в терминах «столкновения словесных смыслов», которое «выражает предмет с точностью механики» [ОБЭРИУ 1928]. На практике столкновение словесных смыслов работает как *остранение*, описанное формалистами, причем в свете отмеченных выше связей это сходство неудивительно. Столкновение словесных смыслов, как и остранение, «деавтоматизирует» восприятие, сосредоточиваясь на конкретных аспектах предмета без предоставления обычного контекста или обычных связей с нормальной, «автоматизированной» реальностью. Однако столкновение смыслов превосходит остранение по степени искажения восприятия, поскольку почти неизбежно ведет к абсурду (как у Хармса и Введенского) или к сильному гротеску (как у Заболоцкого). Оно подводит один из аспектов восприятия предмета, а иногда и само слово, к пределу понимания, — а иногда и выталкивает за эти пределы; отсюда и обвинения в зауми со стороны некоторых критиков. Приведем один пример из Заболоцкого (подробнее — в следующих главах). В стихотворении о баре на Невском проспекте времен НЭПа «Красная Бавария» упомянуты «эмалированные руки» девушек. Это не означает, что

---

85 Маяковский, цит. по: [Эрлих 1996: 46; Лившиц 1989: 318]. О показаниях Лившица против Заболоцкого см. в [Заболоцкий Н. Н. 1998: 265]. Никита Заболоцкий полагает, что Лившиц «плохо понимал смысл происходящего», и не винит его за ложные показания.

их руки полностью покрыты эмалью, — просто их лак для ногтей захватывает все поле восприятия рассказчика. Предмет, лак для ногтей, подавляет повседневную реальность с ее нормальными пропорциями, в которой лак для ногтей занимает небольшую часть руки. Стихотворение передает силу предмета, лака для ногтей, позволяя словесному смыслу «истинной» реальности столкнуться со словесным смыслом «нормальной» реальности.

В отношении абсурдистских зрелищ, устраиваемых ОБЭРИУ, тот же принцип в Декларации выражается иначе. В этом случае столкновение отдельных сценических действий как предметов («столкновение ряда предметов») приводит к раскрытию их высшего значения, хотя, в силу причастности к конкретной вселенной, предметы сохраняют связь с повседневной жизнью даже тогда, когда выходят за ее пределы:

> В момент действия предмет принимает новые конкретные очертания, полные действительного смысла. Действие, перелицованное на новый лад, хранит в себе «классический отпечаток» и в то же время — представляет широкий размах обэриутского мироощущения [ОБЭРИУ 1928].

Действие обэриутского театра, как и искусство ОБЭРИУ в целом, копирует функцию иконы, которая изображает «не некий неземной или воображаемый мир, а именно мир земной, но... обновленный» [Успенский 1997: 602]. «Классический отпечаток» изображаемого предмета сохраняется, так же как «прообраз» иконы остается ее богословской основой, но воспринимается в новом, более широком контексте.

С точки зрения такого понимания насыщенность «Столбцов» Заболоцкого гротеском и алогичные нарративы Хармса и Введенского — это целенаправленное столкновение словесных смыслов для обнажения истинной, обэриутской реальности. Понимая, что против «искажений» предметов в их творчестве могут последовать возражения, авторы Декларации ОБЭРИУ пытаются предупредить возникновение спора, требуя от читателя смотреть на предмет «голыми глазами», о чем уже было упомянуто выше несколько раз:

> Вы как будто начинаете возражать, что это не тот предмет, который вы видите в жизни? Подойдите поближе и потрогайте его пальцами. Посмотрите на предмет голыми глазами, и вы увидите его впервые очищенным от ветхой литературной позолоты [ОБЭРИУ 1928].

Продолжая бурную дискуссию с воображаемым собеседником, Декларация защищает обэриутский «нереальный», «алогичный» путь к высшей реальности, доступной искусству:

> Может быть вы будете утверждать, что наши сюжеты «не-реальны» и «не-логичны»? А кто сказал, что житейская логика обязательна для искусства?.. У искусства своя логика, и она не разрушает предмет, но помогает его познать [ОБЭРИУ 1928].

Глагол «познать» содержит философские коннотации основательного и глубокого «познания» предмета, что открывает врата в царство «истинной» обэриутской реальности, равно как и удаление с предмета «обиходной шелухи» или «литературной позолоты». Примечательно, что это познание достигается через отрицание стандартной логики, отрицание рассудка, напоминающее как отрицание рассудка в православном богословии, так и намеренно абсурдные сочинения Хармса и Введенского. По меткому наблюдению Каррика, для понимания странностей в прозе Хармса нужно «неевклидово», алогическое основание. Затем он устанавливает точную природу этого основания: «иначе говоря, вера» [Carrick 1993: 219].

Еще несколько параллелей можно провести между обэриутской идеологией и православным богословием в отношении к тому, что воспринимается как «примитивизм» обэриутского и православного искусства. Гротескные фигуры странных пропорций, населяющие «Столбцы» Заболоцкого, и предметы со «свободной волей», которые «реют» в «Предметах и фигурах» Хармса, не являются иконными образами. Но они тем не менее следуют иконному принципу намеренного, примитивного на вид искажения. Один исследователь подытоживает этот принцип иконного искажения следующим образом:

При рассмотрении икон нас часто поражают странные архитектурные формы и кривые горки. Стены зданий и горки как будто надвигаются на зрителя. Предметы видны сразу с двух сторон, и расположены в пространстве с малой глубиной; их положение неустойчиво.

...Мы замечаем также, что части человеческого тела и лица нарисованы неуклюже, как если бы художник не умел рисовать их в соответствии с их естественным видом [Sendler 1988: 119].

Священник и ученый Павел Флоренский выражается еще более драматично, отмечая в иконах «вопиющие противоречия» обычным правилам линейной перспективы[86].

Этот «примитивный» аспект как обэриутского, так и православного искусства проистекает из двух источников: во-первых, уважение к независимости предмета; и, во-вторых, особый характер отношений между зрителем или читателем и предметом, словом или иконой. В «Предметах и фигурах» Хармса, которые можно рассматривать как предтечу Декларации ОБЭРИУ, мы снова видим своеобразное, но в некотором смысле более четкое изложение сути дела. Хармс утверждает, что у каждого предмета есть четыре «рабочих значения», которые связаны с его положением в пространстве, его практическим использованием, его эмоциональной и эстетической функциями. Кроме того, у предмета есть пятое «сущее значение», которое относится только к самому предмету:

Пятое значение определяется самим фактом существования предмета: оно вне связи предмета с человеком и служит самому предмету. Пятое значение — есть свободная воля предмета.

...Пятым, сущим значением, предмет обладает только вне человека, то есть теряя отца, дом и почву... Пятое значение шкафа — есть шкаф. Пятое значение бега — есть бег[87].

---

86 Флоренский П. А. «Обратная перспектива» в [Флоренский 1985, 1: 117], см. также Флоренский П. А. «Иконостас» в [Флоренский 1985, 1: 193–196].

87 Хармс Д. Предметы и фигуры, открытые Даниилом Ивановичем Хармсом // ОР РНБ. Ф. 1232. Ед. хр. 371.

Возможно, в этом утверждении предельно выразилось различие между антропоцентрическим ви́дением большинства художественных групп и «предметоцентрическим» ви́дением ОБЭРИУ. Если добраться до хармсовского сущего значения вещей, человеческая перспектива теряет значимость. Предмет царит один. Беря за основу отказ Хармса от антропоцентрической точки зрения и его утверждение собственной, независимой функции предмета, Декларация ОБЭРИУ переходит к отрицанию «житейской логики», что было процитировано выше. При наличии собственной логики предметы, в том числе слова, ведут себя своеобразно — например, лак для ногтей может представлять угрозу «нормальному» семантическому описанию рук. Так далеко в сторону чистой «предметности» не продвинутся ни футуризм, ни акмеизм, несмотря на свою громогласную оппозицию символистской неотмирности. Примечательно, что один из вопросов студенческого эссе Заболоцкого «О сущности символизма» посвящен именно проблеме собственной природы предмета. В сфере символизма, пишет молодой поэт, «вещь не приемлется в своем бытии, но содержание ее, присутствующее в познающем субъекте, подвергается воздействию субъективности его познания» [Грищинский, Филиппов 1978: 185].

Кроме того, из-за утверждения Хармсом пятого, сущего значения предмета очевидным становится неизбежность идеологического разрыва между обэриутами и Малевичем, несмотря на очевидную добрую волю и желание сотрудничества с обеих сторон. В эссе со странным заголовком «О субъективном и объективном в искусстве или вообще» Малевич, по сути, представляет обоснование беспредметного искусства. Он утверждает, что предметы существуют не абсолютно, а лишь условно, в отношении к человеческим потребностям и восприятию:

> Мир объективно существующих вещей есть система условных знаков, функций и отношений. Автомобиль для всех объективно существует, но существует он лишь только тогда, когда его назначение раскрыто в массах, доказавших все его условия в выполнении потребностей масс[88].

---

[88] К. Малевич, цит. по: [Малевич 2001: 213].

Малевич опирается на нечто, напоминающее четыре «рабочих значения» Хармса, определяемые человеческим восприятием и построениями человеческого разума. Но от антропоцентрических рабочих значений он не переходит к сущему значению предмета, а выходит вместо этого за пределы самого предмета в попытке уловить высшую реальность средствами «беспредметного» искусства. Обэриуты, с другой стороны, стремятся достичь высшей формы предметности, выходя за пределы построений человеческого разума, чтобы найти высшую реальность в самом предмете, в том, что можно было бы назвать «предметностью предмета».

В иконе это ощущение природы предмета, независимое от человеческого восприятия, передается так называемой «изометрической перспективой». Наиболее очевидная характеристика изометрической перспективы состоит в том, что она не следует «житейской» визуальной логике линейной перспективы. Скорее, это предмет диктует собственную визуальную логику и способ своего изображения. Если, например, стороны предмета параллельны, то на иконе линии, соответствующие сторонам предмета, тоже могут быть параллельными, а не сходиться в одной точке в соответствии с правилами линейной перспективы. Кроме того, данный предмет может обладать или не обладать определенным пространственным отношением к другим предметам в пределах иконы. У каждого предмета может быть собственная перспектива и собственная пространственная ориентация, потому что «художник смотрит на изображаемый предмет так, как если бы сам был на его месте, чтобы изобразить его в истинном размере»[89]. В отрывке, имеющем прямое отношение к обэриутскому «познанию» предмета и распознаванию его «сущего значения», один исследователь икон пишет:

> Византийский иконописец не опирался на наблюдение природы, но изображал предметы такими, какими он их знал. Его главной заботой было выявить суть вещей. Основополагающей системой для такого изображения является изометрическая перспектива [Sendler 1988: 142–143].

---

[89] A. Grabar, цит. по: [Sendler 1988: 148]. См. также [Лихачев 1979: 361–362; Лихачева 1971: 25].

Еще один вид «примитивного искажения» в иконах и обэриутском искусстве основан на применении «обратной перспективы», которая гармонично сочетается с изометрической перспективой в обоих видах искусства. Точка схода линейной перспективы находится на теоретическом горизонте позади холста. Что касается обратной перспективы, ее точка схода находится перед красочной поверхностью (либо множество точек схода, если на иконе несколько предметов с изометрической перспективой). Таким образом, глубина иконного пространства невелика; линии исходят из изображения и простираются к зрителю [Sendler 1988: 127][90]. Благодаря обратной перспективе

> ...у зрителя остается ощущение, что он необходим для завершения иконы. Суть этого приема в том, чтобы установить общение между событием или лицами, изображенными на иконе, и тем, кто стоит перед ней, поставить человека в присутствие того, что изображено на иконе [Baggley 1988: 80–81][91].

Таким образом, икона, с ее обратной перспективой,

> ...противопоставляется ренессансной живописи; это не окно, через которое ум проходит, чтоб достичь изображенного мира... Изображенный мир сияет с иконы человеку, который открывается, чтобы принять его. При применении обратной перспективы активным становится само пространство, а не наблюдатель, который фактически испытывает на себе воздействие [Sendler 1988: 127].

---

[90] См. также П. А. Флоренский, «Обратная перспектива» [Флоренский 1985, 1: 117]; Лихачева, «Своеобразие композиции древнерусских изображений» [Лихачева 1971]; [Panofsky 1991].

[91] Успенский отмечает, что фигуры на иконах «почти всегда обращены [к зрителю], как бы сообщая ему свое молитвенное состояние... Основное в изображении не столько взаимодействие показанных лиц, сколько их общение со зрителем»; также: «Икона не изображает Божество. Она указывает на причастие человека к божественной жизни» [Успенский 1997: 73, 191–192].

В обэриутской идеологии эта обратная перспектива, это движение к зрителю и настойчивое требование от него участия становятся очевидными, когда Декларация описывает Заболоцкого как поэта, создающего предметы, которые «как бы готовы встретить ощупывающую руку зрителя», и фигуры, «придвинутые вплотную к глазам зрителя» [ОБЭРИУ 1928].

Конечно, есть связь между иконами и другими формами авангардного примитивизма. Малевич утверждал, что иконы произвели на него «сильное впечатление», и он почувствовал в них «что-то родное». Неопримитивистский манифест Шевченко провозглашает «лубок, примитив, икону» подходящей точкой отправления для настоящего искусства, а его коллега Михаил Ларионов был настолько увлечен примитивными видами искусства, что устроил свою выставку иконописных подлинников и лубков так, чтобы она совпадала по времени с выставкой древнерусского искусства, организованной Московским археологическим институтом [Малевич 2004: 28; Misler, Bowlt 1984: 184, примечание 12; Шевченко 1989: 56].

Помимо выражения общего интереса такого рода, некоторые художники-авангардисты в нелинейной иконной перспективе усматривали особое значение. Например, когда Шевченко двигался к теории лучизма, он отверг стандартную линейную перспективу как «компромиссную, неверную и стесняющую», предложив взамен новую систему с несколькими точками схода [Шевченко 1989: 64]. Филонов применял иконную перспективу во многих городских пейзажах, где здания кренятся и нависают под странными углами, а человеческие фигуры явно несоразмерны с фоном.

Но, несмотря на общий интерес к иконе, различия между обэриутами и другими группами более красноречивы, чем сходство. Малевич, Шевченко и Ларионов отталкиваются от иконной стилистики в движении к абстрактности, к беспредметности или к фрагментированности. Филонов, при всех точках соприкосновения с Заболоцким, работал на основе собственной теории «аналитического искусства», в которой отсутствует даже намек на укорененность в православном богословии, присущую Декларации ОБЭРИУ. В Декларации ОБЭРИУ иконы не упоминаются. Но к православному духу иконы она ближе, чем художники-авангардисты, ценившие икону за ее художественный примитивизм и чистоту формы.

В своем понимании фигуры художника ОБЭРИУ также приближается к православным традициям. Это сходство обусловлено отсутствием авангардно-утопического запала в начинаниях ОБЭРИУ, несмотря на авангардистский тон обэриутской риторики. Неопримитивисты, футуристы и другие авангардистские утописты отводят художнику роль творца с безграничными возможностями, о чем свидетельствуют ранее приведенные высказывания Маяковского и Лившица. К этому можно добавить высказывание Шевченко, который в эпиграфе к «Неопримитивизму» пишет: «Художник должен быть смелым... он не должен подчиняться природе и лишь черпая в ней материал для переживаний, быть творцом и властелином ее форм». Именно такой творец, по мнению некоторых, превратился в предреченного и рокового «инженера человеческих душ» [Шевченко 1989: 54][92]. Художник, подразумеваемый Декларацией ОБЭРИУ, — не творец, не создатель миров и людей. ОБЭРИУ наделяет художника ролью, похожей на роль иконописца, который чтит данный Богом мир и его предметы, который применяет искажение, чтобы передать божественную сущность уже созданного мира, и который подводит зрителя к восприятию высшей реальности, которая уже существует. Обэриутская идеология сродни «онтологизму», который Флоренский называет «существом православия» и который есть «принятие реальности, от Бога им данной, а не человеком творимой...» [Флоренский 1916: 535][93].

Избыточно дробный характер «Трех левых часов» и других обэриутских представлений, гипертрофия предметов в ранней поэзии Заболоцкого и выходы в мир абсурда у Хармса и Введенского — все это аспекты того же самого поиска природно-мета-

---

[92] См. [Groys 1992], особенно [Groys 1992: 21, 64], — о трансформации авангардной культуры в сталинистскую.

[93] Цит. по: [Лосский 1991: 215].

физической истины, сформулированного в Декларации ОБЭРИУ. Это не значит, что ОБЭРИУ было религиозным объединением. Также это не значит, что авторы Декларации ОБЭРИУ взялись за переработку православных принципов сознательно. Здесь мы утверждаем, что культурные паттерны укоренены очень глубоко, и отвергнуть их нелегко даже самопровозглашенным «иконоборцам» авангарда. ОБЭРИУ, последний в советскую эпоху вздох авангарда, возможно, своим искусством опередило время. Но его православное богословское обоснование, представленное в Декларации, было, несомненно, обращено в прошлое.

Глава пятая
Ленинградский юродивый

ВОПРОСЫ САТИРЫ, КРИТИЧЕСКОЙ РЕЦЕПЦИИ, СТОЛБЦОВ И «СТОЛБЦОВ» И ЮРОДСТВА ПОЭТА

Итак, во имя чего же юродствует Заболоцкий?...
Здесь гаерство становится уже издевательством над социалистической действительностью.

А. Селивановский. На литературном посту № 15, 1929 год

О «Столбцах» — критика обвиняет меня в индивидуализме, и поскольку это касается способа писать, способа думать и видеть, то, очевидно, я действительно чем-то отличаюсь от большинства ныне пишущих.

Заболоцкий

Отчуждая себя от общества, надевая вериги юродства, подвижник как бы получает позволение обличать. Но он не призывает к переменам; его протест не имеет ничего общего с бунтом, радикализмом или реформаторством. Юродивый не посягает на социальный порядок, он обличает людей, а не обстоятельства. Это, в сущности, резонер, консервативный моралист.

А. М. Панченко

В 1929 году, через год после ошеломительного эксцентричного выступления ОБЭРИУ «Три левых часа», Заболоцкий выпустил свой первый сборник стихов «Столбцы». Тем самым он осуществил свою мечту стать признанным поэтом и в то же время воплотил в книге принципы Декларации ОБЭРИУ. Книга вышла тиражом всего 1100 экземпляров, но вызвала немалый ажиотаж в ленинградских культурных кругах. Беспартийная интеллигенция, по воспоминаниям, восприняла эту книгу как своего рода «откровение». Через месяц после выхода книги ее нельзя было купить ни за какие деньги. Эти 22 стихотворения перепечатывались на машинке, переписывались от руки и заучивались наизусть. Партийный же аппарат встретил это откровение «в штыки». Согласно сообщению одного из источников, значительная часть печатного тиража была конфискована и уничтожена. Стихотворения из «Столбцов» на десятилетия были исключены из сборников стихов Заболоцкого [Филиппов 1965: xxxiii; Максимов 1984а: 125, 134–135; Лихачев 1991: 34; Заболоцкий Н. Н. 1998][1].

Первоначальное бурное восхищение и забвение впоследствии чаще всего объясняются тем, что гротеск «Столбцов» был задуман как политическая сатира на советскую жизнь. Однако само понятие сатиры в этом контексте сомнительно. Анатолий Александров, исследователь, хорошо знакомый с философией ОБЭРИУ, утверждает, что предполагать в их творчестве сатиру — «значит не замечать (или намеренно замалчивать) трагичность их мироощущения...» [Александров 1988а: 231]. Дмитрий Максимов, ведущий блоковед и вдумчивый читатель Заболоцкого, прямо заявляет: «Понятием сатиры эти стихи не покрываются» [Максимов 1984а: 131]. Кроме того, существует собственное утверждение Заболоцкого по поводу схожего вопроса о пародии в «Столбцах»: «То, что я пишу, — не пародия. Это мое зрение» [Антокольский 1977: 138].

Чем же тогда объясняется странное зрение «Столбцов»? ОБЭРИУ, несомненно, сыграло огромную роль в становлении Заболоцкого как поэта. Но еще до появления ОБЭРИУ, мальчиком Заболоцкий жил в деревнях Сернур и Кукмор, — именно там сформировались начальные очертания его мировоззрения. Действительно, деревенская жизнь настолько повлияла на него, что провинциальный Уржум показался юному Заболоцкому «колоссальным городом,

---

[1] Также [Заболоцкий Н. Н. 1992, 3: 80–91; Заболоцкий Н. Н. 1989: 3–13]. См. также [Озеров 1994: 28].

полным всяких чудес», который «так далеко от дома» [Заболоцкий 1972, 2: 210]. Это зрение деревенского парня из семьи, стоящей «на полпути между крестьянством и интеллигенцией», лежит в основе «Столбцов», придавая работам Заболоцкого такое отличие от работ обэриутов-горожан Хармса и Введенского. Если Уржум казался «колоссальным» и «далеким от дома», каким может показаться терзаемый НЭПом Петроград? В письме к будущей жене поэт выражает типичную для настоящего крестьянского переселенца обеспокоенность, что он может не справиться со сложностями городской жизни. «Знаю, что запутываюсь в этом городе, хотя дерусь против него», — пишет он[2].

Никита Заболоцкий подтверждает, что тревожность восприятия и чувство дезориентации, характерные для «Столбцов», обусловлены провинциальным происхождением отца. «Приехав в Петроград из далекой провинции, — пишет он, — Заболоцкий увидел большой город со всеми его контрастами, всем неприглядным и порочным, усугубившимся трудностями послереволюционного времени... Острый глаз провинциала, приехавшего из самой глубины природы, обнаружил в городе нечто настолько несвойственное природе, что и весь город поначалу представился поэту неким уродливым образованием на теле природы» [Заболоцкий Н. Н. 1987: 8]. И все же сын полагает, что отцовское отторжение города не безусловно. «Однако не следует думать, что Заболоцкий ставил задачу охаять все городское и противопоставить городу идиллию сельской природы, — пишет он. — Нет, задача решалась в более широком плане. Выделяя даже наиболее отталкивающие черты города, он изучал их и признавал элементами бытия» [Заболоцкий Н. Н. 1984, 2: 36].

Учитывая этот контекст, утверждение Заболоцкого о том, что его стихи «не пародия», вполне имеет смысл, особенно если принять во внимание продолжение его высказывания: «То, что я пишу, — не пародия. Это мое зрение. Больше того: это мой Петербург — Ленинград нашего поколения: Малая Невка, Обводный канал, пивные бары на Невском. Вот и все!» [Антокольский 1977: 138].

---

[2] См. [Engel 1993: 446–459]. Цит. по: [Заболоцкий Н. Н. 1989: 4].

Это первоначальное восприятие деревенского мальчика внесло вклад в обэриутскую идеологию, которая начала формироваться в середине 1920-х годов и которая, в свою очередь, влияла на восприятие Заболоцкого. Если за лежащее в основе «Столбцов» ви́дение города отвечала «крестьянская половина» Заболоцкого, то его «другая половина», связанная с интеллигенцией и авангардом, выстраивала глубинную концепцию сборника на основании принципов, сформулированных в Декларации ОБЭРИУ. Цели поэта были онтологическими и эпистемологическими, — они могли и включать в себя политическую сатиру, но неизбежно выходили за ее пределы.

Максимов, посетивший Заболоцкого в его комнате в довольно захудалой части города в середине 1920-х годов, считает: «Совершенно очевидно, что стихи эти породила встреча с какими-то страшилищами косного, бездуховного мира, обступившими поэта на полусимволической Конной улице и многих ей подобных...». Но (перефразируем дальнейшее рассуждение) в сознании поэта эти ужасы представляют косные мировые силы «в их универсальной космической сути». Пивная «Красная Бавария» становится в глазах Заболоцкого «глушью веков»; нечестный торгаш на рынке — властелином «хода миров»; а стихотворение о любви, жизни и смерти кошек на вонючей подъездной лестнице первоначально носило название «Бессмертие». Таким образом, считает Максимов, ранние стихи Заболоцкого «относятся к мещанской трясине и пошлости в самом широком ее проявлении — нэпмановском и сверхнэпмановском» [Максимов 1984a: 129–130][3].

Заглавие «Столбцы» и роль разного рода «столбцов» в работах Заболоцкого служат дополнительным разъяснением того, в каком смысле следует понимать сборник. «Столбцы» — множественное число от «столбец», которое является уменьшительной формой, производной от корня *столб-/столп-*. «Столбец» чаще всего обозначает типографскую колонку, как в газете или словаре,

---

[3] У Максимова была рукописная копия стихотворения «Бессмертие», которая не была опубликована в оригинальной версии «Столбцов». Впоследствии название стихотворения было изменено на «На лестницах».

но во множественном числе он также может обозначать свиток, откуда происходит иногда встречающийся английский перевод названия сборника — «Scrolls» («Свитки»).

В пользу значения «типографского столбца» есть свидетельство одного из друзей Заболоцкого о том, что в название «Столбцы» поэт вкладывал понятие «дисциплины, порядка — всего, что противостоит стихии мещанства» [Синельников 1984: 105]. Один из биографов Заболоцкого, А. Македонов, высказывается в пользу того же значения, но несколько с другой точки зрения. Он утверждает, что Заболоцкий, акцентируя в заглавии понятие «типографские столбцы» и избегая понятия «стихотворения», подчеркивает свою свободу от ограничений жанра и решимость избегать избыточной «поэтичности» [Македонов 1968: 47]. Эти две интерпретации легко примирить, вспомнив, что мещанству, которому противостоял Заболоцкий, часто приписывают склонность к чрезмерной «поэтичности».

Еще один биограф, И. И. Ростовцева, отдает предпочтение версии «свитков». Здесь вопрос о заглавии становится глубже и интереснее. Ростовцева утверждает, что заглавие взято из «Фауста» Гёте, который, скорее всего, дошел до Заболоцкого в переводе поэта XIX века Веневитинова[4]. В начале трагедии товарищ Фауста, ученый Вагнер, восклицает, выражая радость обретения знаний:

> Und ach! entrollst du gar ein würdig Pergamen,
> So steigt der ganze Himmel zu dir nieder.
> [Goethe 1972: 40]

Веневитинов переводит так:

> И, право, открывать случалось
> Такой столбец, что сам ты на земли,
> А будто небо открывалось[5].

---

4   Рано умерший поэт Дмитрий Веневитинов (1805–1827) перевел лишь несколько отрывков из «Фауста». Заболоцкому были доступны переводы Э. Губера (1838), А. Струговщикова (1856) и Н. Холодковского (1878). — *Примеч. ред.*

5   Цит. по: [Ростовцева 1976: 7]. См. также [Ростовцева 1984].

Не отрицая предыдущих значений слова «столбцы» — ведь в области семантики вполне возможно их плодотворное сосуществование, — мы также должны учесть, что «свитки» в творчестве Заболоцкого, как и в «Фаусте», — это возможный источник откровения. (Вспомним, что Введенский читал свои стихи во время «Трех левых часов» именно по свитку, — это может и не быть просто совпадением.) Связь с Фаустом окажется еще более достоверной, если вспомнить о том, как сильно Заболоцкий восхищался его автором, которого именовал «божественный Гёте». Как будто в свидетельство того, насколько его сознание сформировано религиозной образностью, Заболоцкий писал, что Гёте «матовым куполом скрывает от меня небо, и я не вижу через него Бога». Неудивительно, что Заболоцкий очень ценил «Разговоры Гёте с Эккерманом» в русском переводе и часто говорил об этой книге [Заболоцкий 1972, 2: 231][6].

Благодаря ассоциации *столбца* с откровением и метафизическим поиском знания возможны и другие своеобразные и многозначные использования корня *столб-/столп-* в работах Заболоцкого. В некоторых случаях этот корень ассоциируется с описаниями души или духа и представлениями о бессмертии. В поэме «Торжество земледелия», написанной вскоре после «Столбцов» и в значительной степени по той же методологии, «одинокий столбичек» воспринимается крестьянами как душа умершего предка, заигрывающая с пастухом и со стариком, курящим трубку. Солдат-коммунист, представитель нового атеистического мировоззрения, утверждает, что это не более чем *столбик фосфора,* но крестьян его объяснение не трогает и не убеждает [Заболоцкий 1972, 1: 131]. В форме «столб» слово появляется в двух стихотворениях 1936 года: философском «Вчера, о смерти размышляя» и более «советском», но все же характерном для Заболоцкого стихотворении «Север». В первом стихотворении поэт находит утешение в том, что его окружают «мысли мертвецов» («...и мысли мертвецов прозрачными столбами /

[6] О Заболоцком и Гёте см. в [Заболоцкий Н. Н. 1984, 2: 37; Goldstein 1993: 68; Синельников 1984: 112].

Вокруг меня вставали до небес»). В последнем — почти замерзшие люди «...длинными столбами / пускают изо рта оледенелый дух». А в «Прощании с друзьями», печальном стихотворении-воспоминании Заболоцкого о друзьях-обэриутах, написанном в 1952 году, мертвые товарищи поэта, в соответствии с его верой в некое монистическое бессмертие, присоединяются к братству природы: «Теперь вам братья — корни, муравьи, / Травинки, вздохи, столбики из пыли» [Заболоцкий 1972, 1: 195, 196–197, 268].

Наконец, в письме к своей будущей жене Заболоцкий не вполне очевидно каламбурит, имея в виду как настоящий столб, так и образный «столп истины», как в религиозном трактате Флоренского «Столп и утверждение истины», с которым он мог быть знаком. Он пишет в 1929 году, в том же году, когда были опубликованы «Столбцы», сравнивая абстрактную истину и особые законы искусства с абстрактной любовью монахов к людям и особыми религиозными законами монастыря. С помощью образа Симеона Столпника (святого V века, подвизавшегося на столпе) он защищает искусство, а неявно — и религию, — от утилитарных запросов всех времен.

> Стоит Симеон Столпник на своем столбе, а люди ходят и видом его самих себя — бедных, жизнью истерзанных — утешают. Искусство — не жизнь. Мир особый. У него свои законы, и не надо их бранить за то, что они не помогают нам варить суп[7].

Когда Заболоцкий выбирал название для своего первого сборника стихов, весь спектр этих значений мог и не присутствовать в его сознании. Тем не менее факт остается фактом: понятие столба имеет в его работах особый резонанс, выходящий за рамки очевидной идеи типографской колонки и охватывающий

---

[7] Заболоцкий, цит. по: [Турков 1966: 16]. О Симеоне Столпнике см. в [Allwater 1980: 309–310]. В частной переписке Дарра Гольдстейн справедливо отмечает, что в поэме Заболоцкого «Безумный Волк» главный герой (фигура, объединяющая Фауста, юродивого и Иисуса Христа) долгое время стоит на одной ноге, как столпник в пустыне. Замечательное обсуждение стихотворения см. в [Goldstein 1993: 174–190].

концепции духовной идентичности, бессмертия, искусства и религии, полностью соответствующие эстетическим и богословским началам Декларации ОБЭРИУ.

Каким бы ни было окончательное значение «Столбцов» для Заболоцкого, — и сборник, и поэмы конца 1920-х — начала 1930-х годов (особенно «Торжество земледелия»)[8] у партийных критиков вызвали враждебность на грани истерии. Если немарксистские критики характеризуют ранние работы Заболоцкого разнообразно: блестящие, гротескные, абсурдные, сюрреалистические, вдохновленные бахтинской концепцией карнавала, федоровским проектом воскрешения и, как правило, лишенные «лирического героя» или ощутимого авторского «я», — то враждебно настроенные критики единодушно опознают не только антисоциалистический настрой стихов, но и явное наличие авторского «я» и его особый характер [Филиппов 1965; Filippov 1985; Максимов 1984a; Лихачев 1991; Goldstein 1993; Goldstein 1983; Македонов 1968; Турков 1966; Karlinsky 1973; Masing-Delic 1992; Masing-Delic 1987; Masing-Delic 1974][9]. Это авторское «я» — современный юродивый. Учитывая антирационалистическую позицию юродивых и их причастность к религиозной жизни (что будет более подробно обсуждаться далее), такая характеристика неизбежно влечет вывод, что поэзия Заболоцкого — контрреволюционная бессмыслица.

Критик Е. Ф. Усиевич, например, в статье «Под маской юродства» обвиняет молодого поэта в «наигранном юродстве» и «мнимой наивности», заключая: «Нужно сорвать с Заболоцкого эту маску блаженного, оторванного от коллектива...» [Усиевич 1933: 90–91]. Схожим образом критик В. Ермилов, озаглавивший свою рецензию «Юродствующая поэзия и поэзия миллионов», утверждает, что Заболоцкий использует личину юродивого, чтобы замаскировать свои симпатии к кулакам и антипатию к колхозам

---

[8] Ни одна поэма Заболоцкого, кроме «Торжества земледелия», не была напечатана и никакой реакции критики вызвать не могла. — *Примеч. ред.*

[9] Об авторском «я» см. в [Степанов 1977: 104; Филиппов 1984: 129]. О враждебных критиках см. в дальнейшем обсуждении и примечаниях.

и социализму[10]. В рецензии некоего С. Розенталя утверждается, что «юродствующая поэзия» Заболоцкого «имеет определенно кулацкий характер». Пародия на «Торжество земледелия» Заболоцкого, написанная неким Михаилом Голодным, озаглавлена «Поэту юродивых»[11].

Из всех злопыхательств в адрес Заболоцкого наибольшей проницательностью отличается рецензия А. Селивановского, написанная для журнала с говорящим названием «На литературном посту». «Итак, во имя чего же юродствует Заболоцкий?» — вопрошает воинственный критик. С неодобрением он замечает, что Заболоцкий «"остраняет" свою поэтическую работу, создавая в ней иллюзию "детскости" и лишая ее каких бы то ни было внешних признаков разума, сознания, осознанного тематического замысла». Более того, пишет он, поэт «пытается *обновить смысл* поэтического слова, разгружая последнее от нагрузки *мысли*. Смысл у Заболоцкого становится *бессмысленным*». Все это, зловеще заключает он, «издевательство над социализмом» (курсив в оригинале) [Селивановский 1929]. Ярость, однако, не мешает А. Селивановскому нащупать многие из ключевых элементов, провозглашенные в Декларации ОБЭРИУ и реализованные в обэриутском искусстве: остранение путем «столкновения словесных смыслов», склонность к примитивизму, отказ от рассудка и логической последовательности, попытка оживить слово, удалив шелуху обиходного смысла и создав «бессмыслицу».

Тема хоть и не юродства как такового, но безумия возникает в рецензии критика А. Горелова, который, демонстрируя эрудицию, использует как эпиграф высказывание Демокрита: «Нет ни одного поэта без некоторого безумия», на которое сам и возражает: «Прочти древнегреческий философ стихотворение Заболоцкого, он все же признал бы, что такая порция безумия в творчестве одного поэта слишком обременительна» [Горелов 1930].

---

[10] Ермилов В. Юродствующая поэзия и поэзия миллионов // Правда. № 199. 21 июля 1933 года С. 4 (цит. по: [Филиппов 1965: xxxiv]).

[11] Розенталь С. Тени старого Петербурга // Правда. 30 августа 1933 года (цит. по: [Goldstein 1993: 75]); [Голодный 1933].

Даже критики, не связанные марксистской идеологией, иногда приходили к аналогичным выводам. Говорят, что поэт Ходасевич предположил, что Заболоцкий «может быть, чистосердечный кретин»[12] [Ходасевич 2010: 307]. Владимир Набоков высказался в своей оценке более сдержанно: «Заболоцкий отыскал третий способ письма, его лирический герой — законченный кретин, что-то лепечущий во сне, ломающий слова, играющий с ними, как полубезумец»[13]. И, конечно же, известно удивление дружившей с Заболоцким Лидии Гинзбург: «Какая сила подлинно поэтического безумия в этом человеке, как будто умышленно розовом, белокуром, и почти неестественно чистеньком» [Гинзбург 1989: 81].

Сочетание сомнительного душевного здоровья и того, что воспринимается как антисоциалистическая сатира, снова заставляет вспомнить о некоторых параллелях между Заболоцким и Платоновым. По замечанию российского исследователя С. Г. Бочарова, «некое объективное юродство» связывает Платонова и Заболоцкого [Бочаров 1971: 331]. Как и Заболоцкому, Платонову досаждало узрение читателями сатиры там, где ее не было, а также их нелестные отзывы о явно ограниченных умственных способностях и нравственных качествах созданных им персонажей. В письме Горького о романе Платонова «Чевенгур» эта мысль ясно выражена. Примечательно, что «Чевенгур» был написан всего годом раньше публикации «Столбцов», и его действие также относится к периоду новой экономической политики. «При всей нежности вашего отношения к людям, они у вас окрашены

---

12 Полностью цитата звучит так: «Трудно сказать, что такое Заболоцкий. Возможно, что он просто издевается над вершителями советских литературных судеб. А может быть, это чистосердечный кретин, сбитый с толку, нахватавшийся кое-каких познаний, уверовавший в коллективизацию Видоплясов, при всем том отнюдь не лишенный какого-то первобытного поэтического дара, как не был его лишен и Хлебников, у которого Заболоцкий, видимо, "учился"» (Гулливер. Журнальная летопись // Возрождение. 1933. № 2935. 15 июня). Следует заметить, что «Гулливер» — коллективный псевдоним Ходасевича и Н. Берберовой. — *Примеч. ред.*

13 В. Набоков о Н. Заболоцком, цит. по: [Игошева, Лощилов 2010: 488].

иронически», — пишет Горький. Они «являются перед читателем не столько революционерами, как "чудаками" и "полоумными". Не утверждаю, что это сделано сознательно, — добавляет он. — Однако это сделано, таково впечатление читателя»[14].

Подобным же образом воспринималось и своеобразие кумира Заболоцкого, Хлебникова. Как и ранний Заболоцкий, Хлебников воспринимался некоторыми как «безличный» поэт, в чьих произведениях отсутствует лирический герой. Но в то же время читатели были вынуждены признать, что его видение весьма необычно. По выражению Мандельштама, «Хлебников не знает, что такое современник. Он гражданин всей истории, всей системы языка и поэзии. Какой-то идиотический Эйнштейн, не умеющий различить, что ближе — железнодорожный мост или "Слово о полку Игореве"» [Мандельштам 1967–1981, 2: 348]. Заболоцкий тоже был похож на «идиотического Эйнштейна», гения относительности, который не различал вещей в свете старых законов времени и пространства. Действительно, обэриутов, наряду с Платоновым и прочими, называли «писателями новой эйнштейновской эпохи, которых ограничивал режим, жестко привязанный к [старым] эвклидовым принципам» [Carrick 1993: 305].

Несмотря на очевидную идеологическую паранойю, обвинения в юродстве со стороны Селивановского и прочих улавливают сущностное, с точки зрения обэриутской идеологии, свойство лирического героя «Столбцов». Если традиционный «Христа ради юродивый» соединяет русскую массовую культуру и православную церковь, то дурак Заболоцкого, как мы увидим, соединяет повседневную мещанскую жизнь с высшими принципами обэриутской идеологии, которые, в свою очередь, связаны с православным богословием.

С точки зрения традиционного культурного понимания, юродивый совершает акт крайнего самоуничижения, отказываясь не только от места в «нормальном» человеческом обществе, но и от своего разума, рационального «я». Подобно православному

---

[14] «Горький и советские писатели» (Литературное наследие. Т. 70. С. 313), цитируется в [Teskey 1982: 52–53].

апофатическому богословию (познанию Бога в терминах того, чем Он не является), которое так сильно повлияло на «бессмыслицу» Хармса и прочих обэриутов, юродство свидетельствует о православном недоверии к человеческому рационализму. Из-за странных действий юродивых их поносят и смеются над ними, но благодаря этому самопожертвованию он уподобляется Христу. Он получает право обличать грехи других и, по мнению некоторых, дар пророчества[15]. Так, в пушкинском «Борисе Годунове» юродивый Николка пользуется почтительным вниманием напуганного царя, но в то же время над ним издевается группа мальчишек. Юродивого Гришу в «Детстве» Толстого почитает мать рассказчика, чью смерть Гриша, кажется, предсказывает, но отец рассказчика презирает его.

Рассуждения российских ученых Дмитрия Лихачева и Александра Панченко пугающе похожи на обличения критиков в адрес Заболоцкого, хотя они и преследуют совершенно иные цели. По их утверждению, носители традиции «русского смеха», в том числе юродивые, создают «мир нарушенных отношений, мир нелепостей, логически не оправданных соотношений». Но затем исследователи, далекие от того, чтобы порочить мир юродивых, добавляют, что это мир «свободы от условностей, а потому в какой-то мере желанный и беспечный» [Лихачев, Панченко 1976: 3]. Кроме того, Д. Лихачев отмечает, что древнерусский юмор стремится «обнажать, обнаруживать правду, раздевать реальность от покровов этикета» [Лихачев, Панченко 1976: 26, 20]. Таким образом, юродивый, особый случай в царстве «русского смеха», «видит и слышит что-то истинное, настоящее за пределами обычной видимости и слышимости». Его мир «возвращен к "реальности"» — а именно «к реальности потустороннего» [Лихачев, Панченко 1976: 5].

Если это звучит знакомо, то не потому ли, что напоминает обэриутскую идеологию, рассмотренную в предыдущей главе? Вспомним обэриутские искания высшего мира, «возвращенного

---

15 О юродивых см. в [Лихачев, Панченко 1976; Федотов 2000: 162–172; Murav 1992; Thompson 1987].

к "реальности"» (недаром ОБЭРИУ — это «Объединение реального искусства») посредством «нелепостей» и «логически не оправданных соотношений». «А кто сказал, что житейская логика обязательна для искусства?» — вопрошает Декларация ОБЭРИУ, чтобы затем ответить: «У искусства своя логика» [ОБЭРИУ 1928]. «Русский смех» описывается в терминах, совпадающих с риторикой ОБЭРИУ о раздевании, очищении и обнажении, необходимых, чтобы добраться до истины. «Обиходная шелуха» и «ветхая литературная позолота» соответствуют «покровам этикета», которые нужно снять: Декларация заявляет, что «конкретный предмет, очищенный от литературной и обиходной шелухи, делается достоянием искусства... Посмотрите на предмет голыми глазами, и вы увидите его впервые очищенным от ветхой литературной позолоты» [ОБЭРИУ 1928].

Именно здесь становится очевидным одно из отличий «русского смеха» — и его наследника, обэриутского «реального искусства», — от бахтинского карнавала. Юродивый дурачится не для того, чтобы радостно продемонстрировать относительность иерархий, а чтобы достичь своего спасения и спасения других в рамках установленной культурной иерархии. Он не ниспровергает официальную культуру, создавая перевернутый мир. На свой особый манер юродивый поддерживает официальную культуру в той мере, в какой и она сама, и «антикультура» юродства находят свой смысл в системах, основанных на христианской этике[16]. Юродивый в конечном итоге «объединяет мир смеха и мир благочестивой серьезности... балансирует на рубеже комического и трагического». Он являет собой совершенный парадокс: неортодоксального православного. Благодаря этим противоречиям он становится «гротескным» [Лихачев, Панченко 1976: 93, 109].

Выраженный гротеск в сочетании с «обнажением правды», обличением «грехов», казалось бы, позволяет интерпретировать поведение юродивого и обэриутское искусство как сатиру или призыв к социальному бунту. Хотя такая интерпретация и не исключена полностью, она чаще всего ошибочна. Искания ОБЭ-

---

16 См. [Murav 1992: 9; Anemone 1991: 75–76; Смирнов 1969: 155–156].

РИУ, как и искания юродивого, — это эпистемологический поиск процесса познания, адекватного существующей реальности. Поскольку согласно православному богословию мир уже исполнен Божьим Духом, а вещи, согласно обэриутской идеологии, уже исполнены собственным метафизическим смыслом, истинное восприятие, видение «голыми глазами» ведет к спасению — онтологическому и эстетическому, — или же к христианскому, в зависимости от обстоятельств. Таким образом, визионер-обэриут, подобно юродивому, «не призывает к переменам... Это, в сущности, резонер, консервативный моралист» [Лихачев, Панченко 1976: 156].

В связи с этим Заболоцкий снова проявляет себя как элемент культурной парадигмы, связующее звено между ви́дением, свойственным древнерусской культуре, и новым советским ви́дением. По наблюдению Владимира Маркова, советским поэтам, утверждающим: «мир такой», то есть тем, кто принимает реальность как данность, которую нужно познать, намного труднее, чем их собратьям-утопистам, которые говорят: «мир должен быть таким». Первых часто обвиняют в «субъективизме», которому не по пути с Советским государством. К этой группе Марков относит Мандельштама, Пастернака и Заболоцкого. К другой, «безопасной» категории он относит Маяковского, Тихонова и Есенина[17].

И в этом отношении Заболоцкий напоминает Хлебникова. Хотя обычное место действия у Хлебникова — вечность космоса, и его работы часто считаются утопическими, а стихи Заболоцкого вполне укоренены в современности, так что даже возникает вопрос о его сатирических намерениях, все же схожесть видения поэтов поразительна, причем это видение скорее «реалистичное», а не сатирическое. Рассматривая характер поэзии Хлебникова, критик-формалист Тынянов пишет: «Поза поэта требует обычно либо взгляда на вещи сверху вниз (сатира), либо снизу вверх (ода), либо закрытого взгляда (песня)». Однако Хлебников «смотрит на вещи как на явления, взглядом ученого, проникающего в процесс и протекание... Вплотную и вровень» [Тынянов 1985: 592–593].

---

17 Владимир Марков, цит. по: [Филиппов 1965: 318].

Подобным же образом и Заболоцкий, по замечанию А. Павловского, взирает на Вселенную «с бестрепетностью естествоиспытателя» [Павловский 1982: 164]. К концу 1920-х поэтам явно пришлось бы принять позу либо для оды — благоговейный взор снизу вверх на великолепие советской действительности, — либо для сатиры — взгляд сверху вниз на остатки старого режима. От пристального взгляда вровень Хлебникова и Заболоцкого — а также, при всех их различиях, Пастернака и Мандельштама — советским властям было крайне не по себе. Только враг народа или юродивый посмел бы посмотреть в лицо реальности.

ВИДЕНИЕ ЮРОДИВОГО В ДЕЙСТВИИ

> ...Эти стихи притягивали какой-то органической *странностью* («остранение» — не то слово!), заключенным в них невыразимым, но гипнотически действующим «третьим смыслом», от которого немного кружилась голова... Меня влекла к этим стихам какая-то новая опредмеченная, играющая воля и острота. Я чувствовал в них не только иронию и отрицание, но и жизнеприятие, задорное утверждение плотского трехмерного мира.
>
> *Д. Максимов*

Сборник «Столбцы» был тщательно изучен исследователями, чьи работы не нуждаются в повторном перечислении[18]. Поэтому я продолжу придерживаться подхода, избранного в начале этого исследования, рассматривая «моменты», имеющие решающее значение для понимания Заболоцкого как поэта, в предположении, что сущность этих моментов возможно будет экстраполировать на другие стихотворения и на творчество других поэтов. Основу этой главы составляют два стихотворения Заболоцкого 1920-х годов: «Красная Бавария» и «Обед». Оба стихотворения связаны

---

[18] См., например, [Bjorling 1973; Юнгрен 1971; Goldstein 1993; Masing-Delic 1992].

между собой тем, что в них воплощены обэриутские принципы, предполагается самотождественность и конкретность «предметов», в том числе слов, а поэтический метод построен на «столкновении словесных смыслов». Более того, в обоих стихотворениях автор прикидывается юродивым, приводя в бешенство критиков.

«Красная Бавария» была написана в 1926 году и опубликована в антологии «Костер», изданной Ленинградским союзом поэтов в 1927 году.

Сам Заболоцкий ценил стихотворение настолько, что в «Столбцах» оно шло первым, и он всегда стремился включить его в проектируемые собрания своих произведений [Заболоцкий 1972, 1: 366; Заболоцкий Н. Н. 1998: 90][19]. Стихотворение повествует о пивной на Невском проспекте, постоянными посетителями которой были сотрудники Детгиза, в том числе некоторые авторы-обэриуты. Издательство находилось в соседнем здании, когда-то принадлежавшем компании «Зингер», а в последнее время известном как Дом книги. «Красная Бавария» — сорт пива, производившийся в Ленинграде, название которого, скорее всего, было отсылкой к коммунистическому восстанию в Баварии в 1919 году, которое ознаменовалось «сборищами безработных в пивных Мюнхена... призывающих к революционным действиям» [Craig 1978: 411][20]. В некоторых работах, как и в настоящей, предполагается, что пивная, изображенная в стихотворении, также носила название «Красная Бавария». Однако тут необходима оговорка. Одна компания посетителей пивной называла ее «Под тещей» (от традиционного названия питейных заведений — «под чем-либо»), что вполне отвечало буквалистскому стилю юмора этой группы. Другая компания называла бар «Культурная пивная»[21]. Было ли это название поползновением на респекта-

---

[19] Позднее стихотворение было переработано и переименовано в «Вечерний бар». Здесь я рассматриваю первоначальную версию.

[20] Я благодарю профессора Майкла Вахтеля за то, что он обратил мое внимание на книгу Крейга, и профессора Томаса Зейфрида за то, что обратил мое внимание на существование пивоварни.

[21] См. [Синельников 1984; Богданович 1984: 115, 137; Лосев 1982б: 10–11, 12, примечание 13; Порет 1980].

бельность со стороны хозяина-нэпмана (тщетное поползновение, если описание Заболоцкого сколько-нибудь достоверно)? Или же это просто ироничное прозвание, выдуманное писателями-за-всегдатаями?[22] Каким бы ни было «настоящее» название, источники сходятся во мнении, что прототипом для своего поэтического произведения Заболоцкий избрал конкретный бар на Невском возле Детгиза.

Второе стихотворение, «Обед», было впервые опубликовано в 1928 году в «Ленинградской правде» без двух последних строф и в полной версии вошло в подборку стихов, которая должна была стать вторым опубликованным сборником Заболоцкого. Пробный оттиск тиража был уже готов и запланирован к выпуску, но из-за роста политического давления печать была внезапно отменена. Стихотворение «Обед» было предано забвению до конца жизни поэта [Заболоцкий 1972, 2: 32, 293][23]. Приготовление супа в нем описывается в манере, непривычной для кулинарных книг, — здесь задействовано напряжение между планами материальной и духовной реальности. Кроме того, описана «жизнь» различных форм материи, так же как в стихах, которые будут обсуждаться в шестой главе, и так же, как в «Прощании с друзьями», где мертвых товарищей поэта по ОБЭРИУ под землей встречает «жук-человек» с фонариком, и они становятся «братьями» «корней, муравьев, травинок, вздохов, столбиков из пыли». «Обед» здесь служит пробным камнем, поскольку в стихотворении особенно ярко выражены темы и методы Декларации ОБЭРИУ, как явные, так и подразумеваемые, используемые в других стихах разных периодов.

---

[22] Пивная, открытая в 1925 году, называлась «Бавария», и в ней торговали пивом завода «Красная Бавария» (существовал в 1863–2005 годах, до 1925-го и после 1917-го назывался просто «Бавария»). Название «культурная пивная» также было официальным. Происхождение названия «Под тещей» и источник информации автора неясны. Пивная находилась по адресу Невский, 30 (угол канала Грибоедова, на месте нынешнего спуска в метро). — *Примеч. ред.*

[23] Корректура злополучного второго сборника стихов Заболоцкого, из которой взят окончательный текст, хранится в: ИРЛИ. Ф. 630. № 69.

«Красная Бавария» и «Обед» значительно различаются. «Красная Бавария» имеет дело с литературными вопросами и является реакцией Заболоцкого на символизм, в частности, на стихотворение Блока «Незнакомка» 1906 года. Поскольку сюжет «Красной Баварии» — пьяный бедлам, то и лирический герой представляет собой юродивого в самом антисоциальном варианте, и социальные условности он презирает вплоть до распутства и богохульства. Стихотворение «Обед», помимо того что это весьма странно записанный рецепт супа, трактует вопросы онтологии и эпистемологии. Оно представляет собой обэриутскую версию евхаристии и исследует связи между животными, растениями и минералами. Принимая во внимание этот мощный богословский подтекст, юродивый здесь являет весьма своеобразное ви́дение, характеризующееся пафосом и даже трагедией.

ПОЭТИКА СИМВОЛИСТА И ОБЭРИУТСКОЕ ОПЬЯНЕНИЕ: ЮРОДСТВУЮЩИЕ ПОЭТЫ И ПРИРОДА РЕАЛЬНОСТИ В «НЕЗНАКОМКЕ» БЛОКА И «КРАСНОЙ БАВАРИИ» ЗАБОЛОЦКОГО

> ...самая эта жизнь шагает сейчас «от пленума к пленуму», а по Заболоцкому — она идет от бутылки к бутылке. У нас она движется от электростроя к электрострою, а по Заболоцкому — от пивной к пивной.
>
> *П. Незнамов. Система девок //*
> *Печать и революция. № 3. 1930*

Многие литературоведы, от Ю. Тынянова до Г. Блума, отмечали влияние принципов реакции и трансформации на историю литературы: авторы реагируют на наследие предшественников и стараются трансформировать имеющийся материал таким образом, чтобы их собственное творчество выглядело более оригинальным и более верным природе искусства. Даже молодой Заболоцкий в студенческом эссе «О сущности символизма» риторически вопрошает: «Но не в том ли и заключается своеобразная литературная преемственность, что каждое последующее литературное движение обрабатывает предшествующее, вводя на первый план оригинальные положения и литературные формы?»[24] Неудивительно, что и ОБЭРИУ последовало этой же схеме. ОБЭРИУ реагировало не только на революционные литературные группы, в стремлении превзойти которые провозгласило себя «новым отрядом левого революционного искусства» [ОБЭРИУ 1928], но и на более раннее движение, все еще влиявшее на литературную жизнь, а именно на символизм.

Стоит вспомнить, что по ученическим стихам Заболоцкого («Сердце-пустырь», «Небесная Севилья» и «Но день пройдет печален и высок...») его вполне можно было счесть почти символистом. Но уже несколько лет спустя Декларация ОБЭРИУ обрушилась на литературный мир, «замусоренный языками множества глупцов, запутанный в тину "переживаний" и "эмоций"». Авторы Декларации заключили эти слова в кавычки, иронизируя по поводу взвинченной эмоциональности, столь ценимой символистами и их эпигонами. Возможно, вслед за Мандельштамом авторы Декларации завуалированно высмеяли сомнительную мужественность символистов, заявив о необходимости возрождения конкретных, «мужественных» форм, причем в семантической близости с весьма заметными в том же разделе словами «холостить» и «бессильный», брошенными в сторону футуристов [ОБЭРИУ 1928]. Мандельштам, как отмечалось ранее, провозгласил превосходство акмеизма в силу его «мужественной воли к поэзии», носитель которой — человек, «не сплющенный в лепешку лжесимволическими ужасами» [Мандельштам 1967–1981, 2: 257–258]. Не нужно быть правоверным фрейдистом, чтобы различить в этих высказываниях сексуальный подтекст или признаки эдипова комплекса, на которых завязана теория Гарольда Блума о «страхе влияния»

Заболоцкий начинает битву между ОБЭРИУ и символистами также и в более тонкой манере. Он вызывает Блока на своего

---

[24] Н. Заболоцкий. О сущности символизма (цит. по: [Грищинский, Филиппов 1978: 187]).

рода поэтическое состязание по выпивке, противопоставив «Красную Баварию» «Незнакомке», известному стихотворению Блока о ресторанном виде́нии. Это дуэль между двумя эстетическими теориями — дуэль двух «поэтик» в самом полном смысле этого слова.

Следует напомнить, что ОБЭРИУ выдвигает «универсальный» метод «конкретного материалистического ощущения вещи». Обэриуты призывают публику поближе познакомиться с предметом, «подойти поближе и потрогать», увидеть его очищенным не только от обиходной шелухи, но и от шелухи литературной [ОБЭРИУ 1928]. ОБЭРИУ стремится освободить как предмет, так и человеческое восприятие предмета от ограничений, происходящих от чрезмерного им пользования, чрезмерного знакомства с ним и его автоматизированного восприятия. И, как наиболее четко сформулировано в работе Хармса «Предметы и фигуры, открытые Даниилом Ивановичем Хармсом», обэриуты признают за предметом собственную экзистенциальную идентичность, значение, независимое от воздействия человеческой точки зрения.

Это «материалистическое ощущение вещи», которое, возможно, было выгодно ОБЭРИУ своей кажущейся связью с принципом «научного материализма», также служило косвенным ответом на символистский культ неосязаемых измерений жизни. Рассмотрим, например, утверждение Андрея Белого о том, что искусство ведет к «познанию Платоновых идей» и «должно выражать идеи» [Белый 1969: 31]. Или возьмем блоковское определение роли художника:

> ...быть художником — значит выдерживать ветер из миров искусства, совершенно не похожих на этот мир, только страшно влияющих на него; в тех мирах нет причин и следствий, времени и пространства, плотского и бесплотного...[25]

Обэриуты же рассматривают искусство как часть конкретной реальности, — вплоть до того, что Хармс пишет о возможности стихотворением разбить окно. И веянию ветра у Блока, и симво-

---

[25] Блок А. О современном состоянии символизма [Блок 1960, 5: 453].

листскому отрицанию наличного, конкретного, плотского мира противопоставляется отрывистый и напористый тон Декларации ОБЭРИУ, защищающий наличный мир предметов.

Как и следовало ожидать, обэриуты отвергли символистскую концепцию художника. В символизме поэт или художник — посредник для откровения духовных областей, а его «эго», восприятия и ощущения обеспечивают связь с иным миром и служат фильтром, через который художник являет иной мир в искусстве. «Искусство начинается в тот миг, когда художник пытается уяснить самому себе свои темные, тайные чувствования, — пишет Брюсов. — Где нет этого уяснения, нет художественного творчества. Где нет этой тайности в чувстве, нет искусства» [Брюсов 1969: 28]. Если символистское искусство опирается на «тайность чувства» художника, искусство ОБЭРИУ служит откровению самоопределения предмета, его «пятого, сущего значения», существующего без вмешательства человека. И если искусство символизма создается, по Брюсову, в «мгновения экстаза, сверхчувственной интуиции», то обэриуты призывают зрителя сосредоточиться на всегда присутствующем, осязаемом мире и использовать для отношений с ним возможности пяти чувств, а не сверхчувственного восприятия [Брюсов 1969: 28].

Подводя итог этим характеристикам в эссе «О сущности символизма», Заболоцкий утверждает, что символист «видит жизнь всегда через призму искусства», для него «движутся уже не вещи, а символы их». Поскольку поэзия символиста — это «претворение субъективно-познаваемого в символ истины», искусство символизма, по его мнению, «не может не быть несколько аристократичным» и «замкнутым в области творения своего мира» [Грищинский, Филиппов 1978: 186].

Как люди, причастные русской культуре, как литературной, так и иной, и Блок, и Заболоцкий понимают потенциал такого поэтического приема, как опьянение. Для разочарованного поэта-символиста алкоголь создает смягчающую дымку, скрывающую пошлые реалии этого мира и предполагающую иной, возвышенный мир, «очарованную даль». Алкогольное опьянение поэта-обэриута переводит мир и его бесчисленные предметы в новый логический контекст, опрокидывает стандартные «рабочие значения» и способствует откровению через столкновение словесных смыслов. Таким образом, перед нами два стихотворения, каждое из которых предлагает читателю свой вид пьяного искажения повседневной реальности, не переставая в то же время иллюстрировать соответствующие литературные теории[26].

Красная Бавария

В глуши бутылочного рая,
где пальмы высохли давно, —
под электричеством играя,
в бокале плавало окно;
оно на лопастях блестело,
потом садилось, тяжелело;
над ним пивной дымок вился...
Но это описать нельзя.
И в том бутылочном раю
сирены дрогли на краю
кривой эстрады. На поруки
им были отданы глаза.
Они простерли к небесам
эмалированные руки
и ели бутерброд от скуки.

Вертятся двери на цепочках,
спадает с лестницы народ,
трещит картонною сорочкой,
с бутылкой водит хоровод;
сирена бледная за стойкой
гостей попотчует настойкой,
скосит глаза, уйдет, придет,
потом, с гитарой наотлет,
она поет, поет о милом:
как милого она кормила,
как ласков к телу и жесток —
впивался шелковый шнурок,
как по стаканам висла виски,

---

26 Текст «Незнакомки» сюда не включен из-за соображений экономии места и исходя из того, что стихотворение общеизвестно.

как, из разбитого виска
измученную грудь обрызгав,
он вдруг упал. Была тоска,
и все, о чем она не пела, —
в бокале отливалось мелом.
Мужчины тоже все кричали,
они качались по столам,
по потолкам они качали
бедлам с цветами пополам;
один — язык себе откусит,
другой кричит: я Иисусик,
молитесь мне — я на кресте,
под мышкой гвозди и везде...
К нему сирена подходила,
и вот, колено оседлав,
бокалов бешеный конклав
зажегся как паникадило.

Глаза упали точно гири,
бокал разбили — вышла ночь,
и жирные автомобили,
схватив под мышки Пикадилли,
легко откатывали прочь.
Росли томаты из прохлады,
и вот опущенные вниз —
краснобаварские закаты
в пивные днища улеглись,
а за окном — в глуши времен
блистал на мачте лампион.
Там Невский в блеске и тоске,
в ночи переменивший кожу,
гудками сонными воспет,
над баром вывеску тревожил;
и под свистками Германдады,
через туман, толпу, бензин,
над башней рвался шар крылатый
и имя «Зингер» возносил.
[Заболоцкий 1929]

В первой строфе «Красной Баварии», как во многих других стихотворениях, описывается место действия и дается некоторое представление о поэтическом методе. Обычно слово «глушь» не ассоциируется с городом, особенно с центром крупного города, так что уже здесь читателю приходится иметь дело со столкновением словесных смыслов и зрением юродивого. Поэт опрокидывает ожидания читателей относительно смысла этого слова и, соединяя его с дополняющим оборотом «бутылочного рая», выявляет в слове «глушь» центральный смысл крайнего психологического и культурного запустения, в то же время углубляя понимание читателем слова «рай» и соединяя оба слова, чтобы передать суть пережитого в «Красной Баварии».

В нормальных условиях прилагательное «бутылочный» никак не сочеталось бы с существительным «рай» в том смысле, что не передавало бы никакого значения в качестве признака. Здесь это сочетание работает потому, что место действия разворачивается в баре, но это становится ясно только после того, как читатель встретился с изначальным «столкновением словесных смыслов». Кроме того, само слово «рай» противоречит реальности «Красной Баварии», которая вскоре станет более похожа на хаос или босховский ад, чем на рай. Словесный конфликт еще более подчеркивается возможными политическими коннотациями в названии стихотворения. Даже для тех, кто ничего не знал о баварском перевороте 1919 года, слово «красный» в революционную эпоху означало коммунистическое восстание. И все же живописуемая реальность далека от «красного» рая рабочих, воображаемого Марксом, Лениным или любым другим коммунистом-революционером. Возможно, на рай в виде оазиса в пустыне здесь намекает присутствие пальм (скорее всего, в горшках, что типично для ресторанного интерьера), но пальмы «высохли давно», и в конечном итоге «Красная Бавария» — рай только для тех, кто считает разгульное пьянство признаком небесной радости.

Суть строфы и центральная метафора всего стихотворения — образ окна, плавающего в бокале. Рассказчик сидит в «Красной Баварии», и, подобно лирическому герою блоковской «Незнакомки», сидевшему несколькими годами ранее в захудалом баре на городских задворках, он настолько пьян, что полностью погружается в мир, который видит в своем бокале. Но если эгоцентричный блоковский лирический герой-символист видит только свое отражение — «И каждый вечер друг единственный / В моем стакане отражен», — то рассказчик Заболоцкого, сочувствующий ОБЭРИУ, в своем пиве видит окно, что указывает на то, что он признает существование мира вне себя самого, даже если не может полностью на нем сфокусироваться. В пьяном оцепенении лирический герой Заболоцкого наблюдает, как окно «играет» под «электричеством», плавает в бокале, блестит на каких-то «лопастях», а затем тонет. В этом описании он опускает небольшие, но существенные отрывки информации, заставляя читателя тщательно вникнуть в слова и изучить различные качества соответствующих предметов. Только после изучения этих столкновений словесных смыслов читатель понимает, что окно, плавающее в бокале, скорее всего, является отражением, что лопасти, на которых играет отражение, скорее всего, — лопасти вентилятора, и что «электричество», вероятно, означает электрический свет. В каждом случае автор удалил «шелуху» слова, вышел за рамки стандартного изображения предмета или ситуации и изучил некоторое количество атрибутов и способов использования предмета, прежде чем позволить читателю собрать все элементы воедино в более или менее понятный образ.

Когда рассказчик в конце строфы снова опускает мутный взгляд в бокал и пытается описать, как испарения пива висят над отражением, он внезапно понимает, что пошел уже по второму кругу, застряв на описании отражения, или, возможно, что он недалек от падения носом в бокал. С оттенком пушкинского умолчания он неожиданно и немного иронично заявляет: «Но это описать нельзя», и обрывает первую строфу.

Перейдя ко второй строфе, он, кажется, поднял голову от опасной близости к пиву и глубоко вздохнул. Он продолжает: «И в том бутылочном раю,,,» Теперь его ви́дение выходит за рамки отражения в бокале — он изображает сцену в баре, частью которой становится, теряя свою отдельную идентичность рассказчика. Но даже в его отсутствие столкновение словесных смыслов продолжается. Официантки или, возможно, женщины другой, менее уважаемой профессии превращаются в «сирен», хотя они мало похожи на античных соблазнительниц: глаза им отданы «на поруки», а руки «эмалированы». Точка в середине строки, нарушающая ритм, и последующий перенос еще больше подчеркивают любопытную концепцию глаз, отданных «на поруки»:

> И в том бутылочном раю
> сирены дрогли на краю
> кривой эстрады. На поруки
> им были отданы глаза.
> Они простерли к небесам
> эмалированные руки
> и ели бутерброд от скуки.

Очевидные несоответствия в выражениях «на поруки... глаза» и «эмалированные руки» заставляют читателя еще раз отойти от привычных смыслов и вглядеться в конкретные детали предметов. Скорее всего, из-за яркого тяжелого макияжа глаза сирен кажутся отдельными от своих лиц сущностями, выпущенными из некоего странного заведения «на поруки» на вечер. В стихотворении Блока тоже есть образ ни к чему не прикрепленных глаз — «И очи синие бездонные / Цветут на дальнем берегу», — который еще больше подчеркивает различие поэтов. Глаза, изображенные Заболоцким, настолько конкретны и самостоятельны, что выпускать их можно только «на поруки». У Блока очи более абстрактны. Они «бездонны», они «цветут» и находятся где-то вдалеке[27].

«Эмалированные руки», как и глаза, выпущенные «на поруки», — вероятно, также продукт ревностного нанесения косметики, в данном случае — лака для ногтей. Лак настолько яркий, что его замечают раньше, чем руку из плоти и крови. Возможно, эти сирены — литературные родственницы городских проституток с картин Ларионова серии «Маня» 1912–1913 годов, чьи части тела захватывают внимание зрителя раньше, чем он начнет

---

[27] Благодарю моего коллегу Александра Жолковского за то, что он обратил мое внимание на образность очей в стихотворении Блока.

воспринимать общую живописную форму[28]. Наконец, «сирены» также выходят за рамки житейской логики в показательной гоголевской непоследовательности. Они воздевают эмалированные руки к небесам, после чего «[едят] бутерброд от скуки». Здесь снижение накала небольшое, в завершении стихотворения остывание будет более масштабным.

Подобным же образом в начале «Незнакомки» Блок устанавливает место действия, представляет поэтический метод и с помощью различных семантических связей вводит понятие «глушь». Морфемы *глух-* и *глуш-* создают ощущение пустоты, которая становится метафизической и начинает доминировать в стихотворении, так же как слово «глушь» в «Красной Баварии». Блоковский ресторан находится «за шлагбаумами», если не прямо в «глуши», где воздух «дик и глух», где рассказчик, «смирен и оглушен», утверждает, что ему поручены «глухие тайны».

В отличие от рассказчика «Красной Баварии», который не раскрывается от первого лица и который как будто растворяется в реальности «Красной Баварии» к концу первой строфы, присутствие рассказчика у Блока становится все более и более ощутимым по мере развития нарратива. Как символист (притом сломанный, разрушенный жизнью), он пропускает каждую деталь стихотворения через призму эмоций. Если первые восемь строк «Красной Баварии» сосредоточены на конкретных предметах — пальмах в горшках, лопастях, бокале, окне, пивном дымке, то в «Незнакомке» в первых восьми строках описываются менее конкретные явления, выражающие тоску и беспокойство рассказчика — дикий и глухой воздух, пьяные окрики, «весенний и тлетворный дух», «скука загородных дач», плач детей. Единственный предмет, существующий сам по себе в этой части стихотворения, — это позолоченный крендель над булочной.

Заболоцкий создает искажение с помощью столкновения словесных смыслов, в частности, фиксируясь на конкретных признаках «сирен». Блок же создает искажения иного рода, в изображении Незнакомки смешивая фантазию и реальность.

---

[28] См. [Malmstad 1996].

Все они явно женщины с сомнительной репутацией, которые либо работают в барах, либо просто околачиваются там. Но Блок видит «девичий стан, шелками схваченный», от которого веет «духами и туманами», символическую посланницу из таинственной «очарованной дали», которая, может быть, не более чем алкогольная галлюцинация: «Иль это только снится мне?» — спрашивает себя поэт. Упорное внимание Заболоцкого к деталям превращает его сирен в набор гротескных конкретных частей тела, беззастенчиво присутствующих «здесь и сейчас».

В центральных строфах «Красной Баварии» изображается «народ», — явные наследники пьяниц, которые кричат «In vino veritas!» в стихотворении Блока, — доводящий разгул в баре до высшей точки. Буйная толпа падает с лестницы, водит хоровод с бутылкой и инсценирует Распятие. Но описывая эту разнузданность, поэт использует разного рода повторения и парономазии, чтобы передать основное ощущение монотонности, — именно оно придает словам «скука», «тоска», «глушь» такой вес в стихотворении.

Особенно уязвимой для этой формальной иронии оказывается сирена, поющая маловразумительную песню о своем раненом возлюбленном. Она старается играть и петь со страстью, но ее жизнь крайне скучна: поэт показывает это с помощью правильной рифмы *стойкой / настойкой*, пятикратного повтора и внутренней рифмовки слога *-ёт*, трехкратного повтора слога *-мил* и парных рифм:

> ...сирена бледная за *стойкой*
> гостей попотчует *настойкой*,
> скосит глаза, уйд*ёт*, прид*ёт*,
> потом, с гитарой наотл*ёт*,
> она по*ёт*, по*ёт* о *мил*ом:
> как *мил*ого она корм*ил*а...

В следующей строке («как ласков к телу и жесток») возникает мгновенная надежда на завязку страстной любовной сцены. Наша сирена, однако, сбивается, продолжая что-то невнятное о шелковом шнурке — возможно, корсетном, возможно, даже развязанном в ходе любовной игры[29], — но все это так запутанно и мимолетно, что не вызовет интереса даже у самого похотливого вуайериста. Забросив эту сюжетную линию, пьяная сирена болтает о виски и ране на голове, от которой упал ее любовник.

И снова она комкает потенциальную драматичность ситуации, выражаясь смутно и играя звуковыми сочетаниями к/г, в/б, и/ий, с/з, у/ю, возможно, имитирующими звучание бессвязной пьяной речи:

> как по стаканам висла виски,
> как, из разбитого виска
> измученную грудь обрызгав,
> он вдруг упал. Была тоска,
> и все, о чем она ни пела, —
> в бокале отливалось мелом.

Стихотворение Блока также местами имитирует пьяную невнятицу: первая и третья строки каждой строфы стихают в дактильной рифме. Блок, однако же, применяет регулярную строфовую форму с естественной пунктуацией, и ритм стихотворения практически всегда совпадает с метром, поэтому дактильные рифмы создают впечатление не столько пьяного помешательства, сколько символистской «музыки» в стихах, лишь слегка затуманенной.

Заболоцкий, как и Блок, придерживается относительно правильного четырехстопного ямба[30]. Младший коллега, однако, в отличие от старшего, ослабляет структуру стихотворения. Он пишет строфы разной длины, по ходу меняя схему рифмовки. С одной стороны, он часто использует неправильные рифмы: *глаза / небесам, откусит / Иисусик, кожу / тревожу, Германдады /*

---

29 По правдоподобному предположению переводчика книги, Заболоцкий имеет в виду конкретный романс — «Шелковый шнурок» К. Подревского, в котором женщину бьет шнурком ее любовник. — *Примеч. ред.*

30 «Незнакомка» Блока написана сложным размером — ямбом с дактилическим окончанием нечетных строк. Заболоцкий, хотя и меняет схему рифмовки, в этом стихотворении нигде от четырехстопного ямба не отступает. — *Примеч. ред.*

крылатый. С другой стороны, во второй строфе он подчёркивает рифму, сопутствующую ключевым понятиям: *поруки / руки / скуки*, а в процитированном выше предпоследнем отрывке делает рифмовку чрезмерной: *стойкой / настойкой* и *придёт / наотлёт / уйдёт / поёт* (дважды). Иногда создаётся впечатление, что поэт пытается противопоставить описанному в стихотворении хаосу звуковое единство, но в результате переигрывает. В конце концов, избыточная рифма и колебания рисунка рифмовки усиливают образ мира, который одновременно и глубоко скучен, и совершенно неконтролируем.

Единственный намёк на настоящий пафос в «Красной Баварии» появляется в конце песни сирен, когда опять появляется голос рассказчика, сообщая: «Была тоска». Знаменательно, что это происходит в самой середине стихотворения, с выраженным разрывом ритма благодаря точке в середине стихотворной строки. Заболоцкий узурпирует символистскую *тоску*, — непереводимое сочетание муки, меланхолии, томления, скуки, горя и всевозможных градаций между ними. Простота фразы и её зарифмованность придают концепту силу, а следующее утверждение переводит *тоску* на символический язык бара. Бокал снова олицетворяет жизнь. Вначале жизнь рассказчика заключалась в наблюдении за отражением в бокале; когда тема отражения была исчерпана, присутствие рассказчика переставало ощущаться. Здесь песня сирены, история её жизни становится содержимым бокала. На самом базовом уровне её жизнь — это бокал за бокалом пива, испещрённого белыми прожилками пены. Но у рассказчика, представляющего голос поэта, по крайней мере есть возможность наблюдать за отражением жизни в бокале. В бокале сирены из-за пены не видно никаких отражений. Её жизнь настолько запутана, что её «отражение» невозможно в любом смысле, в том числе и когнитивном. Она символизирует всех завсегдатаев «Красной Баварии», и именно она придаёт такую напряжённость выражениям «бутылочный рай» и «глушь времён».

В четвёртой строфе возвращается тема всеобщего хаоса: взвинченные посетители качают «по потолкам... бедлам с цветами пополам». Эта фраза подразумевает, согласно одному источ-

нику, зеркала на потолке, согласно другому — расписной потолок[31]. В любом случае разногласие из-за потолка не имеет значения: здесь важны встряска читателя и интенсивность его
восприятия, каким бы алогичным оно ни казалось. По мере того
как разгул продолжается, посетителей охватывает своего рода
пьяный, притворно-религиозный экстаз. Один из них ради
смеха утверждает, что он «Иисусик», требует, чтобы ему моли-
лись, уверяя что он на кресте, с гвоздями «под мышкой и везде».
Тогда одна из сирен прикидывается нераскаянной грешницей.
Она садится к нему на колени и вызывает такое возбуждение, что
«бокалов бешеный конклав» загорается, как паникадило.

Вводя образ «Иисусика» в баре, Заболоцкий перекликается уже
с другим стихотворением Блока: «Я пригвожден к трактирной
стойке»[32]. Это произведение предвещает «Красную Баварию» во
многих отношениях: удачная поэтическая передача опьянения
(более «пьяная», менее «символистская» и, следовательно, ближе
к «Красной Баварии», чем к «Незнакомке»); образ «пригвожден-
ного» пьяного посетителя; использование морфемы глух- («глухая
темень», а затем и «душа глухая»); возможно, строка «в снегу
времен, в дали веков» как прообраз фразы Заболоцкого «в глуши
времен» в предпоследней строфе.

Как только клиенты Красной Баварии принимают тон религиозного фарса, голос поэта его подхватывает и усиливает, сталки-
вая смыслы питейного жизненного дна и слов «конклав» (совет
кардиналов, избирающий папу) и «паникадило» (греческое слово,
обозначающее люстру в церкви). Подобно Блоку, пьяницы у которого кричат «In vino veritas!», Заболоцкий использует язык
древних классиков, а также язык Церкви, чтобы показать разрыв
между предполагаемым благородством языковой культуры
и культурным убожеством ситуации. Разрыв тем нагляднее от-
того, что, в соответствии с образностью бокалов в стихотворении,

---

[31] Зеркальный потолок упоминает Л. Жукова, цит. по: [Лосев 1982б: 12, примечание 13]. Македонов утверждает, что потолок был расписан цветами [Ма-
кедонов 1968: 58].

[32] На это указывает [Masing-Delic 1992: 259]. [Блок 1960, 3: 168].

конклав бокалов должен представлять соединение жизней, а блеск паникадила — общение душ. Однако этот общий экстаз порожден опьянением и сексуальным возбуждением, вызванным «сиреной», сидящей на коленях у того, кто называет себя «Иисусиком».

В этом соединении религии и пивной Заболоцкий снова обращается к древнерусской культуре, в частности, к смешению церкви и кабака в традиции «русского смеха». Стоит отметить, что слово «кабак» имеет и переносное значение, символизируя пошлую и бесчинную сцену — такого рода, как в «Красной Баварии». При описании соответствующего древнерусского феномена Лихачев указывает на такие культурные артефакты, как «Служба кабаку» и «Калязинская челобитная», в которых кабак представлен как церковь, а церковь как кабак. Он утверждает, что в упомянутых произведениях нет издевки над церковью, поскольку даже в «догматически верном» Киево-Печерском патерике бесы могут появляться в обличье ангелов и самого Христа. Скорее, в этих произведениях раскрываются церковные истины посредством бинарного противопоставления или антитезиса. Лихачев утверждает: «Слово "пародия" в данном случае не подходит» [Лихачев, Панченко 1976: 26, 21], что напоминает заявление самого Заболоцкого о «Столбцах».

В контексте древнерусской традиции обретают смысл и церковная терминология у Заболоцкого, и персонаж, представляющий «Иисусика», и сексуальные поползновения «сирен», и даже странное использование слова «рай». Как объясняет Лихачев древнерусское соединение церкви и кабака: «Вывернутая наизнанку церковь — это кабак, своеобразный "антирай", где "все наоборот", где целовальники соответствуют ангелам, где райское житье — без одежд... пьянство — аскетические подвиги» [Лихачев, Панченко 1976: 25, 16].

В своей авангардной вылазке в древнерусскую культуру Заболоцкий снова демонстрирует отличия обэриутской бессмыслицы и гротеска от бахтинского карнавала. Как пишут Катерина Кларк и Майкл Холквист, «бахтинский карнавал, с его акцентом на братстве, универсализме и антидогматизме, поднимает вопрос о том, возможно ли поддерживать подобный горизонтально упорядоченный мир» [Clark, Holquist 1984: 310]. Ни искусство, как оно определено в Декларации ОБЭРИУ и реализовано в «Красной Баварии», ни «русский смех», как его описывают Д. Лихачев и А. Панченко, не ищут «горизонтально упорядоченного мира». Обэриутское искусство, скорее, обращается к «антимиру» для укрепления культурной иерархии, в которой определенные духовные ценности имеют первостепенное значение. И, учитывая характер православного богословия и обэриутского богословия, в них парадоксальным образом утверждается духовная ценность материального мира и его конкретных предметов.

Хотя базовый механизм «антимира» присутствует в «Красной Баварии» от начала до конца, специфическая образность «антицеркви» заканчивается мимолетным мгновением антиприобщения, когда зажигается конклав бокалов. И тут же в пятой строфе: «Глаза упали точно гири, бокал разбили — вышла ночь». Эта строфа — последняя в основной части стихотворения, она одновременно изображает конец краснобаварского «дня» (который на самом деле ночь в этом антимире) и подготавливает к рассвету нового дня за пределами бара, который будет изображен в шестой строфе, похожей на коду.

> Глаза упали точно гири,
> бокал разбили — вышла ночь,
> и жирные автомобили,
> схватив под мышки Пикадилли,
> легко откатывали прочь.
> Росли томаты из прохлады,
> и вот опущенные вниз —
> краснобаварские закаты
> в пивные днища улеглись,
> а за окном — в глуши времен
> блистал на мачте лампион.

Глаза падают «точно гири», скорее всего, потому, что они стремительно закрываются, когда напившийся отключается, а когда глаза-гири падают, они разбивают бокал, символизирующий жизнь в «Красной Баварии». «Томаты» вырастают из прохлады и становятся «краснобаварскими закатами», оседая на дне пивной бочки. Четырехкратным столкновением словесных смыслов падающих глаз, гирь, томатов и заката, который скоро станет восходом, поэт создает концовку, которой завершается основная часть стихотворения. Об общности уже не может быть и речи, ведь «жирные автомобили» увозят гуляк в разных направлениях. И увозят не только посетителей «Красной Баварии», но и похожих на них завсегдатаев синематеатра «Пикадилли» (позже переименованного в «Аврору»), расположенного по соседству[33]. Ви́дение пошлой реальности расширяется с опасной быстротой.

Затем стихотворение возвращается к изначальной образности: упоминается окно, отражавшееся в бокале рассказчика, и «глушь» — слово, придающее стихотворению эмоциональную окраску. Оба образа теперь приобретают дополнительное значение. Глушь — уже не просто «глушь бутылочного рая», а «глушь времен», предполагающая гораздо бо́льшую степень культурного и морального опустошения. Окно, в свою очередь, уже не просто отражение в бокале, а вполне реально, и через него видны «на мачте лампион», уличный фонарь, предвещающий выход на улицу и «восход» в коде стихотворения.

Переместив фокус стихотворения наружу и расширив его охват до масштабов Невского проспекта и, по ассоциации, всего Ленинграда и в итоге всей вселенной, последние восемь строк готовят нас к великолепному восходу солнца, возможно, даже к блестящему торжеству природы над этой злачной версией городской реальности с ее «краснобаварскими закатами» в пивной бочке. Но концовка лишь пародирует героический исход. Над башней возносится крылатый шар. Но это не солнце и не символ славного Советского государства. Это еще один аспект той же злачной городской реальности: символ компании «Зингер», владельца здания с башней.

---

[33] «Пикадилли» упоминается в [Лихачев 1991: 25].

Там Невский в блеске и тоске,
в ночи переменивший кожу,
гудками сонными воспет,
над баром вывеску тревожил;
и под свистками Германдады,
через туман, толпу, бензин,
над башней рвался шар крылатый
и имя «Зингер» возносил.

Это последнее грандиозное столкновение словесных смыслов поэт обеспечивает всем имеющимся в его распоряжении арсеналом. Он создает ощущение величия, нагромождая предложные фразы и используя иностранную и возвышенную лексику: «и под свистками Германдады, / через туман, толпу, бензин». Выбранное им метафорическое определение для советского милиционера, «Германдада», достигает желаемого результата: она замедляет читательское восприятие и темп стиха. Но, с другой стороны, такая метафора двусмысленна, поскольку Германдады были в средневековой Испании вооруженными формированиями самообороны, известными быстрой расправой над подозреваемыми и сомнительной верностью короне. Здесь, как и в некоторых других случаях, неизвестно, целенаправленно ли вкладывает Заболоцкий антисоветское содержание или, что более вероятно, просто использует слово из-за его иностранного очарования, не задумываясь о более широком политическом подтексте. В любом случае крещендо, ведущее к завершению, продолжается до тех пор, пока «шар крылатый», наконец, не «вырвется». Все идет к героическому финалу, пока дело не доходит до откровения, явленного в последней строке — «И имя "Зингер" возносил». Венец всего стихотворения — это не восход солнца, предвосхищенный предшествующими образами, не откровение о человеческом просвещении или покорении природы и даже не отсылка к некоему чудесному достижению Советского государства, но конкретный предмет, возносящий имя американского капиталиста немецкого происхождения. Сцена в баре была гротескной, но, к счастью, была ограничена его пределами. С этим окончательным ниспровержением природы, результатом тирании предметов над опьяненным разумом и причудливого сближения старых и новых форм реальности силы гротескного антимира покоряют всю видимую вселенную.

Блок, со всей своей горечью и иронией, даже не приближается к Заболоцкому по охвату своего поэтического высказывания. Конечно, Блок презирает лакеев, пьяниц и атмосферу сомнительных заведений, но в то же время тянется к ней. Но средоточие его стихотворения движется внутрь, и далеко идти ему не приходится. Поэт начинает с того, что смотрит на своего «друга единственного» — на себя, — отраженного в бокале, и затем переходит к терпкому вину, «пронзающему излучины» его души. Яростное осуждение, которым завершается стихотворение: «Ты право, пьяное чудовище! Я знаю: истина в вине», падает на самого поэта, пьяное оцепенение которого не позволяет ему узнать, было ли ви́дение явью или всего лишь сном. Все это не имеет ничего общего с «объективной» средой, существующей независимо от душевного состояния поэта. Сам рассказчик, разочарованный, но не до конца лишенный иллюзий символист, все еще ищущий «очарованную даль», все еще страдающий и пишущий об эмоциях, помещает себя прямо в центр своей поэтической вселенной.

С другой стороны, в стихотворении Заболоцкого центр внимания сдвигается с первоначальной точки зрения наружу, охватывая все большее количество конкретных предметов. Опьянение, описанное Блоком, окутывает дымкой царство конкретного и уводит читателя в глушь сознания рассказчика. Опьянение, описанное Заболоцким, по сути, заставляет читателя заново разглядывать знакомые предметы с поразительно близкой точки зрения. С помощью обэриутского принципа столкновения словесных смыслов Заболоцкий создает настолько реальную атмосферу опьянения, что от стихотворения почти несет алкоголем. Но, как и было обещано в Декларации ОБЭРИУ, предметы в мире Заболоцкого не теряют, а обретают целостность, физическую и метафизическую. Откровение об универсальной пошлости в конце «Красной Баварии», конечно, «воспринимается» рассказчиком. Однако его источник — не рассказчик, он лежит в сфере объективного, в столкновении реальности с самой собой. И именно в этом столкновении неявно признается существование высшей реальности, пронизанной теологией Декларации ОБЭРИУ.

МЕТАФИЗИКА ОБЫДЕННОГО: ЮРОДИВЫЙ КАК ПОВАР, РЕЦЕПТ КАК ЕВАНГЕЛИЕ И СУП КАК ЕВХАРИСТИЯ В «ОБЕДЕ» ЗАБОЛОЦКОГО

> Поэзия не манная каша, которую глотают не жуя и о которой тотчас забывают.
>
> *Декларация ОБЭРИУ*

> Искусство — это чистота порядка, недоступная рационалистическому уму... Я думаю, чистота может быть во всем, даже в том, как человек ест суп.
>
> *Даниил Хармс*

> Искусство — не жизнь. Мир особый. У него свои законы, и не надо их бранить за то, что они не помогают нам варить суп.
>
> *Заболоцкий*

В стихотворении Заболоцкого «Красная Бавария» с его хаотической «вывернутостью наизнанку» и связью с традицией «русского смеха» подразумевается, хоть явно и не демонстрируется существование высшего «лицевого», не вывернутого мира. Во втором из рассматриваемых здесь стихотворений Заболоцкого 1920-х годов, «Обед», фактически артикулируется и иллюстрируется существование этого «лицевого» мира, мира обэриутской реальности, в которой «предметность предмета» или «вещность вещи» становится явной. Юродивый, рассказчик «Обеда», хотя и не столь буен, как лирический герой «Красной Баварии», и никак не пьян, представляет все же более радикальное видение реальности. В его мире не только предметы обладают независимой идентичностью, в согласии с обэриутской идеологией, но и все формы материи — животная, растительная и минеральная — обладают собственной «жизнью».

Взаимосвязь материального и духовного в «Обеде» тем сильнее, что бóльшая часть образности стихотворения имеет прямое отношение к образности и богословию православных икон. Такая интерпретация имеет особый смысл в контексте Декларации ОБЭРИУ и общей религиозной восприимчивости Заболоцкого. Заболоцкий, несомненно, прожил 14 лет своей дореволюционной жизни в постоянном присутствии икон, как и большинство русских православных провинциалов того времени. В его доме и в школе были иконы, перед которыми, возможно, читали утреннее и вечернее правило, а также молитву перед едой. В деревенской церкви, которую посещала его семья, в любом соборе, церкви или часовне, посещаемой учениками Уржумского реального училища, были иконы на стенах или фрески. Иконостас, разделяющий основное помещение храма и алтарь, состоял из более-менее стандартного набора икон; в определенные дни церковного года перед иконостасом на аналоях размещались иконы святых или религиозных праздников.

Поскольку в основе той или иной иконы, изображающей святого или праздник, лежит определенная иконография, а иконописец обычно стремится не к оригинальности, а к безупречному воплощению священной традиции, сюжет икон обычно сразу узнаваем. Таким образом, в визуальном сознании православного ребенка практически с рождения многократно были запечатлены иконные образы и иконографические схемы. Иконы, скорее всего, оказывали на ребенка большее влияние, чем, скажем, старинные семейные портреты, потому иконы были везде, где проходила его жизнь — дома, в школе, в церкви. Кроме того, у иконы с любым сюжетом находились похожие, даже почти идентичные в других местах.

Значимость икон в русской жизни отражена в эпизоде из второй главы, когда Коля Заболотский искренне завидовал однокласснику Ване Мамаеву, награжденному образком Николая Чудотворца за участие в обходе села с чудотворной иконой [Заболоцкий 1972, 2: 210]. В богословии иконы ее значение понимается более интеллектуализировано, что отразилось в Декларации ОБЭРИУ и обсуждалось в четвертой главе, — но при этом неизвестно, какой вклад в эти богословские конструкты внесли Заболоцкий и Хармс.

В стихотворении «Обед» Заболоцкий как никогда близок к Бахтину. Хотя обэриуты в высшей степени лояльны *наличному миру* предметов и их связь с православным богословием и традицией «русского смеха» сильнее, чем с карнавальным бунтом «переворачивания», некоторые вдумчивые исследователи видят признаки карнавала и в «Столбцах» Заболоцкого. Даже Д. Лихачев и А. Панченко, отличая «русский смех» от западного карнавала, тем не менее признают за ними некоторые общие элементы[34]. Поскольку «Обед» изображает высшую реальность, а не негатив ее «антимира», как в «Красной Баварии», есть больший риск того, что положительное содержание стихотворения будет извращено, особенно в контексте авангардной поэтики, столкновения словесных смыслов и с учетом оптики юродивого, носителем которой является авторское «я». Если Заболоцкий в конечном итоге остался верным «консервативной» идеологии ОБЭРИУ, то само стихотворение «Обед» временами приближается к бахтинскому карнавалу.

В реальной жизни история Заболоцкого и Бахтина — это история несостоявшейся встречи, которая могла и должна была случиться, но не случилась. Ленинградский кружок Бахтина 1920-х годов занимался некоторыми из эстетических и теологических вопросов, которые интересовали ОБЭРИУ. В кружок входили три человека, так или иначе близких к обэриутам: Константин Вагинов, Мария Юдина и Иван Соллертинский. Вагинов обычно считается членом обоих кружков (в Декларации ОБЭРИУ он указан как член группы). Он писал романы, высмеивающие странности обоих кружков: «Труды и дни Свистонова» на материале ОБЭРИУ, и «Козлиная песнь» на материале бахтин-

---

[34] Действительно, они заявляют, что их исследование не состоялось бы без работы Бахтина о карнавале, и посвящают ему свою книгу [Лихачев, Панченко 1976: 4]. [Максимов 1984a: 132; Goldstein 1983: 84–85; Goldstein 1993: 275–276, примечание 8; Masing-Delic 1992: 334–335, примечание 26].

ского кружка [Вагинов 1991][35]. Вагинов, однако, не был особенно близок с Заболоцким. Единственный случай, когда их имена встречаются вместе, исключая высказывания по поводу ОБЭРИУ в целом, — это воспоминание Максимова о том, что Заболоцкий находил Вагинова «недостаточно смелым» в литературных начинаниях [Максимов 1984: 128].

Юдина была известной пианисткой, человеком сильных религиозных убеждений и бесстрашно поддерживала художников, которым в советский период угрожала опасность. Она была хорошо знакома с Бахтиным и многими деятелями авангарда. Среди них был Малевич, который был косвенно связан с ОБЭРИУ и упоминается в Декларации; Филонов, у которого Заболоцкий брал уроки рисования и чьими работами восхищался; и Хармс, с которым у Заболоцкого были особенно близкие отношения. Кроме того, брат М. Юдиной, Лев Юдин, создал афишу для обэриутских «Трех левых часов» и, что еще более важно, дизайн обложки для «Столбцов» Заболоцкого [Clark, Holquist 1984: 106–106; Юдина 1978; Goldstein 1993: 36–37]. Несмотря на все это, Юдина и Заболоцкий встретились только в 1940-х, когда они вместе работали над переводом текста восьми песен Шуберта. В одном из писем к Юдиной этого периода Заболоцкий пишет, что слышал о ней от Хармса в 1920-е годы. Юдина, со своей стороны, замечает, что «непонятным образом не произошло в ту пору творческой встречи с Николаем Алексеевичем Заболоцким» [Юдина 1978: 262, 270][36].

И наконец, Соллертинский — наименее вероятная точка соприкосновения Заболоцкого с бахтинским кружком. Соллертинский входил в бахтинский кружок, был знаком с Хармсом

---

[35] См. также [Никольская 1991; Никольская 1989; Anemone 1985; Clark, Holquist 1984].

В «Трудах и днях Свистонова» ироническенскому изображению вечера «Три левых часа» и участия в нем Вагинова посвящен один абзац. В «Козлиной песни» прототипом одного из персонажей является Бахтин, а другого — близкий к нему Л. В. Пумпянский, но прототипы других персонажей (П. Е. Лукницкий, И. А. Лихачев, Венедикт Март) отношения к этому кругу не имеют, да и в целом роман трудно назвать сатирическим. — *Примеч. ред.*

[36] См. также [Юдина 1977: 266–72].

и Введенским, учился в Институте истории искусств [Clark, Holquist 1984: 104–105; Михеева, 1988: 28–38; Alexandrov 1991a: 43]. Но несмотря на близость Заболоцкого с Хармсом и Введенским, дружбу с Лидией Гинзбург и другими людьми, связанными с Институтом истории искусств, нет никаких свидетельств о личных отношениях между Заболоцким и Соллертинским.

Это были заманчивые, но не реализовавшиеся возможности. Однако есть еще одна область, где возможна связь между Заболоцким и Бахтиным, — это область идей, а именно творчество Рабле. Рабле занимал центральное место в книге, в которой Бахтин изложил многие идеи о карнавале, «Творчество Франсуа Рабле и народная культура средневековья и Ренессанса» (английский упрощенный перевод вышел под названием «Rabelais and His World»). Заболоцкий адаптировал «Гаргантюа и Пантагрюэля» Рабле для детей[37], и как представляется, он захватил ум Заболоцкого так же сильно, как ум Бахтина [Бахтин 1990; Заболоцкий Н. Н. 1998: 180; Рабле 1935; Македонов 1968: 77][38].

> Я уверен, — пишет Максимов, — что в эпоху «Столбцов» у Заболоцкого была и другая точка опоры... Дух Рабле, цветение играющей, грубой жизненности торжествует и в наступательных, волевых интонациях «Столбцов»... Если бы я писал литературоведческую работу о Заболоцком, я... коснулся бы вопроса о «карнавальной» стихии в «Столбцах», которую открыл в творчестве Рабле М. М. Бахтин [Максимов 1984a: 132].

Проблема здесь в сроках. В какой момент Бахтин начал думать и говорить о карнавале и Рабле?[39] А поскольку у Заболоцкого не

---

[37] В действительности не переводил (Заболоцкий практически не владел французским языком, тем более языком XVI века), а на основании существующих переводов делал адаптацию для детей. — *Примеч. ред.*

[38] См. также: Н. Заболоцкий. Рабле — детям // Литературный Ленинград. 14 октября 1935 года

[39] Гэри Сол Морсон и Кэрил Эмерсон отмечают существование эссе конца 30-х годов под названием «Из предыстории романного слова», в котором Бахтин представляет «обширный и точный обзор» форм пародии, «свобод-

было прямого контакта с кружком Бахтина, — витали ли эти идеи «в воздухе» до такой степени, что он смог бы впитать бахтинскую интерпретацию Рабле путем своего рода интеллектуального осмоса? Каким бы ни был ответ на эти вопросы, при рассмотрении некоторых аспектов произведения Заболоцкого имеет смысл избирательно примечаниеть некоторые бахтинские принципы.

«Карнавал» в собственном смысле означает «устранить мясо» — «carne levare» — и относится к народным праздникам, предшествующим христианскому Великому посту. Карнавал в бахтинском понимании, опрокидывая христианскую церковную иерархию, прославляет тело и материальный мир и наполняет этот мир «существенным, значимым, философским содержанием» [Bakhtin 1984: 5–6, 8–9, 11]. Здесь можно увидеть, что Бахтин в первую очередь работает в рамках западной христианской традиции. В восточной традиции, благодаря благоговению перед материальным миром и принятию плоти, иерархии, на которые опирается бахтинский карнавал, гораздо менее жестки. Восточная церковь поощряет почитание материи в виде икон и фактически требует от немонашествующих священников участвовать в плотской жизни: жениться и воспитывать детей.

Литературное следствие карнавала, по Бахтину, — гротескный реализм. В своем определении гротескного реализма, которое вполне может послужить вступлением к стихотворению «Обед»,

---

ной от нигилистического отрицания» и содержащей «небольшой намек на радикальные, революционные аспекты пародийного смеха, которым предстояло сыграть большую роль в его более позднем раблезианском карнавальном взгляде на мир» [Morson, Emerson 1990: 434–435]. Мог ли Бахтин думать и разговаривать об этих вещах в 1920-е годы? Тогда тем более утвердительный настрой эссе соответствовал бы утвердительной направленности мысли ОБЭРИУ. Точка идеологического противостояния тем не менее сохранилась бы, поскольку Бахтин утверждает, что «[п]ародия подрывает не авторитет в принципе, а только такой авторитет, который претендует на то, чтобы быть вневременным и абсолютным». Обэриуты верили в авторитет, который был «вневременным и абсолютным» в форме «предметности предмета», и, в некоторых случаях, во «вневременный и абсолютный авторитет» Бога. Вопрос для них был в том, как дотянуться до этого авторитета и понять его.

Бахтин подчеркивает принципы снижения, переворачивания, материализма и плодовитости:

> Ведущею особенностью гротескного реализма является снижение, то есть перевод всего высокого, духовного, идеального, отвлеченного в материально-телесный план, в план земли и тела в их неразрывном единстве. Так, например, «Вечеря Киприана»… и многие другие латинские пародии средневековья сводятся в значительной степени к выборке из Библии, Евангелия и других священных текстов всех материально-телесных снижающих и приземляющих подробностей… Снижение… имеет не только уничтожающее, отрицающее значение… Сбрасывают не просто вниз, в небытие, в абсолютное уничтожение, — нет, низвергают в производительный низ, в тот самый низ, где происходит зачатие и новое рождение… Другого низа гротескный реализм и не знает, низ — это рождающая земля и телесное лоно, низ всегда зачинает [Бахтин 1990: 26, 28].

В своем стихотворении «Обед» Заболоцкий вовсе не изображает людей, снижающих высокую церковную традицию и делающих ее, по Рабле, своей собственной. Вместо этого он описывает, как овощи и мясо отправляются в кастрюлю для супа и присваивают человеческие качества, тем самым «снижая» их. Опираясь скорее на материальный, чем на психологический акцент Декларации ОБЭРИУ, Заболоцкий персонифицирует ингредиенты своего супа не тем, что придает им человеческие эмоции, а тем, что превращает их в персонифицированную плоть. Общими характеристиками суповых ингредиентов и людей становятся их видимые, осязаемые свойства. Здесь «столкновение словесных смыслов» происходит во взаимодействии «очеловечивания» и «обовощевления» (несмотря на присутствие мяса в супе, основное послание стихотворения передают именно овощи).

Стихотворение начинается с вступления из четырех строк. Затем следуют две строфы, которыми практически можно пользоваться как рецептом супа, настолько они укоренены в конкретной реальности. «Строфы с рецептом» предзнаменуют то, что можно назвать «овощным евангелием» из заключительной части стихотворения. В двух заключительных строфах история супа пересказывается заново с использованием хорошо спрятанного религиозного подтекста — смерти, сошествия в ад, воскресения и преображения, — пропитанного образностью и богословием православной иконы. Стихотворение завершается приготовлением к евхаристии, с использованием Великого времени литургии для объединения прошлого, настоящего и будущего овощей и еще одного переворота устоявшейся иерархии.

Обед

Мы разогнем усталые тела.
Прекрасный вечер тает за окошком.
Приготовленье пищи так приятно —
кровавое искусство жить!

Картофелины мечутся в кастрюльке,
головками младенческими шевеля,
багровым слизняком повисло мясо,
тяжелое и липкое, едва
его глотает бледная вода —
полощет медленно и тихо розовеет,
а мясо расправляется в длину
и — обнаженное — идет ко дну.

Вот луковицы выбегают,
скрипят прозрачной скорлупой
и вдруг, вывертываясь из нее,
прекрасной наготой блистают;
тут шевелится толстая морковь,
кружками падая на блюдо,
там прячется лукавый сельдерей
в коронки тонкие кудрей,
и репа твердой выструганной грудью
качается атланта тяжелей.

Прекрасный вечер тает за окном,
но овощи блистают, словно днем.
Их соберем спокойными руками,
омоем бледною водой,

они согреются в ладонях
и медленно опустятся ко дну.
И вспыхнет примус венчиком звенящим —
коротконогий карлик домовой.

И это — смерть. Когда б видали мы
не эти площади, не эти стены,
а недра тепловатые земель,
согретые весеннею истомой;
когда б мы видели в сиянии лучей
блаженное младенчество растений, —
мы, верно б, опустились на колени
перед кипящею кастрюлькой овощей.
[Заболоцкий 1972, 2: 32–33]

В первой строфе устанавливаются время и место действия стихотворения (вечер, кухня), а также становится известным мировоззрение поэта и средства, которые он будет использовать для его выражения. Конкретный мир Декларации ОБЭРИУ снова и снова выходит на первый план, начиная с «разгибания» усталых тел в первой строке. Слово «тело» сигнализирует об акценте на физическом, что к концу стихотворения раскроется в «монистическом» утверждении о полной интеграции физического и духовного. Следующая строка — «прекрасный вечер тает за окошком», — взятая сама по себе, может показаться анахроничным пережитком символистского прошлого Заболоцкого: прекрасный вечер тускнеет в великой дали, что говорит о ностальгии, *тоске*, и, возможно, налете таинственности. Также она похожа на реликт XIX века, напоминая, например, подражающий Вордсворту «Сонет» Ивана Козлова, который начинается так: «Прелестный вечер тих, час тайны наступил» [Козлов 1960: 260]. Но в контексте обэриутской веры в «предметность предмета» сам вечер становится конкретным, и глагол «таять» принимает свой базовый, физический смысл («таять»), а не переносный «истощаться». Опредмеченный вечер Заболоцкого ведет себя скорее как сюрреалистические часы Сальвадора Дали, которые тают с ходом времени.

В заключительных строках строфы выражается «столкновение словесных смыслов», конфликт между поверхностными значениями слов и лежащими в их основе овеществленными смыслами, столь важный для обэриутской теории: «Приготовленье пищи так приятно — / кровавое искусство жить!» Повторение мощного *р* и рокочущего *пр* в первой из приведенных строк несколько подрывает ее высказывание о приятности. И действительно, приятное занятие, освобожденное от житейской словесной шелухи, оказывается не чем иным, как «кровавым искусством жить». Выделению этой идеи способствуют аллитерация *к* и *в*, ударное односложное заключительное слово, четырехстопная строка, в отличие от пятистопных предыдущих[40]. Приятный, но поверхностный смысл приготовления пищи сталкивается с жестокой, конкретной реальностью: есть, чтобы выжить.

Более того, кровавость «кровавого искусства жить» невозможно смягчить вегетарианством, просто убрав мясо из супа, поскольку суть гротеска Заболоцкого в стихотворении заключается в очеловечивании овощей. Уже в «рецепте» приготовления супа во второй и третьей строфах демонстрируется слияние человеческих и овощных признаков. В этой части стихотворения также вводятся темы, которые будут отражены на более высоком уровне в заключительных строфах «овощного евангелия». Это в целом способствует структурной целостности стихотворения, основные конструктивные опоры которого — рифма, длина строки и длина строфы — нерегулярны.

Мы видим простые формы очеловечивания, когда вода «глотает» мясо, которое бросают в суп; лукавый сельдерей прячется в короне «кудрей»; а репа *качается* «твердой выструганной грудью», «атланта тяжелей»[41]. В этом контексте «толстая» морковь, которая «шевелится», также очеловечена, хотя описывающие ее

---

[40] Поэма в целом состоит из 38 строк длиной от четырех до шести слогов, с преобладанием пятистопного ямба.

[41] Атланты — множественное число от Atlas; так называют скульптурные мужские фигуры, выполняющие функции колонн, на которые опирается антаблемент. Источником вдохновения для этого образа могли послужить атланты ленинградского Эрмитажа.

слова могут относиться не только к людям, но и к неодушевленным предметам.

Более сложны по функции и более характерны для метода Заболоцкого суповые картофелины. Они «мечутся» в кастрюле — предположительно их подбрасывает кипящая вода. Но Заболоцкий видит в них младенцев, шевелящих головками, — здесь уменьшительное «головки» способствует усилению прилагательного «младенческий». Кроме того, прилагательное «младенческий» ссылается на отягощенное духовным смыслом «блаженное младенчество растений» в завершении стихотворения и обращается к образности крещения, символической смерти и возрождения через погружение в воду.

Эта интерпретация тем более достоверна в свете того, что в этот период Заболоцкий часто обращался к теме младенчества. В «Столбцах» образ младенца встречается в стихотворениях «Новый быт» и «Незрелость», образ заспиртованного плода — в «Белой ночи», и образ хлеба-младенца — в «Пекарне». Кроме того, понятия рождения, нового мира и образ ребенка, качающего головой, встречаются в «Торжестве земледелия», соединенные похожим образом:

> И новый мир, рожденный в муке,
> Перед задумчивой толпой
> Твердил вдали то Аз, то Буки,
> Качая детской головой.
> [Заболоцкий 1972, 1: 147]

Тем не менее ключ к пониманию значимости этих образов — их повторение во второй части стихотворения. Еще одно указание на литургический подтекст — кастрюлька, в которой картофелины шевелят младенческими головками, в конечном итоге станет чашей на алтаре, перед которой мы, в соответствии с заключительными наставлениями поэта, должны будем склонить головы в благодарственной молитве.

То же самое происходит с образностью наготы и снижения, в обоих основных смыслах этого слова, присущих гротеску.

Первый раз образ наготы встречается во второй строфе, где бледная вода глотает и полощет мясо, которое затем, «обнаженное», опускается на дно кастрюли. Прилагательное «обнаженное», и без того шокирующее неприкрытой плотскостью и «непристойностью» мяса, дополнительно выделяется с помощью тире с двух сторон. Во втором примере луковицы выскальзывают из шелухи и блестят «прекрасной наготой». Теперь для выделения наготы служат уже не тире, а архаический глагол «блистать»[42].

Далее история рассказывается вновь в четвертой и пятой строфах, поскольку Заболоцкий проецирует приготовление супа, уже завершившееся в обыденности, в Великое время церковной жизни, в котором происходит литургия и иконные события[43]. Из рецепта стихотворение превращается в евангелие рождения, жизни, смерти и воскрешения овощей. Повторение первой строки стихотворения в начале четвертой строфы подсказывает, что начинается реприза: «Прекрасный вечер тает за окном». Замена уменьшительной формы «окошко» на стандартную «окно» создает более нейтральный тон и способствует уходу от языка непосредственной реальности к более отвлеченному языку. Это язык гипотетических и будущих действий за пределами повседневной реальности, столь ощутимо присутствующей в предыдущих строфах. Так, конкретные картофель, лук, сельдерей, репа и т. д. заменяются более отвлеченным понятием «овощи». Кроме

---

[42] Произведение в целом напоминает «Евгению: жизнь Званская» (1807) Державина, сосредоточенное на отдельных предметах, связанных с приятным времяпровождением и трапезой. В этом произведении Державин дважды употребляет глагол «блистать», оба раза в связи с человеческими образами (портреты в строфе 10, дети в строфе 46), обозначающий выдающиеся качества (например, «блистать» в обществе), в отличие от физического «блистания» луковиц у Заболоцкого. Державин также использует более современную форму «блестеть» в строфе 23 [Державин 1958: 261–268]. См. также [Смирнов 1969: 151–152].

[43] См. [Успенский 1997: 603–604; Мейендорф 1995]. В контексте мысли Бахтина Кэрил Эмерсон объясняет Великое время как «временной уровень, на котором все невыраженные или потенциальные значения в конечном итоге актуализируются, где каждая идея находит для себя контекст, который может оправдать и питать ее». Цит. по: [Wachtel 1994: 226, примечание 68].

того, несовершенные глаголы обиходной реальности рецепта сменяются последовательностью совершенных глаголов — «соберем», «омоем», «согреются», «опустятся». Глаголы совершенного вида указывают не столько на завершенность в этом мире, сколько на грамматический хилиазм: будущее завершение. Это Новый Завет, последующий Ветхому Завету первой части стихотворения, это движение в Великое время, в котором актуализируются все потенциальные значения.

Овощи «блистают, словно днем», и повторение архаичного глагола «блистать» напоминает о луке из предыдущей строфы. Но условное наклонение, выраженное частицей «словно», знаменует иной уровень реальности. Мы уже знаем, что сейчас не день. Сейчас вечер, смеркается, но все же — овощи блистают, как будто *сейчас* день. Таким образом, слово «блистать» не только передает лоск реальных обнаженных тел, но и предвещает метафизическое сияние, описанное в заключении поэмы, «сияние лучей», окружающее благословенное младенчество растений в недрах земли, где нет физического света.

Именно эта концепция сияющего метафизического света дает один из ключей к богословию стихотворения. По мере того, как в последнюю часть стихотворения встраиваются темы смерти и воскресения, сияющие овощи пропитываются религиозной атмосферой, связанной с Рождеством, Преображением, Сошествием во ад и евхаристией. Примечательно, что все эти теологические события демонстрируют интеграцию духа и плоти, жизни, смерти и воскресения.

Наиболее очевидна здесь связь с Преображением, которое описывается как неземное сияние такой силы, что оно оглушает и «ослепляет» свидетелей, но в то же время дает им способность «видеть» истинную двойственную природу Христа. Слова, с помощью которых Заболоцкий описывает свет, «блистать» и «сияние», являются однокоренными со словами, используемыми в русском синодальном переводе Евангелия для описания преображенного Христа. Согласно Евангелию от Марка, «Одежды Его сделались блистающими» (Мк. 9:2–3); в Евангелии от Луки: «Одежда Его сделалась белою, блистающею» (Лк. 9:29); в Евангелии от Матфея: «и Он преобразился пред ними и просияло лице Его как солнце» (Мф. 17:2) [Новый Завет 1904][44].

Эта перекличка продолжается в заключительной строфе в отношении выражения «сияние лучей» и иконных изображений Преображения Господня. На этих иконах фигура Христа обычно окружена шестиугольником или иной геометрической формой, изображающей «облако светлое», из которого говорил Бог (Мф. 17:5). Это и есть *сияние*. Кроме того, на иконах изображаются три «луча», простертые к трем апостолам, сопровождавшим Христа на гору [Лосский, Успенский 2014: 315; Baggley 1988: 40–42]. Таким образом, на первый взгляд избыточная фраза «сияние лучей» помогает в точности удостовериться в преображении овощей. Как только овощи Заболоцкого, подобно Христу, начинают преображаться, им уже не нужен внешний источник света, чтобы сиять. Их собственный божественный свет освещает все вокруг.

Подобно тому, как в Преображении удостоверяются и телесная природа Христа, и Его Божественная природа, в нем содержится весть как о смерти, так и о воскресении, предзнаменуя будущее в настоящем мгновении [Лосский, Успенский 2014: 315; Baggley 1988: 136–137, 146–147]. Эта всеохватность момента — аспект Великого литургического времени, в иконах она часто отображается как одновременное изображение последовательных событий. Так, на иконах мы видим Иоанна Крестителя с неотрубленной головой, который в то же время держит свою голову на блюде; на иконе Рождества мы видим новорожденного Христа, омываемого после рождения, и уже присутствующих волхвов[45]. Подобным образом в мгновение растительной вечности мы наблюдаем сочетание всех стадий развития овощей, от блаженного младенчества до смерти и воскрешения в суповой кастрюле.

В четвертой строфе продолжается тема смерти с ритуальным омовением «мертвых», но неминуемо «новорожденных» овощей,

---

[44] Церковнославянская версия: [Библия 1993].

[45] Об изображении последовательных событий на иконах см. в [Успенский 1972: 104] и далее. Я признательна своему коллеге Александру Жолковскому за то, что обратил мое внимание на эту книгу. См. также [Лихачева 1971; Sendler 1988: 70–71].

с глаголом «омыть», используемым для обозначения как ритуального омовения тела покойника или новорожденного, так и омовения грехов, тем самым способствуя раскрытию и крещального, и евхаристического подтекста стихотворения[46]. Рассказ об омовении — «Их соберем спокойными руками, / омоем бледною водой, / они согреются в ладонях» — перекликается с образом бледной воды во второй строфе стихотворения. Но в тот раз непосредственная реальность была очеловечена до такой степени, что бледная вода «поглотила» мясо. Теперь же «бледная вода» используется для омовения овощей в акте физической, духовной и литургической значимости в царстве Великого времени. Мясо во второй строфе устремляется ко дну, «обнаженное», во всей своей плотской, кровавой роскоши, а овощи, бережно омытые, «медленно опустятся ко дну», и там их ждут адские огни и сам дьявол в виде примуса, метафорически представленный как «коротконогий карлик домовой».

В этом погружении сочетаются и бахтинское снижение (прочитанное буквалистски), и православное богословие и иконография, и, конечно же, собственный взгляд поэта на кастрюлю с супом. Как утверждают исследователи иконы Л. Успенский и В. Лосский, «сошествие во ад представляет собой предел уничижения Христа и в то же время — начало Его славы», ибо Он выходит из ада победителем, искупив ветхого Адама и приближаясь к Своему Воскресению [Лосский, Успенский 2014: 315; Baggley 1988: 41–42, 135]. Так и овощи опускаются в кастрюлю, чтобы приблизиться к аду примусной горелки. В сложной и многосоставной религиозной метафоре они становятся частью таинственного супа, который очистит наши души, подготовит к искуплению, когда мы будем ему приобщаться. В то же время

---

[46] ОМЫВАТЬ / ОМЫТЬ *О. тело покойника.* Умерших монахов и скитников, как известно, не омывают. Дост. Бр. Карамаз. *О. пыль / грязь, кровь.* Слезы опять катились и сохли на горячих щечках ее, как будто омывая какое-н. страшное преступление. Дост. Хозяйка. Все отцы-матери грехи свои слезами омывают. М. Горький. Детство. [Словарь СРЛЯ 1959]. ОМЫТЬ *Искупить кровью.* Всей крови моей недостаточно, чтобы омыть эту обиду. Село Степанчиково. [Словарь РЯ 1958].

их «снижение» в супе подготавливает их к собственному «воскресению» и вечной жизни через жертвоприношение и вхождение в безвременное царство евхаристии.

На иконах Сошествия во ад преисподняя изображена как темная расселина или пропасть, которая своей глубокой чернотой отличается от образа «огненной печи», распространенного в западном христианстве. Поэтому свет, особенно лучи света, важны тем контрастом, который они дают:

> Он изображается в сияющем ореоле... часто по внешней стороне усеянном звездами и пронизанным исходящими от Него лучами. Одежда Его... золотисто-желтого цвета и вся светится, разделенная тонкими золотыми лучиками, ассистом. Мрак ада наполняется светом этих божественных лучей... Это уже свет грядущего Воскресения, лучи и заря наступающей Пасхи [Лосский, Успенский 2014: 281].

В стихотворении зажигание примуса («и вспыхнет примус») указывает либо на адское пламя, обычно не изображаемое на иконах, либо на метафизическое отражение блистающих лучей света, испускаемых овощами. В последнем случае оно прокладывает путь для образа сияния лучей, окружающих младенцев-растения в глубинах земли, которые также похожи на черную бездну преисподней на иконах Сошествия во ад.

Примус, который на первый взгляд кажется конкретным образом, более подходящим для гротескной первой части стихотворения (или для детского стихотворения Мандельштама о «больном» примусе, исцеленном «примусиным доктором» [Мандельштам 1967–1981, 1: 273]), на поверку несет богатейшую литургическую образность. Он не только олицетворяет дьявола и источает физический и метафизический жар, свет и тьму аллегорического ада Заболоцкого. Слово «венчик», здесь означающее кольцо примуса, имеет еще два значения, усиливающие литургический резонанс стихотворения. Первое из них — «нимб», вполне уместное в контексте религиозного отношения к смерти, воскресению и преображению. Второе — лента с религиозными изображениями, которую возлагают на лоб православным умершим при подготовке к погребению. В других произведениях Заболоцкий использует это слово по меньшей мере дважды: один раз серьезно, а второй — в значительной мере иронически. В серьезном контексте Заболоцкий употребляет слово «венчик» во втором его значении в «Торжестве земледелия», при описании поэта Хлебникова, тлеющего в могиле, с грязным венчиком на лбу:

Кто он, жалкий, весь в коростах,
Полусъеденный, забытый,
Житель бедного погоста
Грязным венчиком покрытый?
[Заболоцкий 1972, 1: 134]

В более известном контексте и в серьезном ключе слово «венчик» встречается у Блока в яркой концовке поэмы «Двенадцать», посвященной революции и насыщенной религиозной образностью:

В белом венчике из роз —
Впереди — Исус Христос.
[Блок 1960, 3: 359]

Ироническое употребление этого слова Заболоцким происходит при столкновении словесных смыслов в стихотворении «Свадьба» из «Столбцов». Здесь меховое боа изображено как *венчик* из засаленного горностая, что вносит свой вклад в создание атмосферы наглого мещанства:

Мясистых баб большая стая
сидит вокруг, пером блистая,
и лысый венчик горностая
венчает груди, ожирев
в поту столетних королей.
[Заболоцкий 1929: 43–44]

Столкновение между религиозными коннотациями слова «венчик» и затасканным предметом мещанской роскоши, к которому оно относится, усиливается аллюзиями на царственность и величие в таких словах, как «горностай» и «королевы». Все это оттеняет крайнюю неотесанность описываемых женщин и среды, в которой они живут. В стихотворении «Обед» *венчик* — это кольцо на примусе. Здесь оно не передает ни атмосферу пошлости, ни реальную религиозную практику. Но, учитывая богословский уклон стихотворения, не следует недооценивать религиозный резонанс этого слова.

Крещендо литургического смысла достигает вершины в заключительной строфе, рельефно выделяя священный подтекст стихотворения. (Возможно, по этой причине строфа была опущена во время первой публикации.) Единственное негипотетическое утверждение во всей строфе и единственное утверждение в «реальном», настоящем времени во всей второй части стихотворения (после вступления) — это выразительное предложение: «И это — смерть»[47]. Смерть — единственная реальность. И как таковая, она решает ребус, устраняет столкновение словесных смыслов, которое является исходным посылом стихотворения: «Приготовленье пищи так приятно — / Кровавое искусство жить!» Смертью сопровождаются как «приятное» «приготовление пищи», так и «кровавое искусство жить». Таким образом, это делает возможным и Преображение со встроенным в него рассказом о смерти и воскресении, и приготовление к евхаристии, поскольку мы, читатели вкупе с поэтом, готовимся приобщиться овощному супу.

В довершение всего, в соответствии с бахтинским принципом снижения, откровение поэт получает не тогда, когда он видит проблеск небес наверху, но когда приобретает своего рода гипотетическое рентгеновское зрение, которое позволяет ему видеть в глубинах земли. С помощью такого же зрения он описывает разлагающееся тело Хлебникова в «Торжестве земледелия», разлагающееся тело девушки в «Искушении», тела его давно умерших друзей в «Прощании с друзьями» и свое собственное

---

[47] «Но овощи блистают», взятые изолированно, — это, конечно, тоже утверждение в реальном, настоящем времени, но завершение строки, «словно днем», придает всему высказыванию условное наклонение будущего совершенного, которое преобладает в этом растительном евангелии.

мертвое тело в «Метаморфозах»[48]. Глядя вниз, мы ожидаем увидеть в холодной земле лежащих в могилах мертвецов. Но Заболоцкий видит в области литургического Великого времени нечто близкое к рождению: блаженное младенчество растений, согретых весенней истомой земли. Это в некотором смысле бахтинское снижение, движение «в производительный низ, в тот самый низ, где происходит зачатие и новое рождение…» [Бахтин 1990: 28].

> …Когда б видали мы
> не эти площади, не эти стены,
> а недра тепловатые земель,
> согретые весеннею истомой;
> когда б мы видели в сиянии лучей
> блаженное младенчество растений…

В первых строках строфы Заболоцкий утверждает метафизическую значимость физического с помощью взаимодействия внутреннего и внешнего, материального и духовного, напоминающего иконопись. По словам Бориса Успенского, в иконах и в доренессансном искусстве передняя стена здания часто удаляется, чтобы зритель видел как религиозную интерьерную сцену, так и вид снаружи, из которого ясен контекст [Успенский 1972: 186–188, 202–204, иллюстрации 8, 24]. Отвержение Заболоцким «этих стен» и «этих городских площадей» в пользу прозрения в глубины земли — это аналогичное удаление визуальных препятствий и слияние внутреннего и внешнего. Заболоцкий создал свою икону Рождества, ибо «интерьерная» религиозная сцена — не что иное, как «блаженное младенчество растений».

Подобно младенцам-растениям Заболоцкого, младенец Христос на иконах Рождества рождается «в недрах земель», то есть в темной пещере, похожей на темную бездну ада на иконах Сошествия во ад и отличающейся от стойла или амбара традиционных западных

---

[48] Отрывок в «Метаморфозах» звучит так: *И если б только разум мой прозрел / И в землю устремил пронзительное око, / Он увидал бы там, среди могил, глубоко / Лежащего меня* [Заболоцкий 1972, 1: 202]. Это стихотворение будет рассмотрено в шестой главе.

изображений Рождества Христова. Выражая принцип Воплощения, Рождество предвещает темы Преображения и Сошествия в ад, а также утверждает роль материи в божественной жизни, представленной Воплощенным Христом как Логосом. Как пишет Бэггли, в иконе Рождества «прославляется реальность Воплощения вечного Слова, Сына Божьего, и преображение и восстановление мира через это воплощение» [Baggley 1988: 122]. Если отнести это высказывание к слову-как-предмету, оно очень напоминает основные принципы богословия Декларации ОБЭРИУ.

На иконах Рождества, как и на иконах Преображения, Сошествия во ад и в стихотворении Заболоцкого, свет играет двоякую роль, отражая как физические, так и метафизические начала. Единственный луч света — от Вифлеемской звезды — устремляется с небес вниз, к Младенцу Христу. Кроме того, «свет младенца Христа сияет во тьме пещеры и рассеивает тьму тени смерти, покрывающей человечество» [Baggley 1988: 122][49]. Младенцы-растения Заболоцкого, подобно Младенцу Христу, сияют во тьме своих родных земных недр, и, подобно Ему, они грядут рассеять тень смерти.

Возвращаясь к обобщенным характеристикам икон, отметим, что религиозные изображения и иконы иногда принимают вид изображения в изображении, когда одно из них служит фоном или рамой, а другое находится в центре внимания. У этих изображений может быть разный сюжет и разный тип перспективы. Изображение фона часто ориентировано на внешнего зрителя, тогда как центральное ориентировано на позицию внутреннего зрителя, находящегося внутри картины [Успенский 1972: 186–188, 202–204][50]. У стихотворения Заболоцкого сходная структура: он строит его вокруг трех изображений. Центральная картина — это

---

[49] Бэггли высказывает интересное замечание, которое, возможно, имеет отношение к разумности животных в «Триумфе земледелия» и «Безумном волке»: присутствие вола и осла на иконах Рождества напоминает нам «исполнение пророчества Исайи "Вол знает владетеля своего, и осел — ясли господина своего" (Ис. 1:3), то есть животное творение участвует в признании Воплощения Сына Божьего».

[50] См. также иллюстрации 1 и 14.

овощи в их «интерьерном» существовании, сначала в суповой кастрюле, затем в недрах земли. Она обрамляется более «внешними» по отношению к ней изображениями, которые связаны с «нами», людьми, готовящими суп на кухне.

Смутно идентифицируемые «мы», скорее похожие на стилизованные миниатюрные портреты донаторов или автопортреты художников на полях религиозных изображений, обеспечивают связь между метафизическим смыслом центрального религиозного образа и обыденным миром, в котором предположительно живет внешний наблюдатель. Третий ряд изображений — это истинный внешний мир, который обрамляет все стихотворение, — стены, площади и тающий за окном вечер.

Образы весны и животворного тепла земли в заключении стихотворения не только уравновешивают вышеупомянутую ассоциацию жара со смертью (кипячение и ритуальное омовение «мертвых» овощей), но также вносят свой вклад в представление о евхаристии, которое становится все более очевидным по мере приближения к концу стихотворения. Здесь теплый суп, содержащий «тело и кровь» овощей, уподобляется святым дарам, в которые на православной литургии вливается *теплота* (кипяток)[51]. Обновление в видении поэта о младенцах-растениях перекликается как с обновляемым через пресуществление присутствием Христа в святых дарах, так и с обновлением причащающегося и возвращением его в состояние благодати посредством причастия. Аналогичным образом, овощи, которые когда-то блистали, когда их чистили и бросали в суп, теперь, даже в глубине земли, предстают в полном «сиянии лучей» их собственного рождества, преображения, сошествия в ад и воскресения. Они воскресают, когда видение поэта возвращает их из смерти в благословенное младенчество в теплых глубинах земли. Они воскресают, готовясь дать нам новую жизнь, физически и литургически питая нас евхаристическим овощным супом. И воскрешает их само стихотворение, которое сохранит их жизнь для неизвестных поколений читателей.

---

[51] Заболоцкий упоминает теплоту в [Заболоцкий 1972, 2: 220].

Это объясняет концовку стихотворения. Если бы мы, читатели стихотворения и потенциальные поедатели супа, могли обрести ви́дение юродивого, который лицезрит блаженное младенчество растений в сиянии лучей, мы знали бы, что растения пожертвовали своими жизнями, чтобы мы могли жить. Ведь они умирают и рождаются снова благодаря нашему чтению и будущей еде. Как отмечает Фрейдин, обсуждая евхаристическую тематику у Мандельштама:

> Что делает евхаристию уникальным даром, так это особые вечные часы, которые создает таинство. И так же, как евхаристия подражает вечере Христовой и таинственным образом воссоздает ее постоянно повторяемым благодарением, так и поэзия приближается к вечности и «подражает» Христу, следуя принципу «благодарения» [Freidin 1987: 120][52].

Если бы мы могли смотреть внутрь земли, по Заболоцкому, мы бы упали на колени в благодарении и почитании перед кипящей кастрюлей с овощами:

> мы, верно б, опустились на колени
> перед кипящею кастрюлькой овощей.

В заключительном акте «снижения» мы *опустимся* на колени, так же как овощи *опустятся* в кипящую воду ада в предпоследней строфе. Более того, теперь мы склоняемся перед тем же алтарем-кастрюлей, в которую мы, в нашей прежней богоподобной роли, бросали овощи, когда начинали готовить суп.

Этот последний жест резюмирует суть стихотворения и, по сути, суть личного богословия Заболоцкого. Кастрюля с супом реальна. Это обед. Это часть обыденной жизни, которая составляет центральный элемент его ранних стихов и многих поздних стихов 1950-х годов. Однако поэт призывает нас поклоняться кастрюле не потому, что она означает обед, а мы голодны, а по-

---

[52] Подробнее о евхаристических текстах Мандельштама см. в [Freidin 1987: 113, 119–123, 167–168, 185, 194, 197–201; Ronen 1983: 360].

тому, что она знаменует высшую реальность, неразрывный союз духовной и материальной жизни. Подобно иконопочитателю, но безрелигиозному, Заболоцкий утверждает роль тела и материи в спасении и по-своему разделяет убежденность иконопочитателей в том, что «Божественное... доступно через материальное..., его можно... не только видеть, но и вдыхать, вкушать» [Федотов 2015: 43; Пеликан 2009: 119]. Успенский пишет о евхаристии, но его высказывание можно также отнести к стихотворению Заболоцкого и отраженной в нем обэриутской идеологии:

> Вера Церкви отличается... тем, что она *конкретно, физически* причастна своему *объекту*. И вера эта в конкретном общении становится видением, знанием, общностью жизни с Ним. Эта общность жизни осуществляется в Евхаристии [Успенский 1997: 586][53].

При всей своей гротескности и описании бахтинского «снижения» Заболоцкий, в конце концов, отстаивает традиционные религиозные ценности, хотя и в своей собственной, своеобразно-обэриутской манере. Сознательно или бессознательно он опирался не только на богословие иконы, но и на визуальную образность и устройство иконы. Несмотря на неявную православность его творчества, он не обряжается в мантию откровенно религиозного поэта. Скорее в поразительных образах «Обеда», «Красной Баварии» и ряда других стихотворений Заболоцкий передает взгляд современного юродивого на конфликтное, но и неизбежное переплетение русской православной культуры и советской действительности.

---

[53] Курсив добавлен.

Глава шестая
Ортодоксия и ниспровержение

СОВЕТСКАЯ ОРТОДОКСИЯ И РЕАЛЬНОСТЬ РУССКОЙ ПОЭЗИИ

> Гнетущая ортодоксальность культуры и мертвящий дух конформизма, пустившие корни в 1930-х годах...
>
> *Шейла Фицпатрик. Культурный фронт: власть и культура в революционной России*

> Тридцатые — коллективизация, украинский голод, процессы, 1937-й — и притом вовсе не подавленность, но возбужденность, патетика, желание участвовать и прославлять...
>
> *Лидия Гинзбург. И заодно с правопорядком...*

Советская культура 30-х годов была отмечена эпидемией смерти и несколько менее распространенной эпидемией «второго рождения». Смерть была как буквальной, так и образной. К началу 1930-х революция была мертва, и революционный запал и брожение 1920-х давно минули. ОБЭРИУ прекратило существование, как и многие другие группы, причем политическое удушение ускорило их естественную кончину. К началу 1940-х Хармс, Введенский, Мандельштам и многие их соотечественники были мертвы, став жертвами свирепой, и иногда случайной, жестокости сталинизма. «Мертвящий дух конформизма» и «гнетущая ортодоксальность культуры» и впрямь подчинили себе советскую жизнь.

Но в то же время 1930-е стали временем «второго рождения» тех деятелей и учреждений культуры, которые не погибли от сталинского мора. Уцелевшие литературные группы переродились в новообразованный Союз писателей. Прежде «непокорные» Зощенко, Пастернак, Заболоцкий и Мандельштам стремились к простоте выражений и поэтической доступности, становясь частью процесса, суть которого была сформулирована в сборнике стихов Пастернака 1930–1931 годов «Второе рождение». Строка из стихотворения этого сборника послужила названием для статьи Лидии Гинзбург «И заодно с правопорядком...», в которой она подвергает тот период ретроспективному анализу. Гинзбург отмечает, что 30-е годы были отмечены отнюдь не чувством подавленности, но, скорее, возбуждением и желанием участвовать в деяниях современности и даже прославлять их («вовсе не подавленность, но возбужденность... желание участвовать и прославлять» [Гинзбург 1988: 218][1]). Писатели «переродились», практикуя «искусство приспособления». В переплавке своей творческой идентификации им помогали сочетание искреннего стремления идти заодно с правопорядком с осознанием того, что без такого стремления им не выжить.

Именно в этот период мы видим «второго» Заболоцкого, по выражению А. Македонова, переродившегося в классической стилистике поэта «Столбцов» [Македонов 1968: 5, 226]. Этот поэт уходит от кричащего авангардного гротеска. Его отношение к символизму стало более спокойным: в его стихах он более не играл значительной роли, ни как образец для подражания, ни как мальчик для литературного битья. Теперь он без стеснения приобщается к традиции Пушкина, Тютчева, Боратынского и Лермонтова, а также переключает внимание со слабостей и трагедий городской жизни времен НЭПа на возвышенную тематику отношения человека к природе.

И все же этот «второй» Заболоцкий не так сильно отличается от первого, как можно было ожидать. Во-первых, стилистический

---

[1]   Также в [Гинзбург 1989: 205]. Строка взята из стихотворения Пастернака «Столетье с лишним — не вчера».

переход от безудержного разгула «Столбцов» к более уравновешенной манере поздних стихов не столь резок и не столь абсолютен, как считали первые критики Заболоцкого. Поэт-юродивый, чье повествование слышно в стихах 1920-х годов, продолжал свою работу в некоторых произведениях первой половины 1930-х. Но и он, и его разумный преемник все более обращали внимание на вопросы, лежащие за пределами городского нэповского контекста, в котором ви́дение юродивого проявилось наиболее ярко. В 1920-е годы авторское «я» проявлялось в основном через антитезис. Антимир «русского смеха» и почти бахтинское ощущение перевернутости помогли ему создать ви́дение высшей, более истинной реальности, в которой утверждали свою идентичность конкретные предметы, от накрашенных ногтей до картофеля в суповой кастрюле. Авторское «я» более поздних стихов отказывается от «русского смеха» как приема и высказывается напрямую. И все же его ви́дение по-прежнему глубоко своеобразно, а вопросы, лежащие в основе его метафизического и поэтического поиска, остаются теми же: это онтологические и эпистемологические проблемы, связанные с природой реальности и участием человека в этой реальности. Несмотря на то что Заболоцкий постепенно отходил от средств и методов обэриутского искусства, он сохранил фундаментальные принципы, на которых была основана Декларация ОБЭРИУ — веру в самоидентификацию вещей и в «высшую реальность», присущую наличному, материальному миру.

Если бы Заболоцкий продолжил поиск метафизической истины в стиле «Столбцов», его лагерный срок, возможно, начался бы еще раньше, а публикация работ после возвращения (если бы он вернулся вообще) была бы еще более затруднительна. Но что еще хуже для человека с такой совершенно искренней преданностью своему поэтическому призванию, как у Заболоцкого, — похоже, что попытка продолжать в прежнем стиле привела бы его либо в поэтический тупик, либо в ловушку самопародии.

Здесь опять совпадают загадка и парадигма. Изменения в творчестве Заболоцкого предстают загадочными, потому что их мотивация неоднозначна, — отсюда и ощущение раздвоенности, та «проблема Заболоцкого», которая очерчена на первых страницах этой книги. И все же глубинное противоречие — это часть и парадигмы советской культуры, и неизменной личностной идентичности. У Заболоцкого практика «искусства приспособления» как и у многих других, совпала с искренним и, возможно, наивным желанием участвовать в грандиозных начинаниях того времени, со вполне понятным ощущением ужаса и естественной эволюцией художественного творчества.

НАМЕК НА БЕССМЕРТИЕ

> Есть одна прямая линия, на которой лежит все земное. И только то, что не лежит на этой линии, может свидетельствовать о бессмертии.
>
> *Дневниковая запись Даниила Хармса за 1938 год*

Несмотря на богословские аспекты Декларации ОБЭРИУ, в ранних работах Заболоцкого тема бессмертия возникает лишь исподволь. Забота о «вещности вещей» и о способности человека воспринимать ее заслоняет главные вопросы о жизни и смерти. Но разве не «бессмертие» вещей в свете вечной истины предполагается преображенным обэриутским ви́дением, ви́дением преображенного мира «голыми глазами»? В книге «Abolishing Death: A Salvation Myth of Russian Twentieth-Century Literature» Ирен Масинг-Делич утверждает, что «Столбцы» и «Торжества земледелия» по большей части зиждутся на концепции бессмертия, родственной «философии общего дела» Николая Федорова[2]. Но даже не соглашаясь с этим утверждением, вряд ли можно отрицать проблематику бессмертия, присущую образности евхаристической жертвы, преображении и воскресении в стихотворении «Обед». Нельзя отрицать и своеобразную проблематику бессмертия в стихотворении «Искушение» 1929 года, в котором

---

[2] См. [Masing-Delic 1992], глава 10, и другие работы Масинг-Делич, перечисленные в библиографии настоящего исследования.

девушка умирает, затем разлагается, пока не превратится в «щи». Из «щей» вырастает дерево, которое поет похожую на сказку колыбельную, со своей сюжетной линией. Происходящая с девушкой метаморфоза делает «Искушение» предшественником философских стихотворений 1930-х и 1940-х годов и «Прощания с друзьями».

Переходя к характеристикам концепции бессмертия Заболоцкого, стоит вкратце остановиться еще на двух стихотворениях, в некотором смысле предвосхитивших поздние «философские»: «На лестницах» 1928 года, атмосфера которого вполне соответствует духу «Столбцов», хотя оно и не вошло в сам сборник, и «Утренняя песня» 1932 года, настрой которой совершенно иной. Первоначальный заголовок стихотворения «На лестницах» не имел ничего общего с замызганным подъездом — местом действия, которое наводит на мысли о романах Достоевского, — а, скорее, прямо указывал на метафизическую проблематику: стихотворение называлось «Бессмертие»[3]. Если говорить о «сюжете», он живописует потенциально непристойную картину громогласной кошачьей страсти, причем оценка степени похотливости зависит от отношения читателя к кошкам и сексу. К авторскому «я» — юродивому, описывающему надвигающуюся кошачью вакханалию, присоединяется его кошачий двойник, блохастый кот, охарактеризованный как «Отшельник лестницы печальный, / монах помойного ведра». Может показаться, что религиозные термины «монах» и «отшельник» используются просто в целях иронии или абсурда. Они определенно идут вразрез с обычными представлениями о непристойном поведении котов. Тем не менее автор подчеркивает религиозный смысл этих слов, описывая, как кот-монах жадно смотрит на то, как женщины жарят рыбу, воспринимая это действо в религиозно-нравственных категориях. Персонификация ингредиентов,

---

[3] Максимов считает название «Бессмертие» одним из признаков того, что сборник «Столбцы» превосходит рамки сатиры, затрагивая метафизические вопросы. См. начало пятой главы этой книги и [Максимов 1984a: 129–130]. У Максимова, по-видимому, была рукописная копия стихотворения, которая не была опубликована в первоначальной версии «Столбцов».

примус как адское пекло, омовение тел и церковная лексика — все это было уже в стихотворении «Обед», написанном годом позже. Подъездный кот воспринимает мир следующим образом:

> Сквозь дверь он чувствует квартиру...
> Там примус выстроен, как дыба,
> На нем, от ужаса треща,
> Чахоточная воет рыба
> В зеленых масляных прыщах.
> Там трупы вымытых животных
> Лежат на противнях холодных
> И чугуны, купели слез,
> Венчают зла апофеоз.
> [Заболоцкий 1972, 1: 69–70]

Если в «Обеде» муки овощей приводят к разновидности бессмертия через намек на евхаристию и использование иконной образности, то в рассматриваемом стихотворении у рыбы, обреченной быть обедом, мало шансов быть искупленной. Ее просто терзают, убивают и жарят на сковороде. И все же терминология поэта предполагает и другую возможность, ибо «купели слез» намекают на возрождение, символизируемое купелью крещения. Кроме того, в другом раннем названии поэмы, «Сад пыток», можно прочесть аллюзию на Гефсиманский сад и мучения Христа перед Его Воскресением [Заболоцкий 1972, 1: 370–371].

В заключении стихотворения действуют неявные темы возрождения и бессмертия, а также очевидная тема нравственных принципов в вопросах жизни и смерти. Кот-монах кидается на одну из женщин, жарящих рыбу, и, по всей видимости, люди в отместку производят над ним самосуд. Затем мы видим его уже в виде трупа, повешенного во дворе, которому его бывший товарищ, юродивый, адресует заключительное восхваление.

> Монах! Ты висельником стал!
> Прощай. В моем окошке,
> Справляя дикий карнавал,
> Опять несутся кошки.

И я на лестнице стою,
Такой же белый, важный.
Я продолжаю жизнь твою,
Мой праведник отважный.

Как именование кота «монахом», так и эта хвалебная речь поначалу предстает либо крайним дурачеством юродивого, либо ироническим высказыванием более серьезного рассказчика. Но смотреть нужно на нравственную реальность стихотворения. Учитывая неправедные пытки и убийства рыб и других «животных», «вымытые трупы» которых лежат на противнях, кот совершил правое дело, напав на женщину. Более того — повешенный, он становится мучеником за правое дело и, таким образом, достоин бессмертия. Таким образом, автор мудр в своем дурачестве, и этим абсурдистским житием кота он проповедует праведность, в полном соответствии с традициями «русского смеха». Его обет «продолжить» жизнь кота свидетельствует, что цель жития достигнута: история жизни мученика-«праведника» побудила живое существо последовать его примеру. Мученик обретает бессмертие через живую легенду о своем мученичестве в тексте и в земной жизни другого существа.

«Утренняя песня» была написана через четыре года после стихотворения, которое называлось тремя заголовками: «На лестницах», «Сад пыток» и «Бессмертие», и за четыре года до первой большой философской поэмы. Стихотворение можно считать экспериментальным, поскольку оно написано белым стихом, что относительно редко встречается в русской лирике и большая редкость для Заболоцкого, который больше экспериментировал с образностью, чем с формой. Однако стихотворение вовсе не является «неистовым» или авангардным по тону. Образы и сюжет довольно скучны, а лирический герой — не дурак и не святой. Тема стихотворения — одно из мгновений семейной жизни, которые были столь важны для благоденствия Заболоцкого, для его представления о себе как о цельной личности и отце семейства. Поэт, его жена и их похожий на ангелочка мальчик Никитушка, «весь розовый и голый» и полный «великой чистоты», — смотрят из окна второго этажа на утро яркого весеннего дня. Они переживают не только семейное единение, но и единение человечества с природой:

И там, внизу, деревья, звери, птицы,
Большие, сильные, мохнатые, живые,
Сошлись в кружок и на больших гитарах,
На дудочках, на скрипках, на волынках
Вдруг заиграли утреннюю песню
Никитушке — и все кругом запело.
И все кругом запело так, что козлик
И тот пошел скакать вокруг амбара,
И понял я в то золотое утро,
Что смерти нет и наша жизнь бессмертна.
[Заболоцкий 1972, 1: 180, 382][4]

Если в стихотворении «На лестницах» метафизический фокус постепенно затушевывается путем изменения названия, в «Утренней песне» тема бессмертия размывается к более поздней версии, где последние строки читаются следующим образом: «И понял я... что счастье человечества — бессмертно»[5]. Но даже без первоначальной сильной концовки в стихотворении сохранились признаки веры Заболоцкого в единение с природой. В обоих вариантах с помощью неявной избыточности прилагательного «живой» в предпоследней строфе и явных логических изъянов в перечислении «деревья, звери, птицы — большие, сильные, мохнатые, живые» выделена идея жизни как преемственной связанности различных видов. В обоих вариантах природа исполняет для семейства свою утреннюю песню и, возможно, вторит изображениям поклонения животных Святому Семейству на иконах, на многочисленных картинах фламандской школы, в работах Филонова. Все эти изобразительные традиции были очень важны для Заболоцкого. В обоих вариантах утрен-

---

[4] Я цитирую версию, опубликованную в «Литературном современнике» (№ 3. 1937).

[5] Кроме того, Заболоцкий сделал стихотворение менее личным, заменив конкретного «Никитушку» на обобщенного «мальчика».

няя песня природы становится утренней песней самого поэта, а стихотворение воплощает гармонию, преемственность и целостность.

БОЛЬШЕ, ЧЕМ НАМЕК НА БЕССМЕРТИЕ

> Будет нужно, продай прежде всего 20 томов в картонных крышках библиотеки Брокгауза и Ефрона — Шекспира, Шиллера, Пушкина, Мольера, Байрона... Вообще, мне хотелось бы, чтобы из моей библиотеки сохранились лишь немногие книги: Пушкина однотомник, Тютчева томик, Баратынского два тома, Гоголь, Сковорода, Лермонтов, Достоевский, Бунин, Хлебников.
>
> *Н. Заболоцкий. Письмо жене*
> *из дальневосточного лагеря*

В стихотворении 1936 года «Вчера, о смерти размышляя» мы приходим к сути метафизических поисков Заболоцкого в 30–40-х годах. Подобно английским кладбищенским поэтам и их многочисленным русским последователям, лирический герой созерцает природу и в душевной муке размышляет о смерти. Если английские предтечи, которых более подробно мы обсудим в следующей главе, обычно находят утешение и истину в обращении к Богу, лирический герой Заболоцкого внезапно осознает, что он един с природой. И не только с природой, которая окружает его сейчас и в которой он слышит пенье трав, речь воды и мертвый крик камня, но и с вековой природой, которая сохраняет в себе преображенную жизнь Пушкина, Хлебникова, Сковороды и всех мертвых.

ВЧЕРА, О СМЕРТИ РАЗМЫШЛЯЯ

Вчера, о смерти размышляя,
Ожесточилась вдруг душа моя.
Печальный день! Природа вековая
Из тьмы лесов смотрела на меня.

И нестерпимая тоска разъединенья
Пронзила сердце мне, и в этот миг
Все, все услышал я — и трав вечерних пенье,
И речь воды, и камня мертвый крик.

И я, живой, скитался над полями,
Входил без страха в лес,
И мысли мертвецов прозрачными столбами
Вокруг меня вставали до небес.

И голос Пушкина был над листвою слышен,
И птицы Хлебникова пели у воды
И встретил камень я. Был камень неподвижен,
И проступал в нем лик Сковороды.

И все существованья, все народы
Нетленное хранили бытие,
И сам я был не детище природы,
Но мысль ее! Но зыбкий ум ее!
[Заболоцкий 1972, 1: 195, 384]

Различия между этим стихотворением и творчеством Заболоцкого 1920-х годов настолько очевидны, что не требуют особых комментариев. Образность уже не такая ошеломляющая, рифмы более правильные, стихотворные строки более протяженные и более музыкальные (хотя они и не столь подчеркнуто музыкальны, как в некоторых «символистских» юношеских стихотворениях Заболоцкого), а лирический герой больше не юродствует. Несмотря на все это, его ви́дение — это по-прежнему ви́дение эксцентричного человека, пытающегося решить те же онтологические и эпистемологические вопросы Декларации ОБЭРИУ, что и прежний юродивый. Подобно барам, кухням и рынкам эпохи НЭПа в большом городе, природа точно так же оказалась полна «вещей» с их собственным независимым существованием, и поэт по-прежнему ищет способ бытия и видения, соответствующие существующей реальности.

Ключ к стихотворению можно найти в том, как изменилось отношение лирического героя к лесу. В первой строфе темные леса связаны с угрожающей «вековой природой», которая вызывает у поэта горечь при мысли о смерти и разлуке, но к середине стихотворения его ви́дение преображается. Он не только идет в лес без страха, но, оказавшись там, он общается с мертвыми каким-то способом, который, очевидно, смягчает его прежние переживания по поводу разлуки.

> И я, живой, скитался над полями,
> Входил без страха в лес,
> И мысли мертвецов прозрачными столбами
> Вокруг меня вставали до небес.

Это структурный центр стихотворения, он передает фундаментальные аспекты мировоззрения Заболоцкого. В свете того, что стихотворение написано вольным пятистопным ямбом, вторая строка строфы, говорящая о лесе, — «Входил без страха в лес» — является самой короткой строкой (три стопы) и тем самым выделена[6]. Следующая шестистопная строка о прозрачных столбах — одна из самых длинных, и к тому же соединена со следующей строкой, из-за чего ощущение длины усиливается. Это противопоставление при помощи размера подчеркивает связь между новообретенным бесстрашием поэта и его способностью общаться с мертвыми. Кроме того, образ мыслей мертвецов как «прозрачных столбов» вносит свой вклад в применение слов с корнем *столб-* / *столп-*, которые играют особую роль в творчестве Заболоцкого, когда речь идет об идеях духовной идентичности, бессмертия, искусства и религии.

Положительный смысл такого общения с мертвыми становится очевидным в четвертой строфе. Здесь лирический герой встречает трех своих предшественников, особенно значимых для реального поэта Заболоцкого: Хлебникова, Пушкина и Сковороду. Как следует из письма, выдержка из которого приведена в эпиграфе выше, Заболоцкий уже был готов расстаться с изда-

---

[6] Стихотворение состоит из двенадцати пятистопных ямбических строк, шести шестистопных строк, одной четырехстопной строки (начальной) и одной трехстопной строки.

нием классиков Брокгауза и Эфрона, которое, очевидно, было ему дорого в не столь суровые времена, — возможно, тогда он еще переживал чувство культурной неуверенности вышедшего в люди «полукрестьянина» [Заболоцкий Н. Н. 1977: 180]. И напротив, теми авторами, которых он считал абсолютно необходимыми в своей библиотеке даже в тяжелые времена, были Хлебников, Пушкин и Сковорода. Из строфы, в которой царят величественные шестистопные строки и которая украшена такими риторическими приемами, как паратаксис и анафора, мы узнаем, что голос Пушкина был слышен над листвой, у воды пели птицы Хлебникова, а в неподвижном камне проступал лик Сковороды. Таким образом, автор возвращается к движению от растения к воде и камню, которое мы видим во второй строфе, — «и трав вечерних пенье, / И речь воды, и камня мертвый крик», — но уже более пристально и с осознанием его значимости лично для себя.

У изображения людей, воплощенных в природе, есть источники и за пределами стихотворения. В более широком философском контексте можно вспомнить Льва Толстого, который, как и Заболоцкий, свои духовные борения направлял по большей части на поиск единства с миром, заключив в одной из своих записей, что человек должен быть способен «перенестись» мыслью в «другого человека, животное, растение, камень даже» [Толстой 1952: 101]. Другой возможный источник образности, и несколько более вероятный — стихотворение Мандельштама 1934 года «И Шуберт на воде, и Моцарт в птичьем гаме» [Мандельштам 1967–1981, 1: 200, 510–511][7]. Более общим источником лика Сковороды в камне и подобных явлений может быть самобытная переработка Заболоцким идей Филонова и биолога Владимира Вернадского, а также его интерпретация мыслей Хлебникова и Сковороды. Филонов часто стирает традиционные границы формы в «поисках живописных метаморфоз, посредством которых люди, животные и растения переплетаются и перемешиваются», а органическая

---

[7] Эта связь предположительна, потому что стихотворение не было опубликовано до 1967 года, и у нас нет возможности узнать, знал ли Заболоцкий о его существовании. См. [Taranovsky 1976: 2; Freidin 1987: 15].

материя иногда «принимает неорганическую форму и наоборот» [Misler, Bowlt 1992: 55][8]. В работах Вернадского, которые, очевидно, были хорошо известны в Ленинграде в 1920-е годы и которыми восхищался Заболоцкий, подчеркивается эволюционная преемственность, взаимосвязь живой и неживой материи и огромная роль человека в «очеловечении» природы[9]. Хлебников здесь уместен ввиду его веры в неуничтожимость материи и всеобщую связь между всеми формами материи, одушевленной и неодушевленной, почему он и призывал «дать свободу людям, животным, даже неживой природе» [Степанов 1975: 252–53][10]. Г. Сковороду мы будем подробно рассматривать далее, а пока достаточно заметить, что вера Сковороды в materia aeterna («вечную материю») и ее превращения предвосхищает основные аспекты верований других авторов. «Вещи гибель рождает тварь другую», — пишет Сковорода, и тогда «мир в мире есть то вечность в тлени, жизнь в смерти» [Goldstein 1993: 201–204][11]. Связи между этими фигурами предполагают как постоянство определенных начал в русской культуре, будь то с советской лакировкой или без нее, так и специфику творчества Заболоцкого как литературного справочника основных аспектов этой культуры.

Завершающая пятая строфа является отражением первой как по размеру, так и по содержанию. Первая и последняя строфы метрически наиболее «устойчивы». Благодаря близости к стандартному пятистопному ямбу (первая строфа отклоняется от него только в первой строке, в последней отклонений нет) эти строфы придают стихотворению прочность, гарантируя, что метрическая игра лежащих между ними строф не нарушит равновесия стихотворения. И если высказывание первой строфы

---

[8] См. также [Misler 1984: 37].

[9] В работе Д. Гольдстейн есть содержательное обсуждение идей Вернадского в контексте работ Заболоцкого, повторять которое здесь нет необходимости. См. [Goldstein 1993: 198–199]. См. также [Заболоцкий Н. Н. 1984, 2: 44; Заболоцкий Н. Н. 1944: 16; Bailes 1986, 45: 20–37].

[10] См. также [Goldstein 1993: 118–123].

[11] Григорий Сковорода. Цит. по: [Иваньо, Шинкарук 1973: 23].

можно перефразировать так: «Я с горечью размышлял о природе, смерти и собственной смертности», то в заключении понятия переворачиваются: «Я сам — мысль природы, и будучи ее частью, я не подвержен смерти».

> И все существованья, все народы
> Нетленное хранили бытие,
> И сам я был не детище природы,
> Но мысль ее! Но зыбкий ум ее!

По отношению к природе поэт не видит себя ни ее малой частью — «ребенком-переростком», цепляющимся за мать, ни чем-то отделимым от нее. Скорее, он видит себя внутренним организующим элементом самой природы[12].

РАССУЖДЕНИЕ О ЧЕЛОВЕКЕ, РАЗУМЕ И ПРИРОДЕ

> Чем старше я становлюсь, тем ближе мне делается природа. И теперь она стоит передо мной как огромная тема, и все то, что я писал о природе до сих пор, мне кажется только небольшими и робкими попытками подойти к этой теме.
>
> *Н. Заболоцкий. Письмо жене*
> *из дальневосточного лагеря*

> — Но я же напишу вполне удобочитаемую поэму. В ней будут индустрия, люди труда, живая природа... Но ведь мои представления совсем не противоречат официальной позиции. Могу же я хоть как-то выделяться?
> — ...Скажут, что вместо руководящей роли партии и строительства социализма у тебя слияние с природой, забота о травках и букашках.
>
> *Беседа Заболоцкого и Николая Степанова*
> *о поэме Заболоцкого «Лодейников»*

---

[12] См. также позднее стихотворение Заболоцкого «Гомборский лес», 1957 год, в котором есть строка «Я сделался нервной системой растений» [Заболоцкий 1972, 1: 330–331].

> Всюду надо или изъять или попросить автора переделать места, где зверям, насекомым и пр. отводится место, равное человеку.
>
> *Александр Фадеев, письмо о планируемом издании*
> *сборника стихов Заболоцкого, 5 апреля 1948 года*

В завершении стихотворения «Вчера, о смерти размышляя» мы встречаемся с чрезвычайно сложным вопросом о понимании Заболоцким связи между человеком, разумом, природой и бессмертием, а также видим продолжение его спора с Тютчевым, который примерно веком ранее пытался разобраться в этих же вопросах в собственной поэзии[13]. Изображая человека как «зыбкий ум» природы, Заболоцкий использует образность из стихотворения Тютчева «Певучесть есть в морских волнах», влияние которого еще раз почувствуется в работе «Я не ищу гармонии в природе», о которой мы поговорим в следующей главе. В стихотворении «Вчера, о смерти размышляя» Заболоцкий перенимает образы Тютчева и переворачивает их, чтобы опровергнуть и саму мысль предшественника[14]. По заверениям Тютчева, «... стройный мусикийский шорох струится в зыбких камышах» и есть «созвучье полное в природе». Однако эту естественную гармонию нарушает ропот человека, паскалевского «мыслящего тростника», потому что рефлексивная, рационалистическая человеческая «мысль» предполагает самосознание и отделение от всего «иного». Она противопоставлена единому, нерациональному, гармоничному «шороху» природы, струящемуся в «зыбких» камышах [Тютчев 1965, 1: 199][15]. Заболоцкий уничтожает это

---

[13] См. [Заболоцкий Н. Н. 1984, 2; Павловский 1982; Гусев 1994: 66–69]; исследования жизни Заболоцкого и творчества Гольдштейн, Македонова, Ростовцевой, Туркова. Также интересно обсуждение Заболоцкого, Державина и природы в [Смирнов 1969: 159–160].

[14] См. [Pratt 1983].

[15] Подробнее об этих вопросах в связи с Тютчевым, позиция которого также была сложной, хотя и менее политически обусловленной, чем у Заболоцкого, см. в Sarah Pratt. The Semantics of Chaos in Tjutcev. Munich: Sagner, 1983; и [Pratt 1984].

противопоставление, объединяя концепты «зыбкий» и «мысль» в синтезе, утверждающем взаимосвязь человека, разума и природы.

Однако были времена, когда позиция Заболоцкого была ближе к тютчевской. Как мы видели, обэриуты постулировали, что чрезмерное упование на человеческий разум равносильно высокомерию и мешает пониманию самотождественности предмета, «вещности вещей» и откровению высшей реальности. Гротескные образы «Столбцов», отказ поэта от «силлогизмов... проверенных чистым рассудком» в «Битве слонов» и представление о чем-то превосходящем рассудок и обозначаемом прилагательным «безумный» в поэме «Безумный волк» и некоторых лирических стихотворениях 30–40-х годов — все это проистекает из некоего подспудного антирационализма как одного из аспектов мировоззрения поэта. Особенно интересная интерпретация концепта безумия в его отношении к искусству содержится в стихотворении «Предостережение», которое мы кратко обсудили в главе 4. Описывая задачу поэта, персонаж стихотворения говорит об обэриутском понятии «смысл» как о конкретном предмете: «Соединив безумие с умом / Среди пустынных смыслов мы построим дом» [Заболоцкий 1972, 1: 116]. В контексте отношений между человеком и природой эта антирационалистическая позиция порождает романтический вывод о том, что высшее достижение человека — слиться с природой, став ее зыбким (но не слишком рациональным) умом, признать природу своей владычицей или, преодолев всякое чувство разделения, достичь состояния, выраженного Тютчевым в известных строках: «Все во мне, и я во всем!» [Тютчев 1965, 1: 75].

И все же при всей своей склонности к романтизму поэт Заболоцкий, сын агронома Алексея Агафоновича Заболотского, не понаслышке знал о хаосе и жестокости природы, и это знание толкало его в противоположном направлении. Столкнувшись с жестокостью природы, Заболоцкий иногда склонялся к позитивистскому пониманию роли человека, которое хорошо сочеталось с господствующей советской идеологией, утверждающей необходимость и неизбежность покорения природы человеком.

Например, стихотворение «Север» завершается триумфом человека над скованным льдом полярным морем. Заболоцкий сравнивает ледоколы с «бронтозаврами каменного века», но тут же спешит добавить, что они — «созданья человека» и «плавучие вместилища чудес». Замерзшая персонифицированная (как всегда у Заболоцкого) природа настолько физически и морально раздавлена противостоянием с человеческой мощью, что «не посмела головы поднять».

> Как бронтозавры каменного века,
> Они прошли, созданья человека,
> Плавучие вместилища чудес,
> Бия винтами, льдам наперерез.
> И вся природа мертвыми руками
> Простерлась к ним, но, брошенная вспять,
> Горой отчаянья легла над берегами
> И не посмела головы поднять.
> [Заболоцкий 1972, 1: 383][16]

Отдельные наиболее яркие примеры многогранных и порой противоречивых взглядов Заболоцкого на природу встречаются в разных стихотворениях. Одно из таких стихотворений — «Лодейников». Прототипом его главного героя, Лодейникова, является друг Заболоцкого, входивший в круг общения обэриутов, Николай Олейников. В стихотворении, над которым Заболоцкий с перерывами работал в период с 1932 по 1947 год, мы видим, как и Теннисон, что «...клюв и клык всегда в крови», а также можем наблюдать «советский» и «романтический» пути решения проблемы взаимоотношений между человеком и природой. В самой ранней опубликованной версии стихотворения Лодейников выражает проблему отношения человека к природе так, что это в равной степени характеризует и самого Заболоцкого: «В душе

---

[16] Здесь цитируется поздний вариант стихотворения, переделанного по требованию Фадеева в 1948 году. В редакции 1936 года в этих строках — будущее время. — *Примеч. ред.*

моей сраженье / природы, зренья и науки» [Заболоцкий 1972, 1: 383]. По мере того, как Лодейников подробно излагает свои думы, проблема начинает казаться разрешимой, если примечаниеть принципы Декларации ОБЭРИУ: смотреть на мир «голыми глазами», счищая с предмета «повседневную шелуху» и постигая подлинную «вещность вещей». Лодейников сетует, что он видит только «знаки» окружающего мира, а не подлинные предметы:

> Вокруг меня кричат собаки,
> Растет в саду огромный мак, —
> я различаю только знаки
> домов, растений и собак[17].

В третьей части поэмы в отрывке, который, по-видимому, остался неизменным в разных редакциях, Лодейников сидит в саду, погруженный в созерцание природы, и, наконец, видит ее «голыми глазами». И видит он явно не Эдемский сад. Сцена больше напоминает не гармоничную жизнь до грехопадения, а кровавое приготовление обеда в стихотворении «На лестницах».

> Лодейников склонился над листами,
> И в этот миг привиделся ему
> Огромный червь, железными зубами
> Схвативший лист и прянувший во тьму.
> Так вот она, гармония природы,
> Так вот они, ночные голоса!
> Так вот о чем шумят во мраке воды,
> О чем, вздыхая, шепчутся леса!
> Лодейников прислушался. Над садом
> Шел смутный шорох тысячи смертей.
> Природа, обернувшаяся адом,
> Свои дела вершила без затей.
> Жук ел траву, жука клевала птица,
> Хорек пил мозг из птичьей головы,
> И страхом перекошенные лица
> Ночных существ смотрели из травы.

---

17 Там же.

> Природы вековечная давильня
> Соединяла смерть и бытие
> В один клубок, но мысль была бессильна
> Соединить два таинства ее.
> [Заболоцкий 1972, 1: 185][18].

В стихотворении «Вчера, о смерти размышляя» этому ужасающему видению естественного каннибализма противопоставлена картина человеческого разума как положительной, организующей, управляющей силы внутри самой природы, основные атрибуты которой — гармония и целостность. В приведенном фрагменте «Лодейникова», антитетическая связь которого с более поздним «Вчера, о смерти размышляя» усилена рифмой *бытие / ее* в заключительных четверостишиях, мысль бессильна решить головоломку нерасторжимого переплетения жизни и смерти.

В двух заключительных строфах «Лодейникова» описанная выше головоломка опровергается, — возможно, потому, что в них отражено скорее ви́дение поэта-рассказчика, чем персонажа Лодейникова. Любопытным образом, но вполне логично, учитывая внутреннюю битву Заболоцкого «между природой, зреньем и наукой», эти строфы ведут поэму в двух явно противоположных направлениях. В предпоследней строфе предложено позитивистское, «советское» решение, где природа покоряется руководящей руке человека, в то время как в последней строфе происходит возврат к романтической парадигме, высшие ценности которой — природа, горящая звезда и душа поэта. «Советский» вывод становится очевидным, когда Лодейников из окна поезда видит огромный город, в котором угадывается центр прогресса и социалистического строительства. Когда возникает город, как будто «новый дирижер» (возможно, фигура, похожая на Сталина) вступает на подиум оркестра природы, привнося в некогда хао-

---

[18] Певоначально процитированный выше «Лодейников» (1932) и «Лодейников в саду» (1934), из которого взяты эти строки — два разных стихотворения. Таким образом они напечатаны во «Второй книге» (1937). В 1947 году Заболоцкий объединил их между собой, дописав заключительный фрагмент. Таким образом сложилась поэма «Лодейников». — *Примеч. ред.*

тичный ландшафт порядок и промышленное производство
и собирая все в «один согласный хор».

> Разрозненного мира элементы
> Теперь слились в один согласный хор,
> Как будто, пробуя лесные инструменты,
> Вступал в природу новый дирижер.
> Органам скал давал он вид забоев,
> Оркестрам рек — железный бег турбин...
> И в голоса нестройные природы
> Уже вплетался первый стройный звук...
> [Заболоцкий 1972, 1: 185]

Заключительное четверостишие поэмы уклоняется в романтическую струю, напоминая о XIX веке в целом, с возможной смутной отсылкой к известному стихотворению Пушкина «Осень», а также к менее известному одноименному стихотворению Боратынского, которое завершается изображением падающей звезды (якобы символизирующей Пушкина) над унылым пейзажем:

> Суровой осени печален поздний вид,
> Но посреди ночного небосвода
> Она горит, твоя звезда, природа,
> И вместе с ней душа моя горит.
> [Там же][19]

В 1946 году в стихотворении «Читайте, деревья, стихи Гезиода» Заболоцкий явил еще один пример своего противоречивого отношения к природе. Это стихотворение разворачивается в обратном порядке, по сравнению с «Лодейниковым»: сперва поэт выражает романтическое стремление стать частью бессмертной

---

[19] Существует определенный резонанс между шестистопной ямбической строкой, с которой начинается последняя строфа «Суровой осени печален поздний вид», и первой строкой пятой строфы пушкинской «Осени», написанной шестистопным ямбом, «Дни поздней осени бранят обыкновенно», особенно учитывая родительный падеж слова *осень*, прилагательное *поздний* и тенденцию к аллитерации *с/з* и *п/б*.

природы, затем соглашается с ее отрицанием человеческого бессмертия и утверждает, что человек должен взять на себя роль хозяина и учителя природы. Жажда бессмертия в начале явно связана с антирационалистическими наклонностями, свойственными творчеству Заболоцкого, поскольку поэт пишет, что бродит среди ливня «как безумный», или, обращаясь к семантике, как человек «без ума» или «без рассудка». Однако природа внушает ему, что он заблуждается:

> В который ты раз мне твердишь, потаскуха,
> Что здесь, на пороге всеобщего тленья,
> Не место бессмертным иллюзиям духа,
> Что жизнь продолжается только мгновенья!
> Вот так я тебе и поверил!..
> [Заболоцкий 1972, 1: 214]

Однако отрицание бессмертия не обескураживает поэта, поскольку далее он высказывает мнение, что чудо поэзии, вероятно, является величайшим чудом, которого он достоин. Отсюда он переходит к утверждению, которое придает стихотворению более объемный смысл:

> Мы, люди, — хозяева этого мира,
> Его мудрецы и его педагоги...

Именно этой мыслью вдохновлена начальная строка стихотворения «Читайте, деревья, стихи Гезиода», а также последующее описание зайцев и птиц, садящихся за парты; школьниц-берез, которые калякают, скачут, игриво задирая подолы; ревущих водопадов, спрягающих глаголы. Отрицание бессмертия и утверждение владычества человека над природой для Заболоцкого могло быть попыткой выглядеть политически благонадежным советским человеком. Но эксцентричные представления о том, что деревья могут понимать Гезиода, а водопады — спрягать глаголы, были недалеки от тех, что вызвали возражения Фадеева, процитированные в эпиграфе к этому разделу. В результате томик стихов Заболоцкого, опубликованный в 1948 году, оказался весьма тонким, а стихотворение «Читайте, деревья, стихи Гезиода» не публиковалось вплоть до 1960 года [Заболоцкий 1972, 1: 386][20].

Учитывая непостоянство взглядов на природу как в рассмотренных выше в стихах, так и во многих других, было бы глупо утверждать, что у Заболоцкого была единственная четко определенная концепция, которая лежала в основе его мировоззрения. Не подлежит сомнению, что Заболоцкий знал природу и чувствовал ее с ранних лет до самого конца жизни. Все же недаром фрагмент о грозе в «большом Сернуре» был первым дошедшим до нас стихотворным отрывком начинающего поэта. Многократно живописав природу в зрелой поэзии, Заболоцкий писал о своем отношении к ней и в прозе — в письмах, в очерке «Картины Дальнего Востока», написанном в ссылке, в 1944 году, в эссе «Почему я не пессимист», написанном в предпоследний год жизни [Заболоцкий 1972, 2: 224–227, 287–288]. Эти различные описания природы не обязательно совпадают. Скорее можно сказать, что концепция природы у Заболоцкого явно противоречива и напоминает траекторию привязанного к шесту шара, который мечется то в одну сторону, то в другую. Но метания шара ограничены пределами некой натурфилософской орбиты, которая, взятая в целом, и представляет собой сложносоставной взгляд поэта на природу. Или, выражаясь словами Туркова, Заболоцкий «...пишет ее [природу], как Рембрандт — Саскию, во всех позах, во всех одеяньях...» [Турков 1965: 131].

«ТО, ЧТО БЫЛО МНОЮ»

В нашем посмертном вращении спасенье одно в превращении.
Александр Введенский. Кругом возможно Бог (1931)

Через год после стихотворения «Вчера, о смерти размышляя» Заболоцкий снова «написал» природу, вернувшись к детальному изучению вопроса о бессмертии, в котором он уже был хорошо

---

[20] Фадеев писал: «Из сборника *абсолютно должны быть изъяты* следующие стихотворения: *Утро, Начало зимы, Метаморфозы, Засуха, Ночной сад, Лесное озеро, Уступи мне, скворец, уголок, Ночь в Пасанаури*». Цит. по: [Заболоцкий Н. Н. 1991: 260–261].

подкован. Новое стихотворение он так и назвал — «Бессмертие». Но, как и одноименное стихотворение 1920-х годов, оно тоже сменило название и дошло до нас под именем «Метаморфозы», и не без оснований. В названии содержится довольно отдаленная ссылка на «Метаморфозы» Овидия и прямая ссылка на «Метаморфозы растений» и «Метаморфозы животных» Гёте, которые Заболоцкий, как говорят, находил весьма интересными [Синельников 1984: 112]. Описанная в этих произведениях теория физического преображения, возможно, повлияла на изображение метаморфоз у Заболоцкого, так же как и стихотворения Тютчева и Боратынского о смерти Гёте (которые мог знать Заболоцкий) повлияли на его представления о связи человека и природы[21]. Начинает Заболоцкий с параллели между собой и природой: «Как мир меняется! И как я сам меняюсь!» Затем он утверждает, что он «умирал не раз», отделяя от собственного тела мертвую материю, которая, будучи поглощаема живой природой, продолжала таким образом жить.

МЕТАМОРФОЗЫ

Как мир меняется! И как я сам меняюсь!
Лишь именем одним я называюсь, —
На самом деле то, что именуют мной, —
Не я один. Нас много. Я — живой.
Чтоб кровь моя остынуть не успела,
Я умирал не раз. О, сколько мертвых тел
Я отделил от собственного тела!
И если б только разум мой прозрел
И в землю устремил пронзительное око,
Он увидал бы там, среди могил, глубоко
Лежащего меня. Он показал бы мне
Меня, колеблемого на морской волне,
Меня, летящего по ветру в край незримый, —
Мой бедный прах, когда-то так любимый.
А все я жив! Все чище и полней
Обьемлет дух скопленье чудных тварей.

---

[21] О связи Гёте — Боратынский — Заболоцкий см. в [Чиковани 1977: 162; Андроников 1977: 133]. О Тютчеве, Боратынском и Гёте см. в [Pratt 1984: 194–216].

Жива природа. Жив среди камней
И злак живой и мертвый мой гербарий.
Звено в звено и форма в форму. Мир
Во всей его живой архитектуре —
Орган поющий, море труб, клавир,
Не умирающий ни в радости, ни в буре.
Как все меняется! Что было раньше птицей,
Теперь лежит написанной страницей;
Мысль некогда была простым цветком;
Поэма шествовала медленным быком;
А то, что было мною, то, быть может,
Опять растет и мир растений множит.
Вот так, с трудом пытаясь развивать
Как бы клубок какой-то сложной пряжи
Вдруг и увидишь то, что должно называть
Бессмертием. О, суеверья наши!
[Заболоцкий 1972, 1: 202–203]

В начале стихотворения идея изменения и эволюции подчеркивается с помощью названия, повторения глагола «меняться» в различных формах и аллитерации *м/н*, далее подкрепленной косвенными падежами местоимения первого лица *мной* и *меня* и притяжательным *мой*. Сопровождается эта идея другой, до некоторой степени противоположной — идеей самотождественности. Этот вопрос станет центральным в переписке Заболоцкого по вопросу о бессмертии с Константином Циолковским, ученым, проектировщиком ракетной техники и провидцем. Тринадцать случаев употребления местоимения первого лица и его притяжательных форм в первой строфе, состоящей из 14 строк, свидетельствуют о наличии в произведении устойчивого концепта «я», тогда как хиазм между местоимениями первого лица и глаголами со значением именования во второй и третьей строках подчеркивает множественность смыслов индивидуальной идентичности.

Лишь именем одним я называюсь, —
На самом деле то, что именуют мной, —
Не я один. Нас много. Я — живой.

В то же время нарушающая метр четвертая строка чуть выше, с тремя точками, ни одна из которых не совпадает с положением цезуры в предыдущих строках, гарантирует, что мысль поэта о сложном характере идентичности не ускользнет от внимания читателей[22]. Еще один набор метрических приемов встречается в пятой–седьмой строках, возможно, как средство привлечь внимание читателя к связи между смертью и продолжающейся жизнью. Точка в шестой строке создает исключительно сильную срединную цезуру, выделяя загадочное утверждение: «Я умирал не раз». Вторую половину строки занимает не слишком «поэтическое» выражение «О, сколько мертвых тел», которое оттеняется спондеем, созданным двумя ударными слогами *О, сколько*, с повтором звука *ол'*, и переносом на следующую строку, которая в итоге раскрывает подспудный смысл предыдущего:

> Чтоб кровь моя остынуть не успела,
> Я умирал не раз. О, сколько мертвых тел
> Я отделил от собственного тела!

Объяснив непрерывность жизни отделением мертвых клеток, в «Метаморфозах», как и в «Обеде», описанном в пятой главе, поэт приходит к пониманию высшей истины посредством рентгеновского прозрения в глубины земли, что подчеркнуто использованием архаичной формы «око». И вновь перенос и синтаксическая игра помогают встряхнуть читателя, а откровение о том, что видит пронзительное око, откладывается вставкой наречных оборотов «среди могил» и «глубоко» в десятой строке. Мысленным взором персонаж видит под землей самого себя, преображенного. Внезапность откровения далее подчеркнута троекратным повторением винительного падежа первого лица *меня*: дважды — после переноса с предыдущей строки; в том числе один раз непосредственно после дательного падежа первого лица *мне*

---

[22] Стихотворение написано пяти- и шестистопными ямбическими строками, причем у шестистопных строк часто есть цезура в середине, а нерегулярная пунктуация в пятистопных строках способствует нарушению установленного ритма.

внутри переноса, тем самым усугубляя познавательную неоднозначность ситуации; и дважды — как первое слово строки, с заглавной буквы, как часть краткой, но напряженной анафоры.

И если б только разум мой прозрел
И в землю устремил пронзительное око,
Он увидал бы там, среди могил, глубоко
Лежащего меня. Он показал бы мне
Меня, колеблемого на морской волне.
Меня, летящего по ветру в край незримый...

В предпоследней строфе стихотворения снова возникает мотив подземного видения, создавая перевертыш к евхаристической теме «Обеда». Вместо того чтобы созерцать «блаженное младенчество растений», которых в кастрюльке супа принесут в жертву человеческому потреблению, персонаж «Метаморфоз» видит, как он сам становится «пищей» для мира растений: «А то, что было мною, то, быть может, / Опять растет и мир растений множит». Жертвенные дары в «Метаморфозах», как и в «Обеде», действительно должны «умереть», поскольку в этом суть их физического и метафизического предназначения. Но своей смертью «мертвые растения», а ныне овощи, и «мертвые человеческие клетки», а ныне — плодородная почва, питают мир за пределами самих себя. Этим действием, а также животворящей силой поэзии удостоверяется их бессмертие.

Переработав тему смерти как трансформации, Заболоцкий напоминает не только свои прошлые работы, но и стихи своих соратников 20-х годов Вагинова и Введенского. В стихотворении Вагинова «Я стал просвечивающей формой» сочетаются понятия трансформации и такое же рентгеновское видение своего мертвого «я», которое свойственно «Метаморфозам» Заболоцкого. Действительно, глагол «просвечивать», который использовал Вагинов, означает не только «быть прозрачным», но и «просвечивать рентгеновскими лучами». Персонаж Вагинова сначала утверждает, что он стал «просвечивающей формой», которую отождествляет затем со «свисающейся веткой винограда», и в итоге описывает разные вещи, которые он видит в этом конкретном воплощении. Среди увиденных явлений — «длительные дороги», «разнохарактерные толпы разносияющих людей» и, наконец, «поп впереди — за мною гроб, / в нем тот же я — совсем другой»[23].

В поэме «Кругом возможно Бог» 1931 года Введенский, собрат Заболоцкого по ОБЭРИУ и в определенный период его оппонент, дает интересную иллюстрацию связи обэриутов с религией, а также выражает идею о трансформации. Один из главных героев стихотворения заявляет, что в загробной жизни «мы уподобимся микробам, / станем почти нетелесными / насекомыми прелестными» [Введенский 1980: 87]. Далее он обращает внимание на роль Христа и преображение, но прежде, вместо предисловия, в «абсурдистской» манере обэриутов, он отмечает, что «Царь мира Иисус Христос не играл ни в очко, ни в штосс, не бил детей, не курил табак, не ходил в кабак». Он использует как глагол *преобразить*, от которого происходит религиозный термин Преображение, так и не столь заметное отглагольное существительное *превращение*. Рифмованные куплеты, придающие игривый тон его высказыванию, в то же время передают серьезный обэриутский поиск метафизического смысла:

> Царь мира преобразил мир,
> Он был небесный бригадир, а мы грешны.
> Мы стали скучны и смешны.
> В нашем посмертном вращении спасенье одно в превращении.
> [Введенский 1980: 98]

Конечно, у нас нет возможности узнать, опирался ли Заболоцкий в работе на эти конкретные тексты. Но вряд ли можно сомневаться в том, что духовные и религиозные интересы обэриутов служили питательной почвой для метафизической восприимчивости, характерной для Заболоцкого с детства и особенно ярко проявившейся в 1930-е и 1940-е годы. И, конечно, очевидна связь этих идей со стихотворением Заболоцкого о его мертвых товарищах-обэриутах «Прощание с друзьями».

---

23 Вагинов, цит. по: [Александров 1988a: 232].

Возвращаясь ко второй строфе «Метаморфоз», мы обнаруживаем отход от темы идентичности с ее повторяющимися формами первого лица к теме жизни с повторением корня *жив-*. Тема начинается в первом предложении строфы: «А все я жив!»; продолжается в коротком предложении в начале третьей строки: «Жива природа»; в третьей и четвертой строке мы видим развитие темы в более длинном и парадоксальном утверждении: «Жив... и злак живой и мертвый мой гербарий»; и завершается в пятой и шестой строках упоминанием всеобъятного мира «...во всей его живой архитектуре».

Убедительные высказывания о том, что вещи живы, даже если они технически «мертвы», как гербарий поэта, — не единственное содержание строфы, которая движется в двух направлениях: научном и литературно-библейском. Научный уклон, который будет полнее раскрыт в более позднем стихотворении Заболоцкого «Завещание», заметен в идее скопленья существ через ряд «звеньев» и «форм» («звено в звено и форма в форму»), наводящей на мысль о Дарвине и, возможно, о Вернадском.

Библейский и литературный аспекты проявляются в выражении «злак живой». В стихах 15 и 16 псалма 103 (102 в русской Библии), который поется в начале православной литургии, преходящая человеческая жизнь сравнивается со скорым увяданием травы и полевых цветов. Псалом в русском синодальном переводе звучит так:

> Дни человека как трава; как цвет полевой, так он цветет.
> Пройдет над ним ветер, и нет его, и место его уже не узнает его.

От Псалмов мы переходим к далекому наставнику Заболоцкого, Тютчеву. В стихотворении «Сижу задумчив и один» лирический герой Тютчева библейским языком оплакивает потерю возлюбленной и размышляет о смысле этой индивидуальной смерти в отношении к продолжающей жить природе, предвосхищая более поздние размышления Заболоцкого. Тютчев заключает, однако, что непрестанно воскресающая природа не вернет к жизни его возлюбленную, тогда как Заболоцкий занимает более оптимистичную позицию, по крайней мере в том, что касается продолжения его собственного существования. Примечательно, что Тютчев во фразе «злак земной» заменил библейское слово *трава* на *злак*, тем самым приготовив почву для возможного рифмованного заимствования Заболоцкого «злак живой» [Тютчев 1965, 1: 82][24]. Третья и четвертая строфы стихотворения Тютчева гласят:

> За годом год, за веком век...
> Что ж негодует человек,
> Сей злак земной!...
> Он быстро, быстро вянет — так,
> Но с новым летом новый злак,
> И лист иной.
> И снова будет все, что есть,
> И снова розы будут цвесть,
> И терны тож...
> Но ты, мой бедный, бледный цвет,
> Тебе уж возрожденья нет,
> Не расцветешь!
> [Тютчев 1965, 1: 70–71]

Тютчев размышляет над вопросами смерти и бессмертия, терзаясь горем и чувством вины из-за смерти ближнего. Заболоцкий смотрит на вопросы смерти и бессмертия с более спокойной, философской точки зрения, применяя эти размышления к себе самому. Оба, однако, вводят библейские отголоски в произведения, и оба признают непрерывающуюся жизнь природы.

Ближе к концу второй строфы в упоминании «органа поющего» возникает заключительная тютчевская нота. В стихотворении Тютчева «Не то, что мните вы, природа» поэт выступает против механистического, чрезмерно рационалистического взгляда на природу, видя в ней душу, свободу, любовь, язык, материнское утешение. В заключительной строфе Тютчев сравнивает своего воображаемого собеседника-рационалиста с глухонемым, кото-

---

[24] См. о «заимствовании по ритму и звучанию» в [Taranovsky 1976: 18].

рый не может ни понять «органа жизнь», ни услышать голос «матери самой», матери-природы.

Не их вина: пойми, коль может,
Органа жизнь глухонемой!
Увы, души в нем не встревожит
И голос матери самой![25]

Когда Заболоцкий утверждает: «Мир / Во всей его живой архитектуре — / Орган поющий», он вбирает доводы Тютчева о живой одушевленности природы, в какой-то мере разделяет его антирационалистическую романтическую позицию и расширяет смысл тютчевской идеи, включая в нее собственную озабоченность проблемой бессмертия. Это утверждение и дополняет образ «органов скал» из позитивистской части «Лодейникова», человеческим вмешательством превращенных в забои, и противоречит этому образу, и ретроспективно обогащает смысл органа из стихотворения предшествующего года «Ночной сад» — «О сад ночной, таинственный орган, / Лес длинных труб, приют виолончелей!» [Заболоцкий 1972, 1: 193].

В третьей строфе «Метаморфоз» подводится некий краткий итог. Превратив вступительное восклицание: «Как мир меняется!» в «Как все меняется!», автор затем приводит примеры различных природных трансформаций[26]. Приводя на память сходство между высоко летящими птицами и рукописной надписью, нацарапанной чернильным пером, вроде тех, которыми мог бы

---

[25] Православные церковные хоры поют а капелла, а органы не распространены в России в такой же степени, как в Европе. Действительно, в 1590 году патриарх Мелетий Пигас пренебрежительно писал о «шуме и гудении органов, [которые] никогда не принимались в Восточной церкви» (цит. по: James R. Oestreich. A Church Resurges, Bearing Music // New York Times, Sunday. April 28, 1996. Section 2. P. 1, 38). Таким образом, в русской поэзии органы возникают довольно редко, но когда появляются, то придают образности особую силу. Тютчев мог слышать орган во время своего пребывания в Германии с 1822 по 1844 год, и вполне вероятно, что именно отсюда и возник образ в стихотворении.

[26] По теме трансформации см. также «Когда бы я недвижным трупом» Заболоцкого в [Заболоцкий 1972, 2: 46].

бóльшую часть жизни пользоваться Заболоцкий, поэт провозглашает: «Что было раньше птицей / Теперь лежит написанной страницей», используя рифму «птицей» — «страницей», чтобы подкрепить свою мысль.

В сочетании темы метаморфозы и образности процесса письма можно увидеть параллель с Мандельштамом. Стихотворение Мандельштама «К немецкой речи» было опубликовано в «Литературной газете» в 1932 году, и, возможно, Заболоцкому оно было знакомо. Седьмая из девяти строф стихотворения гласит:

> Чужая речь мне будет оболочкой,
> И много прежде, чем я смел родиться,
> Я буквой был, был виноградной строчкой,
> Я книгой был, которая вам снится.
> [Мандельштам 1967–1981, 1: 191][27]

Конечно, идея быть буквой и перевитой виноградной строчкой (интересная параллель со «свисающейся веткой винограда» в «Я стал просвечивающей формой» Вагинова) перекликается с общим характером образности Заболоцкого в «Метаморфозах», а представление о поэте, существовавшем в той или иной форме до своего рождения, снова возникнет в «Завещании»[28]. Но проблему здесь представляет контекст, ибо остальная часть стихотворения Мандельштама посвящена вопросам культуры, которые не являются центральными ни для «Метаморфоз», ни для большей части творчества Заболоцкого.

Заимствуя образность того или иного предшественника, Заболоцкий довольно часто перенимает и основной ход его мысли, как можно видеть в следующем отрывке из третьей строфы «Метаморфоз» — «мысль некогда была простым цветком». Здесь он опирается на стихотворение Боратынского «О мысль! тебе удел цветка», далее, возможно, используя и библейские коннотации. В стихотворении Боратынского описывается, как свежий

---

27 См. [Ronen 1983: 151, 360; Taranovsky 1976: 2].

28 Ронен, вслед за Тарановским, указывает, что для Мандельштама виноград был метафорой «подлинной свежести поэзии» [Ronen 1983: 151].

цветок привлекает насекомых, но они бросают его, когда тот теряет «свежесть молодую». Однако не все потеряно, потому что цветы рождают семена. А семена, попадающие в хорошую почву, как в притче о сеятеле, порождают «новый цвет», тем самым принося бессмертие увядшему цветку.

> Забыт он роем их летучим,
> И никому в нем нужды нет;
> А тут зерном своим падучим
> Он зарождает новый цвет.
> [Боратынский 1971: 233][29]

Заключительная строфа «Метаморфоз» двусмысленна.

> Вот так, с трудом пытаясь развивать
> Как бы клубок какой-то сложной пряжи
> Вдруг и увидишь то, что должно называть
> Бессмертием. О, суеверья наши!

Если в «Лодейникове» поэт использовал образ клубка, чтобы описать переплетение жизни и смерти в природе, то здесь он развивает метафору, сравнивая свои интеллектуальные усилия с попыткой распутать «клубок какой-то сложной пряжи» — возможно, пряжи судьбы, которую прядут Парки. И хотя в «Лодейникове» человеческая мысль оказалась бессильна объединить эти два аспекта природной реальности, в «Метаморфозах» вывод уже не столь категоричный, хотя и не столь ясный. Модальный оборот «должно называть» вместо ожидаемой несовершенной формы «называется» вводит некоторый элемент сомнения. То, что должно называть бессмертием, видимо, в некоторых случаях таковым не является. Почему? Проблема в официальной идеологии? Или в собственной сильной убежденности поэта? Так же и заключительное восклицание «О суеверья наши!» — причитание по образцу цицероновского «О времена! О нравы!» — можно интер-

---

[29] Связь между двумя стихотворениями упоминается в [Ростовцева 1976: 77]. Притчу о сеятеле можно найти в Мф. 13, Мк. 4 и Лк. 8.

претировать по-разному. Что является суеверием — попытка поверить в бессмертие или предполагаемый отказ некоторых поверить в него, вера в окончательность смерти?[30]

«ПОКОЯ В МИРЕ НЕТ. ПОВСЮДУ ЖИЗНЬ И Я»

> Пьянел он медленно, становился все веселее.
> Потом хмурился и тогда со все возраставшим оже-
> сточением повторял, что мы не умрем, а только
> превратимся.
>
> *Николай Чуковский, описание*
> *«философских» вечеров с Заболоцким*

Именно в стихотворении «Завещание» 1947 года Заболоцкий наиболее связно излагает суть своей веры в бессмертие. Более ранние названия стихотворения «На склоне лет» и «Напоминание» дают основания полагать, что оно действительно было задумано поэтом как исчерпывающее краткое изложение его философии жизни и смерти. Во время написания стихотворения Заболоцкому еще не было пятидесяти, но за его плечами был уже немалый «жизненный опыт», а здоровье постепенно ухудшалось [Заболоцкий Н. Н. 1994: 266]. Особенно важно, что в стихотворении поэту удалось сбалансировать и объединить свои позитивистские и романтические наклонности и изобразить мир, в котором человеческая самотождественность не доминирует над

---

30 Интересный способ справиться с этой двусмысленностью предлагает Масинг-Делич, утверждая, что Заболоцкий мог использовать в качестве подтекста стихотворение Боратынского «Предрассудок! он обломок / Давней правды». Эта аллюзия позволила бы Заболоцкому передать идею о том, что «предрассудки — это обломки древней правды» и что бессмертие — это «правда, унаследованная из прошлого и все еще действительная, несмотря на то что она была частично опровергнута». Тем не менее Боратынский в конечном итоге предлагает читателю: «Но пристойную могилу, / Как уснет он, предку [древней правде] дай», подразумевая, что древняя правда не может длиться вечно, даже если это правда. В конце концов, обоих поэтов привлекает понятие «правды», за которым они признают сложность и даже неоднозначность [Masing-Delic 1992: 337].

природой, но и не подчинена ей полностью. Говоря метафизическим языком, и человечность, и природа остаются цельными, неповрежденными. Мысль стихотворения уже не мечется неконтролируемо из стороны в сторону, как мяч на веревке, как это характерно для некоторых философских стихотворений Заболоцкого. Здесь мысль движется по плавной орбите от одной точки к другой.

ЗАВЕЩАНИЕ

Когда на склоне лет иссякнет жизнь моя
И, погасив свечу, опять отправлюсь я
В необозримый мир туманных превращений,
Когда мильоны новых поколений
Наполнят мир сверканием чудес
И довершат строение природы, —
Пускай мой бедный прах покроют эти воды,
Пусть приютит меня зеленый этот лес.

Я не умру, мой друг. Дыханием цветов
Себя я в этом мире обнаружу.
Многовековый дуб мою живую душу
Корнями обовьет, печален и суров.
В его больших листах я дам приют уму,
Я с помощью ветвей свои взлелею мысли,
Чтоб над тобой они из тьмы лесов повисли
И ты причастен был к сознанью моему.

Над головой твоей, далекий правнук мой,
Я в небе пролечу, как медленная птица.
Я вспыхну над тобой, как бледная зарница,
Как летний дождь прольюсь, сверкая над травой.
Нет в мире ничего прекрасней бытия,
Безмолвный мрак могил — томление пустое.
Я жизнь мою прожил, я не видал покоя:
Покоя в мире нет. Повсюду жизнь и я.

Не я родился в мир, когда из колыбели
Глаза мои впервые в мир глядели, —
Я на земле моей впервые мыслить стал,

Когда почуял жизнь безжизненный кристалл,
Когда впервые капля дождевая
Упала на него, в лучах изнемогая.

О, я недаром в этом мире жил!
И сладко мне стремиться из потемок,
Чтоб, взяв меня в ладонь, ты, дальний мой потомок,
Доделал то, что я не довершил.

[Заболоцкий 1972, 1: 239–240]

Первая строфа стихотворения явно о смерти: поэт говорит о «склоне лет», когда жизнь «иссякнет», и о погасшей, как у Анны Карениной, свече. Он завершает строфу образами воды и леса, которые приютят его останки, по поэтической моде XIX века. Но в эту, казалось бы, шаблонную трактовку смерти Заболоцкий привнес несколько плодов своих своеобразных размышлений. Во-первых, как и во многих других его стихотворениях о смерти, значимую роль играет концепция превращения. Как и Введенский, поэт использует слово «превращение» для описания своего состояния в загробном мире — «необозримый мир туманных превращений». Более того, поэту предстоит не просто отправиться в иной мир, но отправиться туда опять, то есть вернуться туда, где уже был, а жизнь представляется не только непрерывной, но и в каком-то смысле географически и метафизически цикличной. И, наконец, в это мистическое видение он добавляет нотку позитивизма, вводя идею будущих поколений, которые «довершат строение природы». Однако благодаря отвлеченности языка позитивизм несколько смягчается. Мы видим не конкретное поколение, решающее конкретную задачу, пусть даже такую большую и абстрактную, как «построение социализма», а «мильоны новых поколений», наполняющих мир «сверканием чудес».

Кроме того, первая строфа выделена с помощью метрической игры, которая в более свободной форме будет действовать на протяжении всего стихотворения. Поддерживая серьезность темы, стихотворение начинается величественным шестистопным ямбом с цезурой, регулярно возникающей после третьей стопы.

Этот рисунок сохраняется до тех пор, пока поэт философствует о себе и о своем существовании после смерти. Однако в строках 4–6, когда поэт обращается к миллионам новых поколений и сверканию чудес, темп ускоряется, а метр становится легче — мы видим пятистопный ямб с анжамбеманами и без цезуры. Сверкающее видение несется вперед без знаков препинания, вплоть до тире в конце шестой строки, знаменующего возврат к теме смерти и к тяжелому шестистопному ямбу в седьмой и восьмой строках. Между тем различия в метре перекрываются схемой рифмовки, что предохраняет стихотворение от структурной фрагментации, при этом рифма *превращений / поколений* связывает строки 3 и 4, а рифма *природы / воды* — строки 6 и 7. Вторая и третья строфы, в которых продолжаются тяжелые размышления, написаны шестистопным ямбом, кроме одной строки. Четвертая и пятая строфы представляют собой смешанную метрическую картину, поскольку в них смешаны оба предыдущих направления мысли.

Если в начале стихотворения кажется, что оно о смерти, вторая и третья строфы проясняют, что настоящая тема стихотворения — не-смерть или бессмертие. Лирический герой заявляет прямо: «Я не умру, мой друг». Это решительное отрицание смерти готовит почву для последующих превращений лирического героя, также с использованием глаголов совершенного вида.

Попутно поэт вводит второе лицо («мой друг»), к которому позже обращается «далекий правнук мой» и «дальний мой потомок». Это выражение наводит на мысль о фигуре «далекого потомка» в стихотворении Боратынского «Мой дар убог, и голос мой не громок», который вполне мог послужить Заболоцкому образцом в теме литературно-духовного общения с будущими поколениями. Боратынский пишет:

> Мой дар убог, и голос мой не громок,
> Но я живу, и на земли мое
> Кому-нибудь любезно бытие:
> Его найдет далекий мой потомок

В моих стихах: как знать? душа моя
Окажется с душой его в сношенье,
И как нашел я друга в поколеньи,
Читателя найду в потомстве я.
[Боратынский 1971: 181]

Хотя лирического героя Заболоцкого больше волнует физическое и метафизическое бессмертие, чем литературное, переживание человеческих отношений с далеким и еще не родившимся потомком объединяет оба стихотворения. По сути, можно утверждать, что в «Завещании» Заболоцкий сам берет на себя роль «далекого потомка» Боратынского.

Образ «векового дуба» во второй строфе «Завещания» вызывает еще больше аллюзий, которые по-разному влияют на смысл стихотворения. Самой отдаленной отсылкой может быть старый дуб в «Войне и мире», который сначала укрепляет князя Андрея в убеждении, что его жизнь кончена, а затем, после встречи с Наташей, становится символом его «возвращения к жизни» и намерения жить в гармонии с окружающим миром. В поэтической вселенной Заболоцкого, однако, лучше бы прижились дубы из стихотворения Тютчева «От жизни той, что бушевала здесь» и из пушкинского «Когда за городом, задумчив, я брожу» и «Брожу ли я вдоль улиц шумных». У всех авторов, как и у Заболоцкого в «Завещании» образ дуба символизирует смену поколений внутри более широкого контекста преемственности, но в то же время он представляет природу как отдельное от человека бытие, враждебное ему или равнодушное к его судьбе. Самый близкий родственник дуба из «Завещания» — дуб, который шумит, «вечно зеленея», над могилой поэта в «Выхожу один я на дорогу» Лермонтова. Лирический герой Лермонтова приближается к позиции Заболоцкого, когда отрицает «холодный сон могилы» и ожидает продолжения персонифицированного бытия в будущем, поскольку он услышит не только шелест дуба, но и сладкий голос, поющий о любви.

Однако в конечном счете, будучи поэтом более позднего времени и с иным восприятием, Заболоцкий имеет в виду более радикальную интеграцию человека и природы, чем любой из его предшественников. Эту интеграцию он демонстрирует несколькими способами. Один из них — уравновешенность пассивных и активных ролей во взаимодействии поэта с природой. Во второй строфе дуб играет активную роль, поэт — пассивную. Корни дуба обвивают душу поэта, листва дает приют уму, а ветви лелеют его мысли, давая возможность далекому потомку стать причастным к сознанию поэта[31]. В третьей строфе поэт принимает на себя активную роль, а не продолжает пассивно пользоваться защитой природы. Сравнения, которые использует Заболоцкий, подкрепляют идею о его тождественности с природой: он утверждает, что пролетит над своим правнуком «как медленная птица», вспыхнет над ним «как бледная зарница» и прольется «как летний дождь».

Как ни парадоксально, наряду с равновесием пассивных и активных ролей, об интеграции поэта в природу свидетельствует также обилие форм первого лица. В 34 строках стихотворения формы первого лица — личные, возвратные и притяжательные местоимения — встречаются 25 раз, причем в 40 % случаев они занимают сильные позиции, — в начале либо в конце строки. В числе притяжательных местоимений — первые два зарифмованных слова стихотворения *моя* и *я*, а также важнейшее утверждение, которое подводит итог третьей строфе: «Повсюду жизнь и я». Твердая убежденность поэта в том, что он может быть одновременно самим собой и чем-то другим, его чувство идентичности, одновременно особенной и универсальной, — вот что удерживает стихотворение от ниспадения в крайнюю форму эгоцентризма. Основа веры поэта в свою сложносоставную личность объясняется в четвертой строфе. «Не я родился в мир,

---

[31] Возможно, имеет значение, что Заболоцкий использует *листы*, множественное от *лист*, что означает «лист бумаги или другого плоского материала», вместо *листья*, множественного числа от *лист* в смысле «лист дуба». Если эта форма не была выбрана по исключительно метрическим соображениям, то она наводит на мысль, что разум поэта находит убежище в листве-бумаге, на которой написаны стихи, — что на месте Заболоцкого является вовсе не безосновательным утверждением. См. также образ дуба как сильного и одинокого воина в стихотворении Заболоцкого 1957 года «Одинокий дуб».

когда из колыбели / Глаза мои впервые в мир глядели», — объявляет лирический герой, рассуждая о своем эволюционном происхождении от «безжизненного кристалла».

Суть философской позиции поэта представлена во втором четверостишии третьей строфы и в четырехстрочной строфе, завершающей стихотворение, причем в обоих случаях с использованием звуковой игры и других средств для выделения идеи. В первом случае мы видим романтический аспект философии поэта, во втором — позитивистский.

> Нет в мире ничего прекрасней бытия,
> Безмолвный мрак могил — томление пустое.
> Я жизнь мою прожил, я не видал покоя:
> Покоя в мире нет. Повсюду жизнь и я.

Во второй строке приведенного выше отрывка аллитерация сонорных *м*, *л* и *р* подчеркивает ненужность и расточительность смерти: «Безмолвный мрак могил — томление пустое». Эта звуковая оркестровка и концепция, которую она иллюстрирует, уже в следующих двух строках сменяются акцентом на жизни, с повторением слова *жизнь* и однокоренного глагола (*прожил*): «я жизнь мою прожил... / Повсюду жизнь и я». Романтизм этого философского утверждения проявляется в уравнивании жизни с неуспокоенностью. В отчасти автобиографической строке Заболоцкий пишет: «Я не видал покоя: / Покоя в мире нет». Но, вместо того чтобы сетовать на это обстоятельство, он противопоставляет отсутствие покоя присутствию жизни, которую во второй половине строки он отождествляет с собой: «Повсюду жизнь и я».

Связь между отсутствием покоя и положительным переживанием жизни и себя у Заболоцкого перекликается с известным байроническим стихотворением Лермонтова «Парус», главный персонаж которого, мятежный персонифицированный парус, ищет бури, «как будто в бурях есть покой» [Лермонтов 1954, 2: 62]. В то же время поэт противостоит зрелому неромантизму Пушкина с его стихотворением «Пора, мой друг, пора! Покоя сердце просит». Пушкин отказывается от всякой надежды на счастье, но уверен в возможности покоя и воли: «На свете счастья нет, но есть покой и воля» [Пушкин 1937, 3: 330]. Заимствуя у Пушкина ритм, рифму и до некоторой степени семантику, Заболоцкий переосмысляет его утверждение «На свете счастья нет», превращая его в экзистенциальное отрицание «Покоя в мире нет». При этом он одновременно опровергает утверждение Пушкина о существовании покоя. Сердце Заболоцкого, как и сердце Пушкина, наверняка порой искало покоя. Но его собственные романтические устремления, сталкиваясь с воспринимаемой «голыми глазами» советской действительностью, заставляют его описывать отсутствие покоя как суть жизни и его собственной личности.

В заключительной строфе поэт снова утверждает ценность своей жизни и вновь видит себя частью природы, — в данном случае чем-то неопределенным, но явно очень маленьким, что общается со своим дальним потомком.

> О, я недаром в этом мире жил!
> И сладко мне стремиться из потемок,
> Чтоб, взяв меня в ладонь, ты, дальний мой потомок,
> Доделал то, что я не довершил.

Аллитерация *д, л* и *н*, вступающая в предпоследней строке, знаменует заключительную идею позитивистского прогресса в стихотворении: «Чтоб взяв меня в ладонь, ты, дальний мой потомок / Доделал то, что я не довершил». Многократное употребление приставки *до-* в совершенных глаголах *доделать* и *довершить* указывает на завершенность, совершенство, достижение результата. Кроме того, это связывает конец стихотворения с первой строфой, где глагол *довершить* использовался, когда лирический герой провидел новые поколения, которые «довершат строение природы». К одному из этих поколений принадлежит и «дальний потомок», который сейчас держит поэта на ладони.

В отличие от стихотворений «Вновь я посетил» Пушкина и «На посев леса» Боратынского, в «Завещании», которое иногда сравнивают с этими стихотворениями, лирический герой взаимодействует со своим потомком, а не просто воображает его. Возможно, поэтому он предстоит перед смертью с радостью и интересом, а не с горечью или грустью, которые чувствуются у Боратынского и у Пушкина. По мере того, как лирический герой Заболоцкого эволюционирует от безжизненного кристалла до частички вещества в руке дальнего потомка, он являет себя одновременно как источник индивидуальной идентичности и как полностью интегрированный аспект природы.

ИНТЕЛЛЕКТУАЛЬНЫЕ И ДУХОВНЫЕ ИСТОЧНИКИ I: ПОЛИТИЧЕСКИ БЛАГОНАДЕЖНЫЕ

> Человек и природа — это единство, и говорить всерьез о каком-то покорении природы может только круглый дуралей и дуалист... выражение «покорение природы»... [унаследовано] из языка дикарей. Энгельс, Вернадский, Циолковский хорошо разъяснили нам подлинную суть этого явления. Жаль, что в мою книжку не вошли многие из тех вещей, которые уточняют мой взгляд на эти вещи.
>
> *Заболоцкий. Письмо от 20 февраля 1958 года*

На основе вышеизложенного мы можем выделить три основных элемента в философии бессмертия Заболоцкого: (1) концепция смерти как трансформации, с изменением формы, но не с полным уничтожением индивидуальной личности; (2) вера в сущностное единство бытия внутри природы, прямая связь между живым и мертвым, органической и неорганической материей; и (3) иногда неуверенное ощущение прогресса в форме способности человека обустраивать и совершенствовать природу, и столь же неуверенное ощущение потребности человека в этом.

В этих принципах отражена вера поэта в то, что он называл «монизмом», и о котором рассказывал в длительных беседах с Николаем Чуковским в конце 1940-х — начале 1950-х годов. Позитивный оттенок, свойственный термину «монизм» в советском контексте, наверняка был не лишним для Заболоцкого, с его политически сомнительным прошлым. «Отец русского марксизма», Георгий Плеханов использовал термин «монистический» в названии одного из своих наиболее влиятельных произведений «К вопросу о развитии монистического взгляда на историю». Другой советский «отец», «отец советского ракетостроения», Константин Циолковский опубликовал брошюру под названием «Монизм Вселенной», которую Заболоцкий получил в начале 1930-х годов от самого автора и которую прочитал «с особым вниманием и интересом» [Степанов 1965: 18]. К тому же большевистский мыслитель-утопист Александр Богданов написал в начале века ряд статей под названием «Эмпириомонизм», с которыми Заболоцкий мог бы быть знаком[32].

Однако мы не считаем, что монизм Заболоцкого был не более чем политически целесообразным камуфляжем с целью защиты от нападок. Предположить это означало бы отрицать метафизический поиск, свойственный его творчеству с самого начала. В конце концов, разве не Декларация ОБЭРИУ в 1928 году побуждала читателей искать откровения высшей духовной истины через познание конкретных предметов, то есть через «монистическую» связь духовного и материального? И в 1929 году в «Столбцах» Заболоцкий начал воплощать этот поиск в поэтическую форму.

Поясняя употребление Заболоцким термина «монизм», Николай Чуковский рассказывает, что они с поэтом «по русскому обыкновению, часто "философствовали"», нередко за полночь, за бутылкой (или не одной) «Телиани». На этих посиделках Заболоцкий «неизменно объявлял себя "материалистом" и "монистом"».

> Под «монизмом» разумел он понятие, противоположное «дуализму», и отзывался о «дуализме» с презрением. «Дуализмом» он называл всякое противопоставление духовной жизни — материальной, всякое непонимание их тождества, полной слитности. Поэтому, говоря о бессмертии, он вовсе

---

32 См. [van Ree 1993: 48; Stites 1989: 32–33, 71–72, 102–103, 174–175; Македонов 1968: 209; Seifrid 1992: 24–27, 28, 58, 95, 110].

не имел в виду существования души вне тела. Он утверждал, что все духовные и телесные свойства человека бессмертны, потому что в природе ничего не исчезает, а только меняет форму [Чуковский 1977: 230][33].

В итоге Чуковский не согласился с поэтом и написал шуточное стихотворение о тяге Заболоцкого к бессмертию, породившее некоторое охлаждение между двумя «философами» [Заболоцкий Н. Н. 1991: 230–231, 309]. Но и само постоянство Заболоцкого в поиске свидетельствует о том, что вопросы политики, его личного характера и трезвости (или ее отсутствия) не должны помешать нам отнестись к метафизическому поиску поэта со всей серьезностью.

Где нам искать источники убеждений Заболоцкого? Список, безусловно, длинный и включает некоторых возможных авторов, упомянутых выше. Если мы выберем марксистское направление, подобно множеству критиков, которые пытались заставить Заболоцкого выглядеть приемлемо в советском контексте, мы берем Энгельса, а затем, возможно, опять Циолковского, Вернадского и некоторые аспекты мысли Федорова. Похоже, довольно обширному кругу революционных мыслителей были свойственны размышления о бессмертии марксистского толка[34]. Оставив в стороне классику марксизма, вроде «Манифеста Коммунистической партии» или «Происхождения семьи, частной собственности и государства», обратимся к фрагментарным и своеобразным размышлениям Энгельса о физике и биологии в работе «Диалектика природы», которую Заболоцкий неоднократно указывал как оказавшую большое влияние на его мысль [Чиковани 1977: 164; Турков 1965: 24; Турков 1966: 50][35]. «Диалектика природы» была опубликована в Советском Союзе впервые

---

[33] См. также [Goldstein 1993: 114–115].

[34] См. S. V. Utechin. Bolsheviks and Their Allies after 1917: The Ideological Pattern // Soviet Studies. Vol. 10. 1958–59. P. 113–135; P. Wiles. On Physical Immortality // Survey. London, 1965. № 56. P. 125–143; № 57. P. 142–161; [Masing-Delic 1992].

[35] По словам Никиты Заболоцкого, поэт также читал «Анти-Дюринг» Энгельса [Заболоцкий Н. Н. 1994: 118].

в 1925 году, переиздана в 1929 году и, согласно ряду источников, вызвала большие разногласия в российских интеллектуальных и научных кругах[36]. Энгельс рассматривает понятие бессмертия под разными углами. В одном из разделов «Диалектики природы» он сперва, по-видимому, отрицает возможность любого вида бессмертия, но затем оставляет открытой дверь для чего-то, похожего на концепцию метаморфоз Заболоцкого, а затем и для того, что напоминает традиционные религиозные концепции души. «Уже и теперь не считают научной ту физиологию, которая не рассматривает смерти как существенного момента жизни, — начинает он. — Диалектическое понимание жизни именно к этому и сводится». Далее аргументация становится туманной:

> Но кто раз понял это, для того навсегда потеряли свой смысл всякие разговоры о бессмертии души. Смерть есть либо разложение органического тела, ничего не оставляющего после себя, кроме химических составных частей, образовывавших его субстанцию, либо она оставляет за собой жизненный принцип, душу, который переживает все живые организмы... Таким образом здесь достаточно простого уяснения себе при помощи диалектики природы жизни и смерти, чтобы покончить с древним суеверием. Жить — значит умирать [Энгельс 1953: 238].

Видимо, поэт мог бы использовать рассуждения Энгельса о разложении органического тела на химические составные части и о существовании «жизненного принципа... который переживает все живые организмы», чтобы сформулировать или обосновать собственную целостную концепцию бессмертия, предполагающую трансформацию физического и духовного «я» в растения, деревья, камни и птиц, которыми населены его философские стихи.

В отрывке, который и более понятен, и потенциально более прямо связан с монизмом по версии Заболоцкого, Энгельс пишет об отношениях между человеком и природой:

---

[36] См. [Лосский 1991: 401; Goldstein 1993: 114]. Надежда Мандельштам сообщает, что друзья ее мужа, биологи, «жаловались, насколько [диалектика природы Энгельса] усложняет им жизнь» [Мандельштам Н. 1999: 130].

[Чем точнее человек будет понимать законы природы]... тем в большей мере люди снова будут не только чувствовать, но и сознавать свое единство с природой и тем невозможней станет то бессмысленное и противоестественное представление о какой-то противоположности между духом и материей, человеком и природой, душой и телом [Энгельс 1953: 140].

Высказывания Энгельса об эволюции и постоянном изменении природы еще более усиливают связь между ним и Заболоцким.

Почти одновременно было констатировано, что протоплазма и клетка, признанные уже раньше последними форменными элементами всех организмов, живут самостоятельно в качестве низших органических форм. Благодаря этому была доведена до минимума пропасть между органической и неорганической природой и вместе с тем устранено одно из серьезнейших препятствий на пути к учению о происхождении организмов путем развития. Таким образом современное мировоззрение было готово в его основных чертах: все твердое было разложено, все неизменное улетучилось, все признававшееся вечным стало считаться преходящим, вся природа предстала находящейся в вечном потоке и круговороте [Энгельс 1953: 11].

Мысль этого отрывка приводит к понятию трансформации, характерному для «Метаморфоз» Заболоцкого и многих других его стихотворений, а также к концепции тесной связи между органической и неорганической материей, которая позволяет лику Сковороды проступить в камне и на основании которой лирический герой Заболоцкого уверяет, что начал жить, когда жизнь впервые зародилась в безжизненном кристалле.

Наконец, в более общих выражениях, размышления Энгельса, как и некоторых других, перекликаются у Заболоцкого с идеей человеческого прогресса, идеей активного управления материальным миром на благо человечества и с мыслью о том, что человек является связующим звеном, «в котором природа приходит к осознанию самой себя»[37]. Разделяя этот подход, Македонов

---

[37] Ф. Энгельс. Диалектика природы. Цит. по: [Заболоцкий Н. Н. 1984: 40].

утверждает, что в стихотворении «Завещание» обнаруживается «новое бессмертие... преемственность труда и творчества», бессмертия, которое затем упрощается и сводится к существованию «дальнего потомка», который «закончит то, что [поэт] не довершил» [Македонов 1968: 266][38].

Концепция бессмертия Заболоцкого действительно связана с идеей творческого труда и с существованием «прямого потомка», но она сложнее, чем может показаться по описанию Македонова. Сложность, несомненно, отчасти была навеяна провидческой научной мыслью Константина Циолковского, с которым поэт переписывался в начале 30-х годов. Ученый заинтересовал поэта не трудами о космических путешествиях и ракетной технике, а своими идеями о бессмертии. Никита Заболоцкий предлагает «мировоззрение Циолковского — живопись Брейгеля — музыку Бетховена» в качестве ассоциаций, описывающих характер отца. Начала, представленные Циолковским, Брейгелем и Бетховеном, «были характерны для внутреннего облика отца, — пишет сын поэта, — раздумья о мироздании, о превращении материи, о месте человека и его разума в единой и столь сложной природе» [Заболоцкий Н. Н. 1977: 204]. Ираклий Андроников, соглашаясь с этим взглядом на Заболоцкого, отмечает, что, когда он работал с ним в Детском издательстве в начале 30-х годов, поэт говорил «о величии и совершенстве природы, о космосе, о Циолковском, с которым состоял в переписке» [Андроников 1977: 133].

Концепция бессмертия Циолковского опиралась на идею монизма, мало чем отличавшуюся от той, которую приписывали Заболоцкому. В связи с этим неудивительно, что и сам Циолковский проявлял интерес к «Диалектике природы» Энгельса, или что идеями Циолковского увлекался также и Хлебников [Степанов 1975: 257; Циолковская 1971: 200][39]. В одном из своих трактатов Циолковский риторически вопрошает: «Какая же разница

---

[38] См. также [Македонов 1984: 443–444] (сноска).

[39] О Циолковском см. также [Алтайский 1966; Гвай 1957; Космодемьянский 1976; Львов 1977; Самойлович 1969; Шкловский 1964: 448–457; Vorobyov 1960: 1–16; Воробьев 1962].

между живым и мертвым...? Разве другие атомы в них, разве другие между ними столкновения?»[40]

Он многократно отвечает на эти вопросы, примерно следующим образом:

> Во вселенной, и живой и мертвой, мы видим только одно: движение сущности и физико-химические явления. Не может быть поэтому и качественной разницы между живым и мертвым. Все живо, но по-разному. Разница же только в количестве, в форме, в интенсивности. Слова живое и мертвое — условны[41].

В другом случае, подобно Энгельсу и Заболоцкому, он выдвигает родственную концепцию эволюции:

> Прошедшее есть постепенный переход от неорганической материи к органической мертвой, от органической мертвой к органической живой, от живой простой к живой сложной, то есть от бактерий к человеку. Это достаточно исследовали биологи[42].

Опубликованных свидетельств о том, как и когда Заболоцкий впервые познакомился с мыслью Циолковского, не существует, но 7 января 1932 года он написал Циолковскому с просьбой предоставить копии некоторых его произведений, которые были изданы в виде серии брошюр. Одиннадцать дней спустя он написал ему снова, поблагодарив ученого за брошюры и задав ряд вопросов о концепции бессмертия Циолковского [Павлов 1964: 219–226; Заболоцкий 1972, 2: 235–239; Заболоцкий 1965: 329–335]. Ответ Циолковского, который до нас не дошел, скорее всего, выражал его веру в ограниченную физическую форму бессмертия, по сути, в «переработку» атомов. В другой своей работе он писал:

---

[40] К. Э. Циолковский. Живая вселенная. Цит. по: [Брюханов 1959: 30].

[41] К. Э. Циолковский. Естественные основы нравственности. Цит. по: [Брюханов 1959: 44–45].

[42] К. Э. Циолковский. Живая вселенная. Цит. по: [Брюханов 1959: 39].

Союзы разрушаются (смерть), но снова возникают (рождение). Разрушение не уничтожает граждан [то есть атомы], но они продолжают вести жизнь, только более простую (примитивную), пока не вступят в новый союз, то есть не составят часть какого-нибудь животного: часть мозга, печени, мускула и т. д. (например, человека)[43].

Заболоцкого, вера которого в бессмертие была одновременно и более целостной, и более индивидуалистической, попросил в следующем письме к Циолковскому дополнительных разъяснений:

...Мне неясно, почему моя жизнь возникает после моей смерти. Если атомы, составляющие мое тело, разбредутся по вселенной, вступят в другие, более совершенные организации, то ведь данная-то ассоциация их уже больше не возобновится и, следовательно, я уже не возникну снова [Заболоцкий 1972, 2: 236].

Поэт завершает дискуссию тактичным предположением, что весь вопрос зависит от того, как человек воспринимает себя как физическое существо.

Вы, очевидно, очень ясно и твердо чувствуете себя государством атомов. Мы же, Ваши корреспонденты, не можем отрешиться от взгляда на себя как на нечто единое и неделимое. Ведь одно дело — знать, а другое — чувствовать. Консервативное чувство, воспитанное в нас веками, цепляется за наше знание и мешает ему двигаться вперед. А чувствование себя государством есть, очевидно, новое завоевание человеческого гения [Заболоцкий 1972, 2: 237].

Несмотря на это джентльменски выраженное несогласие, очевидно, что Заболоцкий глубоко заинтересовался идеями Циолковского, даже теми, которые были все же менее приемлемы

---

[43] К. Циолковский. Научная этика. Калуга, 1930. С. 42. Цит. по: [Македонов 1968: 211].

для советской власти, чем общая неразрушимость материи. Возможно, скорее из-за своей склонности к романтизму, чем из-за научных интересов, Заболоцкий разделял веру Циолковского в способность природы чувствовать, — или в то, что можно было бы назвать существованием души в природе. «Я не только материалист, — пишет Циолковский в трактате «Монизм вселенной», — но и панпсихист, признающий чувствительность всей вселенной»[44]. В поэзии Заболоцкого эта вера сливается со стародавним литературным приемом персонификации природы, но в сочетании с другими чертами, родственными мысли Циолковского, прием становится философской позицией и приобретает новое значение.

Наконец, Циолковскому, как и Заболоцкому, были свойственны некоторые проблески религиозности. В трактате «Фатум, судьба, рок» Циолковский пишет:

> Я видел и в своей жизни судьбу, руководство высших сил. С чисто материальным взглядом на вещи мешалось что-то таинственное, вера в какие-то непостижимые силы, связанные с Христом и Первопричиной.
> Несмотря на то, что я был проникнут современными мне взглядами, чистым научным духом, во мне одновременно уживалось и смутно шевелилось еще что-то непонятное[45].

Если православные интеллектуальные построения, лежащие в основе Декларации ОБЭРИУ, и некоторые стихотворения Заболоцкого позволяют нам увидеть в мировоззрении поэта некую форму религиозности, то в творчестве Циолковского мало что дает основания для подобной точки зрения. Тем не менее можно подозревать, что не в последнюю очередь сочетание материализма и стремления понять «непостижимые силы» привлекло Заболоцкого к человеку, известному прежде всего своими разработками ракетной техники.

---

[44] К. Циолковский. Монизм вселенной. Цит. по: [Брюханов 1959: 45].

[45] К. Циолковский. Фатум, судьба, рок. Цит. по: [Брюханов 1959: 26].

Циолковский умер в 1935 году, но для Заболоцкого на всю оставшуюся жизнь он остался большим интеллектуальным авторитетом, оказывавшим на него значительное влияние. В 1953 году, примерно через 20 лет после переписки, Заболоцкий написал стихотворение, в котором нашли выражение многие из идей Циолковского. Назвав стихотворение «Сон», автор неким образом снял с себя ответственность за его фантастическое содержание. Стихотворение основано на идеях Циолковского о космическом путешествии. Во время путешествия поэт встречает космического мальчика, похожего на туман, но все же «больше материального, чем духовного»: «И даже он, похожий на туман, / Был больше материален, чем духовен» [Заболоцкий 1972, 1: 269–270]. Образ мальчика иллюстрировал утверждение Циолковского, что

> …есть вероятие и на распадение организма животного на более элементарные частицы иных удаленных от нас эпох. Тогда мы воплощаемся в менее плотные, почти бестелесные существа бесконечно отдаленных от нас эпох[46].

Но что более важно, сам лирический герой, кажется, воплощает концепцию бессмертия Циолковского, когда ложится в костер, но, подобно фениксу, восстает снова и снова, и заявляет, что его душа вместо стремления сохранить свою индивидуальную целостность теперь хочет стать частью вселенной: «Но уж стремилась вся душа моя / Стать не душой, но частью мироздания». В итоге, думаем, будет справедливым сказать, что, несмотря на разногласия относительно сохранности личностной идентичности, концепция бессмертия Заболоцкого связана с концепцией Циолковского, особенно с точки зрения физического механизма, посредством которого оно осуществляется, и что различные аспекты мысли Циолковского оставались с поэтом до конца его жизни.

---

[46] Циолковский. Научная этика. Цит. по: [Македонов 1968: 212].

ИНТЕЛЛЕКТУАЛЬНЫЕ И ДУХОВНЫЕ ИСТОЧНИКИ II: ПОЛИТИЧЕСКИ СОМНИТЕЛЬНЫЕ

> ...тут же прошел дух бревна Заболоцкий, читая книгу Сковороды
>
> *Даниил Хармс. «Короткая молния пролетела над кучей снега...»*

> Не надо забывать, что под книгою кроется человек. К нему-то, в лице книги, и должно относиться с любовью и почтением. Смерть не должна быть пределом братского чувства. Библиотека не гражданское общество, которое исключает умерших из своего списка. К самой книге, как выражению мысли и души ее автора, должно относиться как к одушевленному, как к живому существу, и тем более, если автор умер. В случае смерти автора на книгу должно смотреть как на останки, от сохранения коих как бы зависит самое возвращение к жизни автора.
>
> *Николай Федоров*

Энгельс и Циолковский легко вписываются в советский канон литературных исследований Заболоцкого, особенно если относиться к этим авторам достаточно поверхностно, сглаживая наиболее эксцентричные визионерские углы их «научных» мировоззрений, которые так привлекали поэта. Христианское богословие, вероятно, нельзя было так ловко сочетать с советской идеологией. Однако задолго до того, как в дискуссиях о бессмертии в России появился позитивистский, марксистский элемент, русское православие выдвинуло свою концепцию бессмертия, в которой значение тела и материи скорее утверждалось, чем отрицалось. Православный ученый Владимир Лосский отмечает, что «манихейское презрение к телесной природе» чуждо православной догматике. Вместе со святым Григорием Паламой он утверждает, что «мы не даем названия человек отдельно душе или телу, но тому и другому одновременно, ибо весь человек был создан по образу Божию» [Лосский 2012: 304, 306]. Соответственно, и другие отцы церкви указывают, что конечное назначение человека — не только умное созерцание Бога, ибо, если бы это было правдой, в воскресении тела не было бы необходимости. Конечная цель обожения включает в себя все человеческое существо: «Во всем и всецело — и по душе, и по телу — сохраняя свою человеческую природу, человек столь же всецело — так же и по своей душе, и по своему телу — становится богом по благодати» [Лосский 2006: 422].

Хотя до прямого провозглашения неразрушимости материи православный догмат не доходит, но утверждение роли тела в спасении, роли материи в богословии иконы, богословии Воплощения и Преображения Христа сближает православную догматику с монизмом Заболоцкого и с некоторыми аспектами мысли Энгельса и Циолковского сильнее, чем можно было ожидать. Наконец, главным праздником православного церковного года является Пасха, Воскресение Христово, предвестие всеобщего телесного воскресения. Практически все концепции бессмертия в русском культурном контексте, даже антирелигиозные, несут на себе этот пасхальный отблеск.

Скорее всего, отчасти именно благодаря Православию образовалась связь Заболоцкого с еще двумя мыслителями, которые привлекали его и повлияли на его размышления о бессмертии — Григорию Сковороде и Николаю Федорову. Сковорода появляется не только в стихотворении «Вчера, о смерти размышляя» 1936 года, но и в отдельном списке авторов, чьи произведения Заболоцкий просил жену не продавать, когда в 1940-е годы поэт был в ссылке, а для семьи наступили тяжелые времена. Кроме того, в неоконченном стихотворении Даниила Хармса 1931 года, цитируемом в эпиграфе к этому разделу, появляется Заболоцкий как «дух бревна», который проходит мимо, «читая книгу Сковороды» [Заболоцкий Н. Н. 1977: 180; Хармс 1978–1988, 3: 88][47].

Что привлекло Заболоцкого в этом религиозном философе XVIII века и «архетипическом русском страннике»? Возможно,

---

[47] Следы идей Сковороды заметны и в других стихотворениях, особенно в «Деревьях». См. [Goldstein 1993: 201–207; Македонов 1968: 157–158]. Благодарю Роберта Романчука и Майкла Нейдана за их вклад в мое понимание Сковороды.

он ощущал своего рода схожесть со Сковородой как с лишним человеком, вынужденным бороться за свое место в обществе, выдерживая его политическое и интеллектуальное давление. Эпитафия, сочиненная Сковородой для себя, которая отражает его ощущение преследования и содержит некую загадочность, вполне могла бы послужить и Заболоцкому: «Мир ловил меня, — писал о себе Сковорода, — но не поймал»[48]. При описании Сковороды, как и Заболоцкого, часто используют слова «загадка» и «парадокс». «К какому контексту принадлежит Сковорода?» — риторически спрашивает исследователь, тут же отмечая, что поиск ответа на вопрос будет сложным: «Куда бы его ни поместить, он окружен парадоксами» [Monas 1977: 18]. И эти парадоксы зачастую имеют отношение к тем же вопросам, из-за которых парадоксальным и загадочным считают Заболоцкого: рационализм, нечто вроде мистического пантеизма, особое отношение к русскому православию и некая «архетипическая русскость в образе мышления и жизни» [Monas 1977: 18][49].

Но помимо этого несколько туманного сходства культурных ролей Сковороды и Заболоцкого, между ними есть общность в более конкретных вопросах мировоззрения и даже богословия. Один из таких вопросов — вышеупомянутая вера Сковороды в materia aeterna [Иваньо, Шинкарук 1973: 201–204]. Другой — его склонность к пантеизму и олицетворению природы [Сковорода 1973: 318–330]. Но, пожалуй, наиболее значительное сходство заключается в том, как Сковорода принимает традиционные (даже если не вполне догматически точные) христианские дуалистические предпосылки, а затем провидит, как этот дуализм трансформируется в особую версию монизма, основанную на концепции преображения, столь значимую в мировоззрении Заболоцкого. Сковорода пишет: «...смерть и живот — всякую тварь, добро и зло — нищету и богатство Господь сотворил и слепил во едино». В. В. Зеньковский, автор «Истории русской фило-

---

48 Эпитафия приведена по: [Зеньковский 2001: 68]. См. также [Edie 1965, 1: 13–14].

49 Также [Edie 1965, 1: 14]. См. также [Fuhrmann 1971: 33–72].

софии», так комментирует это высказывание: «Иначе говоря, — двойственность в мире эмпирическом не простирается дальше эмпирий, но чтобы в зле открылась "спасительная сила", для этого нужно выйти из-под власти эмпирии, то есть духовно ее преодолеть. Это есть путь преображения» [Зеньковский 2001: 78].

В другом отрывке Сковорода преодолевает проблему поверхностного дуализма жизни с помощью веры в то, что Бог есть «основание и вечный план нашей плоти», а также всего творения: «Весь мир состоит из двух натур: одна видимая — тварь, другая невидимая — Бог. Бог всю тварь проницает и содержит...Он есть во всем... [Бог есть] основание и вечный план нашей плоти» [Зеньковский 2001: 75].

В поисках откровения высшей истины о преображенном мире Сковорода, подобно обэриутам и в соответствии с основами православного учения, утверждает роль материи. «Кто может узнать план в земных и небесных... материалах, если прежде не смог усмотреть в плоти своей?» — риторически вопрошает он. В другом отрывке он наставляет читателя: «Если хочешь что-либо узнать в истине, усмотри сначала во плоти, то есть в наружности, и увидишь на ней следы Божии, обличающие безвестную и тайную премудрость» [Зеньковский 2001: 72]. Как отмечает ученый Дмитрий Чижевский, «своеобразие стиля Сковороды состоит в том, что он постоянно обращается к конкретному — конкретным элементам жизни, искусства и религиозной традиции — чтобы достичь большей ясности в сфере общего» [Tschizewskij 1974: 46]. Подобно тому, как Декларация ОБЭРИУ наставляет нас смотреть на конкретные предметы «голыми глазами», чтобы постичь высшую истину, Сковорода учит нас смотреть в эмпирическое царство материи, чтобы увидеть Бога «новым оком» и достичь таким образом этой высшей истины [Зеньковский 2001: 60].

Наиболее явно Сковорода виден у Заболоцкого только в стихотворении «Вчера, о смерти размышляя», когда лик философа проступает в камне. Но чем глубже вникаешь в сочинения Сковороды и чем яснее понимаешь принципы, лежащие в основе Декларации ОБЭРИУ, тем очевиднее становится, что близость Заболоцкого к Сковороде и «архетипическая русскость в стиле его мышления и жизни» отражают базовое устроение его личности, которое было ему свойственно уже на самых ранних этапах творческого пути [Monas 1977: 18; Edie 1965, 1: 14].

В завершение наших рассуждений рассмотрим влияние мысли Николая Федорова на концепцию бессмертия у Заболоцкого. До появления книг Д. Гольдстейн «Nikolai Zabolotsky: Play for Mortal Stakes» и А. Масинг-Делич «Упразднение смерти. Миф о спасении в русской литературе XX века» (Masing-Delic, Irene. Abolishing Death: A Salvation Myth of Russian Twentieth-Century Literature. Stanford: Stanford University Press, 1992) об этой связи если и упоминалось, то вскользь [Goldstein 1993: 123–134; Masing-Delic 1992: главы 4, 10][50]. Такое невнимание, несомненно, отчасти объясняется странностями философии Федорова, утопическим ви́дением, сосредоточенным на задаче телесного воскрешения мертвых, которое нашло выражение в сборнике работ Федорова, опубликованном под названием «Философия общего дела». Смерть в глазах Федорова есть просто «...анестезия, при коей происходит самое полное трупоразъятие, разложение и рассеяние вещества». Поэтому задача живых — собрать эти рассеянные молекулы и восстановить из них предков, что предполагает путешествие по всему миру и даже по вселенной [Федоров 1982: 419][51].

Религиозная составляющая мировоззрения Федорова, имеющая много общего с русским православием, оказалась неприемлемой для воинствующего советского атеизма. Как отмечает Масинг-Делич, «в каждом аспекте общее дело [Федорова] ссылается на Библию, обычно в специфически православных терминах. ...Его общее дело — не что иное, как православная "внехрамовая" литургия» [Masing-Delic 1992: 77][52]. Ученые, которые могли бы

---

[50] Карлинский вскользь отмечает влияние Федорова на Заболоцкого в [Karlinsky 1973: 616]. При ссылках на Федорова часто упоминается Заболоцкий, но природа этого влияния подробно не обсуждается. См. [Lukashevich 1977: 26; Young 1979: 9, 180, 190]. Я хотела бы поблагодарить доктора Янга за щедрый обмен знаниями как в частной переписке, так и через его книгу.

[51] См. также [Lukashevich 1977: 197–198; Young 1979: 15; Бартенев 1909: 119–122; Бердяев 1950; Булгаков 1911; Киселев 1971; Koehler 1979; Семенова 1982].

[52] См. также [Young 1979: 147].

наилучшим образом понять культурный контекст как поэта, так и философа, сторонились любого исследования федоровских идей, не говоря уже о любом упоминании Федорова в связи с поэтом, который уже и так был на подозрении у властей. Парадоксально, но позитивистские утопические аспекты мировоззрения Федорова иногда напоминали ученым-антикоммунистам о призраке социализма, что заставляло их воспринимать его как «предтечу большевизма», а это означало, что с этой стороны исследовательская работа не велась уже по идеологическим причинам[53].

Однако лишь в «гнетущей атмосфере культурной догмы с ее мертвящим духом конформизма, воцарившегося в 1930-е годы» эти препятствия стали непреодолимыми, «ибо мысль Федорова, по-видимому, даже среди большевиков была общей интеллектуальной валютой с последних десятилетий XIX века по первые несколько десятилетий XX-го» [Fitzpatrick 1992: 15]. Один из ведущих исследователей Федорова, Джордж Янг, отмечает, что «федоровизм» был одним из нескольких идеологических течений большевизма, «до тех пор, пока партийное инакомыслие не было окончательно спрессовано в единую ортодоксальную партийную идеологию». Далее он объясняет, что к большевикам-«федоровцам» относились

> в первую очередь партийные технократы и ученые, которые хотели претворить в жизнь многие радикальные предложения Федорова по реструктуризации общества и регулированию природы, — но они, конечно, игнорировали богословскую основу проектов Федорова [Young 1979: 182].

Произведения Федорова в середине 20-х встречались в ленинградских букинистических лавках, так что Заболоцкий вполне мог натолкнуться на них. Среди тех, кто углублялся в философию Федорова, а иногда и становился ее приверженцем, были писате-

---

[53] Без указания автора. Николай Федоров [и] отец Павел Флоренский // Путь: Православный альманах. Вып. 21. Нью-Йорк, февраль 1984. С. 10; см. также [Бердяев 1950: 125].

ли Достоевский, Толстой, Горький, Брюсов, Белый, Маяковский, Хлебников, Пастернак, Ахматова, Платонов; композитор Скрябин; и, как можно догадаться из вышеизложенного, ученые Вернадский и Циолковский [Goldstein 1993: 177; Семенова 1982: 5–6; Young 1979: 180–181; Masing-Delic 1992: 104; Brown 1973: 122, 253–256; Seifrid 1992; Stites 1989: 169–171].

Случай Циолковского особенно значим по ряду причин. Будущий ученый приехал в Москву в 16-летнем возрасте в надежде получить образование, но не мог посещать университетские лекции из-за потери слуха вследствие скарлатины. Тогда он начал заниматься в Чертковской библиотеке (которая станет главной государственной библиотекой в советскую и постсоветскую эпоху), где Федоров едва зарабатывал себе на жизнь, трудясь библиотекарем. Но простым библиотекарем Федоров, конечно, не был, потому что свое «общее дело» он переносил в царство книг, утверждая, что «на книгу должно смотреть как на останки, от сохранения коих как бы зависит самое возвращение к жизни автора»[54]. Философ-библиотекарь заметил ум и целеустремленность молодого Циолковского и каждый день готовил для него новую стопку книг. Циолковский их быстро прочитывал и усваивал, — отсюда и его статус самоучки в пантеоне образцов для интеллектуального подражания Заболоцкого. Так формировался один из великих умов ранней эпохи воздухоплавания. В дальнейшем Циолковский говорил о Федорове: он «заменил университетских профессоров, с которыми я не общался... Я преклоняюсь перед Федоровым»[55].

Об их отношениях нам известно немногим больше вышеизложенного, но очевидно, что предпосылки теории Циолковского о бессмертии развивались в контексте его знакомства с философией Федорова и что даже его интерес к воздухоплаванию мог зародиться, или, во всяком случае, подпитаться от идеи Федоро-

---

[54] Разговор с Федоровым приводится по: [Гинкин 1911: 19–20].

[55] Циолковский цит. по: [Демин 2005: 42]; см. также [Young 1979: 9, 33–34, 180, 188]. См. также [Алтайский 1966; Vorobyov 1960: 4; Lukashevich 1977: 30; Utechin 1958–59].

ва о собирании молекул и создании колоний в космосе [Young 1979: 15; Зеньковский 2001: 572–573; Алтайский 1966; Шкловский 1964]. И, конечно же, теория бессмертия Заболоцкого развивалась, по крайней мере частично, в контексте его собственного знакомства с идеями Циолковского. Федоров настолько явно присутствует между строк в переписке между Заболоцким и Циолковским, что возникает вопрос, нет ли о нем упоминаний в еще не опубликованных письмах.

Черта, что более всего роднит Заболоцкого и Федорова, — это их рвение в попытке понять и объяснить бессмертие. Для Энгельса, Циолковского и Сковороды бессмертие было значимым вопросом, но вовсе не вершиной их усилий. Но Заболоцкий и Федоров были одержимы этой проблемой. Федоров посвятил жизнь изложению задачи общего дела — воскрешения мертвых. Заболоцкий на протяжении всего творческого пути вновь и вновь возвращался к проблеме бессмертия, начиная со «Столбцов» и поэм начала 1930-х и заканчивая философскими произведениями и беседами более поздних лет.

Во-вторых, Федоров, подобно Энгельсу, Циолковскому и Сковороде, постулирует взаимозависимость физической и духовной реальности, которая предвещает монизм Заболоцкого. Свои доводы он излагает на языке христианской догматики, но его особое отношение к конкретному миру выражено в понятии «дело».

> Наше назначение может заключаться только в том, чтобы быть орудиями исполнения воли Божией в мире, орудиями управления тою силою, которая, будучи предоставлена своей слепоте, несет голод, болезни и смерть, несообразно нуждам распределяет свои средства и дары... Творец чрез нас воссоздает мир, воскрешает все погибшее... [Бог] — Царь, который делает все не только лишь для человека, но и чрез человека; потому-то и нет в природе целесообразности, что ее должен внести сам человек, и в этом заключается высшая целесообразность [Федоров 1906: 76, 284].

Из-за сложности и изменчивости своих воззрений на природу Заболоцкий и соглашается, и не соглашается с этой позицией.

В самых общих чертах можно увидеть, что похожее сочетание богословия и конкретности характерно для Декларации ОБЭРИУ с ее изображением слова как предмета и с призывом читателю «подойти поближе и потрогать... пальцами» конкретное слово или стихотворение [ОБЭРИУ 1928]. Но если Федоров ратует за человеческое вмешательство как средство преобразить мир, то в ключевых обэриутских памятниках — Декларации и «Предметах и фигурах, открытых Даниилом Ивановичем Хармсом» — проповедуется уважение к существующему миру как к воплощению высшей истины. ОБЭРИУ постулирует, что преображение мира и откровение высшей истины зависят от изменения восприятия, а не от изменения самого мира. Примечательно, что два стихотворения Заболоцкого, которые мы рассмотрим в завершение настоящего исследования — «Я не ищу гармонии в природе» и «Вечер на Оке», — причастны этому обэриутскому видению, хотя и были написаны более чем четверть века спустя после распада ОБЭРИУ.

Философские произведения Заболоцкого 1930-х и 1940-х годов более близки к откровенному поиску бессмертия у Федорова и к его убеждению, что вмешательство человека в природу не только желательно, но нравственно и практически необходимо для совершенствования физического мира и победы над смертью. В стихотворениях «Вчера, о смерти размышляя», «Метаморфозы» и «Завещание» изображается мир, в котором смерть выступает скорее как преображение, а не как абсолютный конец жизни. «Метаморфозы», в частности, можно рассматривать как поэтическое изложение концепции Федорова о рассеянии молекул из мертвых тел и преемственности материи. «На самом деле то, что именуют мной, — пишет поэт. — Не я один. Нас много... Я умирал не раз. О, сколько мертвых тел я отделил от собственного тела!» Выбор Заболоцким словосочетания «мертвые тела» вместо более нейтрального «клетки» или «частицы» только усиливает федоровский привкус отрывка. Образ рассеяния молекул получает развитие, когда лирический герой «Метаморфоз» повествует о «моем бедном прахе», который он видит лежащим глубоко под землей, колеблемым на морской волне, летящим по ветру в незримый край; а персонаж «Завещания» говорит о «моем прахе», который покрыла вода и приютил лес, так что он, в конце концов, сможет пообщаться со своим «далеким правнуком». Даже стихотворение «Сон» можно рассматривать как федоровский образ космического путешествия и напоминающего о воскрешении, как у феникса, но в некой в туманной форме.

Проблема вмешательства человека в природу с особой ясностью раскрывается в «Завещании», в котором поэт обращается к новым поколениям, которые «довершат строение природы». Необходимость действия подчеркивается в заключительной строке стихотворения глагольной формой *доделал*. Ср. название сочинения Федорова — «Философия общего дела».

В другом пассаже Федорова, кажется, предвосхищены идеи, особенно значимые в стихотворении Заболоцкого «Вчера, о смерти размышляя». Федоров пишет:

> Созданные по образу Божьему, мы предназначены играть активную, а не пассивную роль по отношению к природе. Мы глаза слепой природы: ее воля, чувства, разум. Мы сознание природы. Поскольку в природе коренится смерть, и поскольку человек — больше, чем природное творение, человек должен... быть способен... владычествовать над природой и, следовательно, над смертью.
> Но с нашей стороны было бы эгоистично и безнравственно властвовать над смертью, то есть получить бессмертие только для себя самих. Жить нужно не для себя... и не для других... а со всеми и для всех... И эти «все» — не только живые, но и умершие [Федоров 1913: 201][56].

В стихотворении «Вчера, о смерти размышляя» Заболоцкий, как и Федоров, персонифицирует природу, а в последних строках вторит федоровскому утверждению, что человек — разум природы: «И сам я был не детище природы, / Но мысль ее! Но зыбкий ум ее!» Во-вторых, Заболоцкий представляет себе не только собственное бессмертие, но и длящееся бытие своих предшественников — Пушкина, Хлебникова и Сковороды, — предлагая

---

[56] Цит. по: [Young 1979: 94].

таким образом ответ на высказывание Федорова, что «с нашей стороны было бы эгоистично и безнравственно властвовать над смертью, то есть получить бессмертие только для себя самих», трудиться нужно для блага «всех», и эти «все» — не только живые, но и умершие.

Наконец, есть один существенный момент, в котором Заболоцкий отличается от Федорова. Федоров одержим идеей борьбы между человеком и природой. Он риторически спрашивает: «Кто наш общий враг, единый, везде и всегда присущий, в нас и вне нас живущий, но тем не менее враг лишь временный?» И затем отвечает:

> Этот враг — природа. Она — сила, пока мы бессильны, пока мы не стали ее волей. Сила эта слепа, пока мы неразумны, пока мы не составляем ее разума... Природа, враг временный, будет другом вечным, когда в руках сынов человеческих она из слепой, разрушительной силы обратится в воссозидательную [Федоров 1982: 521].

Заболоцкий провозглашает интеллектуальное превосходство человека над природой в ряде стихотворений — от «Вчера, о смерти размышляя» до «Читайте, деревья, стихи Гезиода». Иногда, как мы видели, природа и человек — или человеческие молекулы в какой-то иной форме — сосуществуют с ощущением равенства, взаимопроникновения и взаимозависимости. А иногда природа берет верх и оказывается вне досягаемости человека, как в «Змеях», некоторых частях «Лодейникова» и, возможно, в «Я не ищу гармонии в природе» и некоторых других стихотворениях. Лишь изредка Заболоцкий живописует жестокую борьбу, которая в мировоззрении Федорова зачастую выражена явно, а в остальных случаях подразумевается. Природа, по мнению философа, является либо врагом человека, либо его другом, а другом она может стать только через борьбу, через подчинение. Когда Заболоцкий придерживается аналогичной позиции в стихотворении, чаще всего оно содержит идеологическую нагрузку, как в стихотворении «Север», кратко рассмотренном выше, и отчасти в стихотворении «Творцы дорог», к которому мы обратимся сейчас.

И БОЛЬШЕ И МЕНЬШЕ, ЧЕМ СОВЕТСКИЙ ПОЭТ

Заболоцкий на деле порвал со своими прежними декадентскими крайностями и формалистскими увлечениями. Само по себе это, конечно, хорошо. Но на смену формалистским увлечениям пришла, к сожалению, лишь мертвая зыбь академизма, холод имитации классических образцов. ...В [«Горийской симфонии»] формирование гениальной личности Сталина рассматривается исключительно в одном плане — под влиянием условий первобытной кавказской природы. К сожалению, социальная обусловленность развития личности вождя народов начисто игнорируется Заболоцким, о ней он не говорит ни слова.

Рецензия Тарасенкова. «Литературная газета», 26 февраля 1938 года

Уже рассмотренные здесь философские стихотворения — «Вчера, о смерти размышляя», «Метаморфозы» и «Завещание» — лишь косвенно соответствуют ортодоксальной советской идеологии, через иногда звучащий позитивизм и через обращение к мысли таких политически приемлемых фигур, как Энгельс и Циолковский. В то же время в контексте господствующей советской культуры 30–40-х годов эти стихи действуют неортодоксально и даже подрывают идеологические устои. В конце концов, ведь это философские стихи, а не типичные соцреалистические хвалебные гимны Сталину, советской промышленности, сельскому хозяйству и Советскому государству в целом. Более того, им свойственно нечто напоминающее религиозный мистицизм, и, как отметил Николай Степанов, предостерегая Заболоцкого, поэт слишком сильно проявляет заботу о «травках и букашках», что не слишком вписывается в образ «советского поэта» [Заболоцкий Н. Н. 1994: 265]. Эти стихотворения есть не что иное, как продукт «искусства приспособления», в котором своеобразие поэта берет верх над его попыткой удовлетворить идеологические запросы государства.

Свое мировоззрение Заболоцкий пытался выразить и в более идеологически приемлемых терминах. Время от времени он, казалось, приближается к идеалу социалистического реализма, создавая творения, напоминающие оды, что укрепляло его связь с XVIII и XIX веками и одновременно становилось его вкладом в формирование литературных особенностей стиля XX века. В 30–40-х годах он написал около дюжины нарочито «советских» стихов, хронологически перемежающихся с другими, менее политизированными произведениями.

Знаменательно, что в некоторых из своих идеологически выдержанных стихотворений поэт видел достаточно достоинств, чтобы включить их в собрание сочинений, в то время как иным он позволял рассыпаться в ничто вместе с газетной бумагой, на которой они были первоначально опубликованы. Среди произведений, которые должны были исчезнуть, как он надеялся, были два стихотворения: «Предатели» и «Война — войне» и два очерка: «Язык Пушкина и советская поэзия» и «Глашатай правды», впервые опубликованные в «Известиях» в 1937 году [Goldstein 1993: 81–86][57]. Среди произведений, которые поэт решил сохранить, было стихотворение «Прощание», написанное в 1934 году на смерть Кирова, который, как и поэт, происходил из Уржумского края; «Горийская симфония» 1936 года, стихотворение о малой родине Сталина, которое оказалось настолько благонадежным, что было записано на граммофонный диск для распространения и получило признание среди советских критиков, что видно из эпиграфа к этому разделу[58]; «Север», стихотворение, кратко обсуждавшееся выше, также 1936 года; «Голубиная книга» 1937 года, которую Македонов характеризует как «прямой гражданский отклик» на сталинскую конституцию[59] [Македонов

---

[57] Я благодарна профессору Кевину Платту из колледжа Помона за то, что он позволил мне прочитать рукопись его содержательной статьи «Nikolai Zabolotsky on the Pages of Izvestiia: Towards a Biography of the Years 1934–1937».

[58] Тарасенков А. Новые стихи Заболоцкого // Литературная газета. 26 февраля 1938 года. Стоит отметить, что Никита Заболоцкий считает, что в заключительных строках «Горийской симфонии» отразилось завуалированное чувство угрозы [Заболоцкий Н. Н. 1994: 152]. Об истории публикации стихотворения см. в [Platt 1998].

[59] Первоначальное неазвание стихотворения — «Великая книга». Для итогового собрания сочинений Заболоцкий сократил его, полностью оторвав от политического повода. Остались лишь детские воспоминания о крестьянах,

1968: 222–223; Goldstein 1993: 109–110, 265–266][60], «Город в степи», стихотворение о социалистическом строительстве с упоминанием Ленина, 1947 года; и «Творцы дорог», того же года, о котором пойдет речь ниже. Полное объяснение обстоятельств, породивших политически мотивированные произведения Заболоцкого, читатель может найти в книге Д. Голдстейн «Nikolai Zabolotsky: Play for Mortal Stakes» и в работе Никиты Заболоцкого «The Life of Zabolotsky», а также в ее первоначальных редакциях, опубликованных в виде статей на русском языке.

Благодаря опоре на предшествующие исследования в настоящей работе автор может сосредоточиться в первую очередь на конкретных текстах. Одним из самых интересных текстов этого периода является заявление, адресованное поэтом генеральному прокурору с просьбой пересмотреть его дело и освободить из лагеря. Это заявление не требует особых комментариев, поскольку в нем отражены элементы, которые формировали жизнь Заболоцкого с самого начала его творческого пути: вполне оправданная озабоченность вопросом о том, как быть поэтом, как примирить политические, моральные и эстетические истины, увиденные «голыми глазами», искренняя забота о благополучии семьи.

Прокурору Союза Советских Социалистических Республик заключенного Заболоцкого Николая Алексеевича, г. Комсомольск-на-Амуре, Востлаг НКВД, 27 колонна

Заявление

Я поэт Н. Заболоцкий, б. член Союза Советских Писателей, автор двух книг стихов… был арестован органами НКВД в Ленинграде 19 марта 1938 года и постановлением Особого Совещания при Наркоме Внутр. Дел СССР от 2 сентября 1938 года по делу № 13938 приговорен «за троцкистскую

рассказывающих о таинственной «Голубиной книге», содержащей справедливые законы (это распространенный русский апокриф, отразившийся между прочим, в знаменитом духовном стихе XVI века). — *Примеч. ред.*

[60] См. также [Etkind 1988: 711; Platt 1998].

к.-р. деятельность к отбыванию наказания в исправ.-труд. лагерях НКВД сроком на 5 лет.

На следствии я узнал, что... я якобы состоял членом к.-р. писательской организации в Ленинграде, группировавшейся вокруг известного поэта Тихонова Н. С., и, в целях борьбы с Советским строем, печатавшей в ленинградской прессе свои к.-р. литературные произведения. Одним из таких произведений названа моя поэма «Торжество Земледелия», написанная мной в 1929–1930 г.г. и напечатанная в 1933 г. в ленинградском журнале «Звезда».

В феврале 1939 г. я случайно узнал из газеты («Правда» от 2/2 1939 г.), что поэт Н. С. Тихонов не только не арестован НКВД, но и награжден орденом за общественно-литературную деятельность. Мне стала понятна необоснованность моего обвинения в принадлежности к контрреволюционной организации. Тем более я не могу допустить мысли, что меня осудили из-за моих литературных знакомств.

На каком основании осужден я, советский писатель? Зачем опорочено мое искусство, составляющее смысл моей жизни? Почему должна страдать моя совершенно невиновная семья?

Мне 36 лет. Я только что вступил в период моей поэтической зрелости. Что касается моей поэмы «Торжество Земледелия», то она написана мной в ранний период моей писательской работы — рукой еще неопытного, несозревшего автора... По мере своего политического роста я перешел к вещам более зрелым. Стали широко известны мои стихи, напечатанные в «Известиях» — «Горийская Симфония», «Север», «Седов», «Прощание», «Голубиная Книга» и др. Моя «Вторая книга» стихов (Ленинград, 1938) получила весьма положительную оценку в критике и советской общественности.

Гражданин прокурор! Уже полтора года, как я в заключении. Моя семья (жена и двое маленьких детей) депортирована из Ленинграда в Кировскую область. С момента ареста у меня не было возможности прочитать книгу или написать стихотворение. Я чувствую, что с каждым днем теряю свою квалификацию.

Прошу вас заново полностью пересмотреть мое дело, снять с меня незаслуженное позорное клеймо врага народа и возвратить меня к моей семье, к моим детям, к моей работе.

Дело идет о физической и литературной жизни советского поэта, который на благо советской культуры готов отдать все свои силы и способности.

Н. Заболоцкий

23 июля 1939 г.[61]

Проблемы самоопределения личности и лояльности, затронутые в этом обращении, были не новы для Заболоцкого. Он столкнулся с ними ранее в другом контексте, когда пытался превратить себя из провинциального «полумужика» в представителя городского авангарда. Теперь его «авангардистский» успех принес ему несчастье — его воспринимали как антисоветчика. Таким образом, в своем обращении он пытается доказать как ложность выдвинутых против него обвинений, так и то, что он действительно «советский писатель», что бы это ни значило.

И все же поэт явно чувствовал свою неспособность быть «советским писателем» и осознавал жестокость режима. Несмотря на разрешение вернуться из ссылки в Москву, публикации в главных журналах в конце 1940-х годов и издание полного сборника стихов в 1948 году, он все еще хранил на антресолях несколько пар валенок, тяжелые кожаные сапоги и теплый бушлат — на случай, если на пороге опять возникнут чекисты и заберут его в лагерь. И действительно, как пишет Гольдштейн, Заболоцкого задержали бы в 1948 году, если бы его не спрятал Степанов [Заболоцкий Н. Н. 1977: 188; Goldstein 1993: 104].

Причины этих непростых отношений с режимом становятся понятны из работы, которая в свое время способствовала репутации Заболоцкого как предателя и в равной степени послужила «трудному и рискованному делу» искусства приспособления — риску начать диалог внутри монологичной официальной культуры[62]. Произведение «Творцы дорог» Заболоцкий написал в попытке опубликовать что-то «безопасное» и после лагеря укрепить свои позиции в литературном мире [Goldstein 1993: 101]. И ему это

---

61 Цит. по: [Goldstein 1993: 91–94]. Многоточием обозначен текст, опущенный в цитате.

62 См. [Жолковский 1992: 56, 63–64], а также обсуждение искусства приспособления в первой главе настоящего исследования.

удалось, по крайней мере, в этом конкретном стихотворении. Стихотворение было опубликовано в первом номере «Нового мира» за 1947 год, напомнив о Заболоцком читающей публике и хотя бы в теории подтвердив его статус благонадежного, достойного советского писателя. Картина советской действительности в стихотворении была настолько привлекательна для литературной общественности, что вторая главка стала основой либретто для кантаты «Строители грядущего». Тот факт, что эту главку после смерти Сталина удалил из произведения либо сам Заболоцкий, либо неизвестный редактор, парадоксальным образом свидетельствует о том эффекте, какой она произвела при первой публикации[63] [Заболоцкий 1972, 1: 387–388].

Македонов одобрительно утверждает, что в стихотворении раскрывается тема «тяжелого, напряженного и в то же время радостного труда» и представлена «своеобразная симфония труда и природы». Далее он отмечает, что оно имеет «особенную значимость как для Заболоцкого, так и для советской поэзии в целом» [Македонов 1968: 234–235]. Все это правда. Но, возможно, пытаясь сделать Заболоцкого более приемлемым для властей, Македонов не раскрывает всей природы «особенной значимости», на которую намекает.

Ключ к поэме можно найти в двух вариантах второй главки. Первоначальный ее вариант, который позже был удален, и служит укреплению советского мифа, и в то же время подрывает его. Мы обратимся к этому тексту чуть позже. В главке, которая изначально была третьей, а после переработки стала второй, мы видим персонификацию природы в образе «Севера» и борьбу человека с ней: «Угрюмый Север хмурился ревниво», — пишет поэт [Заболоцкий 1972, 1: 237]. Но к середине главки читатель уже окружен букашками, и тон стихотворения меняется. Видение природы в стихотворении действительно сконцентрировано на «заботе о букашках», звучит религиозно-мистическими обертонами и, возможно, в целом кажется более романтическим, чем

---

[63] Стихотворение «Творцы дорог» было переделано и сокращено самим Заболоцким. — *Примеч. ред.*

в чисто философских стихах Заболоцкого. Временами оно напоминает идеологически сомнительного «Лодейникова».

Здесь «огромный, как ракета, махаон» предводительствует «толпой созданьиц», чьи тельца висят «меж лазурных крыл»; кузнечики «отщелкивают часы»; а тяжелый жук, «летающий скачками», влачит «гигантские усы». (Был ли здесь намек на усы Сталина, мы, вероятно, никогда не узнаем, но такого рода аллюзии нетипичны для Заболоцкого.) Это сборище букашек, которое чем-то напоминает сход зверей в «Утренней песне», вряд ли вносит какой-либо вклад в достижения соцреализма:

> И сотни тварей, на своей свирели
> Однообразный поднимая вой,
> Ползли, толклись, метались, пили, ели,
> Вились, как столб, над самой головой,
> И в куполе звенящих насекомых,
> Среди болот и неподвижных мхов,
> С вершины сопок, зноем опаленных,
> Вздымался мир невиданных цветов.
> [Заболоцкий 1972, 1: 237–238]

Здесь Заболоцкий вернулся к образу столба с присущими ему в творчестве поэта коннотациями духовной идентичности, искусства, религии и бессмертия, как было показано в пятой главе. Эти коннотации подкреплены образами купола и звона, — хотя и то, и другое порождено скоплением насекомых, из них тем не менее складывается фрагментарный образ церкви, который несколькими строками позже дополнен упоминанием о колоколах.

Начиная с середины главки и далее у властей могли быть все основания впасть в пароксизм идеологической паники. С большим воодушевлением поэт описывает цветение души растений («расцвела сама душа растений»), пенье сфер и нежный отклик с земли гитар и колоколов. Что еще более показательно, в последних 12 строках утверждается главенствующая роль природы в аспекте, восходящем к Декларации ОБЭРИУ с ее сдержанным взглядом на рациональное человеческое вмешательство в мир, и далее получившем развитие в посвященных природе стихотворениях, которые будут рассмотрены в следующей главе.

Есть хор цветов, неуловимый ухом.
Концерт тюльпанов и квартет лилей.
Быть может, только бабочкам и мухам
Он слышен ночью посреди полей.
В такую ночь, соперница лазурей,
Вся сопка дышит, звуками полна,
И тварь земная музыкальной бурей
До глубины души потрясена.
И засыпая в первобытных норах,
Твердит она уже который век
Созвучье тех мелодий, о которых
Так редко вспоминает человек.

СТРОИТЕЛЬСТВО ДОРОГ

Литература должна служить народу, это верно, но писатель должен прийти к этой мысли сам, и притом каждый своим собственным путем, преодолев на опыте собственные ошибки и заблуждения. Когда придет время зрелости, эти ошибки и заблуждения пойдут ему на пользу, к ним он уже не возвратится, они не будут казаться ему тем запретным, к которому притягивает человека даже простое любопытство.

Заболоцкий. Автобиография

Заболоцкий сорвал большой красный цветок и произнес: «Станем мы после смерти такими вот цветами и будем жить совсем другой, непонятной нам сейчас жизнью».

И. С. Сусанин, солагерник Заболоцкого

Заболоцкого, даже если он разделяет социалистические идеалы, отличает именно эта готовность верить, и не только на словах, в наименее рациональные области сознания.

Darra Goldstein. Nikolai Zabolotsky

Если первоначальная версия третьей главки «Творцов дорог» построена на идее, что человек редко вспоминает о созвучьи мелодий истины, которые постоянно слышны мухам, бабочкам и прочим букашкам («Созвучье тех мелодий, о которых / Так редко вспоминает человек»), то принятие стихотворения в оптимистичном контексте социалистического реализма следует объяснить чем-то другим. Этим «другим» могли быть помощь друзей из литературных кругов, упущение цензуры или восприятие изначальной редакции второй главки как идеологически верной, а первой и последней — как идеологически нейтральных (хотя на упоминание в первой строфе дантовского «Ада», которое у нас вызывает ассоциации с романом Солженицына «В круге первом», вполне можно было посмотреть косо). Во второй главке в ее изначальной редакции, к которой мы теперь обратимся, изображен, по видимости, сложносоставной герой соцреализма: сплав Сталина, народа, героического строителя дорог и поэта. Главка начинается с четверостишия, в котором неявно вводятся понятие бессмертия как «дыханья мысли вечной и нетленной» в совокупном действии людей и понятие народа как строителя и вождя, — причем последний термин, конечно, является одним из наиболее частых эпитетов Сталина.

> Есть в совокупном действии людей
> Дыханье мысли вечной и нетленной:
> Народ — строитель, маг и чародей,
> Здесь стал, как вождь, перед лицом Вселенной.
> [Заболоцкий 1972, 1: 337–338]

В следующих десяти строках описывается опыт и переживания этого составного персонажа, человека, который слышал «мощное дыханье / огромных толп народных» и который не забудет героических подвигов строителей дорог.

> Тот, кто познал на опыте своем
> Многообразно-сложный мир природы,
> Кого в горах калечил бурелом,
> Кого болот засасывали воды,
> Чья грудь была потрясена судьбой
> Томящегося праздно мирозданья,

Кто днем и ночью слышал за собой
Нетерпеливо-мощное дыханье
Огромных толп народных, — тот не мог
Забыть о вас, строители дорог.

Учитывая перекличку патерналистских интенций «не забыть маленького человека» с фигурой «вождя» в предыдущем фрагменте, может показаться, что здесь дан образ самого Сталина — закаленного труженика, человека народа, революционера, склонного к метафизике и заботливого отца своих советских детей. На второй взгляд представляется, что в пассаже изображен народ в целом и его отношение к строителям дорог.

Но, несмотря на то что эти толкования вполне могут быть справедливы, этот фрагмент также представляет собой автопортрет поэта, который одновременно обещает не забыть строителей дорог и, написав стихотворение, исполняет свое обещание. Это Заболоцкий, сын провинциального агронома, «познал на опыте своем / Многообразно-сложный мир природы». Именно он всю жизнь был исполнен метафизическими переживаниями по поводу «томящегося праздно мирозданья». И, что самое главное, именно он при Сталине оказался на работах среди болот и бурелома, строя дороги и выполняя другие виды принудительного труда [Заболоцкий Н. Н. 1994: 178, 183, 202, 246–247][64]. В своем стихотворении Заболоцкий изображает одновременно и триумф человеческого труда, и жестокую несправедливость советской системы.

В остальном стихотворение проникнуто той же тонкой, но устойчивой двусмысленностью. Преобладает, несомненно, социалистическое прочтение, но оно не уничтожает подспудный смысл — политическую реальность, видимую «голыми глазами». Заключительное четверостишие вышеупомянутой строфы, например, можно интерпретировать двумя взаимоисключающими способами. В контексте стихотворения, опубликованного в «Но-

---

[64] По аналогичным вопросам см. в [Etkind 1988; Заболоцкий Н. Н. 1989: 9; Маргвелашвили 1984: 226–239].

вом мире» в 1947 году, этот фрагмент можно и нужно понимать как сигнал о готовности поэта служить людям, которые, тяжело дыша, строят светлое социалистическое будущее. Более того, народное нетерпеливо-мощное дыханье перекликается с собственным предназначением людей как «дыханья мысли вечной и нетленной» во второй строке строфы. С другой стороны, у этих же строк есть второе прочтение, — вездесущий народ дышит поэту в затылок, угрожая политическим преследованием. Потенциально зловещий смысл этих строк выступает еще более явно в варианте, вошедшем в сборник произведений Заболоцкого под редакцией Струве и Филиппова:

> Кто днем и ночью слышал за собой
> Речь Сталина и мощное дыханье
> Огромных толп народных, — тот не мог
> Забыть о вас, строители дорог.
> [Заболоцкий 1965: 325][65]

Здесь в сознание поэта днем и ночью вторгается не только обезличенный народ, но и голос самого Сталина.

В следующей строфе поэт уходит с позиции всеведущего рассказчика, управляющего ходом повествования, принимая интонацию былинного рассказа. Метр меняется с размеренного пятистопного ямба на бодрый трехстопный анапест. Рассказчик прядет ткань повествования о соцреалистическом герое, русском Поле Баньяне, персонаже в духе то ли «Дяди Степы» Михалкова, то ли Сталина, как его принято было изображать. Но здесь снова советский миф вступает в противоречие с советской действительностью, пусть они и описываются одним и тем же набором слов.

> Далеко от родимого края,
> Исполнил суровый приказ,
> Он идет, по пустыням шагая,
> Человек, изумляющий нас.

---

[65] Аутентичен именно этот текст. Упоминание Сталина снималось в советских изданиях после 1956 года. — *Примеч. ред.*

Он идет через тундры и горы,
Он шагает сквозь топи болот,
Сквозь глухие лесные просторы
Он, не ведая страха, идет.

Валят с ног его злобные ветры,
Засыпает пустыню пурга,
Но ложатся дорог километры
Вслед за ним сквозь леса и снега.

Бьются в грудь ему синие льдины,
Водопад угрожает бедой,
Но мосты, упираясь в пучины,
Повисают за ним над водой.

Над горами бушуют метели,
Ураган ему кровь леденит,
Но залитые светом тоннели
Вслед за ним прорезают гранит.

Фраза «человек, изумляющий нас» звучит как соцреалистический эпитет, уместный по отношению к Сталину, или по меньшей мере к кому-то вроде Павла Корчагина, героя романа «Как закалялась сталь». Вдали от родины этот удивительный человек шагает по пустыням, исполняя «строгий приказ» — свой социалистический долг. Ему неведом страх, и ни метель, ни гранитные скалы не могут помешать ему прокладывать дорогу, километр за километром.

Но взглянем на него еще раз. Учитывая исторический контекст, вызывает вопрос фраза «далеко от родимого края». Добровольно ли этот человек покинул родину, чтобы строить дороги в напоминающем Сибирь ландшафте стихотворения, или же расставание было вынужденным? Кроме того, прилагательное *суровый* из выражения «суровый приказ» двусмысленно. Возможно, в «суровом приказе» на самом деле отражен «суровый приговор», вынесенный образцовому дорожному строителю?

«Человек, изумляющий нас» на первый взгляд кажется квинтэссенцией советского героя. Но внимательное чтение в сочетании со знанием контекста наводит на мысль о квинтэссенции иного рода — о типичной жертве советского террора. Поэт изумлен не только храбростью и стойкостью описываемого персонажа, но и тем, что эту поистине героическую работу, вполне возможно, выполняет заключенный, признанный врагом народа[66].

Таким образом, Заболоцкий вносит свой вклад в русскую традицию тюремной литературы, к которой были причастны Толстой, Достоевский и Чехов и которой в советскую эпоху придала странный поворот «бригада авторов» сборника «Беломорско-Балтийский канал имени Сталина: История строительства, 1931–1934 годов», в котором прославлялось строительство Беломорканала заключенными[67]. Далее эстафету подхватывает солженицынский «Один день Ивана Денисовича», в котором осужденные «отрешаются от тягот тюремной доли, ощутив в себе силу и гордость творчества»[68]. Накал эмоций лирического героя Заболоцкого, возглашающего тост «за железное рыцарство чести» и единение машинистов, инженеров и копателей траншей, с которыми он работает, в какой-то степени напоминает воодушевление Ивана Денисовича в сцене кирпичной кладки. Отождествляя себя с дорожными строителями с помощью форм множественного числа первого лица, он продолжает предлагать тосты, приближаясь при этом с нескольких сторон к теме бессмертия.

> За железное рыцарство чести
> Над просторами каменных троп
> Выпьем чару заздравную вместе,
> Машинист, инженер, землекоп!

---

[66] По аналогичным вопросам см. в [Doring-Smirnov 1988: 7–21].

[67] Следует вспомнить также роман В. Н. Ажаева «Далеко от Москвы», в котором стройка, в реальности осуществлявшаяся заключенными, описывается как трудовой подвиг свободных людей. Заболоцкий общался с Ажаевым в годы своего заключения. — *Примеч. ред.*

[68] О Беломорканале см. в [Masing-Delic 1992: 74, 300–302; Gorky 1935]. Проницательное замечание о параллели между Заболоцким и Солженицыным высказано в [Турков 1966: 104–105].

Поднимайте над рельсами чаши
За святой человеческий труд,
Чтобы дети запомнили наши,
Как мы с вами работали тут.

Поднимайте над рельсами чаши,
Чтоб гремели с утра до утра
Золотые помощники наши —
Экскаваторы и грейдера.

Чтобы в царстве снегов и туманов
До последних пределов земли
Мы, подобно шеренге титанов,
По дороге бессмертия шли!

Идея бессмертия, на которое в начале главки намекает «дыханье мысли вечной и нетленной», здесь появляется вновь, уже в контексте будущих поколений, как и в «Завещании» и «Метаморфозах». Поэт предлагает тост «за святой человеческий труд, чтобы дети запомнили наши, как мы с вами работали тут». Поскольку в советские клише поэт в этом стихотворении вкладывает вторые смыслы, выражение «святой человеческий труд» можно понять как намек на принудительный характер труда и как призыв будущим поколениям хранить святость труда, берущую начало в искреннем уважении к человеку. В следующей строфе вновь возникает образ бессмертия: строители дорог сравниваются с титанами, а строящаяся дорога становится духовной и литературной дорогой к бессмертию, — оставаясь при этом результатом труда заключенных.

В завершении главки происходит возврат к интонации вступительной части: вновь появляется голос всеведущего, философски настроенного и вроде бы политически благонадежного рассказчика, а с ним и пятистопный ямб. Заключение, похоже, содержит типичное видение светлого будущего, в котором природа покорена советским трудом.

Нет, не напрасно трудится народ,
Вооруженный лампой Аладдина!
Настанет час — веществ круговорот
Признает в нем творца и властелина.

Настанет час, когда в тайник миров
Прорвутся силы разума и света
И, бешенство стихий переборов,
Огромным садом станет вся планета.
Недаром нас приветствуют вдали
Кристаллами окованные скалы,
Недаром сами камни и металлы
С тяжелым звоном рвутся из земли.

Но и здесь внимательное чтение дает неоднозначные результаты. Неоднократные упоминания о драматических изменениях — «настанет час» (дважды) и упоминание «круговорота веществ» — оставляют открытой возможность не вполне соцреалистического авторского замысла. Вероятно, что автор касается здесь идеи бессмертия, идеи неразрушимости материи, столь важной в мировоззрении Заболоцкого, и концепции «круговорота энергии», основополагающей в мысли Циолковского[69]. Такую интерпретацию поддерживает заключительная строфа главки. Описание «кристаллами окованных скал», которые «нас приветствуют», и «камней» и «металлов», которые «рвутся из земли», напоминает изображение везде присутствующей в разных формах жизни в стихотворениях «Вчера, о смерти размышляя», где в камне проступает Сковорода, и в «Завещании», где поэт в форме «безжизненного кристалла» впервые ощущает жизнь. Тогда поэма «Творцы дорог» — это почти федоровская утопия, построенная на торжестве человека как «творца и властелина», разум которого позволяет ему видеть связь между всеми формами материи. Идея связи между формами материи легко вписывается и в третью главку изначальной редакции, о которой говорилось выше. Однако представление о человеке как «творце и властелине» противоречит первенству природы в первоначальной третьей главке и дает основания полагать, что решение удалить изначальную вторую главку было принято ввиду необходимости логического согласования, а также по цензурным соображениям.

---

[69] См. [Гвай 1957].

Другая несоцреалистическая интерпретация не столь убедительна, потому что она предполагает необычно отчетливую политическую позицию Заболоцкого. В ней перемена в завершении поэмы — это знак политических перемен: утверждение, что существующая система, построенная на советском мифе, должна измениться и что люди достигнут нового Эдема, когда в «тайник» проникнут свет и разум, показав советскую действительность такой, какая она есть, а создателей дорог — теми, кто они есть, заключенными, осужденными системой вопиющего неправосудия и настоящими героями труда. Более поздние высказывания поэта о социализме, самое выразительное из которых процитировано в эпиграфе, и использование сказочной образности в стихотворении подкрепляют такое прочтение. Народ как «маг и чародей» в первой строфе; «царство снегов и туманов», «последние пределы земли» и «титаны» (которых можно объяснить поэтической вольностью); народ, «вооруженный лампой Аладдина», в завершении; и возвышенная интонация в описании реальности в середине — все это приводит на память советский лозунг «сказку сделать былью». Создавая общую атмосферу сказки, поэт наделяет народ волшебной силой, в том числе способностью рассеять тьму. В то же время он дает читателю знак, что грандиозное соцреалистическое повествование, которое он создает, — не что иное, как сказка или миф. Если точнее, подлинными являются героический труд людей и их потенциальное умение видеть сквозь миф, но не внешний социалистический глянец.

Независимо от того, принимать ли эту интерпретацию или нет, ясно, что поэма «Творцы дорог» одновременно и является, и не является произведением социалистического реализма. Заболоцкий исполнял «суровый приказ» советской действительности, которая требовала, чтобы писатели участвовали в создании советского мифа. Как и другие поэты, и до, и после него, он стремился исполнить эти наложенные на него обязательства надлежащим образом. Он не мог избежать советской культуры, потому что сам был ее частью. Но свойственное ему острое видение окружающей действительности и неизменные особенности его мировоззрения проникали в его советское мифопоэтическое творчество и подрывали его изнутри. Он не мог уйти от советской культуры, но тем меньше он мог уйти от самого себя и от своей навязчивой привычки смотреть на мир «голыми глазами». Таким образом, в своей поэме «Творцы дорог» и в своем творчестве в целом Заболоцкий одновременно поддерживает советский миф и подрывает его, что делает его самого одновременно чем-то большим, но и чем-то меньшим, чем советский поэт.

Глава седьмая
Апофеоз Заболоцкого

АНАХРОНИЗМ И АН-ЭСТЕТИЧЕСКОЕ ПЕРЕЖИВАНИЕ

> Критикам, ломающим голову над «двумя Заболоцкими»... следует обратить внимание на цельное поэтическое и философское видение, лежащее в основе всех его произведений.
>
> *Робин Милнер-Гулланд*

Эта глава — одновременно и конец, и начало. Она завершает исследование, поскольку в ней рассматриваются два стихотворения, подытоживающие суть творчества Заболоцкого: «Я не ищу гармонии в природе» и «Вечер на Оке». Но она же является и началом, поскольку эти стихотворения рассматриваются в анахроничном контексте английской медитативной традиции, заимствованной и преобразованной русской культурой. Подобный подход может стать отправной точкой для дальнейших исследований.

Как видно с первых страниц этой книги, «проблема Заболоцкого» изобилует анахронизмами. Это и анахронизм в собственном поведении Заболоцкого в 1920-е годы, с его внешностью серьезного молодого человека в чеховском пенсне с шелковым шнурком, явным пережитком дореволюционной высокой буржуазии — и это на пике послереволюционного культурного брожения и его собственного авангардизма в творчестве [Рахтанов 1962: 155]. Это и мерцающее ощущение поэтики XVIII века, особенно державинской, в «Столбцах», самом эстетически революционном произведении Заболоцкого [Смирнов 1969; Гинзбург 1977]. И кроме того — нарочито традиционные интеллектуальные построения русского православия, лежащие в основе Декларации ОБЭРИУ. И, наконец, есть общая направленность творчества Заболоцкого от авангарда к Пушкину, Боратынскому, Тютчеву и другим авторам XIX века, которой не препятствуют несколько его стихов о плотинах гидроэлектростанций и героических советских дорожных строителях.

Анахронизмом, хоть и менее заметным, является дань Заболоцкого традиции медитативной поэзии, восходящей в России к Ломоносову, в Германии к Опицу, в Англии к Донну, а в конечном итоге — к таким духовным наставлениям, как «Духовные упражнения» святого Игнатия Лойолы и «Брань духовная» Лоренцо Скуполи [Martz 1959; Martz 1966; Martz 1963; Segel 1974; Abrams 1965: 527–560; Ware 1976: 74, 110, 130, 134, 312; Лосский 2012: 42; Fedotov 1975; Pratt 1984: 6–10].

В стихотворениях «Я не ищу гармонии в природе» и «Вечер на Оке» Заболоцкий приобщается к одной из сторон этой традиции, которую можно было бы назвать «вечерним чувствительным размышлением». Он перенимает структуру текста и даже значительную часть лексики своих предшественников, но выражает с их помощью собственное своеобразное мировоззрение, сочетающее в себе марксистский позитивизм с его ориентированностью на будущее, устремленность в прошлое, свойственную православной церкви, Великое время православной литургии и безвременье русского метафизического романтизма XIX века.

Логика такой связи становится очевидной, если вспомнить, что медитативная традиция сосредоточена на вопросах, центральных и для идеологии ОБЭРИУ, и для неустанных метафизических исканий Заболоцкого: вопросах онтологии (как быть?) и эпистемологии (как видеть, воспринимать, познавать?). Если обэриуты настаивали, чтобы «слушатели» воспринимали предмет их искусства глазами, ушами и пальцами, то основополагающие труды по духовному созерцанию побуждают ученика использовать чувства как инструменты восприятия высшей истины. Согласно этим наставлениям, ученик должен с помощью осязания, вкуса, обоняния, зрения и слуха вообразить в уме сцены Страстей Христовых, чтобы достичь высот постижения и веры [Martz 1966: 33; Martz 1959: 4–13, 25–39; Segel 1974].

Медитативная поэзия, которая развилась из практики религиозного созерцания, поначалу оставалась близка к этим специфически религиозным целям и наставлениям. Но в эпоху сентиментализма и тем более романтизма в его полном расцвете предметом созерцания становились уже не сцены из жизни Христа, а природный ландшафт, а поэт все более старался выразить метафизические истины общего характера, а не истины веры. Описание этого перехода в поэзии английского сентиментализма у русского исследователя Юрия Левина поразительно точно подходит для характеристики философских стихов Заболоцкого. «Поэзия английского сентиментализма выдвинула две основные темы: природы и смерти», — пишет Левин [Левин Ю. 1990: 141][1]. Затем он отмечает, что сентиментализм представлял собой уход от «суеты жизни» и отрицание нравственно скомпрометировавшей себя цивилизации.

У многих английских поэтов XVIII века, придавших этому движению присущую ему форму и силу, в том числе Эдварда Юнга, Уильяма Коллинза, Джеймса Томсона и Томаса Грея, поэтическое размышление предполагает изменение восприимчивости лирического героя, его восприятия окружающего мира. В том стихотворном жанре, который мы назовем «вечерним чувствительным размышлением», лирический герой сначала переживает ослабление восприимчивости: блокировка сенсорных стимулов либо отменяет активное восприятие, либо дополняет его. Лирический герой перестает отвлекаться на внешние сенсорные раздражители, когда обращается внутрь, к более полному пониманию себя, Бога или природы. Это приводит к поэтическому феномену, условно противоположному синестезии, отсюда и оксюморон — «ан-эстетическая чувствительность».

---

[1] Я благодарю моего коллегу Маркуса Левитта за то, что он обратил мое внимание на эту книгу.

Поэты этого направления происходят из английской чувствительной эпохи и демонстрируют «чувствительность», утонченную восприимчивость к сердечным делам и душевным переживаниям. Но что более важно, акцент на чувствительность означает, что цель их поиска — понять мир и саму суть бытия по отношению к человеческим чувствам. Один ученый резюмирует это явление следующим образом:

> Поэт, обычно мужчина, удалившись от общественной жизни в среду, далекую от социальных, а иногда и физических взаимодействий, предается размышлениям о смерти в сумеречном мире. Он равно внимателен и к трепетной восприимчивости своего сердца, и к спускающейся на ландшафт темноте. Такая поэзия — часть элегической традиции английской литературы, которая настроением и художественной условностью напоминает поэзию деревенского уединения, восходящую к Горацию. ...Однако от ранней поэзии она отличается тем, что ее меланхоличный настрой обусловлен более тонкой, возвышенной и благородной чувствительностью, которая, хотя изначально и приводит к замкнутости и одиночеству, выливается в благожелательность к человечеству [Todd 1986: 50–51][2].

В период романтизма, однако, «благожелательность к человечеству» иногда тонет в бездонном «эго» поэта-романтика. Поэтов-сентименталистов, тем не менее, характеризует погруженность в гуманистические проблемы, которая иногда просматривается и в «прогрессивной» переработке традиции у Заболоцкого.

В контексте русской культуры внимание к чувственному восприятию неизбежно несет на себе отпечаток русского православия. Особенно значим здесь свойственный православию апофатический путь познания Бога, путь отрицания, на котором человек признает, что своим восприятием бессилен познать Бо-

---

[2] См. также [Sitter 1982; Peake 1967; Cox 1980; Heffernan 1984; Rakusa 1971; Mileur 1985: 198–201; Hartman 1975: 147–178].

жественную сущность, а также связанное с этим путем понятие кенозиса, опустошения или отрицания себя в акте крайнего смирения, — в том числе отказ от чувственного восприятия. Описание апофатического метода у Лосского дает нам возможность объяснить антирационалистическое течение в русской культуре, которое проходит также и через творчество Заболоцкого с самого его истока. Перефразируя Дионисия Ареопагита, Лосский пишет:

> Нужно отказаться как от чувств, так и от всякой рассудочной деятельности, от всех предметов чувственных и умопостигаемых; как от всего, что имеет бытие, так и от всего, что бытия не имеет, — для того чтобы в абсолютном неведении достигнуть соединения с Тем, Кто превосходит всякое бытие и всякое познание [Лосский 2012: 36].

Максим Исповедник приводит аналогичные доводы:

> Чтобы любить Бога, Который превосходит всякое разумение и познание... надлежит в неудержимом порыве подняться над чувственным умопостигаемым, над временем и вечностью, над пространством, полностью совлечься всякой энергии чувств, мысли и разума — ради того, чтобы неизреченно и в неведении встретить божественные радости, — превыше мысли и разумения [Лосский 2006: 421].

Концепции кенозиса и апофатического богословия стали основой, на которой по большей части построена идеология ОБЭРИУ. Они были воплощены в «бессмысленных» стихах Хармса и Введенского и в странном мировидении «Столбцов» Заболоцкого. В прочих его произведениях они только подразумеваются. Более того, когда поэтический саженец был пересажен и прижился в России, некоторая общность православных мыслительных структур и вечернего чувствительного размышления способствовали как интенсивности ан-эстетического переживания, так и ощущению, что этот опыт «правильный» в моральным смысле.

ВЕЧЕРНЕЕ ЧУВСТВИТЕЛЬНОЕ РАЗМЫШЛЕНИЕ

Зарубежные периодические издания, например Journal Étranger и Gazette Littéraire своими восторженными публикациями способствовали популяризации в России литературной тенденции к сентиментализму... Теперь Запад начинал вливать в Россию антидот против яда неверия, рассудочности и материализма, который всего несколько лет назад страна впитывала так жадно из тех же западных источников.

Ernest J. Simmons. English Literature and Culture in Russia (1553–1840)

О Йонг, несчастных друг, несчастных утешитель!
Ты бальзам в сердце льешь, сушишь источник слез,
И, с смертию дружа, дружишь ты нас и с жизнью!
О Томсон! ввек тебя я буду прославлять!
Ты выучил меня Природой наслаждаться
И в мрачности лесов хвалить творца ее!

Николай Карамзин. Поэзия

Английская сентименталистская поэзия начала «вливаться» в Россию во второй половине 1770-х годов и, как и в Англии, противостояла рационализму и неверию, порожденными культурой Просвещения[3]. Но чаще всего произведения английских сентименталистов проходили через несколько культурных и лингвистических фильтров, прежде чем попасть в Россию: их переводили сначала с английского на французский или немецкий, а только потом на русский.

Наиболее совершенное и, вполне вероятно, наиболее влиятельное произведение жанра вечернего чувствительного размышления — «Жалоба, или Ночные размышления о жизни, смерти и бессмертии» Эдварда Юнга (1746). Широко известное под названием «Ночные мысли», в Англии XVIII века это про-

---

[3] В дополнение к книгам [Simmons 1935] и [Левин Ю. 1990], см. в [Segel 1967; Neuhiiuser 1975; Лотман, Альтшуллер 1973; Кочетова 1978: 18–36].

изведение переиздавалось чаще, чем любая иная книга, и менее чем за столетие было переведено на 12 языков. В последней трети XVIII века в России можно было найти более 20 переводов различных фрагментов стихотворения, а полный русский перевод был опубликован в 1778 году. После этого он снова был издан в виде книги в 1785, 1799, 1803 и 1812 годах, причем два из этих изданий выходили дополнительными тиражами [Essick, LaBelle 1975: iii; Simmons 1935: 175][4].

Юнг явно затронул чувства многих читающих русских людей. Среди них были многочисленные члены масонского движения, в том числе один из первых переводчиков Юнга, А. М. Кутузов, и некоторые писатели, в том числе Карамзин и Державин [Левин Ю. 1990: 149; Florovsky 1979, 1: 151]. Карамзин не только произнес панегирик Юнгу в процитированных в эпиграфе строках, но и засвидетельствовал влияние Юнга в собственном переводе поэмы Томсона «Времена года», вставив строки, которых нет в оригинале: «О Йонг! Я в долгу перед тобой за склонность к одиночеству, за эту искупительную склонность, которая питает мое сердце невыразимой сладостью»[5]. Еще одно свидетельство повсеместного влияния Юнга можно найти в анонимной повести «Флейта», опубликованной в 1799 году, в которой герой, узнав о гибели возлюбленной, восклицает: «О Юнг! Бессмертный Юнг! Как справедливо сказал ты...» [Левин Ю. 1990: 184].

Державин не выступал с такими пышными заявлениями, как Карамзин и анонимный автор «Флейты», но без лишней помпы адаптировал методы Юнга к своим нуждам. Его творения «На смерть князя Мещерского» и «Водопад» в целом обязаны Юнгу и кладбищенской поэзии, а восьмая и девятая строфы его знаменитой оды «Бог» (1780–1784) в особом долгу перед первой главой «Ночных мыслей». Говоря о месте человека в Великой цепи бытия, Державин пишет:

---

4 См. также [Neuhauser 1975: 71; Pratt 1984: 7, 190; Орлов 1977; Barratt 1972: 60–61].

5 Цит. по: [Левин Ю. 1990: 188].

Частица целой я вселенной,
Поставлен, мнится мне, в почтенной
Средине естества я той,
Где кончил тварей Ты телесных,
Где начал Ты духов небесных
И цепь существ связал всех мной.

Я связь миров повсюду сущих,
Я крайня степень вещества;
Я средоточие живущих,
Черта начальна божества;
Я телом в прахе истлеваю,
Умом громам повелеваю,
Я царь — я раб — я червь — я бог!
[Державин 1958: 34]

На ту же тему и примерно в той же манере писал Юнг:

Как беден, как богат, почтен, презрен,
Как сложен, как прекрасен человек!
Сколь непостижным
Существом он создан,
В нем крайностей так много согласившим:
Он свойств противных чудное смешенье,
Избранных миров далеких связь,
Отличное в цепи существ звено,
Ничтожества и Божества предел,
Наследник славы, праха бренный сын;
Ничтожный, вечный; слабый, беспредельный;
Червь! Бог!...[6]

Итак, поэтическое направление, вдохновленное Юнгом, прижилось на русской почве и обещало принести обильные плоды, если не искоренить его принудительно. О характере этих плодов

---

[6] Young, «Night Thoughts», песни 3 и 4 (перевод на русский: Вронченко М. П., 1829 год. URL: http://www.librapress.ru/2019/08/ehduard-yung-zhaloba-ili-nochnye-razmyshleniya-o-zhizni-smerti-i-bessmertii.html). См. также [Young 1989: 38–39; Левин Ю. 1990: 193–194]. Использование пунктуации, курсива и заглавных букв варьирует в различных текстах «Night Thoughts», равно как и разделение на песни.

можно судить по приведенным выше отрывкам, а также по первой главе поэмы Юнга, озаглавленной «Ночь первая: о жизни, смерти и бессмертии», которая задает парадигму для «Ночных мыслей» в целом и для многих произведений в жанре вечернего чувствительного размышления. В первой главе поэт, страдающий бессонницей, просыпается от «обычно-краткого и прерывного» сна для размышлений о смерти, тьме, тишине, нравственном совершенствовании и ужасе бездны. Он тщательно описывает отсутствие чувственных ощущений, ан-эстетическое действие, свойственное вечернему чувствительному размышлению.

> Ночь, тьмы богиня! с черного днесь трона,
> В величии безличном, ты над спящим
> Свинцовый скиптр свой простираешь миром!
> Как мрак глубок! Молчание как мертво!
> Вотще предмета ищут взор и слух;
> Творенье спит. Пульс жизни, мнится, стал;
> В покое вся природа. Как торжествен
> Покой сей! он пророк ее конца.
> Свершайся ж предсказанье! опусти
> Судьба, завесу: что терять мне боле?
> Молчанье, мрак! вы, двойни древней ночи...[7]

Ночь скрадывает отвлекающие жизненные ощущения, и лирический герой в поисках нравственного совершенствования обращается внутрь себя, прибегает к стародавним приемам религиозного созерцания, вызывая на мысленную сцену картины, визуализирующие высший смысл:

> Простри во тьме природы и души,
> В двойной сей ночи, свой отрадный луч
> В утеху мне и озаренье! Дух мой,
> Дух, рвущийся от зол своих всечасно,
> Веди по царствам бытия и смерти,
> И истину яви в виденье каждом...

---

[7] Эти отрывки взяты из книги [Young 1975], песни 1–3 в «Night the First». См. также [Young 1989: 37–38]. Русский перевод: Вронченко М. П., 1829 год. URL: http://www.librapress.ru/2019/08/ehduard-yung-zhaloba-ili-nochnye-razmyshleniya-o-zhizni-smerti-i-bessmertii.html

И, наконец, он сталкивается с бездной вечности, с последней метафизической истиной:

> Бьет час...
> Восстают в тревоге
> Боязнь с надеждой; через грани жизни
> Они глядят во глубь ужасной бездны
> На верное мое наследье, вечность.
> Но мне ль наследье вечность?

Немногие из вечерних чувствительных размышлений достигают размера «Ночных мыслей» Юнга, — поэма содержит около 10 000 строк, и далеко не все произведения этого жанра столь же мелодраматичны, но в основных элементах все они схожи с поэмой. Например, в «Оде к вечеру» Уильяма Коллинза и в «Элегии, написанной на сельском кладбище» Томаса Грея мы видим более лаконичное и менее изощренное выражение ан-эстетических переживаний. «По мере того, как вечер становится всеохватывающим, сознание растворяется», — пишет Маршалл Браун об «Оде к вечеру» Коллинза и отмечает, что в приведенном ниже отрывке «наблюдателем становится хижина, а степень восприятия снижается: наблюдатель "смотрит", "слышит", затем "примечает"» [Brown 1991: 42]:

> But when chill blustering winds, or driving rain,
> Forbid my willing feet, be mine the hut
> That from the mountain's side
> Views wilds, and swelling floods,
> And hamlets brown, and dim-discovered spires,
> And hears their simple bell, and marks o'er all
> Thy dewy fingers draw
> The gradual dusky veil.
>   [Collins 1968: 1775–1776]

(Но когда холодный порывистый ветер или проливной дождь / воспрепятствуют моему пути, / пусть моей станет хижина, / которая со склона гор смотрит на пустошь и бурные потоки, / бурые селенья и едва различимые шпили, /

слышит незамысловатый благовест и примечает, как на все это / Ты мокрыми от росы пальцами постепенно опускаешь сумеречный покров.)[8]

Браун называет опускание «сумеречного покрова» вечера «антирассветом» или «антиоткровением», заключая, что и это стихотворение, и другие ему подобные «ищут осознания в его самых общих и, следовательно, самых ненавязчивых формах» [Brown 1991: 42]. Нортроп Фрай в работе «Towards Defining an Age of Sensibility» указывает, что поэт-сентименталист «чувствует, что не 'je pense' ("я думаю"), а 'on me pense' ("мне думается")»; а Ф. Богель в книге «Literature and Insubstantiality in Later-Eighteenth-Century England» пишет о поэтическом «знании, которое сквозь переживание смотрит в ничто» [Frye 1963: 137; Bogel 1984: 41]. В этом контексте начало «Элегии, написанной на сельском кладбище» Грея — не просто экспозиция, но высказывание о восприятии.

> The curfew tolls the knell of parting day,
> The lowing herd wind slowly o'er the lea,
> The plowman homeward plods his weary way,
> And leaves the world to darkness and to me.
>
> Now fades the glimmering landscape on the sight,
> And all the air a solemn stillness holds,
> Save where the beetle wheels his droning flight,
> And drowsy tinklings lull the distant folds...
>
> [Gray 1968, 1: 1766]

Известное переложение элегии Грея Жуковским под названием «Сельское кладбище» (1802) — один из краеугольных камней русского сентиментализма. Либо из-за переводческой ошибки,

---

[8] А если буря или дождь со снегом
Мне помешают — станьте мне приютом
Под гор прикрытием,
Потоки, пустоши,
Селенья бурые со шпилями церквей;
Со звуком благовеста замечаю,
Как пальцы Вечера
Тьмы вяжут покрывало [Парин, Мурик 1988: 35–37].

либо отражая православную культуру кенозиса, Жуковский выпускает в своем переводе «and to me» («и мне»), тем самым снова уменьшая присутствие лирического героя и, следовательно, его способность восприятия.

Уже бледнеет день, скрываясь за горою;
Шумящие стада толпятся над рекой;
Усталый селянин медлительной стопою
Идет, задумавшись, в шалаш спокойный свой.

В туманном сумраке окрестность исчезает...
Повсюду тишина; повсюду мертвый сон;
Лишь изредка, жужжа, вечерний жук мелькает,
Лишь слышится вдали рогов унылый звон.

[Жуковский 1959, 1: 29]

«БЕЗУМНАЯ, НО ЛЮБЯЩАЯ МАТЬ» И АПОФАТИЧЕСКИЙ ПУТЬ К ИСТИНЕ

...голая рассудочность неспособна на поэтические подвиги.
Заболоцкий, 1957 год

Усвоение и переработка вечернего чувствительного размышления на русской почве начинаются с переводов «Ночных мыслей Юнга» и расцветает в полную силу в переводе «Элегии, написанной на сельском кладбище» Т. Грея, выполненном Жуковским. Из этих ранних опытов прием перекочевывает в творения Вяземского, Боратынского, Тютчева, Пушкина, Лермонтова и прочих, причем истоки этого приема погребены настолько глубоко, а иногда так переплетены с влиянием других форм, например немецкой Gedankenlyrik, что позднейшие русские поэты, возможно, были бы удивлены, узнав, что они опираются на английскую традицию[9].

---

9   В качестве вариаций на тему вечернего чувствительного размышления на ум приходят следующие примеры: Батюшков, «К другу» (1815); Вяземский, «Вечер на Волге» (1816), «Вечер» (1861); Боратынский, «Осень» (1836–1837);

Многие из произведений этих поэтов прочел и усвоил Заболоцкий, который всегда интересовался теми же проблемами, которые разрабатывались в медитативной поэзии, — хотя в начале творчества и выражал их в формах, не соответствующих серьезности его поисков. Некоторые из стихотворений «Столбцов», а также «Безумный волк», «Лодейников» и пресловутое «Торжество земледелия» столь же глубоко трактуют вопросы жизни, смерти, бессмертия и отношения человека к природе, как и очевидно более философские стихи: «Вчера, о смерти размышляя», «Метаморфозы» и «Завещание»[10]. Общее знакомство со стилистикой кладбищенской поэзии Заболоцкий демонстрирует в пародийном «Драматическом монологе с примечаниями». В начале второй части «Лодейникова» он, по сути, переписывает зачин «Сельского кладбища» Жуковского — Грея, со всеми необходимыми элементами: вечерняя сцена, скот, бредущий домой под тихий перезвон колокольчиков, летящий жук и наблюдатель, чье присутствие минимально, по крайней мере, на данный момент. Но в соответствии с обэриутской верой в независимую идентичность предмета, природа у Заболоцкого, в отличие от Грея и Жуковского, персонифицирована и живет собственной автономной жизнью. У его травы «холодное дыханье», скот не мычит по пути домой, а «лопочет невнятные свои воспоминанья». Пародия ли это или еще один образец своеобразного видения Заболоцкого, сказать невозможно.

Тютчев, «Летний вечер» (1829), «Тени сизые смесились» (1836), «День и ночь» (1839), «Святая ночь на небосклон взошла» (1848–1850); Пушкин, «Воспоминание» (1828), «Брожу ли я вдоль улиц шумных» (1829), «Когда за городом, задумчив, я брожу» (1836); Лермонтов, «Когда волнуется желтеющая нива» (1837), «Выхожу один я на дорогу» (1841). Одним из источников вечернего чувствительного размышления, видимо, можно считать также немецкую Gedankenlyrik.

10 К пародиям на вечернее чувствительное размышление можно отнести стихотворения «Красная Бавария», «Черкешенка» и, возможно, «Лето» из «Столбцов»: в них обычная природная сцена действия заменена перевертышем — нэпманским Ленинградом, а стандартное откровение метафизической истины — венцом откровенного убожества.

...Уж вечер наступал.
Внизу, постукивая тонкими звонками,
Шел скот домой и тихо лопотал
Невнятные свои воспоминанья.
Травы холодное дыханье
Струилось вдоль дороги. Жук летел.
[Заболоцкий 1972, 1: 181]

В стихах «Я не ищу гармонии в природе» (1947) и «Вечер на Оке» (1957) явно выражена близость Заболоцкого к поэтической традиции вечернего чувствительного размышления. «Я не ищу гармонии в природе» — первое стихотворение в первом сборнике стихов Заболоцкого, изданном после его возвращения из лагеря. Поскольку в целом порядок стихов в сборнике хронологический, начиная со стихов 1932 года, то такое размещение предполагает, что стихотворение особенно значимо[11]. Юрий Лотман даже назвал его «поэтическим манифестом Заболоцкого» [Лотман 1971: 274]. Стихотворение «Я не ищу гармонии в природе» — загадка, как и сам Заболоцкий. Расшифровать его непросто, и прочитать его можно несколькими способами. Более того, оно вбирает в себя сложную парадигму русско-советской культуры, сочетая вечернее чувствительное размышление с долей советской идеологии, осколками краеугольного камня русского православия и содержит отклики на ряд других стихотворений, в том числе принадлежащих самому Заболоцкому.

Стихотворение можно разделить на три основных части и коду. В первых двух строфах содержатся рассуждения лирического героя. В третьей, четвертой и первых двух строках пятой строфы приводится ряд условий с использованием подчинительного союза «когда», в то время как вторая половина пятой, шестая и седьмая строфы содержат итог этих условий, уравновешивая повторяющееся «когда» паратаксисом с повторением союза «и». В восьмой строфе содержится кода, подтверждая нараставшее все это время подозрение читателя о многослойности стихотворения.

---

[11] Этим стихотворением открывается и вторая часть авторского собрания стихотворений 1958 года. — *Примеч. ред.*

Я НЕ ИЩУ ГАРМОНИИ В ПРИРОДЕ

Я не ищу гармонии в природе.
Разумной соразмерности начал
Ни в недрах скал, ни в ясном небосводе
Я до сих пор, увы, не различал.

Как своенравен мир ее дремучий!
В ожесточенном пении ветров
Не слышит сердце правильных созвучий,
Душа не чует стройных голосов.

Но в тихий час осеннего заката,
Когда умолкнет ветер вдалеке,
Когда сияньем немощным объята,
Слепая ночь опустится к реке,

Когда, устав от буйного движенья,
От бесполезно тяжкого труда,
В тревожном полусне изнеможенья
Затихнет потемневшая вода,

Когда огромный мир противоречий
Насытится бесплодною игрой, —
Как бы прообраз боли человечьей
Из бездны вод встает передо мной.

И в этот час печальная природа
Лежит вокруг, вздыхая тяжело,
И не мила ей дикая свобода,
Где от добра неотделимо зло.

И снится ей блестящий вал турбины,
И мерный звук разумного труда,
И пенье труб, и зарево плотины,
И налитые током провода.

Так, засыпая на своей кровати,
Безумная, но любящая мать
Таит в себе высокий мир дитяти,
Чтоб вместе с сыном солнце увидать.
[Заболоцкий 1972, 1: 173–174][12]

---

[12] Дополнительные комментарии к этому стихотворению см. в [Doring-Smirnov 1988].

Именно в двух вступительных строфах кроется ключевая связь стихотворения с вечерним чувствительным размышлением, но характер этой связи станет очевидным позже. А пока достаточно отметить, что во вступлении вводится лирический герой, который, по видимости, пылко возражает против идеи гармонии в природе. Убедительный тон усилен тем, что первую строку невозможно произнести «нейтрально», — все доступные варианты паттернов ударений создают более или менее выразительные «речевые жесты». В наиболее вероятном прочтении первая стопа становится пиррихием — метрическое ударение в ней пропускается, и первый ударный слог встречается только во второй стопе: «Я не ищу́». Это усиливает акцент на смысле глагола, и тогда подразумевается, что попытка поиска гармонии не имела бы никакого смысла. Во втором варианте ударение могло бы быть реализовано на частице *не*, обычно безударной, что придало бы интонации особую настойчивость: «Я не́ ищу гармонии в природе». Наконец, есть вариант с ударением на местоимении *я*, при котором в первой стопе образуется хорей и подразумевается противопоставление позиции другого персонажа: «Я не ищу гармонии в природе», но другие ищут.

Эти варианты прочтения во многом пересекаются, и во всех из них гармонии в природе нет, — это отрицание заметно и в более ранних работах Заболоцкого. Пожалуй, наиболее явно эта точка зрения выражена в фрагменте «Лодейникова», в котором Лодейников видит огромного червя, «железными зубами схватившего лист и прянувшего во тьму», затем наблюдает, как жук ест траву, жука клюет птица, из птичьей головы пьет мозг хорек, и на все это смотрят ночные существа с перекошенными страхом лицами. Столкнувшись с этой сценой, Лодейников с горькой иронией заключает:

> Так вот она, гармония природы,
> Так вот они, ночные голоса!
> Так вот о чем шумят во мраке воды,
> О чем, вздыхая, шепчутся леса!
> [Заболоцкий 1972, 1: 183]

В «Лодейникове» проблема разрешается с появлением «нового дирижера», который объединяет элементы разрозненного мира «в один согласный хор», привносит в природу индустриализацию в виде забоев, турбин и тому подобного, что напоминает сцену из предпоследней строфы стихотворения «Я не ищу гармонии в природе». Усилиями этого «дирижера» «...в голоса нестройные природы / Уже вплетался первый стройный звук» [Заболоцкий 1972, 1: 185][13]. Основная идея таких стихотворений, как «Север» и «Творцы дорог», того же духа, хотя и не всегда ее можно подтвердить тщательным прочтением текста.

Самая очевидная мишень полемической атаки, с которой начинается «Я не ищу гармонии в природе», — Тютчев, в чьем стихотворении «Певучесть есть в морских волнах» гармоничность природы утверждается неоднократно посредством близких синонимов. Подобно Заболоцкому и некоторым другим поэтам — участникам дискуссии о гармонии в природе Тютчев опирается на концепцию структуры, выраженную в корне *строй*. По Тютчеву, в природе присутствуют *стройный мусикийский шорох*, *невозмутимый строй*, *певучесть*, *гармония*, *созвучье*, которые составляют контраст разногласиям, причиной который является человек.

> Est in erundineis modulatio musica ripis
>
> Певучесть есть в морских волнах,
> Гармония в стихийных спорах,
> И стройный мусикийский шорох
> Струится в зыбких камышах.
>
> Невозмутимый строй во всем,
> Созвучье полное в природе, —
> Лишь в нашей призрачной свободе
> Разлад мы с нею сознаем.

---

[13] Стихотворение Заболоцкого «Бетховен», в котором есть строки: *Ты превозмог нестройный ураган, / И крикнул ты в лицо самой природы, / Свой львиный лик просунув сквозь орган*, также можно здесь рассмотреть, а также его связь с «Одой Бетховену» Мандельштама.

Откуда, как разлад возник?
И отчего же в общем хоре
Душа не то поет, что море,
И ропщет мыслящий тростник?
[Тютчев 1965, 1: 199][14]

Не оставляя сомнений в своей твердой вере в существование природной гармонии, Тютчев предлагает очень русское, возможно, славянофильское утверждение о состоянии человека. Он утверждает, что человек, паскалевский «мыслящий тростник», — это единственный дисгармоничный элемент в гармоничной природной вселенной, потому что свою призрачную свободу он использует для поиска индивидуальной идентичности. Проблема внутреннего разлада человека, которую Тютчев затрагивает не только в этом произведении, может найти разрешение в кенозисе, в «опустошении себя» ради гармонии с целым[15]. Со временем эта идея сблизит Заболоцкого и Тютчева, но пока мы видим четко выраженное поэтическое разногласие.

Вторая мишень поэтической полемики Заболоцкого менее очевидна. Это английский поэт Байрон, точнее говоря, Байрон в переводе Константина Батюшкова в его элегии 1819 года «Есть наслаждение и в дикости лесов». Эта переработка стиха 178 из песни IV «Паломничества Чайльд-Гарольда» представляет собой ранний и нетипичный пример байроновского влияния на русскую литературу. Отчужденности «байронизма», который прижился

---

[14] Учитывая тот факт, что я подробно рассматривала связь между этими стихотворениями в других работах, здесь я не буду повторять это сравнение. См. [Pratt 1983]. О стихотворении «Певучесть есть в морских волнах» см. также в [Pratt 1984: 51–58, 69–71], а также в Pratt S. The Semantics of Chaos in Tjutcev. Munich: Sagner, 1983.
В другом варианте есть и четвертая строфа:

И от земли до крайних звезд
Все безответен и поныне
Глас вопиющего в пустыне,
Души отчаянной протест? — *Примеч. ред.*

[15] О скорее шеллингианской, чем православной интерпретации этой концепции см. в [Pratt 1984: 189–193].

позже, в 1820-х и 1830-х годах, здесь почти нет[16]. Но в первом четверостишии поэт утверждает, что в природе есть гармония, чему, возможно, и возражает Заболоцкий.

> Есть наслаждение и в дикости лесов,
> Есть радость на приморском бреге,
> И есть гармония в сем говоре валов,
> Дробящихся в пустынном беге.
> Я ближнего люблю — но ты, природа мать,
> Для сердца ты всего дороже!
> С тобой, владычица, привык я забывать
> И то, чем был, как был моложе,
> И то, чем стал под холодом годов;
> Тобою в чувствах оживаю:
> Их выразить, душа не знает стройных слов
> И как молчать об них, не знаю.
>   [Батюшков 1964: 237][17]

Чуть позже мы увидим, что и другие черты перевода находят отклик у Заболоцкого: представление о природе как матери, *природа-мать*; православные коннотации в употреблении Батюшковым слов *ближнего* (в библейском смысле) и *владычица* (обычный эпитет Богородицы), у которых нет соответствий в оригинальном произведении Байрона; утверждение Батюшко-

---

[16] Батюшков выполнил перевод во время пребывания в Италии. Он был, по-видимому, настолько увлечен Байроном, что написал ему письмо в 1826 году, когда сам сошел с ума, а Байрон был давно мертв. См. [Батюшков 1964: 318–319; Фридман 1971: 226–230; Serman 1974; Вейдле 1980: 267; Simmons 1935: 270, 275].

[17] См. оригинал стихотворения Байрона в [McConnell 1978: 82]:

> There is pleasure in the pathless woods,
> There is a rapture on the lonely shore,
> There is society, where none intrudes,
> By the deep Sea, and Music in its roar:
> I love not Man the less, but Nature more,
> From these our interviews, in which I steal
> From all I may be, or have been before,
> To mingle with the Universe, and feel
> What I can ne'er express—yet cannot all conceal.

ва о непригодности человеческих способностей для выражения почти религиозного откровения («душа не знает стройных слов»). Однако все сказанное нужно соизмерить с тем фактом, что нам мало известно об отношении Заболоцкого к Батюшкову, за исключением того, что Заболоцкий не считал его одним из оплотов поэтического наследия, какими были для него Тютчев, Боратынский или Пушкин[18].

Другой возможный оппонент Заболоцкого — Вяземский, чье стихотворение «Вечер» 1861 года построено на утверждении «стройного» могущества природы. Здесь также отношение Заболоцкого к предшественнику остается неясным, но тем не менее параллели между ними поучительны. Центральная строфа «Вечера» гласит:

> Но в видимом бездейственном покое
> Не истощенье сил, не мертвый сон;
> Присущ им здесь и таинство живое,
> И стройного могущества закон.
> [Вяземский 1986: 371]

Возвращаясь к третьей и четвертой строфам стихотворения Заболоцкого, мы обнаруживаем вечереющий ландшафт, ослабление сенсорных стимулов и отрицание восприятия — то есть ту обстановку и ту анестезию чувств, которые готовят путь метафизическому откровению, типичному для вечернего чувствительного размышления.

> Но в тихий час осеннего заката,
> Когда умолкнет ветер вдалеке,
> Когда сияньем немощным обьята,
> Слепая ночь опустится к реке,

---

[18] Еще более сомнительным источником был бы посредственный перевод Иваном Козловым того же фрагмента «Паломничества Чайльд-Гарольда», который был опубликован в составе более обширного перевода под названием «К морю» в 1828 году. Можно подозревать, что вялый перевод Козлова (который Белинский назвал «водянистым») вряд ли мог вызвать тот пыл, который так очевиден в доводах Заболоцкого. См. [Козлов 1960: 135]; также [Barratt 1972]. Цитата Белинского приведена по [Батюшков 1964: 319].

Когда, устав от буйного движенья,
От безполезно тяжкого труда,
В тревожном полусне изнеможенья
Затихнет потемневшая вода...

Лексика этого фрагмента, его упорядоченная структура, состоящая из предложений, начинающихся с *когда*, и его мирное созерцательное настроение на время уводят стихотворение от тревожной полемики Заболоцкого. «Но в тихий час...» перекликается с фразой «И в этот час...» из предпоследней строфы стихотворения Вяземского, а также с первыми строками тютчевского стихотворения об откровении «Видение»: «Есть некий час, в ночи, всемирного молчанья, / И в оный час явлений и чудес...» [Тютчев 1965, 1: 17][19]. Далее в стихотворении Тютчев выражает мысль о том, что вдохновение существует в природе независимо от человеческого гения, — такую же позицию в конечном итоге занял Заболоцкий в стихотворениях «Я не ищу гармонии в природе» и «Вечер на Оке», — но пока она далеко не очевидна. В то же время отзвуками слов и идей отрывок соединен с предшествующим текстом. Умолкающий вдалеке ветер противопоставлен «ожесточенному пению ветров» в начале, дикая и дисгармоничная природа, описанная в первых строках, здесь прекращает «буйное движенье» и «бесполезно тяжкий труд».

Второе возможное понимание зачина стихотворения можно увидеть, если объединить успокоение природы и уменьшение сенсорных стимулов, общерелигиозный смысл вечернего чувствительного размышления, собственные не вполне подавленные религиозные наклонности Заболоцкого и православную апофатику. В первом прочтении обычно представляется, что Заболоцкий высказывает экзистенциальное отрицание и утверждает, что в природе гармонии нет, что Тютчев, Батюшков, Вяземский и все прочие поэты, видящие гармонию в природе, просто неправы. Однако при более внимательном чтении заметно, что Заболоцкий не говорит: «Гармонии в природе нет», но «Я не ищу гармонии

---

[19] Курсив добавлен. См. также [Pratt 1984: 104–120].

в природе». Подобным образом, он не говорит: «Не существует разумной соразмерности начал», но: «Разумной соразмерности начал... я... увы! не различал». Он не отрицает существования созвучий или стройных голосов, но сетует: «Не слышит сердце правильных созвучий / Душа не чует стройных голосов». В данном контексте, принимая во внимание грамматическую точность, вводные отрицания Заболоцкого относятся не к отсутствию гармоничных явлений в природе, а к несовершенству человеческого состояния, к ограничениям человеческого восприятия глубин природы: я не могу воспринимать эти гармоничные явления, потому что мои человеческие чувства неадекватны божественному красноречию природы.

Присутствие гармонии усиливается структурой самого текста, особенно звуковой оркестровкой стиха, с помощью которой выражено сетование лирического героя, что он не может воспринимать гармонию. В первой строфе присутствуют аллитерация звуков *р*, *с/з*, особенно в слоге *раз-* (*разумной соразмерности*, *различал*), и внутренняя рифма *скал / начал / различал*. Третья и четвертая строки второй строфы подобным же образом обыгрывают аллитерацию *с/г*, иногда в сочетании с *т*, и мощный повтор звука *и* в сочетании с шипящими *ш* и *ч*: «Не слышит сердце правильных созвучий, / Душа не чует стройных голосов».

Это имплицитное подтверждение чуда природной гармонии, в сочетании с отрицанием способности человека воздать ему должное, в самом базовом смысле есть заявление о смирении, признак кенозиса или самоотречения и постижение апофатического пути к истине. Православный духовный опыт, согласно Лосскому, «в той же мере отвергает как интеллектуальный гносис, так и чувственное восприятие божественной природы», и поэтому «совершенно совпадает с категорическим утверждением... о непознаваемости сущности Бога» [Лосский 2006: 451]. В стихотворении «Я не ищу гармонии в природе» подобным же образом поэт со своей духовной позиции отрицает способность человека чувствовать гармоничную сущность природы. В контексте православия спасение и постижение Божества достигаются не человеческими силами, но через обожение человека, через «превосхождение тварного бытия», через реализацию человеком образа Божьего, с которым он родился, и участие в божественной жизни вселенной [Лосский 2006: 451]. Точно так же «спасение» для Заболоцкого в данном случае приходит не через понимание природы человеческими силами, но через реализацию присущего ему единства с природой. Эта концепция легла в основу стихотворений «Вчера, о смерти размышляя», «Метаморфозы» и «Завещание» и, в несколько иной форме, «Я не ищу гармонии в природе» и «Вечер на Оке».

Ефим Эткинд не помещает проблему восприятия в контекст православного богословия, но признает, что для Заболоцкого восприятие наделено метафизическим смыслом. Рассуждая о роли музыки в стихах Заболоцкого, он пишет:

> В системе Заболоцкого есть музыка слышная, и другая, которая действует на человека неведомо для него самого, — ее нельзя воспринять слухом, как нельзя глазом увидеть ультрафиолетовые лучи. Различие между слышным и неслышным, зримым и незримым для Заболоцкого необыкновенно важно; понимать мир значит видеть и слышать то, что существует, составляет часть бытия, хотя как бы и не существует, ибо не воспринимается ни одним из пяти физических чувств [Эткинд 1978: 481].

Явная, громкая музыка, продолжает Эткинд, часто неприятна Заболоцкому, «зато тихая, почти неслышная, а то и вовсе неощутимая физическими чувствами кажется подлинно прекрасной».

Все это проливает любопытный свет на творчество Заболоцкого. Возникает вопрос о «музыке» индустриализации, описанной в «Лодейникове», а также в предпоследней строфе стихотворения «Я не ищу гармонии в природе». Вдобавок первоначальная третья строфа «Творцов дорог» теперь кажется даже более богословской и менее соцреалистической, чем при первом прочтении. «Хор цветов, неуловимый ухом» и созвучье тех мелодий, о которых так редко вспоминает человек, теперь видятся тесно связанными с апофатикой стихотворения «Я не ищу гармонии в природе» [Заболоцкий 1972, 1: 237–238]. В своем отвержении человеческих сил и неявном поиске Бога в той или иной форме, эта строфа из «Творцов дорог» еще более явно работает не на советскость стихотворения, частью которого является, а на ее опровержение.

В этом состоянии смирения поэт в «Я не ищу гармонии в природе» теперь ближе к лирическому герою элегии Батюшкова, который, подытоживая чувства, вызванные природой, заключает: «Их выразить душа не знает стройных слов»[20]. Он также приближается к идеальному человеку Тютчева, противоположности «мыслящего тростника», который не стал бы и пытаться различить отдельные черты природы, потому что сам акт восприятия требует отделения себя от ее гармоничного целого. Наконец, лирический герой Заболоцкого также приближается к невидимому лирическому герою «Вечера» Вяземского, который существует только как условный обладатель глаз, ушей и других органов чувств, но на протяжении большей части стихотворения ничего не воспринимает и склонен к «мечтам и забытью». Таким образом, в свете онтологических и эпистемологических предпосылок разногласия между четырьмя стихотворениями постепенно стираются, образуя почти единодушное мнение об ограниченности человеческих способностей по отношению к природе, которое свидетельствует о всепроникновении и устойчивости православных богословских концепций, лежащих в основе русской культуры.

Вторая половина стихотворения «Я не ищу гармонии в природе» содержит откровение, типичное для вечернего чувствительного размышления. Но, заставляя вспомнить некоторые метафизические стихи Боратынского со сходным приемом, вместо связного изложения одной метафизической истины Заболоцкий предлагает несколько ее вариантов, в данном случае четыре.

---

[20] Основная идея стихотворения, очевидно, оказала глубокое влияние на Батюшкова, который писал Жуковскому 1 августа 1819 года в том же духе: «Природа — великий поэт, и я радуюсь, что нахожу в сердце моем чувство для сих великих зрелищ; к несчастию, никогда не найду сил выразить то, что чувствую». Цит. по: [Батюшков 1964: 319]. Возможный ответ на стихотворение Батюшкова, особенно на строку «Их выразить душа не знает стройных слов», можно найти в произведении Боратынского «Бывало, отрок, звонким кликом» 1831 года, которое, в свою очередь, может служить предшественником «Я не ищу гармонии в природе» Заболоцкого.

Первый имеет прямое отношение к традиционной медитативной поэзии, второй — к философии Николая Федорова, третий — к прославлению советской индустриализации, четвертый — к романтической поэзии о природе и русскому православию. Все четыре варианта тесно связаны друг с другом. Они концептуально и поэтически переплетены, но не идентичны, и представляют собой еще один пример сложного парадигматического отношения Заболоцкого к многогранности советской русской культуры.

Пятая строфа — грамматическая и интеллектуальная поворотная точка стихотворения. Когда череда условных предложений, начинающихся с *когда* и описывающих наступление ночи, истощение и ослабление сенсорного восприятия, подходит к концу, лирический герой видит «прообраз боли человечьей», который возникает из бездны, напоминая о «глуби ужасной бездны» в «Ночных мыслях» Юнга[21]. Душераздирающие переживания у Юнга — не просто поэтический акцент на чувствах, а необходимая прелюдия к «утешению» (по выражению Юнга), к откровению о «спасении» в остальной части стихотворения.

> Когда огромный мир противоречий
> Насытится бесплодною игрой, —
> Как бы прообраз боли человечьей
> Из бездны вод встает передо мной.

Хотя основное течение строфы возвращается к вечернему чувствительному размышлению, слово «противоречия» не может не придать определенную марксистскую окраску нарочито советскому стихотворению. Здесь намек на марксистскую идеологию подготавливает почву для видения в предпоследней строфе индустриализации (предположительно социалистической) во всем великолепии.

---

[21] Заболоцкий использует форму «человечий», а не более обычную «человеческий», что может быть просто вопросом поэтического удобства, связанного с рифмой и размером. Окончание *-ечий*, однако, говорит о происхождении от животного, как, например, собачий или овечий, и, возможно, указывает на то, что человек — лишь один из видов животных на Земле, в то же время отличая человека от других видов.

В следующей строфе заметно влияние Федорова, который в интеллектуальной вселенной Заболоцкого никак не поименован, но чье присутствие всегда чувствуется. Здесь имеется в виду не теория бессмертия Федорова как таковая, а его вера в аморальность природы, не регулируемой человеком. Федоров неоднократно называет природу нравственно «слепой», видит ее беспутной и неспособной отличить добро от зла. Объясняя свою позицию, он утверждает, что

нравственность не только не ограничивается личностями... а должна распространяться на всю природу. Задача человека — морализировать все естественное, обратить слепую, невольную силу природы в орудие свободы [Федоров 1982: 433][22].

Заболоцкий пишет в похожем духе, но там, где Федоров считает, что предстоит неизбежная борьба, Заболоцкий видит возможность сотрудничества. В следующем отрывке сама природа смущена «дикой свободой, где от добра неотделимо зло».

И в этот час печальная природа
Лежит вокруг, вздыхая тяжело,
И не мила ей дикая свобода,
Где от добра неотделимо зло.

Предпоследняя строфа на первый взгляд напоминает советский агитплакат, изображающий блестящие валы турбин, поющие трубы и тому подобное.

И снится ей блестящий вал турбины,
И мерный звук разумного труда,
И пенье труб, и зарево плотины,
И налитые током провода[23].

---

[22] См. также [Федоров 1982: 58, 511]. См. [Masing-Delic 1992: 86, 88].

[23] Фразу *И снится ей* Жолковский читает как аллюзию на строку *И снилась ей долина Дагестана* из лермонтовского «Сна». См. [Жолковский 1992: 19–20].

Любопытной особенностью строфы являются каламбуры, которые для Заболоцкого не так типичны, как для многих других поэтов, и которые здесь, работая на впечатление идеологической выдержанности, помогают понять, что смысл стихотворения многослоен. В выражении «блестящий вал турбины» каламбур построен на слове *вал*, которое может обозначать и часть механизма, и, что чаще, волну, что перекликается с образностью воды, начатой в третьей и четвертой строфах. Турбины, которые имел в виду Заболоцкий, должны были приводиться в движение силой «валов» воды, протекающих через плотину, что усиливает образ. Также здесь возможен намек на слово *вал* у Батюшкова в выражении «говор валов» из стихотворения «Есть наслаждение и в дикости лесов». Подобным же образом Заболоцкий каламбурит со словом *труба*, которое имеет множество значений, включая «духовую трубу», «рог», «органную трубу» (как в «Лодейникове») и «дымовую трубу». В контексте индустриализации фраза «пенье труб» обозначает гудение или пыхтенье, которое издают дымовые трубы. В контексте более обширной музыкальной темы «пенье труб» предполагает нарастающий хор труб или рожков по мере приближения стихотворения к триумфальной развязке.

Впечатление пропагандистского плаката усиливается тем, что все рифмующиеся слова относятся к индустриализации — *турбины / плотины, труда / провода*, — и триумфальной интонацией, которая создается с помощью полной реализации ударений в первой строке, использования анафоры в каждой строке и накопительного эффекта от паратаксиса с союзом *и*. Глядя на это поэтическое крещендо, кажется, что стихотворение близко к развязке. Действительно, «мерный звук», «разумный труд» и «пенье труб» производят именно то ощущение «разумной соразмерности начал», которое поэт не мог различить с самого начала, и поэтому кажется, что его поиск завершен.

Если принять «советскую» интерпретацию или даже интерпретацию, основанную на философии Федорова, можно счесть, что основная идея стихотворения уже высказана. Поэт успешно продемонстрировал, что в «дикой» природе гармонии нет и что в природе она появляется только посредством преобразующей руки разумного человека. В такой трактовке стихотворение «Я не ищу гармонии в природе» своим поверхностным смыслом было бы похоже на «Лодейникова», но при этом бы выглядело не так диковинно для советского читателя или цензора. Скорее всего, именно опираясь на такую интерпретацию советское издательство поместило его в начале сборника «Стихотворений» Заболоцкого 1948 года.

И все же, как мы видели в «Творцах дорог», некоторые из наиболее идеологически выдержанных стихов Заболоцкого несут в себе наибольшие возможности для подрыва идеологии. Его более нейтральные стихи обычно не совпадают с линией партии, но и не противоречат ей напрямую. Однако соцреалистическая облицовка — слишком большая и хрупкая мишень даже для тех, кто в нее не целится специально. Так, стихотворение «Творцы дорог», будучи сталинистским, одновременно обличает сталинизм, даже если эта атака не воспринимается при первом чтении, и даже если сам автор задавался целью написать произведение, которое могло бы искупить его политическую вину.

Почти то же самое можно сказать о стихотворении «Я не ищу гармонии в природе». Несмотря на всю образность социалистического строительства, которая приводит стихотворение к взрывной кульминации и делает его пригодным для постлагерного дебюта Заболоцкого, факт остается фактом: этот триумфальный момент — всего лишь сон природы: «И снится ей блестящий вал турбины...» «Реальность» — это рассуждения поэта и изображение природы в остальной части стихотворения. Более того, сон как прием привносит примесь анахронизма, уводящую стихотворение назад, прочь от рационалистической, позитивистской тональности советского настоящего. В вечернем чувствительном размышлении сон часто является естественным следствием обращения лирического героя внутрь себя. В некоторых контекстах он вообще умаляет само человеческое существование, как у Тютчева в стихотворении «О жизни той, что бушевала здесь», в котором лирический герой утверждает: «И перед ней мы смутно сознаем / Себя самих — лишь грезою природы» [Тютчев 1965, 1: 225]. Персонифицированная природа у Заболоцкого, казалось, томится в ожидании рационализированного утопического будущего под контролем советского человека, но это томление выражено посредством символа, обращенного в прошлое и несущего мощные коннотации безвременья, нереальности и иррациональности.

Эти намеки на анахронизм и религиозный смысл воплощаются в последней строфе. Строфа функционирует как кода, что отмечено начальной фразой «Так, засыпая», в которой слово *так* сигнализирует об итоговом характере последующего высказывания, нарушает устоявшийся ямбический ритм и разрушает структурный паттерн анафоры и паратаксиса, которым обеспечивалась связность в предыдущей части.

> Так, засыпая на своей кровати,
> Безумная, но любящая мать
> Таит в себе высокий мир дитяти,
> Чтоб вместе с сыном солнце увидать.

На самом очевидном уровне в строфе снова сопоставляются иррациональная и в этом смысле безумная природа и ее разумный отпрыск, житель «высокого мира дитяти». Казалось бы, природа-мать должна учиться у советского человека, становясь гармоничной и разумной. Но все же что-то не сходится. Как мы уже видели, рационализм для Заболоцкого — палка о двух концах, как и «безумие». Слишком много разума ограничивает, а некоторая толика «безумия» помогает свободному интуитивному постижению высшей истины.

Еще одним признаком того, что нужно смотреть глубже верхнего слоя советского смысла, является тот факт, что образ природы как в заключительной строфе, так и в стихотворении в целом предстает с большей интенсивностью и глубиной, чем образ разумного человека, пусть даже на поверхности человек неистово поносит природу, а его доводы тщательно обоснованы. Здесь чувствуется перекличка, возможно, отдаленная, со стихотворением Тютчева «Не то, что мните вы, природа», в котором персонаж сравнивает своего воображаемого собеседника с глухонемым, который не может слышать голос матери-природы по причине своей глупости и чрезмерного рационализма.

Также заметна перекличка с собственным стихотворением Заболоцкого «Засуха» 1936 года — одним из тех, которые, согласно инструкциям Фадеева, нужно было «абсолютно» изъять из сборника стихов Заболоцкого [Заболоцкий Н. Н. 1991: 260–261]. Возражения Фадеева понятны, учитывая его вполне советскую точку зрения, если принять во внимание ту покорность, или даже кенотическую радость, с которой поэт смотрит на засуху. Он не только понимает «бессвязные и смутные уроки» матери-природы, но и находит это понимание «сладким», как и лирический герой стихотворения «Я не ищу гармонии в природе», который в конечном итоге обретает утешение и высшую форму познания от «безумной, но любящей матери». В завершении «Засухи» автор обращается к читателю и, возможно, к самому себе, чтобы напрямую донести идею стихотворения.

> Не бойтесь бурь! Пускай ударит в грудь
> Природы очистительная сила!
> Ей все равно с дороги не свернуть,
> Которую сознанье начертило.
> Учительница, девственница, мать,
> Ты не богиня, да и мы не боги,
> Но все-таки как сладко понимать
> Твои бессвязные и смутные уроки!
> [Заболоцкий 1972, 1: 192]

Ближайшие параллели, здесь, однако, — с «Творцами дорог», особенно с мощной концовкой первоначальной третьей песни. В главке создается образ природы, представленной населяющей тундру тварью земной, которая засыпает и свидетельствует о существовании гармонии, которую человек вспоминает редко.

> И засыпая в первобытных норах,
> Твердит она уже который век
> Созвучье тех мелодий, о которых
> Так редко вспоминает человек.
> [Заболоцкий 1972, 1: 238]

Первая строка четверостишия «И засыпая в первобытных норах», что совершенно очевидно, почти совпадает по смыслу, лексике и ритму с первой строкой последнего четверостишия «Я не ищу гармонии в природе» — «Так, засыпая на своей кровати». Более того, земная тварь в «Творцах дорог» утверждает существование именно той гармонии природы, которая обычно не воспринимается человеком — «Созвучье тех мелодий, о которых / Так редко вспоминает человек». В обоих стихотворениях природа спит и несет в себе гармонию, тогда как человек пытается воплотить свое видение рационального переустройства природы и оказывается не в состоянии постичь гармонию, которая уже существует.

Образ матери-природы в стихотворении «Я не ищу гармонии в природе» теперь напоминает природу, которая своей мощью и превосходством над человеком вдохновила Батюшкова в стихотворении «Есть наслаждение и в дикости лесов». Если стихотворение Батюшкова с его смутным пантеистическим переживанием и обращением к природе как к владычице лишь слегка отдает романтизированным русским православием, то стихотворение Заболоцкого движется прямо к православию, изображая природу в манере, напоминающей Богородицу[24]. Как отмечает Федотов, в русской православной культуре Мария рассматривается не столько как Пресвятая Дева или Владычица, сколько как мать, причем «не только Матерь Божия или Матерь Христова... [но] вселенская Мати, Мать всего человечества» [Федотов 2015: 324]. Богоматерь, как и мать-природа у Заболоцкого, «таит в себе высокий мир дитяти». Она «беременна» в прямом или в переносном смысле, или в обоих сразу, потому что она всегда заботится о будущей жизни. Связывая физические и метафизические аспекты вселенной, эта сложносоставная материнская фигура является воплощением монистической веры Заболоцкого и, в православных терминах, обеспечивает физический аспект совершенно интегрированной двойственной

---

[24] Я признательна профессору Лорен Лейтон за указание на параллели с Богородицей.

природы Христа [Пеликан 2009: 55–56]. Она связывает прошлое и будущее, в полной мере участвуя в анахроничном смешении стихотворения Заболоцкого. В православном контексте она есть «грань тварного и нетварного», потому что она «перешла грань, отделяющую нас от будущего века». Следовательно, она «является причиной того, что Ей предшествовало, и вместе с тем Она определяет то, что Ей последствовало» [Лосский 2012: 266–267].

Другая связь между богословием и образностью стихотворения проявляется в характеристике матери-природы как «безумной, но любящей». Подобно Богородице, которая, согласно Евангелию от Луки, «...сохраняла все слова сии, слагая в сердце Своем» (Лк. :19), «безумная» мать-природа у Заболоцкого не способна в полной мере осознать значение мира, который она несет в себе. Этот новый мир может стать ориентированным на человека, рационально индустриализированным, что она и видит во сне, но в этом мире есть и другие измерения, которые она в своем человеческом состоянии не может видеть, но может только «слагать в сердце» — гармония, единство, обожение и преображение.

Тогда «сын» матери-природы по Заболоцкому — уже не дальновидный советский промышленный плановик, а обэриутский поэт-визионер, предчувствующий возможность преображения вселенной и стремящийся просветить других. Подобно тому, как устремление матери-природы к пониманию изображается с помощью метафоры видения солнца вместе с сыном («чтоб вместе с сыном солнце увидать»), в молитвах, прославляющих Богородицу, неоднократно упоминается «солнце» просвещения, принесенное через Сына Марии, Иисуса Христа. Например, тропарь Рождества Богородицы, первого двунадесятого праздника литургического года, начинается так: «Рождество Твое, Богородица... возвестило радость всей вселенной, ибо из Тебя воссияло Солнце правды — Христос Бог наш»[25]. Подобным же образом тропарь Сретению Господню начинается следующим образом: «Радуйся...

---

[25] Перевод тропаря с церковнославянского на русский: Лариса Маршева, Денис Миронюк. «Радость возвести всей вселенней». Комментарий к тропарю и кондаку праздника Рождества Богородицы. URL: pravoslavie.ru/141881.html

Богородица Дева, ибо из Тебя воссияло Солнце правды, Христос Бог наш, просвещающий находящихся во тьме»[26].

И, наконец, в своем визуальном аспекте стихотворение связано с иконами Богородицы. Очевидным источником могла бы быть икона Знамения Божией Матери, обычно размещаемая в русских православных церквях в центре верхнего ряда иконостаса. В период своего взросления, который Заболоцкий подробно описал в автобиографическом произведении «Ранние годы», молодой Заболоцкий много раз мог видеть разнообразные списки этой иконы. На иконах Знамения Богородица изображается с воздетыми руками (в позе оранты), а образ Младенца Христа размещается в медальоне на Ее груди, в результате чего получается художественный образ матери, которая «таит в себе высокий мир дитяти». Подобным же образом Божия Матерь изображается на некоторых иконах Благовещения, восходящих к «новой» византийской иконографии IX века[27].

Образ спящей матери можно связать с иконами Успения, на которых Богородица изображена «усопшей в Господе». В стихотворении деепричастие *засыпая*, которое относится к матери, посредством корня *сп-, соп-, сып-* связано со словом *Успение*, которое чаще всего обозначает смерть Божией Матери, и с субстантивированным прилагательным *усопший*, которым в религиозном православном контексте называют умершего. На иконах Успения Божию Матерь обычно изображают лежащей на ложе, как лежит и мать-природа в стихотворении. Рядом с Божией Матерью стоит Ее Сын, который, в противовес с образом Знамения, теперь держит младенца — душу Своей Матери, ожидающую вознесения на небеса, где она исполнится светом Божьего сияния. Можно даже отметить, что иногда на иконах Успения изобража-

---

[26] Минея праздничная в русском переводе иеромонаха Амвросия (Тимрота). URL: predanie.ru/book/76322-mineya-prazdnichnaya-rus

[27] См. [Baggley 1988: 92; Успенский 1997: 319; Лихачева 1971, рис. 7; Федотов 2015: 321–322; Grabar 1968: 128, вклейки 304, 305; Alpatov 1967, вклейка 23]. Отец Хармса И. П. Ювачев, которого Заболоцкий не мог не знать хотя бы шапочно, посвятил последние 15 лет жизни изучению иконографии Богоматери. — *Примеч. ред.*

ется нечто похожее на «сон» матери-природы. На таких иконах совмещены сцены Успения Божией Матери и Ее вознесения, — второй образ помещен в мандорлу, в которой Мария, восседающая на престоле, возносится ангелами на небо [Лосский, Успенский 2014: 321].

Итак, таково завершение стихотворения, которое должно было задать правильный тон первому сборнику стихов, опубликованному Заболоцким после возвращения из лагеря. Беглое прочтение приводит к восприятию марксистской идеи о рациональном преобразовании природы человеком, и стихотворение, казалось бы, действительно начинается с яростной атаки на «романтические» представления о гармонии в природе. Как отмечает Гольдстейн, это был период, когда «было уже небезопасно изображать природу гармоничной» по своей сути [Goldstein 1993: 51]. В то же время стихотворение «Я не ищу гармонии в природе» пронизано видоизмененной религиозной мыслью. Оно лежит в русле традиции, берущей начало в религиозном созерцании. Его основной посыл основан на апофатическом богословии, центральном в православной мысли. И завершается оно изображением питающей матери-природы и Божией Матери, чье иррациональное постижение высшей истины происходит через сон о ее сыне. Несмотря на то что автор, казалось бы, стремится живописать властительную силу разумного человека, человек в конечном итоге оказывается меньше природы, менее значим и гораздо менее могущественен, чем она. И хотя Заболоцкий делает вид, что пишет стихотворение XX века, вся его песнь — блистательный анахронизм.

ПРЕВЗОЙДЕННОЕ БОЛОТО, ПРЕОБРАЖЕННЫЙ МИР

> С моей помощью и природа, и человечество преобразуют самих себя...
> Растения во всем их многообразии — эта трава, эти цветы, эти деревья — могущественное царство первобытной жизни, основа всего живущего, мои

братья, питающие меня и плотью своей, и воздухом, — все они живут рядом со мной. Разве я могу отказаться от родства с ними?

Заболоцкий. Почему я не пессимист

Человек спасается не от тела, а в нем, спасается не от материального мира, а с ним. В силу того что человек является микрокосмом и посредником в творении, его собственное спасение предполагает также примирение и преображение всей живой и неживой окружающей его природы... На «новой земле» будущего века уготовано, разумеется, место не только для человека, но и для животных: в человеке и через человека они разделят бессмертие, и то же случится и с камнями, деревьями и растениями, огнем и водой.

Митрополит Каллист Уэр. Православный путь

В Преображении «на Фаворе не только Божество является человекам, но и человечество является в Божественной славе». Преображение — это телесное и видимое явление Божественной славы...

Леонид Успенский. Богословие иконы

Спустя 11 лет после того, как Заболоцкий написал, по видимости, полемическое стихотворение «Я не ищу гармонии в природе», он сам ответил на свои аргументы стихотворением «Вечер на Оке», растолковав некоторые вопросы восприятия, природы и метафизики — можно даже сказать, «богословия». В произведении отсутствует «советская» облицовка, благодаря чему по форме оно еще ближе к вечернему чувствительному размышлению чувствительности. Однако наиболее поразительна в этом стихотворении картина преображения природы и ее связь с Декларацией ОБЭРИУ. Но эти вопросы мы рассмотрим позже, так как сейчас мы должны ненадолго вернуться к проблеме Заболоцкого и болот.

Учитывая распространенность болот в России, неудивительно, что и в русской поэзии они возникают с определенной регулярностью. Русский поэт, который бо́льшую часть детства провел в заболоченных окрестностях реки Вятки, начал свой творческий путь в городе на болоте, Ленинграде, продолжил его в лагере и ссылке в болотистой тундре[28] и в последние годы летом жил на даче у Оки, скорее всего, сделает болотистую местность сценой действия некоторых стихотворений. Заболоцкий так и поступил. Его ранняя «символистская» поэма «Промерзшие кочки, брусника» не только разворачивается на болоте, но и выступает как возражение на «Полюби эту вечность болот» Блока. В его втором «символистском» стихотворении, «Сердце-пустырь», местом действия также выбрана заболоченная река, а пародийный «Драматический монолог с примечаниями» разворачивается на затоне реки Вятки.

Образ болота в «Драматическом монологе» весьма двусмысленный, как раз из-за пародийного характера произведения. В «Промерзших кочках и брусниге» болото — это место потенциального откровения: «Мне кажется: новая книга / Раскрыта искателю мне... И сосны, как желтые свечи / На Божьем лесном алтаре...» [Заболоцкий 1972, 2: 229]. В стихотворении «Сердце-пустырь» река — это источник глубокого эротического и метафизического смысла, или даже собственно откровения. Позднее болотистый ландшафт снова послужит декорацией, и даже катализатором откровения в стихотворениях «Лесное озеро» (1938) и «Вечер на Оке» (1957).

Как известно, замысел «Лесного озера» появился у Заболоцкого во время прогулки по Глухому озеру под Ленинградом осенью 1937 года, но сочинил он его в 1938 году в вагоне для скота на этапе в сибирский лагерь[29]. Топкий берег озера роднит произведение с другими стихами, в которых фигурируют болота. Как и на берегах вятского затона в «Драматическом монологе», там живут кулики. Как и на болоте в стихотворении «Замерзшие кочки, брусника», вокруг озера стоят сосны, как свечи, а вслед за свеча-

---

[28] Заболоцкий никогда не был в тундре. Его заключение проходило на Амуре, затем на Алтае (в обоих случаях в зоне тайги) и в Казахстане (в степях). — *Примеч. ред.*

[29] Об этапе в Сибирь см. в [Goldstein 1993: 213].
«Лесное озеро» было впервые записано в 1944 году, и трудно сказать, что означает поставленная поэтом дата — рождение замысла или формирование текста в сознании автора. — *Примеч. ред.*

ми возникает уже явно религиозная образность и откровение высшей истины. Кроме того, «Лесное озеро», как и «Замерзшие кочки, брусника», написано в относительно редко встречающемся у Заболоцкого трехстопном метре[30].

Однако «Лесное озеро» одновременно и более сложное и менее загадочное, чем более раннее стихотворение. В «Замерзших кочках» природа и истина — одно и то же, ведь откровение было дано на «Божьем лесном алтаре», в «новой книге». Здесь же природа враждебна с самого начала, — возможно, это туманная аллегория жестокости времени. Обратив внимание на озеро, поэт создает картину враждебной природы, как в «Лодейникове», но более грозную. Поэт заявляет прямо: «хищная тварями правит природа».

> Сквозь битвы деревьев и волчьи сраженья,
> Где пьют насекомые сок из растенья,
> Где буйствуют стебли и стонут цветы,
> Где хищная тварями правит природа,
> Пробрался к тебе я и замер у входа,
> Раздвинув руками сухие кусты.
> [Заболоцкий 1972, 1: 204–205]

Однако по ходу стихотворения ужас перед хищной природой постепенно уравновешивается множеством образов, возможно, наделенных сакральным смыслом. Этот ряд образов начинается с озера как «хрустальной чаши» в начале стиха, затем поддерживается сравнением *сосны, как свечи,* достигает кульминации в мощном заключительном четверостишии, в котором некогда хищные и все еще дикие животные склоняются, чтобы напиться животворной воды из купели озера.

> И толпы животных и диких зверей,
> Просунув сквозь елки рогатые лица,
> К источнику правды, к купели своей
> Склонялись воды животворной напиться.

---

[30] «Лесное озеро» написано четырехстопным амфибрахием; «Промерзшие кочки, брусника» — трехстопным.

Тогда лес с его «соснами, как свечи» — это алтарь, а озеро — одновременно и евхаристический потир, и крещальная купель. Его вода дает новую жизнь и истину, невзирая на суровость земной реальности.

В то время как эти, более ранние, стихотворения только подразумевают возможность преобразующего откровения, связанного с болотистой местностью, стихотворение «Вечер на Оке», написанное за год до смерти поэта, живописует реализацию этой возможности. Это полное преображение природы, к которому готовился Заболоцкий с момента написания Декларации ОБЭРИУ.

Болотистость не сразу бросается в глаза, но подразумевается в названии реки в заголовке и упоминании «русского пейзажа» в первой строке. Болотистый пейзаж обозначен в пятой с конца строке в образе «речных лугов, затонов и излук». Можно вспомнить, что Заболоцкий раньше употреблял слово *затон* в «Драматическом монологе», где оно рифмовалось с *одеколон*, дав повод для шутки про запах вятских болот. Но здесь шуток нет, есть только огромная метафизическая и поэтическая торжественная серьезность.

Поэма не разделена на строфы, но состоит из семи четверостиший. В первых двух четверостишиях задаются исходные предпосылки стихотворения, особенно отношения между человеком и природой; в трех средних описываются природные условия, предшествующие откровению высшей истины; и два заключительных четверостишия описывают суть откровения и его значимость.

ВЕЧЕР НА ОКЕ

В очарованье русского пейзажа
Есть подлинная радость, но она
Открыта не для каждого и даже
Не каждому художнику видна.
С утра обремененная работой,
Трудом лесов, заботами полей,
Природа смотрит как бы с неохотой
На нас, неочарованных людей.

И лишь когда за темной чащей леса
Вечерний луч таинственно блеснет,
Обыденности плотная завеса
С ее красот мгновенно упадет.
Вздохнут леса, опущенные в воду,
И, как бы сквозь прозрачное стекло,
Вся грудь реки приникнет к небосводу
И загорится влажно и светло.
Из белых башен облачного мира
Сойдет огонь, и в нежном том огне,
Как будто под руками ювелира,
Сквозные тени лягут в глубине.
И чем ясней становятся детали
Предметов, расположенных вокруг,
Тем необъятней делаются дали
Речных лугов, затонов и излук.
Горит весь мир, прозрачен и духовен,
Теперь-то он поистине хорош,
И ты, ликуя, множество диковин
В его живых чертах распознаешь.

[Заболоцкий 1972, 1: 333]

Первое четверостишие осаживает сетующего лирического героя стихотворения «Я не ищу гармонии в природе» и обращается к широко распространенному романтическому представлению о художнике как о провидце и гении. Поэт утверждает, что в русском пейзаже есть очарование, радость и, предположительно, гармония. Глагол *есть*, который Тютчев любил применять в натурфилософских стихах, означает экзистенциальное утверждение. Более того, он противоречит экзистенциальному отрицанию *нет*, которое вроде бы подразумевается в зачине «Я не ищу гармонии в природе», хотя по внимательном прочтении становится ясно, что гармония в природе на самом деле не отрицается. Начало «Вечера на Оке» подтверждает наличие в природе радости, но ставит под сомнение способность человека воспринимать эту радость: «но она / Открыта не для каждого и даже / Не каждому художнику видна». Лирический герой предшествующего стихотворения высокомерно предполагал, что вполне способен воспринимать природную гармонию, лишь бы она существовала (и на этом основана его полемика). Во вселенной Заболоцкого, как и в православной вселенной, нет никаких гарантий, что с помощью человеческих чувств возможно постичь высшую истину. Вероятнее всего, что это и невозможно, поскольку и православное богословие, и «богословие» Заболоцкого чают преображения. Постижение высшей истины приходит, когда человек выходит за пределы своего человеческого состояния и приобщается божественной жизни вселенной. По выражению Лосского, «Преображение — это телесное и видимое явление Божественной славы» [Успенский 1997: 180][31]. В зачине стихотворения также подготавливается почва для вечернего чувствительного размышления. В «Вечере на Оке» отсутствует подробное, поэтапное описание угасания чувственного восприятия, которое встречается в более ранних вечерних размышлениях. Автор утверждает, что человеческие чувства обычно непригодны на то, чтобы увидеть радость пейзажа, ведь на это способен не каждый, и даже не каждый художник. Кроме того, отсутствие первого лица в стихотворении означает, что для индивидуального чувственного восприятия просто нет субъекта. Единственное местоимение первого лица в стихотворении находится в винительном падеже и множественном числе, служа прямым дополнением: «природа смотрит... на нас».

Таким образом, в «Вечере на Оке» в первых строках автор опровергает лежащие на поверхности исходные предпосылки стихотворения «Я не ищу гармонии в природе», а также обращается к идеальным романтикам, похожим на персонажа стихотворения «Поэт и его друг» Веневитинова. Внимание поэта у Веневитинова пристально сосредоточено на его собственном гении, на его способности «читать» книгу природы. Он утверждает:

> Природа не для всех очей
> Покров свой тайный подымает:
> Мы все равно читаем в ней,
> Но кто, читая, понимает?

---

[31] См. также [Лосский 2006: 445].

Лишь тот, кто с юношеских дней
Был пламенным жрецом искусства,
Кто жизни не щадил для чувства,
Венец мученьями купил,
Над суетой вознесся духом
И сердца трепет жадным слухом,
Как вещий голос, изловил!
[Веневитинов 1934: 121][32]

В русской и западной поэзии немало примеров подобных утверждений о высокой и судьбоносной роли поэта. Но ряд русских поэтов, в частности Тютчев, Заболоцкий, Хармс и Введенский, активно противостояли стереотипу романтического гения, что, скорее всего, объясняется антирационалистической, антииндивидуалистической направленностью русской культуры[33].

Во втором четверостишии «Вечера на Оке» природа олицетворяется в той же манере, что и в стихотворении «Я не ищу гармонии в природе», но с той значительной разницей, что природа принимает активную роль по отношению к человеку. Здесь природа также загружена работой, но при этом не истощается, а сохраняет свою гармоничную творческую силу. Она создает «очарованье русского пейзажа и с неохотой смотрит на «нас», «неочарованных» существ, населяющих результат ее труда.

Задав исходные предпосылки стихотворения, Заболоцкий переходит к условиям, ведущим к откровению. Значимость этой части выделена целым рядом поэтических событий. Тематика меняется от обобщений о природе и человеке к описанию заката — обязательного элемента вечернего чувствительного размышления. Фраза «И лишь когда» предполагает, что сказанное далее будет исключением из ранее описанных обстоятельств. Переход от глаголов несовершенного вида, передающих привычное состояние, к глаголам совершенного вида, передающим действие и его результат, усиливает идею изменения или преры-

---

[32] Само собой разумеется, что поэта у Веневитинова ждет ранняя смерть, как и полагается ему по статусу трагического романтика.

[33] По вопросу о поэте как гении в период романтизма см. в [Pratt 1984], глава 3.

вания стандартного режима. Первая строка отрывка — единственная строка с полностью реализованным ударением, что представляет собой метрический сигнал того, что происходит что-то важное[34].

> И лишь когда за темной чащей леса
> Вечерний луч таинственно блеснет,
> Обыденности плотная завеса
> С ее красот мгновенно упадет.

Такое использование образа завесы или покрова отличает Заболоцкого от некоторых предшественников и сближает с другими, и в конечном итоге отражает одно из самых важных и устойчивых направлений его творческой философии. В обычном варианте вечернего чувствительного размышления этот образ используется для передачи ослабления чувственного восприятия. Так, в «Оде к вечеру» Коллинз пишет, как мокрыми от росы пальцами вечер постепенно опускает сумеречный покров, а в «Вечере» Вяземского «таинственной завесой мир одет» [Collins 1968: 1775; Вяземский 1986: 371]. У Юнга в «Ночных мыслях» этот образ более сложен, он и обозначает конец жизни и помогает снизить чувственное восприятие лирического героя: «Судьба, завесу: что терять мне боле? / Молчанье, мрак! вы, двойни древней ночи» [Young 1975[35]; Young 1989: 37]. В стихотворении «Поэт и его друг», которое в некотором смысле является антитезой вечернего чувствительного размышления, Веневитинов разделяет романтическое понимание художника: «Природа не для всех очей / Покров свой тайный подымает» [Веневитинов 1934: 121].

Ничто из перечисленного не соответствует образу падающей завесы, открывающей высшую истину. Как и во многих других случаях, Заболоцкий здесь обращается к Тютчеву и, скорее всего, к интуитивным богословским началам русского православия.

---

[34] Ударения на *лишь* и *когда* не могут быть слишком сильными, но они есть в каждой стопе. В стихотворении нет других строк с ударением на предпоследней стопе.

[35] «Night the First», canto 1.

Тютчев в своих метафизических стихотворениях «День и ночь» и «Святая ночь на небосклон взошла» полагает, что ночь не набрасывает покров на яркость дня, но снимает покров, чтобы открыть бездну ночи. Бездна, возможно, связана с «ужасной бездной» из «Ночных мыслей» Юнга и определенно имеет отношение к бездне (Abgrund) в философии Шеллинга, бездне, в которой содержится глубокая истина, одновременно родственная, устрашающая и утешительная[36].

Если всмотреться в православное мировоззрение еще глубже, можно найти идею снятия покрова, скрывающего таинственную первосущность, божественное семя, искру божественности в каждом существе, которую так легко затмить мирскими заботами и суетой[37]. Эта концепция могла также развиться из более общего представления об откровении как снятии покрова, которое можно найти, например, в трудах отца церкви Григория Назианзина. «Я бежал, чтобы постичь Бога, — пишет он, — я уже таким образом восходил на гору и вступал в облако, удалившись от материи и всего материального, собравшись внутрь себя, насколько возможно»[38].

Какими бы ни были источники, родственные идеи снятия покрова и откровения охватывают все творчество Заболоцкого. Они выражены как в Декларации ОБЭРИУ в 1928 году, в самом начале творческого пути поэта, так и в 1957 году, незадолго до смерти, в двух коротких очерках «Мысль — образ — музыка» и «Почему я не пессимист» и в стихотворении «Вечер на Оке». Стоит напомнить, что метафоры «повседневной шелухи» и «литературной позолоты» у обэриутов относились к наружной оболочке предмета, которая скрывает или искажает его истинную сущность. ОБЭРИУ претендовало на умение снимать со слов «повседневную шелуху», очищать их от «литературной позолоты»

---

[36] См. «День и ночь» и «Святая ночь на небосклон взошла» в [Тютчев 1965, 1: 98, 118]; также [Pratt 1984: 152–153, 164–170].

[37] См. исчерпывающее обсуждение этого вопроса в [Gustafson 1986: 176–179, 267–271].

[38] Григорий Назианзин, цит. по: [Алфеев 2000: 120].

и от «мусора истлевших культур» посредством «столкновения словесных смыслов». Как в православной концепции обожения, процесс очищения преображает как сам предмет, так и тех, кто видит его настоящим. Это позволило бы наблюдателям увидеть предмет «голыми глазом», сделать слово «достоянием искусства» и создать «не только новый поэтический язык... но и... новое ощущение жизни и ее предметов» [ОБЭРИУ 1928].

В эссе «Мысль — образ — музыка» Заболоцкий вместо понятий шелухи, позолоты или завесы использует понятие маски, но основной смысл остается тем же. Подобно формалистам с их озабоченностью «автоматизмами» восприятия, он находит корень проблемы в ошибочном восприятии «обыденности». «Будучи художником, — пишет Заболоцкий, — поэт обязан снимать с вещей и явлений их привычные, обыденные маски, показывать девственность мира, его значение, полное тайн» [Заболоцкий 1972, 2: 286–287][39].

В конце очерка «Почему я не пессимист» эта мысль выражена еще более четко и еще более прямо связана с «Вечером на Оке» и с Декларацией ОБЭРИУ. Здесь Заболоцкий к своему запасу метафор, служащих для описания препятствий к восприятию высшей реальности, добавляет понятие «пленка повседневности». В ответ на призыв Декларации ОБЭРИУ смотреть на мир «голыми глазами» он пишет, что, как художник, он снимает пленку с глаз читателей: «Вот я снимаю пленку с твоих глаз». Повторяющееся выражение «вещи и явления» здесь, как и в очерке «Мысль — образ — музыка», по своему значению поразительно похоже на *предмет* в Декларации ОБЭРИУ. Мысль о том, что художник путешествует в мире «очаровательных тайн», перекликающаяся с идеей очарования из «Вечера на Оке», могла бы уподобить его одному из тех символистов, которых он деликатно критиковал в студенческом эссе «О сущности символизма», если

---

[39] Как «Мысль — образ — музыка», так и «Почему я не пессимист» были написаны в рамках подготовки к поездке Заболоцкого в Италию с группой советских писателей. Они были опубликованы в «Литературной газете» через девять лет после поездки и через восемь лет после смерти поэта.

бы не его непоколебимая приверженность предмету, «вещам и явлениям», и его радостное и вполне земное отношение к своему призванию.

> Путешествуя в мире очаровательных тайн, истинный художник снимает с вещей и явлений пленку повседневности и говорит своему читателю: то, что ты привык видеть ежедневно, то, по чему ты скользишь равнодушным и привычным взором, — на самом деле не обыденно, не буднично, но полно неизъяснимой прелести, большого внутреннего содержания, и в этом смысле — таинственно. Вот я снимаю пленку с твоих глаз: смотри на мир, работай в нем и радуйся, что ты — человек! Вот почему я не пессимист [Заболоцкий 1972, 2: 287–288].

Многое изменилось для Заболоцкого в течение его жизни. Но ключевые аспекты его поэтической личности остались неизменными: зачарованность миром вещей, уважение к миру как к данности и вера в роль художника как передатчика высшей реальности, присущей действительному миру.

Отойдя от сопряженных вопросов и вернувшись к тексту «Вечера на Оке», продолжим находить параллели с другими произведениями Заболоцкого. В стихотворении «Я не ищу гармонии в природе» «слепая ночь» спускается к реке, когда наступает закат. В «Вечере на Оке» леса «вздыхают» и «опускаются» в воду, скорее всего, в виде отражений или теней. В отдаленной перекличке с эротическим образом реки в стихотворении «Сердце-пустырь», написанном на 30 лет раньше, «вся грудь реки приникнет к небосводу и загорится влажно и светло».

> Вздохнут леса, опущенные в воду,
> И, как бы сквозь прозрачное стекло,
> Вся грудь реки приникнет к небосводу
> И загорится влажно и светло.

В следующем четверостишии стихотворение приближается к грани откровения. Здесь подхватывается образ «горения» из предыдущего отрывка, который усиливается повторением слова *огонь* и аллитерацией *б, л* и *н/м* — «Из нежных башен облачного мира / Сойдет огонь, и в нежном том огне...». Этот «нежный огонь» в облаках готовит путь для преображения, которое происходит в парадоксальном сочетании земной конкретности и неземной просветленности.

> Из белых башен облачного мира
> Сойдет огонь, и в нежном том огне,
> Как будто под руками ювелира,
> Сквозные тени лягут в глубине.

Наконец, приходит откровение, — в двух четверостишиях, составляющих заключительную часть стихотворения, — и именно здесь речные луга и затоны творят чудеса преображения. Лирический герой, находясь в водном ландшафте, обретает ясное видение окружающих «предметов», — здесь Заболоцкий берет наиболее метафизически нагруженное слово Декларации ОБЭРИУ — *предмет* — и выделяет его переносом. Он описывает преображение ландшафта с помощью языка, которым обычно говорят о Преображении Христа: «Горит весь мир, прозрачен и духовен, / Теперь-то он поистине хорош». Вместо синонимичного и более частотного наречия *действительно*, которое так же хорошо вписывается в размер, он выбирает книжное наречие *поистине*, подчеркивая тем самым возвышенный смысл сказанного.

> И чем ясней становятся детали
> Предметов, расположенных вокруг,
> Тем необъятней делаются дали
> Речных лугов, затонов и излук.
> Горит весь мир, прозрачен и духовен,
> Теперь-то он поистине хорош,
> И ты, ликуя, множество диковин
> В его живых чертах распознаешь.

Благодаря этому преображению мир в «Вечере на Оке» становится не менее, а более реальным. Лирический герой постигает эту реальность не потому, что обладает исключительными человеческими способностями, — личной гениальностью или умом. Он постигает ее, потому что он сам становится частью преображенного мира посредством процесса, напоминающего обожение. Более того, истина, которую он открывает, — это не туманная, потусторонняя «символистская» истина, но истина конкретных «живых черт» существующего мира. Это преображение предмета, мира и видения, провозглашенное Декларацией ОБЭРИУ.

Итак, несмотря на старательные попытки замаскировать происхождение своей фамилии, Заболоцкому в итоге не было необходимости преодолевать болото. Болотистый ландшафт сам по себе стал средством преодоления ограничений восприятия. В своем поиске трансцендентности и выживания, в своем неудержимом стремлении показать мир, который он видел «голыми глазами», Николай Заболоцкий был и загадкой, и культурной парадигмой.

Библиография

Александров

Александров 1968 — Александров А. ОБЭРИУ: предварительные заметки // Ceskoslovenska rusistka. № 13. 1968. С. 296–303.

Александров 1988а — Александров А. В широких шляпах, длинных пиджаках...: Поэты ОБЭРИУ. Л.: Советский писатель, 1988.

Александров 1988б — Александров А. Чудодеи // Д. Хармс. Полет в небеса. Стихи, проза, драмы, письма / ред. Анатолий Александров. Л.: Советский писатель, 1988.

Александров 1988в — Александров А. Краткая хроника жизни и творчества Даниила Хармса // Д. Хармс. Полет в небеса. Стихи, проза, драмы, письма. Л.: Советский писатель, 1988. С. 538–555.

Александров 1990 — Александров А. Правдивый писатель абсурда // Даниил Хармс. Проза / ред. Анатолий Александров. Л. — Таллинн: Лира, 1990.

Александров 1991 — Александров А., ред. Ванна Архимеда. Л.: Художественная литература, 1991.

Alexandrov 1991 — Alexandrov A. A Kharms Chronology // Daniil Kharms and the Poetics of the Absurd: Essays and Materials / ed. Neil Cornwell. New York: St. Martin's Press, 1991. P. 32–46.

Алигер 1977 — Алигер М. Прохожий // Воспоминания о Заболоцком / ред. Заболоцкая Е. В., Македонов А. В. М.: Советский писатель, 1977. С. 206–217.

Альфонсов 1966 — Альфонсов В. Заболоцкий и живопись // Альфонсов В. Слова и краски: очерки из истории творческих связей поэтов и художников. М. — Л.: Советский писатель, 1966.

Амстердам 1930 — Амстердам А. Болотное и Заболоцкий // Резец. № 4. 1930.

Андроников 1977 — Андроников И. Николай Алексеич // Воспоминания о Заболоцком / ред. Заболоцкая Е. В., Македонов А. В. М.: Советский писатель, 1977. С. 132–136.

Антокольский 1977 — Антокольский П. Сколько зим и лет // Воспоминание о Заболоцком / ред. Заболоцкая Е. В., Македонов А. В. М.: Советский писатель, 1977. С. 137–152.

Бартенев 1909 — Бартенев С. П. Николай Федорович Федоров. Два разговора о воскрешении мертвых // Русский архив. Год 47. Кн. 1. 1909.

Бахтерев 1977 — Бахтерев И. Когда мы были молодыми (Невыдуманный рассказ) // Воспоминания о Заболоцком / ред. Е. В. Заболоцкая, А. В. Македонов. М.: Советский писатель, 1977.

Бахтерев 1984 — Бахтерев И. Когда мы были молодыми // Воспоминания о Заболоцком / ред. Е. В. Заболоцкая и А. В. Македонов, Заболоцкий Н. Н. Расш. изд. М.: Советский писатель, 1984.

Бахтин
Bakhtin 1984 — Bakhtin M. Rabelais and His World / trans. Helene Iswolsky. Bloomington: Indiana University Press, 1984.

Бахтин 1990 — Бахтин М. М. Творчество Франсуа Рабле и народная культура средневековья и Ренессанса. М., Художественная литература, 1965.

Бердяев 1950 — Бердяев Н. Н. Ф. Федоров // Russian Review. Vol. 9. 1950. P. 124–130.

Богданович 1984 — Богданович С. То, что запомнилось (Из встреч с Заболоцким) // Воспоминания о Заболоцком / ред. Заболоцкая Е. В., Македонов А. В., Заболоцкий Н. Н. Расш. изд. М.: Советский писатель, 1984. С. 136–144.

Бочаров 1971 — Бочаров С. Г. Вещество существования. Выражение в прозе // Проблема художественной формы социалистического реализма / ред. Н. К. Гей и др. Т. 2. М.: Наука, 1971. С. 310–350.

Брайнина, Дмитриева 1966 — Советские писатели: Автобиографии / Сост. Б. Я. Брайнина и А. Н. Дмитриева. Т. III. М.: Худож. лит., 1966. 758, [1] с.

Брюханов 1959 — Брюханов В. А. Мировоззрение К. Э. Циолковского и его научно-техническое творчество. М.: Издательство социально-экономической литературы, 1959.

Булгаков 1911 — Булгаков С. Н. Загадочный мыслитель. Н. Ф. Федоров // Булгаков. Два града. Исследования о природе общественных идеалов. Т. 2. М.: Т-во Тип. Мамонтова, 1911. С. 260–277.

Васин 1985 — Васин К. Русский поэт марийского края // Николай Заболоцкий. Стихотворения и поэмы. Йошкар-Ола: Марийское книжное издательство, 1985. С. 137–141.

Вейдле 1980 — Вейдле В. Эмбриология поэзии: Введение в фоносемантику поэтической речи. Париж: Institut d'Études slaves, 1980.

Гвай 1957 — Гвай И. И. К. Э. Циолковский о круговороте энергии. М.: Издательство АН СССР, 1957.

Гинзбург

Гинзбург 1977 — Гинзбург Л. О Заболоцком конца 1920-х годов // Воспоминания о Заболоцком / ред. Заболоцкая Е. В., Македонов А. В. М.: Советский писатель, 1977. С. 120–131.

Гинзбург 1988 — Гинзбург Л. И заодно с правопорядком... // Тыняновский сборник. Третьи тыняновские чтения / ред. М. О. Чудакова и др. Рига: Зинатне, 1988. С. 218–230.

Гинзбург 1989 — Гинзбург Л. Человек за письменным столом. Л.: Советский писатель, 1989.

Гинзбург 1990 — Гинзбург Л. Вспоминая Институт истории искусств... // Тыняновский сборник. Четвертые тыняновские чтения / под ред. М. О. Чудакова и др. Рига: Зинатне, 1990. С. 278–289.

Гинзбург 1991 — Гинзбург Л. Николай Олейников // Николай Олейников. Пучина страстей. Л.: Советский писатель, 1991. С. 5–25.

Гинкин 1911 — Гинкин А. Идеальный библиотекарь — Николай Федорович Федоров // Библиотекарь. Т. 2. Вып. 1. СПб., 1911.

Гитович 1982 — Гитович Сильва. Арест Н. А. Заболоцкого. Paris, Память. 1982. С. 336–353.

Глоцер

Глоцер 1988 — Глоцер В. Я думал о том, как прекрасно все первое // Новый мир. № 4. 1988. С. 129–132.

Глоцер 1989 — Глоцер В. Хармс собирает книгу // Русская литература. № 1. 1989. С. 206–212.

Глоцер 1990 — Глоцер В., ред. Дневники Даниила Хармса. Из дневника 1933–38 года // Книжное обозрение. № 3. 19 января 1990 года. С. 8–9.

Голодный 1933 — Голодный М. Поэту юродивых // Красная новь. № 9. 1933. С. 85–86.

Горелов 1930 — Горелов А. А. Распад сознания // Стройка. № 1. 1930. С. 16.

Грищинский, Филиппов 1978 — Грищинский К., Филиппов Г. Так они начинали... О студенческом журнале «Мысль», о Н. Брауне и Н. Заболоцком // Звезда. № 11. 1978. С. 182–188.

Гусев 1994 — Гусев В. Заболоцкий и Тютчев // Труды и дни Николая Заболоцкого. Материалы литературных чтений / ред. Лев Озеров. М.: Издательство Литературного института, 1994. С. 66–69.

Друскин

Друскин 1985 — Друскин Я. Чинари: глава из книги Якова Семеновича Друскина (1902–1980) // Wiener slawistischer Almanack. Vol. 15. 1985. S. 381–413.

Друскин 1988 — Друскин Я. Вблизи вестников / ред. Г. Орлов. Washington, D.C.: H. A. Frager, 1988.

Druskin 1991 — Druskin I. On Daniil Kharms // Daniil Kharms and the Poetics of the Absurd: Essays and Materials / ed. Neil Cornwell. New York: St. Martin's Press, 1991. P. 22–31.

Дьяконов 1984 — Дьяконов Л. Детские и юношеские годы поэта // Воспоминания о Заболоцком / ред. Заболоцкая Е. В., Македонов А. В., Заболоцкий Н. Н. Расш. изд. М.: Советский писатель, 1984. С. 26–30.

Жолковский

Жолковский 1985 — Жолковский А. Искусство приспособления // Грани. № 138. 1985. С. 78–98.

Жолковский 1992 — Жолковский А. Искусство приспособления // Жолковский А. Блуждающие сны. Из истории модернизма. М.: Советский писатель, 1992. С. 35–64.

Zholkovsky 1994 — Zholkovsky A. The Dynamics of Adaptation: Pasternak's Second Birth // Zholkovsky A. Text counter Text: Rereadings in Russian Literary History. Stanford: Stanford University Press, 1994. P. 213–240.

Заболоцкая, Заболоцкий Н. Н. 1978 — Заболоцкая Е. В., Заболоцкий Н. Н., ред. Шуточные стихотворения Н. Заболоцкого // Вопросы литературы. № 9. 1978.

Заболоцкая, Македонов 1977 — Заболоцкая Е. В., Македонов А. В., ред. Воспоминания о Заболоцком. М.: Советский писатель, 1977.

Заболоцкая, Македонов 1984 — Воспоминания о Заболоцком / ред. Е. В. Заболоцкая, А. В. Македонов, Н. Н. Заболоцкий. М.: Советский писатель. Расш. изд. 1984.

Заболоцкий

Заболоцкий 1978 — Заболоцкая Е. В., Заболоцкий Н. Н., ред. Шуточные стихотворения Н. Заболоцкого // Вопросы литературы. № 9. 1978. С. 292–297.

Заболоцкий 1991 — Заболоцкий Николай. История моего заключения. Сост. Л. А. Озеров. М.: Библиотека «Огонек», 1991.

Заболоцкий 1995 — Заболоцкий Николай. Огонь, мерцающий в сосуде… Стихотворения и поэмы. Переводы. Письма и статьи. Жизнеописание. Воспоминания современников. Анализ творчества / Ред. Никита Заболоцкий. М.: Педагогика Пресс, 1995.

Заболоцкий Никита

Заболоцкий Н. Н. 1977 — Заболоцкий Никита. Краткие воспитания об отце и о нашей жизни // Воспоминания о Заболоцком / Ред. Е. В. Заболоцкая и А. В. Македонов. М.: Советский писатель, 1977. С. 178–205.

Заболоцкий Н. Н. 1984 — Заболоцкий Никита. Взаимоотношения человека и природы в поэзии Н. А. Заболоцкого // Вопросы литературы. № 2. 1984. С. 34–52.

Заболоцкий Н. Н. 1987 — Заболоцкий Никита. Мысль и слово молодого Заболоцкого // Заболоцкий Н. А. Вешних дней лаборатория / ред. Н. Н. Заболоцкий. М.: Молодая гвардия, 1987. С. 5–16.

Заболоцкий Н. Н. 1989 — Заболоцкий Никита. Поэзия, завещанная потомкам // Н. А. Заболоцкий. Столбцы и поэмы. Стихотворения / ред. Н. Н. Заболоцкий. М.: Художественная литература, 1989. С. 3–13.

Заболоцкий Н. Н. 1991 — Никита Заболоцкий. Московское десятилетие: глава из биографии Н. А. Заболоцкого // Московский вестник. № 1. 1991.

Заболоцкий Н. Н. 1992 — Заболоцкий Никита. Заболоцкий пишет «Столбцы» // Аврора. № 3. 1992. С. 80–91.

Заболоцкий Н. Н. 1998 — Заболоцкий Н. Н. Жизнь Н. А. Заболоцкого. М.: Согласие, 1998. 592 с., ил.

Иваньо, Шинкарук 1973 — Иваньо И. В., Шинкарук В. И. Философское наследие Григория Сковороды // Г. Сковорода. Сочинения в двух томах. Т. 1. М.: Мысль, 1973.

Каверин 1977 — Каверин В. Счастье таланта // Воспоминания о Заболоцком / Ред. Заболоцкая Е. В., Македонов А. В. М.: Советский писатель, 1977. С. 108–119.

Касьянов 1977 — Касьянов М. О юности поэта // Воспоминания о Заболоцком / Ред. Заболоцкая Е. В., Македонов А. В. М.: Советский писатель, 1977. С. 31–41.

Киселев 1971 — Киселев А. Учение Н. Ф. Федорова в свете современности // Грани № 81. Франкфурт, 1971. С. 122–153.

Кобринский 1991 — Кобринский А. А. Я участвую в сумрачной жизни // Глагол. № 4. 1991. С. 5–17.

Кочетова 1978 — Кочетова Н. Д. Русский сентиментализм (Н. М. Карамзин и его окружение) // Русский романтизм / ред. К. Н. Григорян. Л.: Наука, 1978.

Крученых 1967 — Крученых А. Декларация слова, как такового. Пощечина общественному вкусу // Владимир Марков, ред. Манифесты и программы русских футуристов // Slavische Propyliien. Vol. 27. Munich: Fink Verlag, 1967.

Лавров 1994 — Лавров А. В., ред. Д. С. Мережковский: Письма к С. Я. Надсону // Новое литературное обозрение. № 8. 1994.

Левин
Левин 1980 — Левин И. Мир вымышленный и мир созданный // Континент. № 24. 1980. С. 271–275.
Levin 1978 — Levin I. The Fifth Meaning of the Motor Car: Malevich and the Oberiuty // Soviet Union/Union Sovietique. Vol. 5. Part 2. 1978. P. 287–300.

Левин Ю. 1990 — Левин Ю. Д. Восприятие английской литературы в России. Исследования и материалы. Л.: Наука, 1990.

Лермонтов 1954 — Лермонтов. Сочинения в шести томах. Т. 2. М.: АН СССР, 1954. С. 62.

Лившиц 1989 — Лившиц Б. Полутораглазый стрелец. Л.: Советский писатель, 1989.

Липавская 1977 — Липавская Т. Встречи с Николаем Алексеевичем и его друзьями // Воспоминания о Заболоцком / Ред. Заболоцкая Е. В., Македонов А. В. М.: Советский писатель, 1977. С. 46–54.

Лихачев
Лихачев 1979 — Лихачев Д. С. Поэтика древнерусской литературы. М.: Наука, 1979.
Лихачев 1991 — Лихачев Д. С. Я вспоминаю. М.: Прогресс, 1991.
Лихачев, Панченко 1976 — Лихачев Д. С., Панченко А. М. «Смеховой мир» древней Руси. Л.: Наука, 1976.

Лихачева 1971 — Лихачева В. Д. Своеобразие композиции древне-русских изображений // Лихачева В. Д., Лихачев Д. С. Художественное наследие древней России и современности. Л.: Наука, 1971.

Лосев
Лосев 1982а — Лосев Л. В. Мемуары Е. Л. Шварца // Шварц Е. Л. Мемуары. Paris: La Presse Libre, 1982. С. 11, 15.
Лосев 1982б — Лосев Л. Ухмылка Олейникова // Николай Олейников. Иронические стихи. Нью-Йорк: Серебряный век, 1982. С. 3–12.

Игошева, Лощилов 2010 — Н. А. Заболоцкий: pro et contra / Сост. Т. Игошева, И. Лощилов. СПб.: РХГА, 2010. (Серия «Русский Путь»).
Лотман 1971 — Лотман Ю. М. Структура художественного текста. Brown University Slavic Reprint Series. Providence: Brown University Press, 1971.
Лотман, Альтшуллер 1973 — Лотман Ю. М., Альтшуллер М. Г., ред. Поэты 1790–1810-х годов. Л.: Советский писатель, 1973.
Львов 1972 — Львов Н. А. Добрыня, Богатырская песнь // Поэты XVIII века / ред. Г. П. Макагоненко, И. З. Серман. Т. 2. Л.: Советский писатель, 1972.
Мальский 1992 — Мальский И. Разгром Обэриу: материалы следственного дела // Октябрь. № 11. 1992. С. 166–191.
Македонов 1968 — Македонов А. В. Николай Заболоцкий. Жизнь, творчество, метаморфозы. Л.: Советский писатель, 1968; расш. изд. 1987.
Македонов 1984 — Македонов. «Не позволяй душе лениться...» // Воспоминания о Заболоцком / ред. Заболоцкая Е. В., Македонов А. В., Заболоцкий Н. Н. Расш. изд. М.: Советский писатель, 1984.
Максимов 1984а — Максимов Д. Николай Заболоцкий. Об одной давней встрече // Звезда. № 4. 1984. С. 125–139.
Максимов 1984б — Максимов Д. Николай Заболоцкий. Об одной давней встрече // Воспоминания о Заболоцком / ред. Заболоцкая Е. В., Македонов А. В., Заболоцкий Н. Н. Расш. изд. М.: Советский писатель, 1984. С. 121–135.
Мандельштам Н. 1970 — Мандельштам Н. Воспоминания. Нью-Йорк. Издательство имени Чехова, 1970.
Маргвелашвили 1984 — Маргвелашвили Г. Свет памяти // Воспоминания о Заболоцком / ред. Е. В. Заболоцкая, А. В. Македонов, Н. Н. Заболоцкий. М.: Советский писатель, расш. изд. 1984.

Марков 1967 — Марков В. Пощечина общественному вкусу // Манифесты и программы русских футуристов / Под ред. Владимира Маркова // Slavische Propyliien. Vol. 27. Munich: Fink Verlag, 1967. P. 50–51.

Мейлах

Мейлах 1980 — Мейлах М. Предисловие // Александр Введенский. Полное собрание сочинений. Т. 1. Анн-Арбор: Ардис, 1980. С. ix–xxvi.

Meilakh 1991 — Meilakh M. Kharms's Play Elizaveta Bam // Daniil Kharms and the Poetics of the Absurd, Essays and Materials / ed. Neil Cornwell. New York: St. Martin's Press, 1991.

Микушевич 1994 — Микушевич Владимир. Только лепет и музыка крыл // Труды и дни Николая Заболоцкого. Материалы литературных чтений / ред. Лев Озеров. М.: Издательство Литературного института, 1994. С. 101–112.

Михайлов 1969 — Михайлов А. От сложности к простоте // Знамя. № 6. 1969. С. 222–239.

Михеева, Соллертинский 1988 — Михеева Л. Соллертинский И. И.: Жизнь и наследие. Л.: Советский композитор, 1988. С. 28–38.

Никитаев

Никитаев 1991 — Никитаев А. Обэриуты и футуристическая традиция // Театр. № 11. 1991. С. 4–7.

Nikitaev 1988 — Nikitaev A. Russian Futurism through Its Manifestoes, 1912–1928 / ed. Anna Lawton. Ithaca: Cornell University Press, 1988.

Никольская

Никольская 1989 — Никольская Т. Л. Трагедия чудаков // Константин Вагинов. Козлиная песнь. Труды и дни Свистонова. Бамбочада. М.: Художественная литература, 1989. С. 5–18.

Никольская 1991 — Никольская Т. Л. Константин Вагинов. Его время и книги // Константин Вагинов. Козлиная песнь. Романы. М.: Современник, 1991. С. 3–11.

Озеров

Озеров 1977 — Озеров Л. В начале было Слово // Воспоминания о Заболоцком / ред. Заболоцкая Е. В., Македонов А. В. М.: Советский писатель, 1977. С. 247–265.

Озеров 1994 — Озеров Л., ред. Труды и дни Николая Заболоцкого. Материалы литературных чтений. М.: Издательство Литературного института, 1994.

Олейников 1991 — Олейников А. Поэт и его время // Олейников Николай. Пучина страстей. Л.: Советский писатель, 1991. С. 26–50.

Орлов 1959 — Орлов В. Николай Заболоцкий (1903–1958) // Николай Заболоцкий, Стихотворения. М.: Государственное издание художественной литературы, 1959. С. 5–19.

Орлов 1977 — Орлов П. А. Русский сентиментализм. М.: Издательство Московского университета, 1977.

Павлов 1964 — Павлов А. Переписка Н. А. Заболоцкого с К. Э. Циолковским // Русская литература. № 3. 1964. С. 219–226.

Павловский 1982 — Павловский А. Мир Заболоцкого // Павловский А. Память и судьба. Л.: Советский писатель, 1982. С. 164–235.

Полякова 1979 — Полякова С. В. «Комедия на Рождество Христово» Дмитрия Ростовского — источник «Пастухов» Н. А. Заболоцкого // Труды отделения древнерусской литературы (Пушкинский Дом). № 33. 1979. С. 385–387.

Порет 1980 — Порет А. Воспоминания о Данииле Хармсе // Панорама искусств. Т. 3. М.: Советский художник, 1980. С. 345–359.

Райс 1967 — Райс Э. М. Творчество Осипа Мандельштама // Мандельштам О. Собрание сочинений / ред. Г. Струве, Б. Филиппова. В 4 т. [Нью-Йорк]: Международное Литературное содружество, 1967–1981. Т. 1, 1967. С. LXXXV–CVI.

Рахтанов

Рахтанов 1962 — Рахтанов И. Из прошлого детской журналистики // Детская литература. № 2. 1962. С. 128–159.

Рахтанов 1966 — Рахтанов И. Рассказы по памяти. М.: Советский писатель, 1966.

Роскина 1980 — Роскина Н. Николай Заболоцкий // Роскина Н. Четыре главы из литературных воспоминаний. Paris: YMCA Press, 1980. С. 61–98.

Ростовцева

Ростовцева 1976 — Ростовцева И. И. Николай Заболоцкий: литературный портрет. М.: Советская Россия, 1976.

Ростовцева 1984 — Ростовцева И. И. Николай Заболоцкий: Опыт художественного познания. М.: Современник, 1984.

Сбоев 1977 — Сбоев Н. Мансарда на Петроградской (Заболоцкий в 1925–1926 годах) // Воспоминания о Заболоцком / ред. Заболоцкая Е. В., Македонов А. В. М.: Советский писатель, 1977. С. 42–45.

Святополк-Мирский 2005 — Святополк-Мирский Д. История русской литературы с древнейших времен по 1925 год / Пер. с англва Р. Зерновой. Новосибирск, 2005.

Селивановский 1929 — Селивановский А. Система кошек // На литературном посту. № 15. 1929. С. 31–35.

Семенов 1979 — Семенов Б. Далекие — рядом // Нева. № 9. 1979. С. 180–185.

Семенова 1982 — Семенова С. Г. Н. Ф. Федоров и его философское наследие // Федоров. Сочинения. М.: Мысль, 1982. С. 5–50.

Синельников 1984 — Синельников И. Молодой Заболоцкий // Воспоминания о Заболоцком / ред. Е. В. Заболоцкая, А. В. Македонов, Н. Н. Заболоцкий. Расш. изд. М.: Советский писатель, 1984. С. 101–120.

Смирнов 1969 — Смирнов И. П. «Заболоцкий и Державин», XVIII век. Сборник 8 // Державин и Карамзин в литературном движении XVIII — начала XIX века. Л.: Наука, 1969. С. 144–161.

Сотникова 1994 — Сотникова Татьяна. Религиозные мотивы и образы в поэзии Николая Заболоцкого // Труды и дни Николая Заболоцкого. Материалы литературных чтений / ред. Лев Озеров. М.: Издательство Литературного института, 1994. С. 83–88.

Степанов
Степанов 1972 — Степанов Н. Николай Заболоцкий // Николай Заболоцкий, Избранные произведения в двух томах. Т. 1. М.: Художественная литература, 1972. С. 5–31.

Степанов 1975 — Степанов Н. Велимир Хлебников: жизнь и творчество. М.: Советский писатель, 1975.

Степанов 1977 — Степанов Н. Из воспоминаний о Н. Заболоцком // Воспоминания о Заболоцком / ред. Заболоцкая Е. В., Македонов А. В. М.: Советский писатель, 1977. С. 86–107.

Турков
Турков 1965 — Турков А. Николай Заболоцкий // Николай Заболоцкий. Стихотворения и поэмы. М. — Л.: Советский писатель, 1965. (Серия «Библиотека поэта»). С. 5–58.

Турков 1966 — Турков А. Николай Заболоцкий. М.: Художественная литература, 1966.

Туфанов 1924 — Туфанов А. В. К зауми. Фоническая музыка и функции согласных фонем. Издание автора. Петербург, 1924.

Тынянов 1985 — Тынянов Ю. О Хлебникове // Тынянов Ю. Архаисты и новаторы. Прибой, 1929; перепечатка: Анн-Арбор: Ардис, 1985. С. 592–593.

Усиевич 1933 — Усиевич Е. Под маской юродства // Литературный критик. № 4. 1933. С. 78–91.

Успенский 1972 — Успенский Б. А. Поэтика композиций: структура художественного текста и типология композиционной формы. М.: Искусство, 1972.

Федотов

Федотов 2000 — Федотов Г. П. Собрание сочинений в 12 т. Т. 8: Святые Древней Руси / Сост., примеч. С. С. Бычков. М.: Мартис, 2000. 268 с.

Федотов 2015 — Федотов Г. П. Собрание сочинений в 12 т. Т. 10: Русская религиозность. Часть I. Христианство Киевской Руси. X–XIII вв. / Примеч. С. С. Бычков. М.: Sam & Sam, 2015. 400 с.

Fedotov 1975 — A Treasury of Russian Spirituality / ed. George P. Fedotov. Belmont, Mass.: Nordland, 1975.

Филиппов Г.

Филиппов 1981 — Филиппов Г. Николай Браун. Жизнь и поэзия. Л.: Советский писатель, 1981.

Филиппов 1984 — Филиппов Г. Русская советская философская поэзия: человек и природа. Л.: Издательство Ленинградского университета, 1984.

Филиппов Б.

Филиппов 1965 — Филиппов Б. Путь поэта // Николай Заболоцкий. Стихотворения / ред. Г. Струве и Б. Филиппов. Washington, D.C.: Inter-Language Literary Associates, 1965. С. xxxi–lxii.

Filippov 1985 — Filippov B. Nikolai Alekseevich Zabolotsky // Handbook of Russian Literature / ed. Victor Terras. New Haven: Yale University Press, 1985.

Флейшман

Флейшман 1980 — Флейшман Л. Борис Пастернак в 1920-е годы. Munich: Fink Verlag, 1980.

Fleishman 1990 — Fleishman L. Boris Pasternak: The Poet and His Politics. Cambridge, Mass.: Harvard University Press, 1990.

Фридман 1971 — Фридман Н. В. Поэзия Батюшкова. М.: Наука, 1971.

Фостер 1973 — Фостер Л. А. К вопросу о сюрреализме в русской литературе // American Contributions to the Seventh International Congress of Slavists / ed. Victor Terras. Vol. 2. Literature and Folklore. Warsaw, 1973. P. 199–200.

Ходасевич 2010 — Ходасевич В. Ф. Поэзия Н. Заболоцкого // Н. А. Заболоцкий: pro et contra. СПб.: РХГА, 2010. (Серия «Русский Путь»). С. 303–307.

Чиковани 1977 — Чиковани Симон. Верный друг грузинской поэзии // Воспоминания о Заболоцком / ред. Заболоцкая Е. В., Македонов А. В. М.: Советский писатель, 1977. С. 153–164.

Чуковская

Чуковская 1960 — Чуковская Л. В лаборатории редактора. М.: Искусство, 1960.

Чуковская 1963 — Чуковская Л. В лаборатории редактора. Изд. 2-е, расш. и доп. М.: Искусство, 1963.

Чуковский 1977 — Чуковский Н. Встречи с Заболоцким // Воспоминания о Заболоцком / Ред. Заболоцкая Е. В., Македонов А. В. М.: Советский писатель, 1977. С. 218–233.

Шевченко 1989 — Шевченко А. Неопримитивизм. Его теория. Его возможности. Его достижения // Михаил Ларионов, Наталия Гончарова, Александр Шевченко. Об искусстве. Л.: Фонд «Ленинградская галерея», 1989.

Шкловский 1972 — Шкловский Виктор. Воскрешение слова // Jurii Striedter. Texte der russischen Formalisten. Vol. 2. Munich: Fink Verlag, 1972. P. 2–17.

Шкловский 1985 — Шкловский В. О теории прозы. М.: Федерация, 1929; репринт: Анн Арбор: Ардис, 1985.

Эпштейн 1994 — Эпштейн М. Вера и образ: Религиозное бессознательное в русской культуре 20-го века. Tenafly, N.J.: Ermitage, 1994.

Эрлих 1996 — Эрлих Виктор. Русский формализм: история и теория / Пер. с англава А. В. Глебовской. СПб.: Академический проект, 1996. 352 с. (Серия «Современная западная русистика».)

Эткинд
Эткинд 1964 — Эткинд Е. Поэзия и перевод. М. — Л.: Советский писатель, 1964.
Эткинд 1973 — Эткинд Е. Н. Заболоцкий, Прощание с друзьями // Поэтический строй русской лирики / ред. Г. М. Фридлендер. Л.: Наука, 1973. С. 298–310.
Эткинд 1978 — Эткинд Е. Материя стиха [La Matière du verse]. Paris: Institut d'Études slaves, 1978.
Etkind 1988 — Etkind E. Nikolai Zabolotskii (1903–1958) // Efim Etkind et al., Histoire de la littérature russe. Le xxe siècle. La Révolution et les années vingt. Paris: Fayard, 1988.

Юдина
Юдина 1977 — Юдина М. В. Совместная работа над эквиритмическим переводом Песен Шуберта // Воспоминания о Заболоцком / ред. Заболоцкая Е. В., Македонов А. В. М.: Советский писатель, 1977. С. 266–272.
Юдина 1978 — Юдина М. В. Статьи. Воспоминания. Материалы / ред. Кузнецов А. М. М.: Советский композитор, 1978.

Юнггрен 1971 — Юнггрен А. (Ljunggren, Anna). Обличья смерти: к интерпретации стихотворения Н. Заболоцкого «Офорт» // Scando-Slavica. Vol. 27. 1971. P. 171–177.

Aizlewood 1991 — Aizlewood R. Towards an Interpretation of Kharms's Sluchai // Daniil Kharms and the Poetics of the Absurd: Essays and Materials / ed. Neil Cornwell. New York: St. Martin's Press, 1991. P. 97–122.
Abrams 1965 — Abrams M. H. Structure and Style in the Greater Romantic Lyric // From Sensibility to Romanticism: Essays Presented to Frederick A. Pottle / ed. Fred W. Hilles and M. H. Abrams. New York: Oxford University Press, 1965.

Anemone
Anemone 1985 — Anemone A. Konstantin Vaginov and the Leningrad Avant-Garde: 1921–1934. Ph.D. diss., University of California at Berkeley, 1985.

Anemone 1991 — Anemone A. The Anti-World of Daniil Kharms: On the Significance of the Absurd // Daniil Kharms and the Poetics of the Absurd: Essays and Materials / ed. Neil Cornwell. New York: St. Martin's Press, 1991. P. 71–93.

Baggley 1988 — Baggley J. The Doors of Perception: Icons and Their Spiritual Significance. Crestwood, N.Y.: St. Vladimir's Seminary Press, 1988.

Bailes 1986 — Bailes K. E. Science in the Stalin Period: The Case of V. I. Vernadskii and His School, 1928–1945 // Slavic Review. Vol. 45. № 1. Spring 1986. P. 20–37.

Barratt 1972 — Barratt G. R. V. Ivan Kozlov: A Study and a Setting. Toronto: Hakkert, 1972.

Belting 1994 — Belting H. Likeness and Presence: A History of the Image before the Era of Art / trans. Edmund Jephcott. Chicago: University of Chicago Press, 1994.

Bjorling 1973 — Bjorling F. "Stolbcy" by Nikolai Zabolockij: Analyses // Stockholm Slavic Studies. № 8. Stockholm: Almkvist & Wiksell, 1973.

Bogel 1984 — Bogel F. J. Literature and Insubstantiality in Later-Eighteenth-Century England. Princeton: Princeton University Press, 1984.

Bojko 1980 — Bojko S. Agit-Prop Art: The Streets Were Their Theater // The Avant-Garde in Russia 1910–1930: New Perspectives / ed. Stephanie Barron and Maurice Tuchman. Exhibition catalog, Los Angeles County Museum of Art. Cambridge, Mass.: M.I.T. Press, 1980. P. 72–77.

Bowlt
Bowlt 1990 — Bowlt J. A Brazen Can-Can in the Temple of Art: The Russian Avant-Garde and Popular Culture // Modern Art and Popular Culture: Readings in High and Low / ed. Kirk Varnedoe and Adam Gopnik. New York: Museum of Modern Art and Harry N. Abrams, Inc., 1990. P. 153–154.

Bowlt 1991 — Bowlt J. Orthodoxy and the Avant-Garde: Sacred Images in the Work of Goncharova, Malevich, and Their Contemporaries // Christianity and the Arts in Russia / ed. William C. Brumfield and Milos M. Velimirovic. Cambridge: Cambridge University Press, 1991. P. 145–149.

Bowlt 1976 — Bowlt J., ed. and trans. Russian Art of the Avant-Garde: Theory and Criticism. New York: Viking, 1976.

Brown 1973 — Brown E. J. Mayakovsky: A Poet in the Revolution. Princeton: Princeton University Press, 1973.

Brown 1973 — Brown C. Mandel'shtam. Cambridge: Cambridge University Press, 1973.

Brown 1991 — Brown M. Preromanticism. Stanford: Stanford University Press, 1991.

Carrick 1993 — Carrick N. P. Daniil Kharms and a Theology of the Absurd. Ph.D. diss., Northwestern University, 1993.

Cassedy 1990 — Cassedy S. Flight from Eden: The Origins of Modern Literary Criticism and Theory. Berkeley: University of California Press, 1990.

Clark
Clark 1981 — Clark K. The Soviet Novel: History as Ritual. Chicago: University of Chicago Press, 1981.

Clark 1985 — Clark K. The City versus the Countryside in Soviet Peasant Literature of the Twenties: A Duel of Utopias // Bolshevik Culture: Experiment and Order in the Russian Revolution / ed. Abbott Gleason, Peter Kenez, and Richard Stites. Bloomington: Indiana University Press, 1985. P. 175–189.

Clark 1991 — Clark K. The 'Quiet Revolution' in Soviet Intellectual Life // Russia in the Era of NEP: Explorations in Soviet Society and Culure / ed. Sheila Fitzpatrick, Alexander Rabinowitch, and Richard Stites. Bloomington: Indiana University Press, 1991.

Clark, Holquist 1984 — Clark K. and M. Holquist. Mikhail Bakhtin. Cambridge, Mass.: Harvard University Press, 1984.

Colie 1966 — Colie R. L. Paradoxia Epidemica: The Renaissance Tradition of Paradox. Princeton: Princeton University Press, 1966.

Cornwell 1991 — Cornwell N., ed. Daniil Kharms and the Poetics of the Absurd: Essays and Materials. New York: St. Martin's Press, 1991.

Cox 1980 — Cox S. D. "The Stranger within Thee": Concepts of the Self in Late-Eighteenth-Century Literature. Pittsburgh: University of Pittsburgh Press, 1980.

Demes 1984 — Demes G. H. Classical Structures and Themes in Nikolaj Zabolockij's 'Triumph of Agriculture.' Ph.D. diss., University of Pittsburgh, 1984.

Doring-Smirnov 1988 — Doring-Smirnov J. R. Tropen unter Tropen (Politische Allusion am Beispiel von Gedichten N. Zabolockijs) // Kryptogramm. Zur Aesthetik ties Verborgenen / ed. Renate Lachmann и Igor P. Smirnov. Wiener slawistischer Almanack. Band 21. 1988.

Douglas 1980 — Douglas C. 0–10 Exhibition // The Avant-Garde in Russia 1910–1930: New Perspectives / ed. Stephanie Barron and Maurice Tuchman. Exhibition catalog, Los Angeles County Museum of Art. Cambridge, Mass.: M.I.T. Press, 1980. P. 34–40.

Edie 1965 — Edie J. Russian Philosophy. Chicago: Quadrangle, 1965.

Engel 1993 — Engel B. A. Russian Peasant Views of City Life, 1861–1914 // Slavic Review. Vol. 52. № 3. Fall 1993. P. 446–459.

Fitzpatrick 1978 — Fitzpatrick S. Cultural Revolution in Russia, 1928–1931. Bloomington: Indiana University Press, 1978.

Fitzpatrick 1991 — Fitzpatrick S. The Problem of Class Identity in NEP Society // Russia in the Era of NEP: Explorations in Soviet Society and Culture / ed. Sheila Fitzpatrick, Alexander Rabinowitch, and Richard Stites. Bloomington: Indiana University Press, 1991.

Fitzpatrick 1992 — Fitzpatrick S. The Cultural Front: Power and Culture in Revolutionary Russia. Ithaca: Cornell University Press, 1992.

Freidin 1987 — Freidin G. A Coat of Many Colors: Osip Mandelstam and His Mythologies of Self-Presentation. Berkeley: University of California Press, 1987.

Frye 1963 — Frye N. Towards Defining an Age of Sensibility // Frye. Fables of Identity: Studies in Poetic Mythology. P. 130–137. New York: Harcourt Brace Jovanovich, 1963.

Fuhrmann 1971 — Fuhrmann J. T. The First Russian Philosopher's Search for the Kingdom of God // Essays on Russian Intellectual History / ed. Leon Borden Blair. Austin: University of Texas Press, 1971.

von Geldern 1996 — von Geldern J. Life In-Between: Migration and Popular Culture in Late Imperial Russia // Russian Review. Vol. 55. № 3. July 1996. P. 365–383.

Gibian

Gibian 1971 — Gibian G., ed. and trans. Russia's Lost Literature of the Absurd: A Literary Discovery. Ithaca: Cornell University Press, 1971.

Gibian 1987 — Gibian G., ed. and trans. The Man in the Black Coat: Russia's Literature of the Absurd: Selected Works of Daniil Kharms and Alexander Vvedensky. Evanston: Northwestern University Press, 1987.

Goldstein

Goldstein 1983 — Goldstein D. In Pursuit of Harmony: The Long Poems of Nikolai Zabolockij. Ph.D. diss., Stanford University, 1983.

Goldstein 1989 — Goldstein D. Zabolotskii and Filonov: The Science of Composition // Slavic Review. Vol. 49 (Winter 1989). P. 578–591.

Goldstein 1993 — Goldstein D. Nikolai Zabolotsky: Play for Mortal Stakes. Cambridge: Cambridge University Press, 1993.

Grabar 1968 — Grabar A. Christian Iconography: A Study of Its Origins. Princeton: Princeton University Press, 1968.

Gray 1986 — Gray C. The Russian Experiment in Art, 1863–1922 / rev. Marian Burleigh-Motley. London: Thames and Hudson, 1986.

Groys 1992 — Groys B. The Total Art of Stalinism: Avant-Garde, Aesthetic Dictatorship, and Beyond / trans. Charles Rougle. Princeton: Princeton University Press, 1992.

Gustafson 1986 — Gustafson R. Leo Tolstoy: Resident and Stranger. A Study in Fiction and Theology. Princeton: Princeton University Press, 1986.

Hartman 1975 — Hartman G. The Fate of Reading. Chicago: University of Chicago Press, 1975.

Heffernan 1984 — Heffernan J. A. W. The Recreation of Landscape: A Study of Wordsworth, Coleridge, Constable, and Turner. Hanover, N.H.: University Press of New England, 1984.

Heldt 1993 — Heldt B. Motherhood in a Cold Climate: The Poetry and Career of Maria Shkapskaya // Sexuality and the Body in Russian Culture / ed. Jane T. Costlow, Stephanie Sandler, and Judith Vowles. Stanford: Stanford University Press, 1993. P. 237–254.

Hubbs 1988 — Hubbs J. Mother Russia: The Feminine Myth in Russian Culture. Bloomington: Indiana University Press, 1988.

Ivanits 1989 — Ivanits L. J. Russian Folk Belief. New York: M. E. Sharpe, 1989.

Jaccard 1988 — Jaccard J.-Ph. Daniil Harms // Efim Etkind et al. Histoire de la litterature russe. Le Xxe siecle. La Revolution et les annees vingt. Paris: Fayard, 1988. P. 732–741.

Jaccard 1991a — Jaccard, J.-Ph. Daniil Harms et le fin de l'avant-garde rosse // Slavica Helvetica. Bern: Peter Lang, 1991.

Jaccard 1991b — Jaccard, J.-Ph. Daniil Kharms in the Context of Russian and European Literature of the Absurd // Daniil Kharms and the Poetics of the Absurd: Essays and Materials / ed. Neil Cornwell. New York: St. Martin's Press, 1991.

Karlinsky 1967 — Karlinsky S. Surrealism in Twentieth-Century Russian Poetry: Churilin, Zabolotskii, Poplavskii // Slavic Review. Vol. 26. № 4. December 1967. P. 605–617.

Karlinsky 1973 — Karlinsky S. Surrealism in Twentieth-Century Russian Poetry // American Contributions to the Seventh International Congress of Slavists / ed. Victor Terras. Vol. 2. Literature and Folklore. Warsaw, 1973. P. 199–200.

Karlinsky 1985 — Karlinsky S. Russian Drama from Its Beginnings to the Age of Pushkin. Berkeley: University of California Press, 1985. P. 15–24.

Kelly 1993 — Kelly C. A Stick with Two Ends, or, Misogyny in Popular Culture: A Case Study of the Puppet Text 'Petrushka' // Sexuality and the Body in Russian Culture. 1993. P. 77–79.

Koehler 1979 — Koehler L. N. F. Fedorov: The Philosophy of Action. Pittsburgh: Institute for the Human Sciences, 1979.

Ledkovsky et al. 1994 — Shkapskaia, Mariia Mikhailovna // Dictionary of Russian Women Writers / ed. Marina Ledkovsky, Charlotte Rosenthal, and Mary Zirin. Westport, Conn.: Greenwood Press, 1994. P. 591–593.

Lukashevich 1977 — Lukashevich S. N. F. Fedorov (1828–1903): A Study in Russian Eupsychian and Utopian Thought. Newark: University of Delaware Press, 1977.

Maguire 1990 — Maguire R. A. Gogol and the Legacy of Pseudo-Dionysius // Russianness: Studies on a Nation: Identity: In Honor of Rufus Mathewson, 1918–1978 / ed. Robert L. Belknap. Ann Arbor: Ardis, 1990. P. 44–55.

Maguire 1994 — Maguire R. A. Exploring Gogol. Stanford: Stanford University Press, 1994.

de Mallac 1981 — de Mallac G. Boris Pasternak: His Life and Art. Norman: University of Oklahoma Press, 1981.

Malmstad 1996 — Malmstad J. The Sacred Profaned: Image and Word in the Paintings of Mikhail Larionov // Laboratory of Dreams: The Russian Avant-Garde and Cultural Experiment / ed. John Bowlt and Olga Matich. Stanford: Stanford University Press, 1996. P. 153–173.

Mandelshtam N. 1970 — Mandel'shtam Nadezhda. Hope against Hope / trans. Max Hayward. New York: Atheneum, 1970

Masing-Delic
Masing-Delic 1974 — Masing-Delic I. Some Themes and Motifs in N. Zabolockij's Stolbcy // Scando-Slavica. Vol. 20. 1974. P. 13–25.

Masing-Delic 1977 — Masing-Delic I. Zabolockij's Occult Poem 'Carica much // Svantevit, Dansk Tideskriftfor Slavistik, Argang III. № 1. Copenhagen, 1977. P. 21–38.

Masing-Delic 1983 — Masing-Delic I. Zabolotsky's The Triumph of Agriculture: Satire or Utopia? // Russian Review. Vol. 42. 1983. P. 360–376.

Masing-Delic 1987 — Masing-Delic I. The Chickens Also Want to Live': A Motif in Zabolockij's Columns // Slavic and East European Journal. Vol. 31. № 3. 1987. P. 356–369.

Masing-Delic 1992 — Masing-Delic I. Abolishing Death: A Salvation Myth of Russian Twentieth-Century Literature. Stanford: Stanford University Press, 1992.

Marcade 1980 — Marcade J.-C. K. S. Malevich: From Black Quadrilateral (1913) to White on White (1917): From the Eclipse of Objects to the Liberation of Space // The Avant-Garde in Russia 1910–1930: New Perspectives / ed. Stephanie Barron and Maurice Tuchman. Exhibition catalog, Los Angeles County Museum of Art. Cambridge, Mass.: M.I.T. Press, 1980. P. 20–24.

Martz
Martz 1959 — Martz L. L. The Poetry of Meditation. New Haven: Yale University Press, 1959.
Martz 1963 — Martz L. L. Martz, ed. The Meditative Poem: An Anthology of Seventeenth-Century Verse. Garden City, N.Y.: Anchor Books, Doubleday, 1963.
Martz 1966 — Martz L. L. The Poem of the Mind. New York: Oxford University Press, 1966.

Meerson 1992 — Meerson O. Old Testament Lamentation in the Underground Man's Monologue: A Refutation of the Existentialist Reading of Notes from the Underground // Slavic and East European Journal. Vol. 36. № 3. Fall 1992. P. 317–322.

Milner-Gulland
Milner-Gulland 1970 — Milner-Gulland R. Left Art in Leningrad: The OBERIU declaration // Oxford Slavonic Papers. New Series. Vol. 3. Oxford, 1970. P. 65–75.
Milner-Gulland 1971 — Milner-Gulland R. Zabolotsky: Philosopher Poet // Soviet Studies. Vol. 22. № 4. April 1971. P. 595–608.
Milner-Gulland 1976 — Milner-Gulland R. Grandsons of Kozma Prutkov: Reflections on Zabolotsky, Oleynikov, and Their Circle // Russian and Slavic Literature / ed. Richard Freeborn. Cambridge, Mass.: Slavica, 1976.
Milner-Gulland 1984 — Milner-Gulland R. 'Kovarnye stikhi': Notes on Daniil Kharms and Aleksandr Vvedensky // Essays in Poetics. Vol. 9. № 1. 1984. P. 16–37.
Milner-Gulland 1991 — Milner-Gulland R. Beyond the Turning Point // Daniil Kharms and the Poetics of the Absurd: Essays and Materials / ed. Neil Cornwell. New York: St. Martin's Press, 1991. P. 243–267.

Milner-Gulland 1994 — Milner-Gulland R. Introduction // Nikita Zabolotsky. The Life of Zabolotsky / ed. R. R. Milner-Gulland, trans. R. R. Milner-Gulland and C. G. Bearne. Cardiff: University of Wales Press, 1994.

Mileur 1985 — Mileur J.-P. Literary Revisionism and the Burden of Modernity. Berkeley: University of California Press, 1985.

Misler 1984 — Misler N. Pavel Filonov, Painter of Metamorphosis // Pavel Filonov: A Hero and His Fate / trans. and ed. Nicoletta Misler and John E. Bowlt. Austin, Tex.: Silvergirl, Inc., 1984.

Misler, Bowlt 1984 — Pavel Filonov: A Hero and His Fate / trans. and ed. Nicoletta Misler and John E. Bowlt. Austin, Tex.: Silvergirl, Inc., 1984.

Misler, Bowlt 1992 — Misler N., and J. E. Bowlt. Pavel Filonov and the Flowering of the World // Pavel Filonov in the 1920s: The Physiology of Painting / ed. Nicoletta Misler and John E. Bowlt. Exhibition catalog, Galerie Gmurzynska. Cologne, 1992. P. 14–126.

Monas 1977 — Monas S. Introduction // Osip Mandelstam. Selected Essays / trans. Sidney Monas. Austin: University of Texas Press, 1977.

Morris 1993 — Morris M. A. Saints and Revolutionaries: The Ascetic Hero in Russian Literature, Albany: State University of New York Press, 1993.

Morson, Emerson 1990 — Morson G. S., Emerson C. Mikhail Bakhtin: Creation of a Prosaics. Stanford: Stanford University Press, 1990. P. 434–435.

Mosley 1986 — Mosley P. Introduction // Georges Rodenbach. Bruges-la-morte. Paisley, Scotland: Wilfion Books, 1986. P. i–x.

Muller 1978 — Muller B. Absurde Literatur in Russland. Entstehung und Entwicklung. Munich: Sagner, 1978.

Murav 1992 — Murav H. Holy Foolishness: Dostoevsky's Novels and the Poetics of Cultural Critique. Stanford: Stanford University Press, 1992.

Nakhimovsky 1982 — Nakhimovsky A. S. Laughter in the Void: An Introduction to the Writings of Daniil Kharms and Alexander Vvedenskii. Vienna: Wiener slawistischer Almanach, 1982.

Naydan 1989 — Naydan M. M. Intimations of Biblical Myth and the Creative Process in Jurij Olesa's 'Visnevaja kostocka' // Slavic and East European Journal. Vol. 33. № 3. 1989. P. 373–385.

Neuhiiuser 1975 — Neuhiiuser R. The Romantic Age in Russian Literature: Poetic and Aesthetic Norms: An Anthology of Original Texts (1800–1850). Munich: Verlag Otto Sagner, 1975.

Pahomov 1993 — Pahomov G. Cexov's 'The Grasshopper': A Secular Saint's Life // Slavic and East European Journal. Vol. 37. № 1. Spring 1993. P. 33–45.

Panofsky 1991 — Panofsky E. Perspective as Symbolic Form / trans. Christopher S. Wood. New York: Zone Books, 1991.

Peake 1967 — Peake C., ed. Poetry of the Landscape and of the Night: Two Eighteenth-Century Traditions. London: Arnold, 1967.

Perlina 1991 — Perlina N. Daniil Kharms's Poetic System: Text, Context, Intertext // Daniil Kharms and the Poetics of the Absurd: Essays and Materials / ed. Neil Cornwell. New York: St. Martin's Press, 1991. P. 175–191.

Petro 1990 — Petro N. N., ed. Christianity and Russian Culture in Soviet Society. Boulder, Colo.: Westview Press, 1990.

Podmo 1992 — Podmo N. Uncle Pania // Pavel Filonov in the 1920s: The Physiology of Painting / ed. Nicoletta Misler and John E. Bowlt. Exhibition catalog, Galerie Gmurzynska. Cologne, 1992. P. 174–176.

Pratt

Pratt 1983 — Pratt S. Antithesis and Completion: Zabolockij Responds to Tjutcev // Slavic and East European Journal. Vol. 27. № 2. Summer 1983. P. 211–227.

Pratt 1984 — Pratt S. Russian Metaphysical Romanticism: The Poetry of Tiutchev and Boratynskii. Stanford: Stanford University Press, 1984.

Pratt 1983 — Pratt S. The Semantics of Chaos in Tjutcev. Munich: Sagner, 1983.

Rakusa 1971 — Rakusa I. Studien zum Motiv der Einsamkeit in der russischen Literatur. Zurich: Verlag C. J. Bucher, 1971.

Pratt 1995 — Pratt S. A Vegetable Gospel and Some Notes on Zabolotskii and Tot svet // Christianity and the Culture of the Eastern Slavs / ed. Hughes, Gasparov, and Paperno. Berkeley: University of California Press, 1995. P. 223–243.

Preminger 1974 — The Princeton Encyclopedia of Poetry and Poetics / ed. Alex Preminger. Princeton: Princeton University Press, 1974.

Rader 1976 — Rader R. W. The Dramatic Monologue and Related Lyric Forms // Critical Inquiry. Vol. 3. 1976.

van Ree 1993 — van Ree E. Stalin's Organic Theory of the Party // Russian Review. Vol. 52. January 1993. P. 43–57.

Reed 1990 — Reed C. Culture and Power in Revolutionary Russia. London: Macmillan, 1990.

Roman 1980 — Roman G. H. The Ins and Outs of Russian Avant-Garde Books: A History, 1910–32 // The Avant-Garde in Russia 1910–1930. P. 102–109.

Ronen 1983 — Ronen O. An Approach to Mandelstam. Jerusalem: Bibliotheca Slavica Hierosolymitana, Hebrew University, 1983.

Rosmarin 1985 — Rosmarin A. The Dramatic Monologue, chap. 2 // The Power of Genre. Minneapolis: University of Minnesota Press, 1985.

Rzhevsky 1983 — Rzhevsky N. Russian Literature and Ideology: Herzen, Dostoevsky, Leontiev, Tolstoy, Fadeyev. Urbana: University of Illinois Press, 1983.

Segel 1967 — Segel H. B. The Literature of Eighteenth-Century Russia. New York: Dutton, 1967. Vol. 1. P. 36–37.

Segel 1974 — Segel H. B. The Baroque Poem: A Comparative Survey. New York: Dutton, 1974.

Seifrid 1992 — Seifrid T. Andrei Platonov: Uncertainties of Spirit. Cambridge: Cambridge University Press, 1992.

Sendler 1988 — Sendler E. The Icon: Image of the Invisible: Elements of Theology, Aesthetics and Technique / trans. Steven Bigham. Bedondo Beach, Calif.: Oakwood Publications, 1988.

Serman 1974 — Serman I. Z. Konstantin Batyushkov. New York: Twayne, 1974.

Simmons 1935 — Simmons E. J. English Fiterature and Culture in Russia (1553–1840). Cambridge, Mass.: Harvard University Press, 1935.

Sitter 1982 — Sitter J. Fiterary Foneliness in Mid-Eighteenth-Century England. Ithaca: Cornell University Press, 1982.

Smirnov 1988 — Smirnov I. P. L'Oberiou // Efim Etkind et al. Histoire de la littérature russe. Le xxᵉ siècle. La Révolution et les années vingt. Paris: Fayard, 1988. P. 697–710.

Smith 1974 — Smith B. Herrnstein. Poetic Closure: A Study of How Poems End. Chicago: University of Chicago Press, 1974.

Sokol 1984 — Sokol E. Russian Poetry for Children. Knoxville: University of Tennessee Press, 1984.

Steinberg 1994 — Steinberg M. D. Workers on the Cross: Religious Imagination in the Writings of Russian Workers, 1910–1924 // Russian Review. Vol. 53. April 1994. P. 213–239.

Steiner 1984 — Steiner P. Russian Formalism: A Metapoetics. Ithaca: Cornell University Press, 1984.

Stites 1989 — Stites R. Revolutionary Dreams: Utopian Vision and Experimental Life in the Russian Revolution. New York: Oxford University Press, 1989.

Stites 1994 — Stites R. Dusky Images of Tsarist Russia: Prerevolutionary Cinema // Russian Review. Vol. 53. April 1994. P. 285–295.

Struve 1975 — Struve N. Les Thèmes chrétiens dans l'Œuvre d'Osip Mandelstam // The Religious World of Russian Culture / ed. Andrew Blane. Russia and Orthodoxy. Vol. 2. The Hague: Mouton, 1975. P. 305–314.

Taranovsky 1976 — Taranovsky K. Essays on Mandelstam. Cambridge, Mass.: Harvard University Press, 1976.

Teskey 1982 — Teskey A. Platonov and Fyodorov: The Influence of Christian Philosophy on a Soviet Writer. England [sic]: Avebury, 1982.

Thompson 1987 — Thompson E. M. Understanding Russia: The Holy Fool in Russian Culture. Lanham, Md.: University Press of America, 1987.

Todd 1986 — Todd J. Sensibility: An Introduction. London: Methuen, 1986.

Tolstoy et al. 1993 — Tolstoy V., Bibikova I., and C. Cooke. Street Art of the Revolution: Festivals and Celebrations in Russia 1918–33. New York: Vendome Press, 1993.

Tschizewskij 1974 — Tschizewskij D. Skovoroda: Dichter, Denker, Mystiker, Harvard Series // Ukrainian Studies. № 18. Munich: Fink Verlag, 1974.

Vishevsky 1986 — Vishevsky A. Tradition in the Topsy-Turvy World of Parody: Analysis of Two Oberiu Plays // Slavic and East European Journal. Vol. 30. 1986. P. 355–366.

Vorobyov 1960 — Vorobyov V. N. Konstantin Tsiolkovsky and His Work on Inter-planetary Travel // K. Tsiolkovsky. Beyond the Planet Earth. Oxford: Pergamon, 1960.

Wachtel 1994 — Wachtel M. Russian Symbolism and Literary Tradition: Goethe, Novalis, and the Poetics of Vyacheslav Ivanov. Madison: University of Wisconsin Press, 1994.

Ware 1986 — Ware F. K. The Orthodox Way. Crestwood, N.Y.: St. Vladimir's Seminary Press, 1986.

Young 1979 — Young G. M. Jr. Nikolai F. Fedorov: An Introduction. Belmont, Mass.: Nordland, 1979.

Ziolkowski 1986 — Ziolkowski M. Hagiography and History: The Saintly Prince in the Poetry of the Decembrists // Slavic and East European Journal. Vol. 30. № 1. Spring 1986. P. 29–44.

Ziolkowski 1988 — Ziolkowski M. Hagiography and Modem Russian Literature. Princeton: Princeton University Press, 1988.

Художественные произведения, словари и справочники, др. источники

Алтайский 1966 — Константин Алтайский. Московская юность Циолковского // Москва. № 4. 1966.

Алфеев 2000 — Игумен Иларион (Алфеев). Жизнь и учение св. Григория Богослова. М. — Нью-Йорк, 2000.

Батюшков 1964 — Батюшков К. Н. Полное собрание стихотворений. М.: Советский писатель, 1964.

Белый 1969 — Белый А. Символизм как миропонимание // Литературные манифесты от символизма к октябрю / ред. Н. Л. Бродский. М.: Федерация, 1929; репринт: The Hague: Mouton, 1969.

Бальмонт 1983 — Бальмонт К. Избранное. М.: Художественная литература, 1983.

Библия 1993 — Библия. Книги Священного Писания Ветхого и Нового Завета на церковнославянском языке. М.: Российское библейское общество, 1993.

Блок 1960 — Блок А. Собрание сочинений в восьми томах. М. — Л.: Государственное издательство художественной литературы, 1960.

Божественная литургия 1960 — Божественная литургия Св. Иоанна Златоустаго. New York: Russian Theological Seminary of North America, 1960.

Боратынский 1971 — Боратынский Е. А. Стихотворения и поэмы. М.: Художественная литература, 1971.

Брюсов 1969 — Брюсов В. Ключи тайн // Литературные манифесты от символизма к октябрю / ред. Н. Л. Бродский. М.: Федерация, 1929; перепечатка, The Hague: Mouton, 1969.

Вагинов 1991 — Вагинов К. Козлиная песнь. Романы. М.: Современник, 1991.

Введенский 1980 — Введенский Александр. Полное собрание сочинений / ред. Михаил Мейлах. Т. 1. Анн-Арбор: Ардис, 1980.

Введенский 1984 — Введенский Александр. Полное собрание сочинений / ред. Михаил Мейлах. Т. 2. Анн-Арбор: Ардис, 1984.

Веневитинов 1934 — Веневитинов Д. В. Полное собрание сочинений. М. — Л.: Academia, 1934.

Воробьев 1962 — В. Н. Воробьев, У истока космической эры: в доме-музее К. Э. Циолковского. Калуга: Калужское книжное издание, 1962.

Вяземский 1986 — Вяземский П. А., Стихотворения. Л.: Советский писатель, 1986. С. 371.

Даль 1880–82 — Даль В. Толковый словарь живого великорусскаго языка. СПб. — М., 1880–82.

Демин 2005 — Демин В. Н. Циолковский. М.: Молодая гвардия, 2005. 323 с. (Жизнь замечательных людей).

Державин 1958 — Державин Г. Р. Стихотворения. М.: Государственное издательство художественной литературы, 1958.

Жуковский 1959 — Жуковский В. А. Собрание сочинений в 4-х томах. М. — Л.: Художественная литература, 1959.

Заболоцкий 1929 — Заболоцкий Николай. Столбцы. Л.: Издательство писателей в Ленинграде, 1929; репринт: Анн-Арбор, Ардис, 1975.

Заболоцкий 1965 — Заболоцкий Н. Стихотворения / под ред. Н. Струве и Б. Филиппова. Washington, D.C.: Inter-Language Literary Associates, 1965.

Заболоцкий 1972 — Заболоцкий Николай. Избранные произведения в двух томах. М.: Художественная литература, 1972.

Заболоцкий 1983 — Заболоцкий Николай. Собрание сочинений в трех томах. М.: Художественная литература, 1983.

Зеньковский 1956 — Зеньковский В. В. История русской философии: [в 2 т.]. М.: Изд-во Иностр. лит. (ИЛ), 1956.

Зеньковский 2001 — Зеньковский В. История русской философии. М.: Академический Проект, Раритет, 2001. 880 с.

Иоанн Дамаскин 1913 — Иоанн Дамаскин. Три защитительных слова против отвергающих святые иконы // Полное собрание творений св. Иоанна Дамаскина. Т. 1 / пер. с греч.; изд. Имп. С.-Петерб. Духовной Акад. СПб.: 1913. XXIII, 442 с. Прил. к жур. «Церковный вестник» и «Христианское чтение».

Камю 1990 — Камю А. Бунтующий человек. Философия. Политика. Искусство / Пер. с фр. М.: Политиздат, 1990. 415 с. (Мыслители XX века).

Козлов 1960 — Козлов И. И. Полное собрание стихотворений. Л.: Советский писатель, 1960.

Космодемьянский 1976 — Космодемьянский А. А. Константин Эдуардович Циолковский (1857–1935). М.: Наука, 1976.

Краткий молитвослов — Краткий молитвослов с объяснением молитв. Джорданвиль, Нью-Йорк: Типография преподобного Иова Почаевскаго.

Лосский

Лосский 1972 — Лосский В. Н. «Видение Бога» в Византийском богословии // Богословские труды. Сборник восьмой, посвященный Владимиру Лосскому. М.: Издание Московской Патриархии, 1972.

Лосский 2006 — Лосский В. Н. Боговидение / пер. с фр. В. А. Рещиковой; сост. и вступ. ст. А. С. Филоненко. М.: АСТ, 2006. (Philosophy). С. 551–751.

Лосский 2012 — Лосский В. Н. Очерк мистического богословия Восточной Церкви. Догматическое богословие / Пер. м. Магдалины (В. А. Рещиковой). 2-е изд., испр. и пер. СТСЛ, 2012.

Лосский, Успенский 2014 — Лосский В. Н., Успенский Л. А. Смысл икон / пер. с фр. В. А. Рещиковой, Л. А. Успенской. М.: Православный Свято-Тихоновский гуманитарный университет; Эксмо, 2014. 336 с.: ил.

Лосский 1991 — Лосский Н. О. История русской философии. Пер. с англава М.: Советский писатель, 1991.

Львов 1977 — Владимир Львов. Загадочный старик. Л.: Советский писатель, 1977.

Малевич
Малевич 2001 — Малевич К. С. Черный квадрат. СПб.: Азбука, 2001. 576 с.

Малевич 2004 — Малевич К. С. Главы из автобиографии художника / Малевич о себе. Современники о Малевиче: В 2 т. Т. 1. М., 2004.

Мандельштам 1967–1981 — Мандельштам О. Собрание сочинений / ред. Г. Струве, Б. Филиппова. В 4 т. [Нью-Йорк]: Международное Литературное содружество, 1967–1981.

Мейендорф 1995 — Мейендорф П. И. Введение // Св. Герман Константинопольский. Сказание о Церкви и рассмотрение Таинств / Вст. статья П. И. Мейендорфа. Перевод и предисловие Е. М. Ломидзе. М.: Мартис, 1995. С. 7–41.

Новый Завет 1904 — Новый Завет Господа Нашего Иисуса Христа в русском переводе. М.: Синодальная типография, 1904.

ОБЭРИУ 1928 — ОБЭРИУ // Афиши Дома Печати. Л; № 2, 1928.

Ожегов 1963 — Ожегов С. И. Словарь русского языка. М.: Государственное издательство иностранных и национальных словарей, 1963.

Островский 1983 — Островский Н. А. Как закалялась сталь. М.: Радуга, 1983.

Островский 1984 — Островский Н. Собрание сочинений в трех томах. М.: Молодая гвардия, 1984.

Парин, Мурик 1988 — Прекрасное пленяет навсегда. Из английской поэзии XVIII–XIX веков / Сост. А. В. Парина, А. Г. Мурик. М., 1988.

Пеликан

Пеликан 2009 — Пеликан Я. Дух восточного христианства (600–1700). Т. 2 // Христианская традиция: История развития вероучения. М.: Культурный центр «Духовная библиотека», 2009. 316 с.

Pelikan 1990 — Pelikan Jaroslav. Imago Dei: The Byzantine Apology for Icons. Princeton: Princeton University Press, 1990.

Платонов 1922 — Платонов А. Голубая глубина. Книга стихов. Краснодар: Буревестник, 1922.

Пушкин 1937 — Пушкин А. С. Полное собрание сочинений. Л.: АН СССР, 1937.

Рабле 1935 — Рабле Ф. Гаргантюа и Пантагрюэль, пер. Н. Заболоцкий. М.: Детиздат, 1935; 2-е изд., 1936.

Самойлович 1969 — Самойлович С. Гражданин Вселенной (Черты жизни и деятельности Константина Эдуардовича Циолковского). Калуга: Государственный музей истории космонавтики имени К. Э. Циолковского, 1969.

Сковорода 1973 — Г. Сковорода. Сочинения в двух томах. Т. 1. М.: Мысль, 1973.

Словарь РЯ 1958 — Словарь русского языка. Т. 2. М.: Государственное издательство иностранных и национальных словарей, 1958.

Словарь СРЛЯ 1959 — Словарь современного русского литературного языка. Т. 8. М. — Л.: АН СССР, 1959.

Толстой 1952 — Толстой Лев Николаевич. Полное собрание сочинений. Том 52. Дневники и Записные книжки. 1891–1894 / Подготовка текста и комментарии А. С. Петровского. М., 1952.

Тютчев 1965 — Тютчев Ф. Лирика. М.: Наука, 1965.

Успенский 1997 — Успенский Л. Н. Богословие иконы Православной Церкви. Коломна: Ново-Голутвин м-рь, 1997.

Ушаков 1974 — Ушаков Д. Н. Толковый словарь русского языка. М., 1934–40; репринт: Кембридж, 1974.

Федоров 1906 — Федоров Н. Ф. Философия общего дела / ред. Кожевников, Петерсон. Т. 1. Верный, 1906.

Федоров 1913 — Федоров Н. Ф. Философия общего дела. Т. 2. М., 1913.

Федоров 1982 — Федоров Н. Ф. Сочинения. М.: Мысль, 1982.

Феодор Студит 2011 — Феодор Студит, преподобного Догматико-полемические творения // Феодор Студит, преподобного Творения: в 3 т. Том второй. М.: Сибирская благозвонница, 2011. С. 247–366.

Флоренский 1916 — Флоренский Павел, свящ. [Рец. на:] Завитневич В. В. Алексей Степанович Хомяков: Т. 1: Кн. 1: Молодые годы, общественная и научно-историческая деятельность Хомякова. Киев, 1902. Кн. 2: Труды Хомякова в области богословия. Киев, 1902. Т. 2. Система философско-богословского мировоззрения Хомякова. Киев, 1913. (С приложением таблицы родственных связей ранних славянофилов) // Богословский вестник, 1916. Т. 2. № 7–8. С. 516–581.

Флоренский 1985 — Флоренский Павел, свящ. Собрание сочинений / ред. Н. А. Струве. Paris: YMCA Press, 1985.

Хармс
Хармс 1978–1988 — Хармс Д. Собрание произведений / Ред. Михаил Мейлах и Владимир Эрль. В 4 т. Bremen: K-Presse, 1978–1988.

Хармс 1988 — Хармс Д. Полет в небеса. Стихи, проза, драмы, письма / Ред. Анатолий Александров. Л.: Советский писатель, 1988.

Хармс 1990 — Хармс Даниил. Дневники Даниила Хармса. Из дневника. 1933–38 годы / Ред. Владимир Глоцер // Книжное обозрение. № 3. 19 января 1990 года. С. 8–9.

Хармс 1991 — Хармс Д. Горло бредит бритвою. Случаи, рассказы, дневниковые записи // Глагол. № 4. 1991.

Хармс 1992 — Хармс Даниил. Боже, какая ужасная жизнь и какое ужасное у меня состояние / Ред. Владимир Глоцер // Новый мир. № 2. 1992.

Циолковская 1971 — Циолковская Л. К. Рядом с отцом // Зотов В. С. и др. Циолковский в воспоминаниях современников. Тула: Приокское книжное издание, 1971.

Шкловский 1964 — Шкловский В. Константин Эдуардович Циолковский // Шкловский. Жили-были. М., 1964.

Энгельс 1953 — Энгельс Ф. Диалектика природы. М. Госполитиздат, 1953.

Abrams 1993 — Abrams M. H. Glossary of Literary Terms, 6th ed. Fort Worth: Harcourt Brace College Publishers, 1993.

Alpatov 1967 — M. S. Alpatov. Art Treasures of Russia. New York: Harry N. Abrams, n.d., Published by H. N. Abrams, 1967.

Attwater 1980 — Attwater Donald. The Penguin Dictionary of Saints. New York: Penguin, 1980.

Craig 1978 — Craig Gordon. Germany 1864–1945. Oxford: Oxford University Press, 1978.

Essick, LaBelle 1975 — Essick, Robert and LaBelle, Jenijoy. Introduction to the Dover Edition // Edward Young. Night Thoughts or, The Complaint and Consolation / ed. LaBelle and Essick, illustrated by William Blake. New York: Dover Publications, 1975.

Florovsky 1979 — Florovsky Georges. Ways of Russian Theology / trans. Robert Nichols. Vols. 1, 5 and 6 of Florovsky's Collected Works. Belmont, Mass: Biichervertriebsanstalt, 1979.

Freeze 1983 — Freeze, Gregory L. The Parish Clergy in Nineteenth-Century Russia. Princeton: Princeton University Press, 1983.

Goethe 1972 — Goethe J. W. Faust: eine Tragodie. Munich: Verlag C. H. Beck, 1972.

Gorky 1935 — Gorky Maksim, ed. Belomor: An Account of the Construction of the New Canal between the White Sea and the Baltic Sea. New York: H. Smith and R. Haas, 1935.

Gray 1968 — Gray, Thomas. Elegy Written in a Country Churchyard // The Norton Anthology of English Literature / ed. M. H. Abrams et al. Vol. 1. New York: Norton, 1968. P. 1775–1776.

Mandelstam 1977 — Mandelstam, Osip. Selected Essays / trans. Sidney Monas. Austin: University of Texas Press, 1977.

McConnell 1978 — Byron's Poetry, Authoritative Texts, Letters and Journals, Criticism, Images of Byron / ed. Frank D. McConnell. New York: Norton, 1978.

Ware 1976 — Ware, Timothy. The Orthodox Church. New York: Penguin, 1976.

Young 1975 — Young, Edward. Night Thoughts or, The Complaint and Consolation / ed. LaBelle and Essick, illustrated by William Blake. New York: Dover Publications, 1975.

Young 1989 — Young, Edward. Night Thoughts / ed. Stephen Cornford. Cambridge: Cambridge University Press, 1989.

Предметно-именной указатель

авангард 6, 8–12, 16, 23, 36, 48,
   98–165, 169, 204, 205, 290,
   303, 304
   влияние на *Столбцы* 31,
   78, 169
   и иконы 117, 157–164
   и ОБЭРИУ 51, 78, 98–101, 103
   в сравнении с юродством 52
   художники 47, 103, 117, 120,
   163, 164
   ленинградский 9, 10, 35,
   98–101
   и религия 6, 16, 47, 48, 116–121
Академия левых классиков 103;
   см. также ОБЭРИУ (Объединение реального искусства)
акмеисты / акмеизм 73, 77, 80, 91,
   141, 148, 160, 184
ангел-хранитель 49, 50
английская кладбищенская
   поэзия 6, 57, 114, 233, 309, 315;
   см. также вечернее чувствительное размышления
   влияние на русских поэтов 57,
   62, 114, 233, 309, 315
   определение 57
Антоновский Борис Иванович 10

апофатический путь к Богу 132,
   140, 306
атеист/атеизм 51, 54, 115, 134,
   171, 279
Ахматова Анна Андреевна 7, 20,
   21, 23, 73, 102, 281

Байрон Джордж Гордон, лорд 49,
   233, 320, 321
Бальмонт Константин Николаевич 73, 78–80, 88, 90, 91, 93–96
   Звездный хоровод 88, 93
   Как я пишу стихи 93
   Солнечный луч 93, 95
Батюшков Константин Николаевич 314, 320–323, 326, 329, 333
   *Есть наслаждение и в дикости
   лесов* 320, 321, 33
   и русское православие
   321, 333
Бахтерев Игорь Владимирович
   10, 39, 67, 98, 101–103, 105,
   107–109, 118
Бахтин Михаил Михайлович 6,
   18, 102, 139, 204–208, 213, 220
бахтинский карнавал 178, 197,
   204, 207

в *Обеде* Заболоцкого 204,
207, 208
и юродство 178
бахтинский кружок 105, 205
*Беломорско-Балтийский канал
имени Сталина: История
строительства, 1931–1934 гг.*,
сборник 298
Белый Андрей (Бугаев Борис
Николаевич) 70, 73, 78, 80, 83,
119, 146, 185, 281
Символизм 119
бессмертие 48, 50, 113–115, 154,
171–173, 228–239, 245, 246, 248,
250, 253, 254, 256, 257, 260, 261,
265–272, 274–276, 279, 281–285,
292, 294, 298–300, 315, 328, 337
в русской православной
традиции 275, 276
в советской идеологии 275
в *Творцах дорог* 298–300
вера Заболоцкого 257–263
взгляд Тютчева 252, 253
концепция Заболоцкого 270
концепция Федорова
282–285, 328
концепция Циолковского
270–272
концепция Энгельса 268, 269
марксистская идея 268, 269
молекулярное 113, 114
религия и научные проблемы
48, 49
роль тела 275–278
смерть как преображение 250
бессмыслица и ОБЭРИУ 52, 105,
106, 108, 135, 137, 138, 174,
177, 197
Библия 49, 118, 208, 215, 252, 279

Блок Александр Александрович
15, 68, 70, 73–75, 78, 80, 85, 86,
90, 96, 97, 183–186, 191–194,
196, 201, 218, 338
Болотные чертенятки 74
Болотный попик 74
Двенадцать 218
На поле Куликовом 80, 85
Незнакомка 96, 183, 185, 187,
189, 192, 194, 196
Полюби эту вечность болот
74, 338
Пузыри земли 74
Блум Гарольд (Bloom Harold) 54,
183, 184
Богель Фредерик (Bogel Fre-
deric) 313
Богородица / Божия Матерь 143,
321, 333–336
Бодлер Шарль 78
болота 60, 73–75, 100,
292, 294, 295, 297, 336–338,
340, 349
болотные стихи
большевизм и Федоров 280
Боратынский Евгений Абрамо-
вич 17, 49, 153, 154, 226, 244,
247, 255–257, 260, 261, 264, 265,
304, 314, 322, 326
*Мой дар убог, и голос мой
не громок* 260
На посев леса 264
*О мысль! тебе удел
цветка!* 255
Осень 314
*Чудный град порой сольет-
ся* 153
Браун Николай Леопольдович 21,
39, 77, 312, 313

Вагинов Константин Константинович 23, 39, 103, 105, 138, 204, 205, 250, 251, 255
Козлиная песнь 105, 204, 205
Труды и дни Свистонова 105, 204, 205
Я стал просвечивающей формой 250, 255
романы об ОБЭРИУ 105, 204, 205
Введенский Александр Иванович 7, 10, 13, 18, 52, 98, 100, 103–111, 113, 118, 127, 130, 133–137, 147, 152, 156–158, 164, 168, 171, 206, 225, 246, 250, 251, 259, 307, 343
и религия 134
Кругом возможно Бог 133, 246, 251
Святой и его подчиненные 133
Факт, теория и Бог 133
Великое время в русской православной литургии 209, 213, 216, 220, 304
Веневитинов Дмитрий Владимирович 170, 342–344
Поэт и друг 342, 344
венчик 217–219
Вернадский Владимир Иванович 24, 236, 237, 252, 265, 267, 281
Вечер на Оке, Заболоцкий Н.А. 12, 155, 283, 303, 304, 316, 323, 325, 337, 338, 340–343, 345–348
анализ и текст 340–349
завеса/покров 342, 344, 345
кладбищенская поэзия 303
преображение природы 155, 283, 337, 338, 340

сравнение с *Я не ищу гармонии в природе* 283, 303–349
вечернее чувствительное размышление 308–314; см. также английская кладбищенская поэзия; кладбищенская поэзия
Воплощение Христа 16, 121, 139
Воскресение Христово 276

Вчера, о смерти размышляя, Заболоцкий Н.А. 66, 171, 233, 239, 243, 246, 276, 278, 283–286, 300, 315, 325
анализ и текст 233–239
и английские кладбищенские поэты 171, 233
метр стихотворный использование 234, 235–237
природа, отношение человека к ней 233, 239, 243, 246, 284
спасение 325
Высшие курсы искусствоведения при Институте истории искусств 39
Вяземский Петр Андреевич 314, 322, 323, 326, 344
Вечер 314, 322, 326, 344
Вятка, река 60, 337, 338

Гаспаров Михаил Леонович 21
Гейне Генрих 90
Гёте Иоганн Вольфганг фон 10, 49, 90, 104, 170, 171, 247
Гинзбург Лидия Яковлевна 11, 23, 39, 55, 57, 61, 103, 147, 175, 206, 225, 226, 304
Гоголь Николай Васильевич 7, 49, 233

Нос 63
голод в Петрограде 68–72
Гольдстейн Дарра (Goldstein
  Darra) 7, 8, 13, 19, 20, 22, 25, 52,
  105, 172, 237, 239, 279, 290, 336
Горький Максим (Пешков
  Алексей Максимович) 175,
  176, 216, 281
Грей Томас 57, 58, 62, 305,
  312–315
  *Элегия, написанная на сель-
  ском кладбище* 57, 62, 312–314
гротескный реализм 207, 208

Данте Алигьери 294
  Ад 294
Декларация ОБЭРИУ 5, 6, 17, 20,
  52, 78, 79, 95, 97, 100, 103,
  106–108, 116, 119–122, 124, 127,
  130, 135–146, 149, 150, 155,
  157–160, 163–166, 169, 173, 174,
  178, 182, 184, 186, 198, 201–205,
  208, 210, 221, 227, 228, 234, 242,
  266, 273, 278, 283, 292, 304, 337,
  340, 345, 346, 348, 349
  апофатическое богословие
  130, 132, 176, 177, 307, 336
  бессмыслица 52, 105, 106, 108,
  135, 137, 138, 173, 174, 177, 197
  богословие и конкрет-
  ность 283
  Заболоцкий как автор 95,
  100, 121
  и религия 119, 121, 136
  и русское православие 121,
  164, 165
  и сатира 169
  и символизм 183–185
  и футуристы 120

искусство, его задачи 17
  предметность предметов 95,
  137, 143–165
  преображение предметов 16
  причудливость 51, 52, 54, 55,
  65, 66, 113
  участники 103, 109
Державин Гаврила Романович 17,
  62, 93, 213, 239, 309, 310
  Бог 309
  влияние Юнга 309–311
  На смерть князя Мещерского
  62, 309
  Соловей во сне 93

Детгиз 104, 181, 182
Димитрий Ростовский (Туптало)
  митрополит, религиозная
  образность 47, 49, 50
Дом искусств Горького 38
Достоевский Федор Михайлович
  15, 49, 229, 233, 281, 298
*Драматический монолог с приме-
  чаниями*, Заболоцкий Н.А.
  54–63, 114, 115, 147, 315,
  338, 340
  анализ и текст 54–63
  опьянение 183, 186, 196, 197,
  201; см. также опьянение как
  поэтический прием
древнерусская культура 6, 47,
  179, 197; см. русская культура
Друскин Яков Семенович 101,
  103, 105, 108, 110, 126, 128, 130,
  131, 134, 135, 147
  о Введенском 134, 135
  о Хармсе 126, 128, 130, 131, 147
Евгений Онегин, опера П. И. Чайковского 59

евхаристия 16, 125, 183, 202, 209, 214, 216, 217, 219, 222–224, 228, 230, 250, 340
  в *Обеде* Заболоцкого 183, 230, 250
  у Мандельштама 223
Есенин Сергей Александрович 14, 68, 179

Жолковский Александр Константинович, искусство приспособления 8, 21, 59, 77, 191, 215, 290, 328
Жуковский Василий Андреевич 57, 58, 62, 313–315, 326
  кенозис 314
  Сельское кладбище 315

Заболотская Лидия Андреевна, мать поэта 27, 28
Заболотский Алексей Агафонович, отец поэта 27–29, 33, 53, 115, 240
Заболоцкая Екатерина Васильевна, урожд. Клыкова, жена поэта 110
Заболоцкий Никита Николаевич, сын поэта 7, 20, 25, 30, 112, 156, 168, 267, 270, 287, 288
  Воспоминания о Заболоцком 26
Заболоцкий Николай Алексеевич 5, *passim*
  анахронизм 303, 304
  бессмертие, концепция 268–274
  в Москве после лагеря 51
  в Петрограде 168, 169
  детство и молодость 27, 28, 31, 34, 35

дружба с обэриутами 107–111
  его предательство Лившицем 156
  и русское православие 15, 16, 122
  и символизм 17, 77–97
  и советская действительность 180
  изменение фамилии 27
  интеллектуальная жизнь, отношение к ней 14, 33
  интеллектуальные влияния 275–285
  искусство приспособления 21, 106, 228, 290
  искусство, его задачи 17
  как поэт-символист 17, 77–97
  как советский поэт 22, 186–302
  как юродивый 166, 173–179
  крестьянство 14, 16, 23, 27–42, 44, 122, 168, 169, 236
  критика Введенского 108, 109
  лагерь (тюрьма) 11, 12, 19, 20, 23, 29, 30, 33, 43, 51, 110, 112, 122, 227, 233, 238, 288–290, 316, 336, 338
  монизм 265–267
  музыка в поэзии 325
  намерение избегать политики 30
  неучастие в политике 22, 24
  нравственная ответственность поэта 19
  письмо с просьбой об освобождении из лагеря 29, 288–290
  преданность поэзии 18, 19, 35, 36
  преданность семье 29, 30

признание советской действительности 11, 18–21
природа, взгляд на нее 239–246
работа в системе советской бюрократии 24
ранний религиозный опыт и религия 49-51
религиозная восприимчивость 42–51
религиозное образование 42–45
религия и авангард 15, 16
советская интеллигенция, ее представитель 23, 31
становление как поэта 9–15
студенческие дни 36–42
Федоров, его влияние 279–285
Циолковский интеллектуальное влияние 270–274
Чуковский Николай, интеллектуальное влияние 266
Энгельс, интеллектуальное влияние 267–269
сборники стихов 166, 167, 172, 182, 239, 290, 316, 332, 336
   Столбцы 12, 20, 27, 31, 52, 54, 66, 78, 80, 118, 119, 157, 158, 166–181, 197, 204–206, 212, 218, 226–229, 240, 266, 282, 303, 307, 315
стихотворения 6, passim
   Раздражение против Введенского 109
   Искусство 150
   Битва слонов 150, 240
   Голубиная книга 74, 287, 288
   Строители грядущего 291

Но день пройдет печален и высок 75, 76, 91, 184
Творцы дорог 285, 288, 290, 291, 293, 300–302, 319, 325, 326, 330, 332, 333
Вифлеемское перепутье 47, 51
Обед 180, 182, 183, 202–224, 228, 230, 249, 250
Драматический монолог с примечаниями 54–63, 114, 147, 315, 338, 340
Сон 274, 284
Засуха 246, 332
Вечер на Оке 12, 155, 283, 303, 304, 316, 323, 325, 337, 338, 340–343, 345–348
Прощание 287, 289
Прощание с друзьями 66, 111, 112, 115, 116, 172, 182, 319, 229, 251
Бегство в Египет 48, 49
Лесное озеро 154, 246, 338, 339
Из записок старого аптекаря 63
Промерзшие кочки, брусника 73–75, 91, 338, 339
Горийская симфония 286, 287, 289
Лоцман 54
Сердце-пустырь 77, 78, 80–86, 89, 90, 184, 338, 347
Небесная Севилья 72, 78, 80, 86–88, 90, 91, 184
Я не ищу гармонии в природе 239, 283, 285, 303, 304, 316–320, 323–326, 330, 332, 336, 337, 341–343, 347
Незрелость 212

На лестницах 169, 229, 231, 232, 242

Бессмертие 169, 229, 231, 247

Сад пыток 230, 231

Облетают последние маки 111

Лодейников 113, 238, 241–244, 254, 256, 285, 292, 315, 318, 319, 325, 329, 330, 339

Безумный волк 49, 113, 240, 315

Метаморфозы 220, 246, 247, 249, 250, 252, 254–256, 269, 283, 286, 299, 315, 325

Утренняя песня 229, 231, 232, 292

Новый быт 66, 119, 212

Ночной сад 246, 254

Север 171, 241, 285, 287, 289, 291, 319

Читайте, деревья, стихи Гезиода 51, 66, 244–246, 285

Старая сказка 111

Красная Бавария 66, 97, 156, 169, 180–183, 185–189, 192–199, 201, 202, 204, 224, 315

Вечерний бар 181

Воспоминание 111, 112

Пастухи 47, 48, 50, 51

Сизифово рождество 72, 78, 80, 88, 90, 92, 93

Змеи 285

Искушение 219, 228, 229

Завещание 114, 154, 252, 255, 257, 261, 264, 270, 283, 284, 286, 299, 300, 315, 325

На склоне лет 257

Напоминание 257

Предатели 287

Триумф земледелия 221

Неудачная прогулка 63

Уржумиада 53

Война — войне 287

Предостережение 152, 240

Свадьба 119, 218

Белая ночь 212

Вчера, о смерти размышляя 66, 171, 233, 234, 239, 243, 246, 276, 278, 283–286, 300, 315, 325

Ранние годы 28, 31, 33, 42, 46, 51, 335

Глашатай правды 287

Мое возражение А. И. Введенскому, авторитету бессмыслицы 108

О сущности символизма 17, 77, 160, 183, 184, 186, 346

Картины Дальнего Востока 246

Язык Пушкина и советская поэзия 287

Мысль — образ — музыка 17, 345, 346

Почему я не пессимист 17, 246, 337, 345–337

завеса/покров 311, 313, 341, 342, 344–346

Завещание, Заболоцкий Н. А. 114, 154, 252, 255, 257, 261, 264, 270, 283, 284, 286, 299, 300, 315, 325

анализ и текст 258–265

смерть 114, 259, 265, 283

бессмертие 114, 257, 261, 270, 299, 300, 315

метр и рифма 259, 263

природа, отношение к человеку 261, 262, 283, 284, 315, 325

заумь 103, 134, 137, 138, 146, 156

Зейфрид Томас (Seifrid Thomas), искусство приспособления 8, 21, 22, 43, 181
Зощенко Михаил Александрович 21, 226

Иисус Христос 49, 172, 218, 251, 334; см. Христос
иконы 16, 45, 47, 48, 84, 85, 117, 118, 121, 126, 135, 139, 144, 149, 155, 157–165, 203, 207, 209, 215–217, 220, 221, 224, 232, 276, 335–337
богословие иконы 16, 121, 155, 203, 224, 276, 337
Божией Матери (Богородицы) 335, 336
влияние на авангард 117, 118
и искусство ОБЭРИУ 161–163
представление материального мира 139, 140
Преображение Христа 215, 221
Сошествие во ад 215, 220, 221
Институт истории искусств 38–41, 206
искусство 9, passim
беспредметное 160, 161, 163
в определении Заболоцкого 17
приспособления 21, 106, 226, 228, 286, 290
искусство ОБЭРИУ 73, 119, 130, 142, 143, 151, 157, 161, 174, 178, 184, 186, 198, 202, 227
и иконы 161–163
и монизм 266, 267
и русский смех 177, 178
и русское православие 164, 165
и сатира 175, 178, 179
и символисты 183–185
и сюрреализм 135

конкретная реальность 185, 208, 211
Каверин Вениамин Александрович 19
Казанское сельскохозяйственное училище 28
Карамзин Николай Михайлович 58, 308, 309
сравнение с Эдвардом Юнгом 308–314
Каррик Нил (Carrick Neil) 131, 132, 158
Касьянов Михаил Иванович 14, 24, 27, 31, 33, 35–38, 41, 46, 47, 53, 54, 68–70, 73, 92
кенозис 129, 133, 307, 314, 320, 324; см. также апофатический путь к Богу; русское православие
кладбищенская поэзия 6, 57, 309, 315; см. также английская кладбищенская поэзия; вечернее чувствительное размышление
Клуб малограмотных ученых 103, 108; см. также ОБЭРИУ (Объединение реального искусства)
Коллинз Уильям Уилки 305, 312, 344
Ода к вечеру 312, 344
Красная Бавария, Заболоцкий Н. А. 66, 97, 156, 169, 180–183, 185–189, 192–199, 201, 202, 204, 224, 315

анализ и текст 187-201
в сравнении с Незнакомкой 185, 189–194
Невский проспект 156, 199
опьянение 189–201
религиозная образность 196–198
русская культура 197
столкновение словесных смыслов 188–201
Красная газета 100
крестьянство 5, 27, 28, 31, 32, 44, 122, 168
кубофутуристы 140, 141, 146

лагерь (тюрьма) 11, 12, 19, 20, 23, 29, 30, 33, 43, 51, 110, 112, 122, 227, 233, 238, 288–290, 316, 336, 338
возвращение 336
воспоминания 112
письмо с просьбой об освобождении 29, 30, 288–290
Левин Дойвбер (Борис Михайлович) 39, 58, 103–105, 109, 131, 305, 308–310
Левый фланг 103; см. также ОБЭРИУ (Объединение реального искусства)
Ленинград (бывший Петроград) 10, 20, 29, 98, 101, 102, 104, 105, 126, 181, 199, 237, 288, 289, 315, 338
ленинградский авангард 9, 10, 35, 100
Лермонтов Михаил Юрьевич 49, 54, 226, 233, 261, 263, 314, 315
Выхожу один и на дорогу 114, 261, 315

Парус 263
Лившиц Бенедикт Константинович 156, 164
Липавская Тамара Александровна, воспоминания 48, 110
Лихачев Дмитрий Сергеевич 6, 18, 161, 162, 167, 173, 177–179, 197–199, 204, 205, 215, 335
Лодейников, Заболоцкий Н. А. 113, 238, 241–244, 254, 256, 285, 292, 315, 318, 319, 325, 329, 330, 339
враждебная природа 339
гармония в природе 242
Лосский Владимир Владимирович 17, 47, 130, 139, 140, 144, 149, 155, 164, 215–217, 268, 275, 276, 304, 307, 324, 325, 334, 336, 342
Лотман Юрий Михайлович 308, 316

Масинг-Делич Ирен (Masing Delic Irene) 228, 257, 279
Македонов Адриан Владимирович 7, 11, 12, 23, 25, 98, 103, 170, 173, 196, 206, 226, 239, 266, 269, 270, 272, 274, 276, 287, 291
Малевич Казимир Северинович 86, 103, 116, 136, 160, 161, 163, 205
О субъективном и объективном в искусстве или вообще 160
Мандельштам Осип Эмильевич 7, 14, 17, 21, 23, 70–73, 102, 125, 141, 142, 148, 149, 176, 179, 180, 184, 217, 223, 225, 226, 236, 255, 268, 319

и русское православие 17
К немецкой речи 255
Камень 70, 71, 140
Лютеранин 71
О природе слова 141, 142
*Помоги, Господь, эту ночь
прожить* 125, 126
Слово и культура 148
Утро акмеизма 148
Мария 127, 333, 334, 336; см.
Богородица / Божия Матерь
марксизм и русское православие
15, 122
Мастерская слова, кружок 77
материальная реальность
16, 106
материя, преемственность 43,
115, 139, 148, 182, 203, 207, 221,
224, 237, 247, 265, 269, 270, 271,
273–276, 278, 283, 300, 345; см.
бессмертие
Маяковский Владимир Владимирович 15, 53, 54, 68, 101, 146,
156, 164, 179, 281
медитативная поэзия 18, 304,
305, 315, 327; см. английская
кладбищенская поэзия
Метамофозы, Заболоцкий Н. А.
220, 246, 247, 249, 250, 252,
254–256, 269, 283, 286, 299,
315, 325
анализ и текст 246–257
бессмертие 245, 248, 250,
254, 256
воскресение 253
евхаристия 250
метр стихотворный, его
использование 249
смерть как преображение 250

метр стихотворный, его использование 38, 76, 85, 194, 237,
249, 259, 260, 262, 296, 297, 318,
339, 344
Минц Климентий Борисович
39, 105
монизм 265, 266, 268, 270, 273,
276, 277, 282
монолог 56, 57, 59–63
Морев Глеб Алексеевич 21
Москва 32, 36, 41, 42, 51, 53, 68,
91, 101, 102, 281, 290
Заболоцкий как студент-
медик 91
Московский университет 36

Надькин Евлампий 10
Надсон Семен Яковлевич 70, 71
Небесная Севилья, Заболоцкий Н. А. 72, 78, 80, 86–88, 90,
91, 184
анализ и текст 86–90
сравнение с Бальмонтом 88
сравнение с Блоком 90
неопримитивизм 119
Нива, журнал 33, 53
новая экономическая политика
(НЭП) 11, 20, 31, 104, 156, 168,
169, 175, 226, 234
Новый мир, журнал 13, 291
Обед, Заболоцкий Н.А. 180, 182,
183, 202–224, 228, 230, 249, 250
анализ и текст 202–224
бахтинский карнавал
204, 207
богословие иконы 203
гротескный реализм 207
евхаристия 183, 230, 250
иконы 203, 230

персонификация овощей 208, 230, 250
примус как символ 219, 229, 230
столкновение словесных смыслов 180, 181

ОБЭРИУ (Объединение реального искусства) 5–7, 13, 17, 20, 41, 51, 52, 73, 78, 79, 95, 97, 98, 100–110, 116, 118–121, 124, 126, 127, 130, 131, 135–160, 163–167, 169, 173, 174, 178, 182, 184–186, 190, 198, 201–205, 207, 208, 210, 221, 225, 227, 228, 234, 242, 251, 266, 273, 278, 283, 292, 304, 307, 337, 340, 345, 346, 348, 349
дружба между членами 13, 107
и бессмыслица 52, 105, 106, 135, 138, 174, 177, 197
и детская литература 23
и ленинградский авангард 98–101
и русская культура 156–158
и русское православие 121, 164, 155, 158–160, 165
и советская культура 100–103
прекращение деятельности 225
смысл названия 20
участники 103, 109
овощи, персонификация 208–223, 230, 250
Озеров Лев Адольфович 9, 13, 167
опьянение как поэтический прием 186, 196, 197, 201
Орлов Владимир Николаевич 12, 309

Островский Николай Алексеевич, его религиозное образование 43

Павловский Алексей Ильич 19, 24, 36, 180, 239
Панченко Александр Михайлович 6, 166, 177–179, 197, 198, 204
Пастернак Борис Леонидович 7, 14, 15, 20, 21, 23, 35, 50, 179, 180, 226, 281
Второе рождение 226
На Страстной 50
религиозная образность 50
Рождественская звезда 50
Педагогический институт им. Герцена 38, 39, 41, 54, 77
переделка религиозных праздников 25
Петроград 19, 31, 38, 39, 41, 42, 68, 73, 76, 102, 168
Петроградский университет 38
Платонов Андрей Платонович 21–24, 43, 131, 175, 176, 185, 281
искусство приспособления 21, 22
религиозное образование 43
Чевенгур 175
По Эдгар Аллан 78
покров/завеса 311, 313, 341, 342, 344–346
политические темы 72
полумужик/полукрестьянин 14, 24, 32, 40, 115, 236, 290; см. крестьянство
превращение 11, 237, 246, 251, 258–260, 270

предметы 47, 65, 71, 79, 80, 86, 95–97, 106, 108, 160, 120, 121, 133, 135–138, 140, 141, 143, 145, 147–152, 154–165, 178, 181, 185, 186, 190–192, 198, 200–202, 204, 207, 210, 212, 213, 218, 221, 227, 240, 242, 266, 278, 283, 304, 305, 307, 311, 315, 345–349

конкретные 96, 106, 108, 143, 145, 147, 149, 178, 181, 192, 198, 200, 201, 227, 240, 266, 278

их предметность 95, 143–165, 202, 207, 210

их преображение 155, 349

преображение 16, 17, 106, 117, 121, 135, 140, 155, 209, 214, 215, 217, 219, 221, 222, 228, 223, 247, 249, 251, 276–278, 283, 334, 336, 337, 340, 342, 348, 349

природы 337, 340

предметов 155, 349; см. также столкновение словесных смыслов

Преображение Христа 17, 121, 140, 155, 214, 276, 348

примус как символ 210, 216, 217, 219, 230

принудительный труд 295

природа 14, 17, 19, 21, 31, 50, 52, 57, 66, 67, 73–75, 80, 83, 84, 102, 106, 110–115, 120, 130, 140, 141, 144, 146, 149, 151, 152, 155, 156, 158, 160, 161, 164, 168, 172, 183, 199, 200, 214, 215, 226, 227, 232–248, 252–254, 256, 258–262, 264, 265, 267–270, 273, 275–277, 279, 280, 282–286, 291, 292, 294, 295, 299, 300, 303–305, 308, 311, 315–344, 347

взгляды Заболоцкого по сравнению с Федоровым 282–285

враждебная человеку 285, 339

ее преображение 337, 340

образность у Тютчева 319

отношение к ней человека 238–246

причуда / причудливость 51–67

провинциализм 20, 24, 41, 44, 53, 122, 168, 203, 290, 295; см. крестьянство

Пушкин Александр Сергеевич 17, 49, 59, 60, 64, 111, 113, 114, 125, 141, 153, 154, 226, 233–236, 244, 263–265, 284, 287, 304, 314, 315, 322

Борис Годунов 177

Брожу ли я вдоль улиц шумных 114, 261

Вновь я посетил 264

Евгений Онегин 59

Когда за городом задумчив я брожу 114, 261, 315

Осень 244

Отцы-пустынники и жены непорочны 125

Певец 59

Повести Белкина 64

Пора, друг мой, пора! Покоя сердце просит 111

Поэт 153, 154

Я памятник себе воздвиг нерукотворный 154

Рабле Франсуа 206–208

Разумовский Александр Владимирович 39, 105

революция Октябрьская 15, 19, 24, 39, 70, 72, 102, 218, 225

река как символ 80–86, 338, 340, 347

религиозная образность 74, 171, 218, 222, 339; см. также иконы; русское православие
    после Второй мировой войны 15
    в *Обеде* Заболоцкого 214–224

религиозные драмы 47, 50

религия 15, 16, 44, 51, 52, 70, 117–119, 121, 122, 132, 173, 197, 235, 251, 292; см. также иконы; религиозная образность; русская православная литургия; русское православие
    и пивные 197
    и Заболоцкий 16, 49–51

рифма, ее использование 38, 53, 54, 63, 75–77, 82, 89, 109, 113, 193–195, 211, 234, 243, 255, 260, 264, 324, 327

Рождество Христово 47, 94, 221

романтизм 22, 240, 263, 273, 304–306, 343

Роскина Наталья Александровна 9, 11, 30, 116

Ростовцева И. И. 170, 239, 256

русская культура 5, 6, 8, 14, 47, 59, 100, 101, 117, 179, 186, 197, 237, 276, 303, 306, 307, 316, 326, 327, 343; см. также советская культура
    и русское православие 5, 14, 15, 17, 25, 47, 50, 84, 101, 116, 118, 122, 203, 224, 275, 277, 279, 304, 306, 316, 327, 333, 335, 344

    и советская культура 5, 24–26, 29, 101, 119, 120, 125, 128, 228, 286, 290, 301, 302, 316
    и советское видение 179, 224
    опьянение как поэтический прием 186, 196, 197, 201
    религия и пивная 197

русская православная литургия 140, 142, 143, 222, 252, 304
    Великое время 209, 213, 216, 220, 304
    и искусство ОБЭРИУ 141–143

русский смех 6, 18, 177, 178, 197, 198, 204, 227, 231
    в связи с ОБЭРИУ 178, 198
    искусство ОБЭРИУ 73, 130, 142, 143, 151, 157, 174, 178, 186, 198, 227
    отказ Заболоцкого как от приема 227

русское православие 5, 14, 15, 17, 25, 47, 50, 84, 101, 116, 118, 122, 203, 224, 275, 277, 279, 304, 306, 316, 327, 333, 335, 344
    апофатический путь к Богу 132, 140, 306
    бессмертие 48, 50, 113–115, 154, 171–173, 228–239, 245, 246, 248, 250, 253, 254, 256, 257, 260, 261, 265–272, 274–276, 279, 281–285, 292, 294, 298–300, 315, 328, 337
    Богородица/Божья Матерь 143, 321, 333 336
    в поэзии 14, 15, 17, 48–50, 71, 84
    завеса/покров 311, 313, 341, 342, 344–346
    и авангард 116–121

и Декларация ОБЭРИУ 121,
164, 165
и искусство ОБЭРИУ 73, 130,
142, 143, 151, 157, 174, 178, 186,
198, 227
и марксизм 15, 122
и поэты ОБЭРИУ 21, 164, 155,
158–160, 165
и русская культура 306, 307
и Федоров 279
концепция обожения 276, 324,
334, 346, 349

самоотречение 129, 324; см.
также апофатический путь
к Богу
сельское происхождение 43; см.
крестьянство
сентиментализм 57, 305, 308, 313
Сердце-пустырь, Заболоцкий Н. А. 77, 78, 80–86, 89, 90,
184, 338, 347
анализ и текст 81–87
метр и рифма 82
персонифицированная река
83, 85, 86
русское православие 84, 85
Сернур 27, 31, 34, 36, 42–45,
167, 246
символисты /символизм 17, 18,
44, 73, 75–80, 82, 84–86, 90, 91,
93, 95–97, 146, 160, 183–186,
190, 192, 194–196, 201, 234, 338,
346, 349
персонификация природы
273, 291
Сковорода Григорий Саввич 6,
41, 66, 233, 235–237, 269,
275–278, 282, 284, 300

дуализм 277, 278
бессмертие, концепция
276–278
слово как предмет 145–157
Слово концепция в Декларации
ОБЭРИУ 143–145
смерть 9, passim
в *Завещании* Заболоцкого 259,
260, 263, 265
в *Обеде* Заболоцкого
214–216, 219
в стихотворении *Вчера
о смерти размышляя* Заболоцкого 233, 235, 238, 243
и бессмертие 253
и развал поэтической структуры 82, 83
как концовка 62, 84
как превращение 250, 259, 265
концепция Энгельса 268
по определению Федорова 279
преодоление любовью 84
распад как ее следствие
114–116
советская действительность 14,
18, 20–22, 134, 180, 224, 264,
290, 291, 296, 301
и русская культура 224
ее видение 20, 22
советская идеология 6, 240, 275,
286, 316
бессмертие 275
советская культура 24–26, 29,
101, 119, 120, 225, 228, 286, 290,
301, 302, 316; см. также русская
культура
советский миф, обязанность
писателей по поддержанию
291, 296, 301, 302

социалистический реализм
(соцреализм) в поэзии
Заболоцкого 21, 22, 112, 286,
292, 294, 301
социалистическая действительность 166
Солженицын Александр Исаевич
294, 298
В круге первом 294
*Один день Ивана Денисови-
ча* 298
соцреалистический герой 296
Союз писателей 15, 226
Спасение 62, 85, 131, 137, 139,
178, 179, 224, 276, 279, 324, 325,
327, 337
Сталин Иосиф Виссарионович
106, 110, 243, 286, 287, 291, 292,
294–298
сталинизм 29, 101, 225, 330
Степанов Николай Леонидович
7, 10, 19, 35, 50, 87, 98, 99, 112,
173, 237, 238, 266, 270, 286, 290
столбец, образ 114, 115, 169–172,
182, 234, 235, 292
Столбцы, Заболоцкий Н.А. 12,
20, 27, 31, 52, 54, 66, 78, 80, 118,
119, 157, 158, 166–181, 197,
204–206, 212, 218, 226–229, 240,
266, 282, 303, 307, 315
как сатира 167
крестьянское восприятие
города 167–169
рецепция 167, 173 175
смысл названия 169–172
юродство 173–175
столкновение словесных смыслов 106, 110, 124, 136, 143, 156,
157, 174, 181, 187, 189, 190, 192,

199–201, 204, 208, 211, 218, 219,
346; см. также преображение
предметов
персонификация овощей
208–223, 230, 250
в *Красной Баварии* Заболоцкого 187–194
в *Обеде* Заболоцкого 209–216

Творцы дорог, Заболоцкий Н. А.
285, 288, 290, 291, 293–302, 319,
325, 326, 330, 332, 333
анализ и текст 293–302
бессмертие 294, 298-300
советский герой 294, 297, 298
советская действительность,
ее видение 291
сравнение с *Я не ищу гармонии
в природе* 325, 326, 330,
332, 333
Сталин 294–297
тема индустриализации 328–330
Томсон Джеймс (Thomson James)
305, 308, 309
Времена года 309
топи 297, 338; см. болота
Три левых часа 98, 109, 119,
166, 205
Туфанов Александр Васильевич
103, 119, 137
К зауми 119, 137
Тынянов Юрий Николаевич 54,
179, 183
тюремная литература 298
Тютчев Федор Иванович 17, 49,
71, 72, 111, 125, 152, 226, 233,
239, 240, 247, 252–254, 261, 304,
314, 315, 319, 320, 322, 323, 326,
330, 331, 341, 343–345

бессмертие, концепция
отношение человека к природе
Видение 323
День и ночь 315, 345
Не то, что мните вы природа
253, 331
*От жизни той, что бушевала
здесь* 261
*Певучесть есть в морских
волнах* 239, 319, 320
Пошли, Господь, свою отраду 125
*Святая ночь на небосклон
взошла* 315, 345
Сижу задумчив и один 252
Silentium 152
Толстой Лев Николаевич 15, 177,
236, 281, 298
Детство 177

Уржум 27, 30, 31, 38, 39, 41, 42, 69,
73, 167, 168

Фадеев Александр Александрович 239, 241, 245,
246, 332
Федоров Николай Федорович 6,
24, 114, 228, 267, 275, 276,
279–285, 327–329
бессмертие 282–285, 328
влияние на идеи Заболоцкого
279–285
и большевизм 279, 280
и русское православие 279
концепция природы, влияние
на ОБЭРИУ 275–285
смерть (понятие) 279
утопия 279

Циолковский, влияние 281
Философия общего дела
279, 284
Филиппов (Филистинский)
Борис Андреевич 7, 11, 39, 40,
77, 79–81, 146, 160, 167, 173,
174, 179, 184, 186, 296
Филонов Павел Николаевич
47–49, 52, 86, 87, 91, 99, 136,
163, 205, 232, 236
формалисты / формализм 40, 62,
102, 137, 146–148, 156, 179,
286, 346
Фрай Нортроп (Frye
Northrop) 313
Фрейдин Грегори (Freidin
Gregory) 17, 223
футуристы / футуризм 10, 24, 53,
102, 103, 119, 137, 138, 141, 146,
160, 164, 184

Хармс (Ювачев) Даниил Иванович 7, 10, 13, 18, 39, 41, 52, 100,
103–111, 113, 116, 118, 121–137,
139, 140, 142–145, 147, 148, 151,
152, 156–161, 164, 168, 177, 185,
202, 204–206, 225, 228, 275, 276,
283, 307, 335, 343
дневники 108, 123,
124, 127
и абсурд 121–135
и религия 123–128
семейное происхождение 122
слово как конкретный
предмет 106, 145
*Грехопадение. Цели познание
добра и зла* 126
Елизавета Бам 99, 104, 109
Злое собрание неверных 126

Молитва перед сном 124, 125

Предметы и фигуры, открытые Даниилом Ивановичем Хармсом 116, 143, 145, 151, 158, 159, 185, 283

программа ритуала «Откидывания» 118

Случаи 128, 131–133

Старуха 128, 142

Сундук 131

Три левых часа 98, 109, 119, 166, 205

Хлебников Велимир (Виктор Владимирович) 17, 24, 41, 150, 175, 176, 179, 180, 218, 219, 233–237, 270, 281, 284
  и юродство 176

холодность как тема 89

христианская этика и марксизм 15, 16, 178

Христос 16, 17, 47, 49, 94, 119, 121, 133, 139, 140, 155, 218, 220, 221, 251, 276, 334, 335
  Воплощение 16, 121, 139, 221
  Воскресение 119, 276
  Преображение 17, 121, 140, 155, 276, 348
  Рождество 47, 94, 221
  Сошествие во ад 209, 214, 216, 217, 220–222

Циолковский Константин Эдуардович 6, 11, 24, 41, 52, 248, 265–267, 270–276, 281, 282, 286, 300
  и Федоров 281
  бессмертие, концепция 270–272

значительное интеллектуальное влияние на Заболоцкого 272–274
  Монизм Вселенной 266, 273
  Фатум, судьба, рок 273

Чайковский Петр Ильич 59
  Евгений Онегин 59

Чехов Антон Павлович 15, 298

Чуковский Николай Корнеевич 14, 23, 27, 32, 40, 41, 105, 257, 265–267

Шагал Марк Захарович 80, 86, 87

Шкловский Виктор Борисович 23, 119, 137, 147, 148, 270, 282
  Воскрешение слова 119, 148

Энгельс Фридрих 6, 11, 24, 265, 267–271, 275, 276, 282, 286
  бессмертие концепция 268, 269
  Диалектика природы 267–270

Эткинд Ефим Григорьевич 7, 13, 22, 111, 325

Ювачев Иван Павлович 122, 325

Юнг Эдвард 305, 308–312, 314, 327, 344, 345
  Ночные мысли 308, 309, 311, 312, 314, 327, 344, 345

юродивый / юродство 6, 49, 52, 130, 166–254, 227, 229–231, 234
  глазами партийных критиков 173–176
  Заболоцкий как 166, 173–179
  и православное недоверие к рационализму 176, 177
  и русский смех 6, 166, 177, 178
  русская культура и русское православие 52

Я не ищу гармонии в природе,
    Заболоцкий Н.А. 239, 283,
    285, 303, 304, 316–336, 337,
    341–343, 347
    апофатический путь к Богу
    324, 325, 336
    Божия Матерь 333–336
    вечернее чувствительное
    размышление 316, 318, 322,
    232, 326, 327, 330
    и советско-русская культу-
    ра 316
    марксистская идеология 327
    метр стихотворный, использо-
    вание 318

    музыка 325
    природа-мать 321,
    331–334, 336
    религиозный смысл 331
    рифма, использование 324, 329
    советская действительность
    330, 331
    сравнение с *Вечером на Оке*
    341–343, 347
    сравнение с *Есть наслаждение
    и в дикости лесов* 333
    сравнение с *Творцами дорог*
    325, 326, 330, 332,333

Academia, издательство 61

Оглавление

Предисловие 5

Глава первая. Вступление 9
Глава вторая. Устроение личности 27
Глава третья. Начинающий поэт нового строя 68
Глава четвертая. Последний вздох авангарда
   и преемственность культуры 98
Глава пятая. Ленинградский юродивый 166
Глава шестая. Ортодоксия и ниспровержение 225
Глава седьмая. Апофеоз Заболоцкого 303

Библиография 350
Предметно-именной указатель 380

Научное издание

Сара Пратт
ЗАГАДКА ЗАБОЛОЦКОГО

Директор издательства *И. В. Немировский*
Ответственный редактор *И. Белецкий*
Куратор серии *К. Тверьянович*
Заведующая редакцией *О. Петрова*

Дизайн *И. Граве*
Редактор *В. Шубинский*
Корректоры *А. Филимонова, И. Манлыбаева*
Верстка *Е. Падалки*

Подписано в печать 23.02.2023.
Формат издания 60 × 90 $^1/_{16}$. Усл. печ. л. 25,0.
Тираж 300 экз.

Academic Studies Press
1577 Beacon Street, Brookline, MA 02446 USA
https://www.academicstudiespress.com

ООО «Библиороссика».
190005, Санкт-Петербург, 7-я Красноармейская ул., д. 25а

Эксклюзивные дистрибьюторы:
ООО «Караван»
ООО «КНИЖНЫЙ КЛУБ 36.6»
http://www.club366.ru
Тел./факс: 8(495)9264544
e-mail: club366@club366.ru

Книги издательства можно купить
в интернет-магазине: www.bibliorossicapress.com
e-mail: sales@bibliorossicapress.ru

12+

www.ingramcontent.com/pod-product-compliance
Lightning Source LLC
Chambersburg PA
CBHW070404100426
42812CB00005B/1631